BASTEI
LÜBBE

Von Frank Adam sind bei Bastei Lübbe Taschenbücher lieferbar:

Über den Autor:

Frank Adam ist das Pseudonym von Prof. Dr. Karlheinz Ingenkamp. Er hat Geschichte und Psychologie studiert und als Erziehungswissenschaftler ein bekanntes Forschungsinstitut geleitet. Im Ruhestand wandte er sich seinem Hobby, der Geschichte der britischen Flotte, zu. Außer den seehistorischen Romanen hat er marinegeschichtliche Aufsätze und Bücher geschrieben, darunter auch das 1998 erschienene deutschsprachige Standardwerk über die britische Flotte mit dem Titel »Herrscherin der Meere«.

Frank Adam

REBELL UNTER SEGELN

Die Abenteuer Sven Larssons zu Beginn
der amerikanischen Unabhängigkeitsbewegung

BASTEI LÜBBE TASCHENBUCH
Band 15 690

1. Auflage: Juni 2007
2. Auflage: Dezember 2008

Vollständige Taschenbuchausgabe

Bastei Lübbe Taschenbücher in der Verlagsgruppe Lübbe

Originalausgabe
© 2007 by Verlagsgruppe Lübbe GmbH & Co. KG, Bergisch Gladbach
Lektorat: Rainer Delfs/Jan Wielpütz
Titelillustration: Sotheby's/akg-images
Umschlaggestaltung: Tanja Østlyngen
Satz: hanseatenSatz-bremen, Bremen
Druck und Verarbeitung: Norhaven A/S
Printed in Denmark
ISBN 978-3-404-15690-0

Sie finden uns im Internet unter
www.luebbe.de
Bitte beachten Sie auch:
www.lesejury.de

Der Preis dieses Bandes versteht sich einschließlich
der gesetzlichen Mehrwertsteuer.

Inhalt

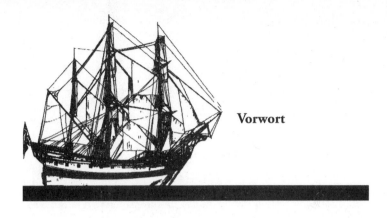

Vorwort

Die erste Frank-Adam-Serie um die Erlebnisse David Winters in der britischen Flotte hat viele interessierte Leser gefunden. Diese Serie ist mit dem vierzehnten Band »Sieg und Frieden« beendet worden, der bei Bertelsmann 2004 und bei Bastei 2006 erschien.

Ich lege nun den ersten Band der »Sven-Larsson-Serie« vor, der die Abenteuer eines jungen Deutsch-Schweden auf amerikanischen Schiffen schildert, als die Kolonien um ihre Unabhängigkeit rangen. Die Anfänge der amerikanischen Flotte sind vielfältiger, ungeregelter und komplexer als die Strukturen der britischen Flotte zur gleichen Zeit.

Die dreizehn Kolonien selbst waren ja völlig uneinheitlich. Von den älteren Siedlungen an der Atlantikküste, die an Einwohnerzahl, Struktur und Handelsverflechtung dem Mutterland recht ähnlich waren, bis zu gerade errichteten Hütten mit frisch gepflügten Äckern im Landesinneren gab es eine Vielzahl von Entwicklungsstadien.

Natürlich hatte dieser staatliche Embryo keine eigene Flotte, als er den Weg in die Unabhängigkeit antrat. Es ist eine faszinierende Geschichte, wie aus dem Nichts heraus der Kampf mit der größten und kriegserfahrensten Flotte der Welt aufgenommen wurde. Ich erzähle die Geschichte des Sven Larsson, wie ich es bei David Winter versucht habe: möglichst historisch genau, anschaulich und ohne literarische Profilierungsversuche.

Mir hat die Arbeit am Roman viel Freude gemacht. Für mich ist die Geschichte der Schifffahrt in dieser Zeit so ereignisreich, farbig und fesselnd, dass ich mir kaum ein interessanteres Feld für das eigene Studium denken kann. Ich habe wieder Herrn Rainer Delfs, den Mitarbeiterinnen und Mitarbeitern der Universitätsbibliothek in Landau, Herrn Dr. Sauer, Leiter der Bibliothek des Deutschen Schifffahrtsmuseums in Bremerhaven, und Herrn Professor Dr. John B. Hattendorf vom Naval War College in Newport, Rhode Island, für Rat und Hilfe zu danken.

Ich hoffe, dass ich die Leser wieder gut unterhalten und informieren kann.

Frank Adam

Hinweise für marinehistorisch interessierte Leser

Zur Information über Schiffe, Waffen und Besatzungen der britischen und anderen Flotten dieser Zeit verweise ich auf mein Buch mit zahlreichen Abbildungen und Literaturangaben:

Adam, F.: *Herrscherin der Meere. Die britische Flotte zur Zeit Nelsons.* Hamburg: Koehler 1998

Über die britischen Kolonien in Amerika und ihr Ringen um Unabhängigkeit findet der Leser unserer Zeit viele Hinweise im Internet. In der gedruckten Literatur verweise ich auf folgende Einführungen:

Earle, Alice Morse: *Home Life in Colonial Days.* Stockbridge, Mass.: *Berkshire Traveller Press 1974*

Gipson, Lawrence Henry: *The Coming of the Revolution, 1763–1775.* New York: Harper and Row 1962

Zum maritimen Aspekt nenne ich aus der Fülle nur folgende Werke:
Das Standardwerk:

William Bell Clark et al.(Hrsg.): *Naval Documents of the American Revolution. Naval Historical Center, Department of the Navy, Washington 1986 ff.*

Zum Einstieg in das Thema kann man sich informieren bei:

Coggins, Jack: *Ships and Seamen of the American Revolution.* Harrisburg: *Promotory Press 1969*

Gardiner, Robert (Hrsg.): *Navies and the American Revolution 1775–1783.* London: *Chatham Publishing 1996*

Viele Details führt folgende Dissertation an:

Paulin, Charles Oscar: *The Navy of the American Revolution.* New York: *Haskell House 1971*

Verzeichnis der Abbildungen

Personenverzeichnis

Familie:

Sven Larsson, geb. 16.9.1753

Einar Larsson, Vater
Astrid Larsson, Mutter
Ingrid Larsson, Schwester

Ingmar Larsson, Großvater
Gudrun Larsson, Großmutter
Björn Larsson, Onkel
Christine Larsson, Tante
Lisbeth Larsson, Cousine

Freundeskreis der Larssons:

Dr. Edgar Wilbur, Arzt
Sabrina Wilbur, seine Tochter
William Bradwick, Reeder

Besatzung der Victoria:

Martin Preston, Kapitän
Ronald Walker, Obersteuermann
John Cliff, Bootsmann
Ben Margot, Untersteuermann
Adam Borg, Matrose
Abraham, Smutje
Jonny, Matrose fast ohne Zähne
Karl Bauer, Matrose
Robert, Steuermannsmaat
Joshua Petrus, Matrose

Besatzung der Fregatte Zeus:

William Egg, Kapitän
Rodger Norman, Erster Leutnant
John Aires, Zweiter Leutnant
David Hunter, Dritter Leutnant
Henry Sage, Schiffsarzt
Richard Berger, Master
Samuel Vox, Leutnant der Seesoldaten

Besatzung der Sloop Eagle:

Rodger Norman, Commander
Oscar Duncan, Erster Leutnant
Henry William, Zweiter Leutnant der Seesoldaten
David McGull, Schiffsarzt
John Allen, Master

Besatzung des Schoners Freedom:

Sven Larsson, Kapitän
William Selberg, Obersteuermann

Karl Bauer, Untersteuermann
Adam Borg, Bootsmann
Martin, Svens Bursche
Joshua Petrus, Maat
Paul Bird, Maat
Jonathan Walsch, Maat und Sanitäter
Will Crowton, Matrose
Bob Milber, Matrose
Billy Walton, Schiffsjunge
Ingmar Borgsson, Schiffsjunge

Norman Gordon, Passagier

Der weite Weg zur See
(September 1763–
März 1770)

Eine Frau trat aus der Tür des Blockhauses und sah sich um. Sie sog die Luft ein, und ein tiefes Glücksgefühl erfüllte sie. Alles war so schön, so friedlich. Vor der Hütte mühte sich ein kleines Mädchen ab, Zinnteller auf dem Tisch zu ordnen, den ihr Kopf kaum überragte. Die Kleine spürte den Blick der Mutter und lächelte sie an.

Es war gleich Mittagszeit. Die Sonne stand hoch über dem Tal, an dessen Rändern dunkle Wälder aufragten. Hügel begrenzten den Blick, und an einer Seite ragte in der Ferne ein hoher, spitzer Berg auf.

Ein breiter Bach murmelte durch das Tal. Der Junge, der an seinem Ufer einen Holzzuber mit Wasser gefüllt hatte, winkte der Frau in der Tür zu und ging zum Haus zurück.

Neben dem Blockhaus mit den dicken, grob behauenen Stämmen stand ein aus Brettern gebauter Stall. Ein Pferd weidete in einer Koppel. Hühner pickten vor dem Stall.

Plötzlich hörten alle den Knall aus der Richtung des spitzen Berges. »Was war das, Mutti?«, fragte die Kleine.

»Vielleicht hat Vati was für uns geschossen«, antwortete die Frau beruhigend. Aber sie blickte forschend umher, zu dem Jungen, der jetzt schneller ging, zu den Waldrändern, die nur einige hundert Meter entfernt das Tal einengten, und zu den Vögeln, die dort über dem Waldrand flatterten.

»Mutti!«, rief der Junge und stellte den Holzzuber ab. »Da kommt Dad angeritten wie der Teufel!« Er zeigte in die Richtung des spitzen Berges.

Ein Waldstück versperrte der Frau den Blick. Aber bevor sie ein paar Schritte vortreten konnte, preschte der Reiter um den Waldzipfel. Er winkte und schrie. »Indianer, Indianer!« Und »Fliehen!« hörte die Frau.

Sie zögerte keine Sekunde. »Sven, hol das Pferd! Ingrid, zieh schnell deine Schuhe an!« Und schon verschwand sie im Haus.

Der Junge, ein etwa zehnjähriger Blondschopf, rannte zur Koppel, rief nach dem Pferd und zerrte es am Strick hinter sich her zum Haus. Dort nahm er einen leichten Sattel vom Haken, warf ihn dem Pferd über und schnallte den Gurt fest. Zwischendurch blickte er kurz zu dem Reiter, konnte aber noch keine Verfolger sehen.

»Komm!«, sagte die Frau, die eben mit einem Gewehr und zwei Beuteln aus der Tür trat. »Hol schnell noch Vatis Fluchtbeutel und nimm deine Tasche.« Sie warf dem Pferd die Beutel über, sodass an jeder Seite einer herabhing, dann rief sie das Mädchen, setzte es vorn auf den Sattel, schwang sich selbst dahinter aufs Pferd und war bereit, als der Vater mit seinem Pferd vor dem Blockhaus anhielt.

»Zwei Dutzend Indianer auf dem Kriegspfad! Ohne Lucky hätten sie mich überrascht.« Er blickte kurz auf den Schäferhund, der hechelnd neben dem Pferd stand. »Wir müssen zu den Quäkern am See. Wir können nicht im Haus bleiben. Es sind zu viele. Sven, sitz auf! Los, wir reiten!«

Die Frau sah ihn an, und er wandte den Blick ab. Er war ja selbst verzweifelt und ängstlich. Wie würden sie ihr Haus, ihre Habe wiedersehen? Was würde aus der Kuh und den Schweinen werden? Er seufzte, rief dem Jungen zu, er solle sich festhalten, und gab dem Pferd die Sporen.

»Sie kommen!«, rief der Junge, der sich hinter ihm im Sattel an seinem Körper festhielt. Der Vater wandte kurz den Blick zurück und sah den Trupp Indianer in schnellem Lauf auf sie zueilen. Sie schrien triumphierend.

»Ihr kriegt uns nicht!«, knurrte der Vater und ritt hinter seiner Frau her, die gerade im gegenüberliegenden Wald verschwand.

Der Weg, dem sie folgten, schlängelte sich an den dichten Baumgruppen vorbei und war breit genug, dass auch ein Wagen auf ihm fahren konnte. Hin und wieder sah man auch Radspuren, wenn der Boden weicher war.

Nach einer halben Stunde rief der Mann: »Halt mal kurz an, Astrid! Dein Sattelgurt ist nicht richtig fest!«

Seine Frau zügelte das Pferd und fragte. »Meinst du, dass wir genug Vorsprung haben, Einar?«

»Für den Augenblick schon. Aber du weißt, wie ausdauernd und schnell diese roten Teufel laufen können.«

Sie sah ihn groß an. »Die Lenape, die wir kennen, sind keine Teufel. Von welchem Stamm sind diese denn?«

»Das konnte ich nicht erkennen. Vielleicht von Pontiacs Leuten. Komm, wir müssen weiter.« Er richtete sich wieder auf, tätschelte der Tochter die Hand, gab seiner Frau einen flüchtigen Kuss und bestieg wieder sein Pferd.

»Wann sind wir denn da?«, quengelte die Tochter. »Ich habe Hunger.«

»Da wirst du noch drei Stunden warten müssen. Aber die Anne hat für dich doch immer etwas Süßes. Freu dich drauf!«, tröstete die Mutter, aber sie selbst schien auch des Trostes zu bedürfen.

Die Pferde trabten schnell und gleichmäßig.

Nach weiteren zwei Stunden hielt die Frau ihr Pferd an.

»Astrid, was ist?«, fragte der Mann.

»Wir beiden Frauen müssen mal hinter den Busch, Einar«, sagte sie lächelnd. »Und wir müssten uns auch ein Stück Brot aus dem Sack holen.«

»Na gut. Komm, Sven, dann erleichtern wir uns auch. Der Vorsprung müsste reichen.«

Sie stiegen etwas schwer aus den Sätteln, reckten sich und sahen sich an. »So lange haben wir in Ruhe und Frieden gelebt. Höchstens ein Bär hat uns mal erschreckt. Warum gehen sie jetzt auf den Kriegspfad?«, sagte die Frau ermattet.

»Der Pontiac wird sie aufgehetzt haben. Wir haben es ihnen ja vorgemacht mit dem Krieg zwischen England und Frankreich, und jeder warb Indianer an. Aber nun wollen wir uns beeilen. Erzählen können wir noch bei den Quäkern.«

Der Vater ging hinter einen dicken Baum und öffnete seine Hose. Der Sohn ging auch zu einem Baum, während die Mutter ihre Tochter an der Hand nahm und hinter einem Busch verschwand. »Pass auf, wo du hintrittst!«, mahnte sie noch.

Die Pferde scharrten mit den Hufen. »Sie müssten etwas saufen«, stellte der Vater fest. »Wir kommen ja bald an den kleinen Bach, der zum See fließt.«

Sie wischten sich die Hände an Hosen und Röcken ab, kramten ein paar Brotkanten aus dem Sack und gingen zu den Pferden.

»Vater, schau doch mal«, flüsterte der Junge hastig und zeigte mit dem Finger.

Etwa 800 Meter hinter ihnen liefen Indianer auf eine Lichtung und betrachteten die Fährten am Boden.

»Mein Gott«, stöhnte der Vater. »Warum sind sie nur so hartnäckig. Kommt, wir reiten hier entlang weiter. Dann kürzen wir etwas den Weg ab. Aber leise!«

Sie stiegen auf und ließen die Pferde langsam laufen, bis sie hinter dichtem Unterholz waren. Dann gaben sie ihnen die Sporen.

Die Tochter weinte leise, und die Mutter hatte bei all ihrer eigenen Angst Mühe, sie zu trösten. Dann waren sie am Bach. Der Vater füllte seine Flasche. Die Pferde und der Hund soffen. Dann ging es weiter.

»Bald haben wir es geschafft«, sagte der Vater gerade, als sein Pferd plötzlich mit dem Vorderfuß einbrach und mit schmerzlichem Wiehern stürzte. Vater und Sohn flogen zu Boden. Sie rappelten sich schnell auf, denn das Pferd lag da, schlug mit seinen Hufen um sich und schrie vor Schmerz.

Der Vater griff sein Messer, rief den anderen zu: »Guckt weg!« und schnitt dem Pferd mit kräftigem Schnitt den Hals durch. Das Blut überflutete sein Hemd. Das Pferd starb röchelnd. Die Tochter schrie auf, aber die Mutter hielt ihr schnell den Mund zu.

Sven starrte entsetzt und regungslos.

»Schnell, Sven! Steig hinter Mutti auf den Sattel!«, befahl der Vater leise und entschieden.

Er griff sich sein Gewehr, sein Pulverhorn und seine Flasche. »Astrid! Reite voran, und bring die Kinder in Sicherheit. Ich halte sie auf und schlage mich durch.«

»Ich reite nur mit dir. Halt dich am Sattel fest«, antwortete sie.

»Um Gottes willen, Astrid! Es geht nicht. Ich flehe dich an! Wenn du mich liebst, rette dich und die Kinder. Ihr habt es nicht mehr weit. Aber ihr müsst los! Bitte!«

»Einar, komm uns nach! Bitte!«, weinte die Frau und trieb das Pferd an. Sie spürte Svens Arme, der sie von hinten umarmte. Sie fühlte, wie seine Tränen ihr Kleid netzten. Sie wischte sich schnell die Augen ab, damit sie wenigstens den Weg sehen konnte. »Hör auf zu weinen!«, fuhr sie ihre Tochter an und schluchzte selbst dabei.

Sie sahen schon den Rauch aus den Häusern der Siedlung, als sie hinter sich Schüsse hörten. Sven spürte, wie der Rücken seiner Mutter ganz steif wurde, und die Angst schnürte ihm die Kehle zu.

Und dann winkte ihnen ein Mann vom Feld zu. »He, Astrid Larsson! Was habt ihr?«

»Indianer! Sie verfolgen uns! Indianer auf dem Kriegspfad! Sie schießen auf Einar!«

»Gott sei uns gnädig!«, rief der Mann. »Reitet vor ins Dorf und sagt es allen! Ich laufe hinterher!«

Das »Dorf« waren vier größere Blockhäuser, ein halbes Dutzend Scheunen und Ställe sowie kleine Hütten für Hühner, Koppeln für Pferde und Rindvieh. Die Gebäude lagen dicht am See, der Ontelaunee hieß, nach einem Indianerwort. Ein Steg ragte ins Wasser. Zwei kleine Kanus lagen an ihm.

Als das Pferd sich erschöpft den staubigen Weg zwischen den Hütten entlangschleppte, traten Frauen und Kinder vor die Türen, angelockt durch die Rufe derer, die Astrid und ihre Kinder zuerst gesehen hatten.

»Was ist los, Astrid?«, rief eine kräftige Frau.

»Indianer auf dem Kriegspfad, etwa zwei Dutzend! Sie folgen uns!«

Männer waren vom Feld und aus den Ställen hinzugekommen. Einer rief laut. »Alle in die Häuser! Schließt Fenster und Türen! Bertha, nimm Astrid Larsson und die Kinder zu dir! Haltet die Gewehre bereit, aber keiner schießt! John und Will, kommt mit euren Gewehren zu mir. Wenn die Indianer kommen, will ich mit ihnen reden!«

Bertha half Astrid und den Kindern aus dem Sattel. »Nimm dem Pferd den Sattel ab und bring es zu den anderen!«, rief sie einem Jungen zu und wandte sich gleich darauf an zwei Mädchen: »Schließt schnell die Läden und legt die Balken vor.« Dann griff sie noch nach zwei kleinen Kindern und schob sie mit den Larssons in das Haus.

Sie zündete eine Öllampe an, befahl einem jungen Burschen, die Muskete und die Vogelflinte zu laden, goss selbst drei Becher Tee ein und stellte sie vor Astrid und den Kindern auf den Tisch.

»Möchtest du noch etwas haben, Astrid?«

Svens Mutter schüttelte den Kopf.

»Was ist mit Einar?«, fragte die Frau

Astrid schluchzte und wischte die Augen mit einem Tuch. »Eine halbe Stunde vor dem Dorf trat sein Pferd in einen Fuchsbau oder etwas Ähnliches. Es brach sich den Vorderfuß und stürzte. Einar musste es töten und blieb zurück, um die Indianer aufzuhalten. Er wollte sich zu Fuß durchschlagen. Aber wir haben Schüsse gehört.« Sie schluchzte, und die kleine Ingrid begann zu weinen.

Bertha strich ihr über das Haar. »Gottes Wille geschieht immer und ewig. Wir alle sind seine Kinder. Klagt nicht! Wartet, bis wir seinen Willen erkennen.«

»Da kommt unser Vater zurück!«, meldete der junge Bursche, der mit dem Gewehr hinter der Tür stand.

»Dann lass ihn ein, Albert, und pass weiter auf.«

»Wir haben nichts gesehen«, sagte der Vater. »Aber zunächst einmal entbiete ich euch meinen Gruß, Astrid, Sven und Ingrid. Gott segne euren Eingang. Frau, gib uns ein wenig von dem frischen Brot und etwas Butter. Unsere Gäste werden hungrig sein.«

Astrid brachte nichts herunter, aber Ingrid und Sven merkte man die Gier an, mit der sie aßen.

»Nun, liebe Nachbarin, sagt mir doch, was geschehen ist.«

Astrid Larssons Erzählung wurde immer wieder von Schluchzen unterbrochen. Zum Schluss flehte sie den Mann an: »Ihr müsst nach Einar suchen. Vielleicht liegt er verletzt im Wald.«

»Das können wir jetzt nicht, meine Tochter. Bis wir dort sind und suchen, kommt die Dämmerung. Wenn die Indianer kämpfen wollen, wären wir alle verloren. Morgen früh gehen wir Einar suchen. Möge Gott unsere Wege lenken! Aber sagt mir noch: Hattet Ihr Streit mit den Rothäuten?«

Astrid schüttelte den Kopf. »Nein. Wir leben gut mit den Lenni Lenape in unserer Gegend. Wir haben mit ihnen Dinge getauscht, die wir brauchten. Aber Einar rief mir etwas von Pontiac zu. Ihr habt von ihm gehört?«

Der Mann nickte. »Ja, ein Indianerhäuptling, der die Stämme im Südwesten aufhetzt. Sie haben schon manchen Siedler abgeschlachtet. Aber dass sie nun auch hier sind? Gerade erst vor ein paar Tagen kam ein Trapper vorbei und erzählte, Pontiac sei bei Bushy Run von Colonel Bouquet geschlagen worden. Vielleicht will eine versprengte Bande noch etwas zusammenstehlen, bevor sie sich in die Berge verkriecht.«

Astrid mochte nicht mehr in der Hütte sitzen und reden. Als die Läden wieder geöffnet wurden, bat sie die Gastgeber um Entschuldigung und setzte sich mit ihren beiden Kindern auf eine Bank vor dem Haus. Sie hielten sich fest umschlungen und horchten ängstlich, ob sie etwas vom Vater hörten.

Niemand aus dem Dorf war wieder auf die Felder gegangen. Alle blieben in der Nähe der Häuser. Die Menschen gehörten zur Gemeinschaft der Freunde, die die anderen auch »Quäker« nannten. Ihr Glaube gebot ihnen, friedfertig zu sein und Gutes zu tun. Sie hatten ihr Land den Indianern redlich abgekauft und lebten in Frieden mit ihnen. Nur im Notfall verteidigten sie sich. Angreifen würden sie nie.

Die Larssons waren im Jahr ein- oder zweimal mit ihrem Wagen zu den Quäkern gefahren, hatten ihnen ihre Waren gebracht, hatten getauscht und anderes für die Händler dort gelassen, die die Siedlungen von Zeit zu Zeit bereisten. Man hatte sich respektiert und toleriert. Man lebte schließlich in Pennsylvania, einem Staat, der der Toleranz verpflichtet war.

Astrid wachte am nächsten Morgen früh nach kurzem, unruhigem Schlaf auf. Sie sah den fünf Männern zu, die Pferde sattelten, um nach ihrem Mann zu suchen. Sie hatten Gewehre, aber, wie man dort sagte, ihre schwarze, schlichte und strenge Quäkerkleidung war ein besserer Schutz gegen Indianer als ein Gewehr. Quäker hatten nie gegen den Willen der Ureinwohner Land besiedelt. Sie hatten es immer gekauft und fast immer einen reellen Gegenwert bezahlt. Sie hatten auch von ihrem Wissen abgegeben und ihrerseits von den Indianern gelernt.

Sie grüßten Astrid ernst und ritten davon. Ein halbes Dutzend Hunde folgte ihnen. Den Rest riefen die Frauen des Dorfes zurück.

Sven und Ingrid schliefen noch. Ingrid hatte gestern viel geweint, weil ihr Vater nicht da war, und sie merkte, wie sich ihre Mutter um ihn sorgte. Geholfen hatte ihr wieder die Anne, die mit ihren Zuckerplätzchen kam. Geholfen hatten auch die Mädchen des Dorfes, die ihr neues Spielzeug vorführten, das die Väter aus Holz geschnitzt oder das die Mütter aus Stoffresten genäht hatten.

Als Sven und Ingrid aufwachten, waren die Bewohner des Dorfes schon alle bei der Arbeit. Nur ihre Mutter war im Haus und hatte Brot und Milch für sie.

»Ist Vati gekommen?«, fragte Sven.

Seine Mutter schüttelte traurig den Kopf. »Sie suchen nach ihm. Man hat keine Schüsse gehört. Vielleicht sind die Indianer weg.«

Zwei Stunden später, Astrid hielt es vor Unruhe kaum noch aus, ritten die Männer wieder ins Dorf. Einer trug Einars Leiche vor sich im Sattel. Astrid schrie auf. Bertha umarmte sie.

Der älteste Reiter kam zu ihnen, nahm seinen Hut ab und sagte: »Schwester Astrid, Gott hat euren Mann zu sich genommen. Wir können die Wege des Herrn nicht erforschen, aber wir sind seine Kinder, und der Herr wird auch euren Einar in Liebe annehmen. Betet für ihn!«

Astrid konnte nicht antworten. Sie ging auf die Männer zu, die jetzt behutsam den Körper aus dem Sattel hoben. Einars Gesicht war blutverschmiert, denn die Indianer hatten ihn skalpiert.

»Er hat nichts gespürt«, tröstete sie der Mann. »Zwei Schüsse in die Brust haben ihn getötet. Vorher hat er drei Feinde mindestens schwer verwundet. Wir fanden die Blutlachen. Auch Euer Hund hat ihn bis zuletzt verteidigt. Wir haben ihn im Wald begraben.«

Astrid umarmte den Oberkörper ihres Mannes und wischte sein Gesicht ab.

»Kommt, Astrid«, bat Bertha sie. »Wir legen ihn auf die Bank, verbinden den Kopf und richten ihn her. Morgen werden wir ihn auf unserem Gottesacker bestatten.«

Als sie Einar gesäubert und seinen Kopf verbunden hatten, ließ Astrid auch die Kinder zu ihm. Sie weinten und nahmen Abschied. Sven mühte sich mit aller Kraft, die Tränen zurückzuhalten, und wollte seiner Mutter Trost geben. Er spürte, wie sehr sie litt.

»Warum haben sie Vati getötet? Wir haben ihnen nie etwas getan«, fragte er schluchzend.

»Es waren fremde Indianer, die aus dem Südwesten des Landes fliehen mussten. Sie wurden aufgehetzt, haben gemordet und gebrandschatzt und wurden nun von den Milizen geschlagen. Möge Gott uns allen vergeben.«

Am Abend versammelten sich alle im größten Haus des Dorfes. Frauen und Männer standen dicht gedrängt. Alle trugen ihre einfache schwarze Kleidung ohne die geringste Zier.

Der Dorfälteste sprach: »Unser Herr sagt auch zu unserem Freund Einar Larsson: ›Fürchte dich nicht, denn ich habe dich erlöset; ich habe dich bei deinem Namen gerufen; du bist mein. Denn so du durch

Wasser gehest, will ich bei dir sein, dass dich die Ströme nicht sollen ersäufen; und so du durch Feuer gehst, sollst du nicht brennen, und die Flamme soll dich nicht versengen. Denn ich bin der Herr, dein Gott, der Heilige in Israel, dein Heiland.‹ So steht es bei Jesaja. Werdet nun eins in euren Gedanken mit unserem Gott und seinem Kind Einar!«

Sie standen und schwiegen. Einige hatten die Augen geschlossen, andere schauten nach oben, wieder andere hatten die Hand vor die Augen gelegt. Einige bewegten die Lippen, aber niemand sprach. Manchen liefen die Tränen über die Wangen, andere schluchzten leise. Astrid sah, dass einige bebten, wie in Trance. Sie schloss die Augen. Und mit der Zeit wurde sie ruhig und glaubte, ihr Mann sei in Gedanken bei ihr.

»War das ein Gottesdienst?«, fragte Sven leise seine Mutter, als sie in Berthas Haus zurückkamen.

»Ja, Sven. Sie haben zu Ehren deines Vaters gebetet.«

»Aber wo war der Pfarrer? Ihr habt mir doch erzählt, dass im Gottesdienst der Pfarrer predigt und die Gemeinde singt.«

»Die Quäker haben andere Sitten. Sie kennen keinen Pfarrer, keinen Gesang und keine Predigt. Sie beten alle stumm. Sie vereinigen ihre Gedanken mit Gott. Du hast schon gehört, dass sie sich selbst ›Gemeinschaft der Freunde‹ nennen. Sie lehnen jeden Prunk ab. Sie wollen Gutes tun. Sie wirken manchmal etwas, na ja, verschroben, aber wir haben sie nur als gute und hilfsbereite Menschen kennen gelernt.«

Der kleine Friedhof der Quäker war sehr schmucklos. Acht Hügel mit schlichten Kreuzen zeugten von den Opfern, die die Besiedlung gekostet hatte. Es waren vor allem Kinder, die den Härten des Lebens nicht gewachsen waren.

Vier Männer trugen den schlichten Sarg. Astrid folgte mit ihren beiden Kindern. Man hatte ihnen schwarze Kleidung geliehen.

Der Dorfälteste trat an das offene Grab und wandte sich an Astrid: »Der Herr spricht zu uns in seiner heiligen Schrift: ›Denn ich bin gewiss, dass weder Tod noch Leben, weder Engel noch Fürstentümer noch Gewalten, weder Gegenwärtiges noch Zukünftiges, weder Hohes noch Tiefes noch keine andere Kreatur mag uns scheiden von der Liebe Gottes, die in Jesu Christo ist, unserem Herrn.«

Er beugte sich zur Erde und streute eine Hand voll davon über den Sarg. Dann nahm er Astrids Arm und führte sie zum Grab. Astrid hatte einen kleinen Blumenstrauß gepflückt, den sie in die Grube warf. Sie wusste, die Quäker würden keine Blumen zum Grab bringen, aber sie respektierten ihre andere Auffassung. Die Frauen nahmen sich Ingrids an, die sehr weinte. Der Älteste legte Sven, der vor Schmerz wie erstarrt schien, die Hand auf die Schulter.

Dann schaufelten sie das Grab zu und stellten ein einfaches Holzkreuz auf, in das sie eingebrannt hatten:

Einar Larsson
geb. 3.4.1729 gest. 22.9.1763

»Ist Vati jetzt im Himmel?«, fragte die kleine Ingrid, als sie zurück zum Haus gingen.

»Ja, Ingrid. Er sieht uns, er hört uns, und er liebt uns wie immer. Aber wir können ihn nicht mehr sehen und hören. Doch wenn du ganz fest an ihn denkst, wirst du spüren, dass auch er an dich denkt«, antwortete ihr die Mutter.

»Morgen fahren wir in Einars Tal, Astrid Larsson. Wir wollen sehen, ob die Indianer etwas unzerstört ließen. Glaubt Ihr, dass ihr uns begleiten könnt?«

Astrid hatte einen Stich verspürt, als der Mann »Einars Tal« sagte. So hatte es einmal ein Trapper genannt, und sie waren bei dem Namen geblieben. Über fünf Jahre hatten sie es gerodet, bepflanzt und geerntet. Es war ein Tal des Glücks geworden. Ingrid war dort geboren worden und aufgewachsen.

»Ich komme mit, Ben Walker.«

Sie fuhren am nächsten Morgen in aller Frühe mit zwei Wagen los. Auf dem Kutschsitz des ersten Wagens saßen drei Männer. Astrid saß mit zwei anderen auf dem Sitz des zweiten Wagens. Die Männer hatten Musketen. Sie trug ihre Vogelflinte, die sie aus der Blockhütte mitgenommen hatte.

Der ältere Mann neben ihr sagte: »Ich fühle mich gar nicht wohl mit den Gewehren um mich herum. Wer zum Schwert greift, wird durch das Schwert umkommen. Wir wollen in Frieden leben. Aber Gott will auch nicht, dass wir uns von einer Horde blutdürstiger Verrückter abschlachten lassen. Hoffentlich können wir bald wieder in Frieden leben.«

»Einar wollte nie etwas anderes. Wer zu uns kam, ob weiß oder rot, wurde in Frieden aufgenommen. Er hat für uns hart gearbeitet, damit es unsere Kinder einmal leichter haben. Und dann haben sie ihn ermordet, Nachbar Ben.«

»Es ist manchmal schwer, Gottes Willen zu verstehen, Astrid Larsson. Aber er ist unser Vater, und am Ende aller Tage werden wir erkennen, dass alles zu unserem Besten war. Nur hier und jetzt können wir es oft noch nicht begreifen.«

Astrid sah das Wäldchen, in dem Einars Pferd gestürzt war, und schluchzte leise vor sich hin. Dann kam die Lichtung, die ihnen oft angezeigt hatte, dass sie nun bald ihr Heim erreichen würden. Und dann endete der Wald, und Einars Tal lag vor ihnen. Die Wagen hielten. Ein Mann sprang vom ersten Wagen ab, lief zum Waldrand und spähte umher.

»Nichts zu sehen«, meldete er. »Kein Rauch, kein Lager, nichts.«

Sie fuhren weiter. Und dann erblickte Astrid ihre Blockhütte, sie hörte die Kuh brüllen, sah die Hühner picken und erwartete jeden Moment, dass ihr Einar aus der Hütte käme.

»Die Indianer haben nichts geplündert. Aber Vorsicht! Es könnte eine Falle sein!«, rief einer vom ersten Wagen.

Die Wagen hielten an. Sie schickten die Hunde voraus, aber die schnüffelten nur herum und fanden nichts Ungewöhnliches. Dann stieg einer ab und ging zur Hütte und zum Stall, blickte hinein und winkte den anderen.

Astrid war bewusst geworden, dass ihr Einar nie wieder aus der Hütte treten würde, und sie schluchzte leise.

Ben Walker wollte sie ablenken und sagte: »Die Indianer müssen auf der Flucht gewesen sein und haben Einar vielleicht mit einem der Kundschafter verwechselt, die sie verfolgt haben. Sie haben nichts zerstört und geplündert. Kommt, Astrid, lasst uns aufladen, was Ihr und die Kinder gebrauchen könnt.«

Sie molken zuerst die Kuh, deren übervoller Euter sie quälte, dann luden sie Wäsche, Geschirr, Handwerkszeug und kleinere Möbel auf einen Wagen. Astrid hatte ein Schrankfach aufgezogen und hielt ein Buch in der Hand.

»Was ist das für ein Buch, Astrid?«, fragte Ben Walker sie.

»Das ist der *New England Primer*, nach dem ich in der Schule die Kinder Lesen und Schreiben gelehrt habe. Auch Sven hat danach gelernt.«

»Ihr wart Lehrerin?«

»Ja, bis ich Einar heiratete und dann hier siedelte.«

»Davon müsst ihr mir auf der Rückfahrt erzählen. Aber nun sagt uns, was wir zuerst einladen müssen, damit wir nicht zu spät heimkommen.«

Astrid ging zu ihrem »Vorratskeller«. Das war ein Raum, den Einar in einen winzigen Hügel nahe der Hütte gegraben hatte. Er war mit Holzbalken abgedeckt, dick mit Erde belegt, auf der Gras gewachsen war. Vor dem Eingang war eine schwere Tür, um Füchse und Bären abzuhalten.

Sie sah die Früchte der gemeinsamen Arbeit, die Einar und sie im Winter verzehren wollten. Da war das Fässchen mit Sülze, dort jenes mit gesalzener Butter, die Säcke mit Mehl und Mais, mit Walnüssen und Haselnüssen, die Tontöpfe mit Honig und Marmelade, die getrockneten Schinken, die Äpfel, die getrockneten Kürbisse und noch vieles mehr. Mit welcher Vorfreude hatte Einar die Honigtöpfe hier abgestellt. Er war ein Süßschnabel.

Draußen riefen die Männer ihren Namen. Sie schüttelte sich die Gedanken aus dem Kopf und sagte ihnen, was sie zuerst aufladen sollten.

»Wir müssen an einem anderen Tag noch einmal fahren, Astrid«, erklärte ihr Abraham Miller. »Es wäre doch auch eine Sünde, das Korn auf den Halmen verfaulen zu lassen. Es ist eine so schöne kleine Farm, die ihr hier geschaffen habt. Aber allein könnt Ihr sie nicht bewirtschaften.«

»Nein, Ohm. Wenn ihm etwas passiert, so hat Einar immer gesagt, dann soll ich mit den Kindern zu seinem Vater und seinem älteren Bruder in Gloucester gehen, nahe bei Philadelphia.«

»Bis Reading bringen wir euch mindestens, meine Tochter, und sorgen für die Reise. Aber jetzt müssen wir noch das Vieh aufladen.«

Sie lockten die Hühner mit Körnern in die Hütte, fingen sie und banden ihnen die Beine zusammen. Sie griffen die Schweine und fesselten auch ihnen die Füße. Die Kuh seilten sie am hinteren Wagen an und machten sich dann auf den Heimweg.

Astrid starrte mit tränenden Augen auf ihre Hütte, bis sie hinter Bäumen verschwand. Dann schaute sie auf die Apfelbäume, die Einar gepflanzt und gehegt hatte, auf die Bank, wo sie gesessen hatten, wenn die Kinder schon schliefen und Zeit für ein Ausruhen und ein Gespräch blieb. Und dann nahm der Wald sie wieder auf. Sie würde das Tal nie wieder sehen, Einars Tal, die Heimat ihres Glücks.

Ben wartete, bis er an ihrem Atem merkte, dass sie wieder ruhiger wurde und dass ihr Schmerz abklang. »Erzählt Ihr mir jetzt von eurer Zeit als Lehrerin, Astrid? Wir wissen ja gar nichts von Eurer Jugend. Ihr seid deutscher Abstammung, nicht wahr?«

»Ja, meine Eltern sind als junges Paar aus Süddeutschland eingewandert. Ich wurde hier geboren. Mein Vater war Schneider, meine Mutter arbeitete als Hebamme. Sie haben schwer geschuftet, aber schließlich hatte mein Vater ein gut gehendes Geschäft mit zwei Gehilfen und zwei Jungen zum Anlernen. Meine Mutter arbeitete dann nicht mehr, sondern sorgte für uns alle. Ich hatte zwei ältere Brüder.«

»Leben Eure Eltern noch?«

»Nein, sie wurden beide getötet, als sie von einem Besuch bei meinem Onkel heimkamen und die Pferde in einem Gewitter scheuten. Der Wagen wurde einen Abhang hinuntergeschleudert, zerschmetterte und begrub meine Eltern. Ich hatte damals gerade begonnen, als Lehrerin zu arbeiten. Mein Vater hat immer viel Wert auf eine gute Ausbildung gelegt, die ihm selbst nicht zuteil wurde. Mein ältester Bruder war Kantor, der zweite sollte das Geschäft meines Vaters als Schneider übernehmen.«

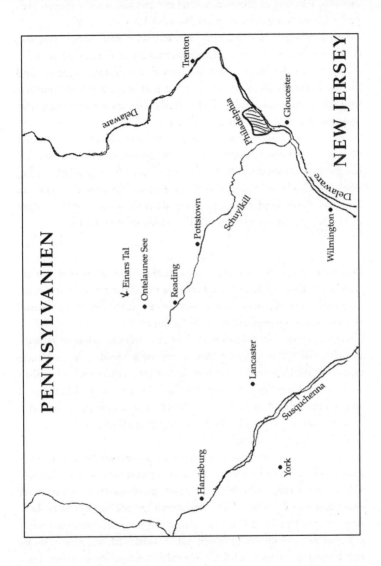

»Leben sie denn auch nicht mehr?«

»Nein, sie starben schon zu Lebzeiten meiner Eltern an einer Typhus-epidemie, die damals viele Leute hinwegraffte.«

Ben nickte. »Ich weiß. Auch zwei meiner Geschwister sind an Typhus gestorben. Dagegen leben wir hier recht gesund in unserem Dorf. Aber nun erzählt einmal von Eurem *New England Primer*. Ich habe Lesen und Schreiben mit einem Hornbook und mit der Bibel gelernt.«

Astrid lächelte. »Das alte Hornbook kenne ich auch noch. Das war ja kaum mehr als eine kleine Holztafel mit einem Papier, auf dem das Alphabet und einige Sprüche standen, alles überzogen von ganz dünner, durchsichtiger Haut. Der Primer ist ein richtiges kleines gedrucktes Buch mit etwa achtzig Seiten. Natürlich bringt er auch erst das Alphabet und zu jedem Buchstaben einen Merkspruch, zum Beispiel ›Nach Adams Fall, wir sündigten all‹ für das A. Dann kommen Gebete für jede Tageszeit, fromme Geschichten und Hilfen für den Tag. Heute wirkt das Buch etwas sehr streng, aber im Unterricht konnte ich manches abmildern. Doch die Bibel musste auch bei uns gelesen werden.«

»Gehört Ihr der lutherischen Kirche an?«

»Ja, wie mein Einar. Er hatte schwedische Eltern, wie Ihr wisst. Sie kamen etwas früher als meine. Sein Vater war Kapitän eines kleinen Handelsschiffes und Teilhaber. Er lebt jetzt in Gloucester. Der ältere Bruder wohnt ganz in der Nähe und hat eine Bäckerei.«

»Sie werden Euch und Eure Kinder nicht im Stich lassen.«

»Nein, das werden sie nicht. Aber die Zeit meines Glücks ist vorbei. Jetzt muss ich für meine Kinder leben.«

Als sie das Dorf am Abend erreichten, liefen ihnen die Kinder entgegen. Allen voran jubelten Ingrid und Sven der Mutter zu. Man sah, wie groß ihre Angst um die Mutter tagsüber gewesen war. Und dann entdeckten sie die Kuh, die müde hinter dem letzten Wagen hertrottete.

»Lisa, Lisa!«, riefen sie und streichelten die Kuh am Kopf und an den Schenkeln. Und Lisa muhte und sah ein wenig frischer aus.

Die Quäker im Dorf waren überrascht, wie viel die Wagen brachten. »Da habt ihr ja die ganze Einrichtung retten können, Astrid«, freute sich Bertha.

»Ja«, antwortete Astrid. »Nun kann ich mich bei euch allen bedanken und noch etwas in unsere neue Heimat mitnehmen.«

»Wir helfen nicht um Dankes willen, Astrid«, belehrte sie Bertha.

»Ich weiß. Aber dem, dem geholfen wurde, darf man den Dank auch nicht verweigern.«

Als sie abgeladen hatten, kam der älteste Quäker zu ihr. Die Gemeinschaft der Freunde kannte weder Priester noch Bürgermeister, aber es hatte sich so ergeben, dass der Mann mit der größten Lebenserfahrung öfter als Sprecher aller auftrat.

»Wir sind beschämt, Astrid, weil Ihr uns so viel von Eurer Habe überlassen wollt. Wir können Euch das nicht bezahlen, denn Ihr wisst selbst, wie knapp Bargeld in den Grenzsiedlungen ist. Wir tauschen doch fast nur. Aber wir werden uns bemühen, Dinge, die Ihr nicht mitnehmen könnt, in Reading gut zu verkaufen und Euch das Geld zu schicken. Ich weiß, dass Euer Land auch in Reading auf Einars Namen eingetragen ist. Ihr solltet jemanden beauftragen, es zu verkaufen. Es ist gutes Land und weitgehend bearbeitet. Wir können Euch einen ehrlichen Makler empfehlen. In zwei Wochen könnten wir Euch auf die Reise zu Euren Leuten bringen, wenn Euch das recht ist.«

Es war Astrid recht. Sie besuchte täglich das Grab ihres Mannes. Die Quäker hatten ihr zugesichert, dass sie auch das Metallkreuz, das sie schicken wollte, aufstellen würden.

Der Abschied war schwer und tränenreich. Die Hilfsbereitschaft dieser friedliebenden Menschen hatte alle Larssons tief beeindruckt. Und sie wussten, dass sie wahrscheinlich niemanden wiedersehen würden.

Drei Wagen fuhren nach Reading, denn die Quäker konnten die Tagesreisen nicht allein für Astrid auf sich nehmen. Sie mussten es mit ihrer normalen Fahrt in die Hauptstadt verbinden, in der sie Waren ablieferten und dafür das tauschten, was sie im Winter brauchten. Nun fuhr ein Wagen mehr mit und hatte zwei Kisten und mehrere Taschen für Astrid geladen.

Astrid musste mit den Kindern mehrmals absteigen und hinter dem

Wagen gehen, wenn der Weg zu steinig oder zu steil für die Pferde war. Sie rasteten in einer Quäkersiedlung am Mittag und erreichten die Hauptstadt des Countys Berks am Abend.

Ingrid hatte die Stadt noch nie gesehen, und Sven hatte keine Erinnerung mehr an die Siedlung, durch die er als kleines Kind mit den Eltern auf dem Weg in die fernen Berge gereist war.

Thomas Penn hatte wesentlich dazu beigetragen, dass Reading 1748 als Zentrum einer Region entstand, in die immer mehr Siedler strömten, sehr viele davon aus Deutschland. Jetzt, nach fünfzehn Jahren, lebten ein paar hundert Menschen in dem Ort. Es gab auch schon drei oder vier Steinbauten und viele schöne Holzhäuser.

Sven und Ingrid rissen die Augen auf, als sie die vielen Menschen sahen, die die Hauptstraße entlang fuhren, ritten oder gingen. Sie zeigten auf die großen Läden, die alles anzubieten schienen von Eisenpflügen bis zu Schokoladenpackungen. »Wartet nur ab, bis ihr Philadelphia seht. Da wohnen jetzt 28 000 Menschen, dass sind mehr als tausendmal so viel wie hier.«

Ingrid konnte sich unter solchen Zahlen überhaupt nichts vorstellen, und Sven musste eine Weile überlegen, ehe er sagte: »Das kann doch nicht sein, Mutti. Die Leute müssten ja den ganzen Tag gehen, um zu ihrem Ackerland zu kommen. Sie brauchen doch so viel Platz zum Wohnen, da ist doch kein Raum für Ackerland.«

Astrid wusste nicht recht, wie sie ihrem Sohn das erklären sollte. »Sven, nur noch wenige Leute arbeiten dort in der Landwirtschaft, und die wohnen am Rand der Stadt. Die allermeisten arbeiten als Handwerker, Verkäufer, Schreiber, Ärzte und in vielen Berufen, die kein Ackerland brauchen. Aber lass mir jetzt einmal Zeit! Wir fahren in einen Hof, und ich muss mich zur Begrüßung fertig machen.«

Die Quäker wohnten bei einem Glaubensgefährten, der auch einen Teil ihrer Ackerwaren aufkaufte. Er hörte am Abend der Erzählung über Astrids Schicksal mit Teilnahme zu und erklärte, dass in zwei Tagen ein Transport nach Pottstown abging. Da könne ein Wagen mit Astrids Habe mitfahren, und von dort könne die Mitfahrt auf einem Flussboot den Schuylkill-Fluss hinab leicht organisiert werden.

»Und wenn ihr dem Schiffer ein paar Schilling zusätzlich gebt, dann bringt er euch die paar hundert Meter über den Delaware gerade hinüber nach Gloucester, Mrs Larsson.«

Sven und Ingrid wollten mit der Mutter am nächsten Morgen die vielen Geschäfte ansehen, aber die Mutter vertröstete sie. »Erst muss ich zur Behörde für Landvermessungen und mir eine Bestätigung für die Eigentumsrechte an unserem Tal holen. Erst dann kann ich einen Makler beauftragen, Käufer zu suchen. Die paar Stunden müsst ihr noch warten.«

Astrid fand die Behörde in den wenigen Straßen der kleinen Stadt bald. Ein Schreiber, der in einem Zimmer mit vielen Folianten und Kartenrollen vor sich hin schrieb, zeigte mit dem Federkiel auf die Tür zum Nebenzimmer. Dort saß anscheinend der Leiter der Behörde. Er hörte sich Astrids Geschichte an und zeigte etwas Teilnahme.

»Zwischen dem Ontolaunee-See und dem spitzen Berg etwa, sagten Sie?«, fragte er und ging zu dem großen Regal hinter seinem Tisch. Er nahm einen Ordner heraus.

»Ja, hier steht etwas von Einar und Astrid Larsson. Etwa zweitausend Acres, am Silberbach gelegen, der zum Schuylkill-Fluss fließt. Die Landmarken sind angegeben, das Gebiet wurde länger als fünf Jahre bewirtschaftet. Ich kann Ihnen die Eigentumsbescheinigung ausstellen. Dann können Sie auch verkaufen.«

»Haben Sie vielen Dank für Ihre Mühe, Sir«, bedankte sich Astrid.

Der Beamte griff nach einem Formular und murmelte auf Deutsch: »Nicht der Rede wert.«

Astrid staunte. »Sind Sie deutscher Herkunft, mein Herr?«

Der Beamte schaute etwas erstaunt auf. »Ja. Wie kommen Sie darauf?«

»Sie haben eben die Redensart ›Nicht der Rede wert‹ in deutscher Sprache benutzt.«

Er lächelte. »Ja, wenn ich in Gedanken bin, falle ich manchmal in die Sprache meiner Eltern zurück. Sie sind vor zweiunddreißig Jahren eingewandert, sprechen aber immer noch mehr Deutsch als Englisch. Und Sie sind auch deutscher Herkunft, wie ich Ihrer Aussprache entnehme.«

»Ja. Auch ich bin hier geboren worden. Aber meine Eltern sind leider tot.«

»Haben Sie denn noch Verwandte, Frau Larsson, wo Ihr Gatte nun tot ist?«

»Ja, den Bruder und die Eltern meines Mannes in Gloucester am Delaware.«

»Wie gut für Sie. Wenn Sie die Farm verkaufen wollen, empfehle ich Ihnen Herbert Walberg als Vermittler, ein ehrlicher und seriöser Mann, übrigens auch deutscher Abstammung. Sie können sich gern auf mich berufen. Mein Name ist Wilhelm Schreiber.«

Ihre Gastgeber kannten Herrn Walberg und konnten ihn ebenfalls empfehlen. Sie hatten mit den Quäkern vom Ontolaunee-See auch schon den Weitertransport nach Gloucester geregelt. Ein Vetter des Quäkers schickte in wenigen Tagen von Pottstown zwei Flussschiffe mit Getreide zur Mündung des Schuylkill. »Da können Sie mit Ihrem Gepäck und den Kindern leicht mitfahren. Nur für die Verpflegung am Reisetag müssen Sie selbst sorgen.«

Nun stand einem Besichtigungsgang mit den Kindern zu den Geschäften des Ortes nichts mehr entgegen. Astrid fühlte sich auch ein wenig beruhigter über ihrer aller Zukunft, nachdem ihr Besitzrecht gesichert war.

Sie hätte gedacht, dass man in dem kleinen Ort nicht mehr als eine Stunde brauche, um alles zu sehen. Aber sie hatte sich in ihren Kindern getäuscht. Nach den Tagen der immer wiederkehrenden Trauer wurden ihre Gedanken heute von den vielen neuen Dingen gefesselt.

Und für sie war ja fast alles neu und aufregend. »Sieh doch nur, Mama, ein Mann, ganz schwarz im Gesicht und an den Händen«, bemerkte die kleine Ingrid und zeigte mit dem Finger nach vorn.

»Nicht so laut, Ingrid. Der Mann hat eine schwarze Hautfarbe, wie wir eine weiße und die Indianer eine rötliche haben. Man nennt die Menschen mit schwarzer Hautfarbe hier Neger. In den südlichen Kolonien wie Carolina, wo Baumwolle in großen Plantagen gepflanzt wird, gibt es viele Neger.«

»Warum sind die so schwarz, Mama?«

»Sie lebten seit vielen Tausend Jahren in Afrika, wo die Sonne sehr stark scheint. Man glaubt, dass die Haut sich im Lauf der Zeit so an die starke Sonne angepasst hat, Ingrid.«

Nun meldete sich aber Sven zu Wort. »Ist das ein Sklave?«

»Ich glaube nicht, Sven. Bei uns in Pennsylvania gibt es hier und da Haussklaven, aber die meisten Neger sind freigelassen. Er hier sieht aus wie der Butler in einer reicheren Familie.«

Aber jede Antwort löste neue Fragen aus. Nun wollten sie wissen, was ein Butler sei, wie Sklaven lebten und vieles andere mehr. Aber zum Glück kamen sie an ein Geschäft mit Eisen- und Haushaltswaren. Und da gab es Dinge, die hatte auch Astrid noch nicht gesehen.

Sie sahen kleine Handmühlen, mit denen konnte man Kaffeebohnen, Pfefferkörner und andere Dinge mühelos mahlen und musste sie nicht mehr zerstoßen. Sie bestaunten neue Lampen, die nicht blaken und viel heller leuchten sollten. Astrid hätte am liebsten die neuen Töpfe und Saucengießer ausprobiert. Und Sven dachte nach, wie viel leichter seinem Vater die Arbeit geworden wäre, hätte er diesen neuen Patentpflug aus England gehabt.

Alles schien sich in den Jahren erneuert und verbessert zu haben, in denen sie in der Wildnis gelebt hatten. Die Webstühle waren leichter zu bedienen, die Stubenbesen fusselten nicht so aus, die Spaten und Äxte lagen besser in der Hand, und erst die Schuhe und Kleider! Da gab es praktische »Überschuhe«, wenn man durch die schlammigen Straßen gehen musste. Und die Brillen waren leicht hinter den Ohren zu befestigen und sahen viel gefälliger aus. Nebenan war auch ein Laden mit Büchern und Zeitungen, in dem man die Brillen erproben konnte.

Sven stand an der Scheibe und konnte alle Überschriften lesen, auch wenn ihm einige Wörter fremd waren. »Mutti, schau doch nur: Eine Zeitung aus New York!«

Astrid sah hin. »Ja, aber sie ist über drei Wochen alt. Na ja, sie hatte auch einen weiten Weg. Aber hier ist eine Londoner Gazette, nur sechs Wochen alt. Die muss ein Schiff direkt nach Philadelphia gebracht haben.«

Astrid musste ihre Kinder fast von den Läden wegreißen, denn sie sollten zurück zu ihrer Gastfamilie, damit Astrid den Termin beim Makler wahrnehmen konnte.

Herr Walberg, der Makler, bat Astrid, deutsch zu sprechen. »Früher haben wir unsere Heimatsprache öfter gesprochen. Jeder Zweite kam aus Deutschland. Aber heute sind wieder mehr Schotten und Iren eingewandert, und die jungen Leute reden englisch. Da bin ich froh, wenn ich mal wieder die alten Laute höre.«

Er drückte Astrid sein Mitgefühl aus und erzählte ihr, dass er von den Quäkern schon gehört habe, wie schön gelegen, fruchtbar und gut bestellt die Farm sei. »Und hier aus der Besitzurkunde entnehme ich, dass das Land auch gut vermessen wurde. Ein Vorteil und eine Sicherheit gegen spätere Grenzstreitigkeiten.«

Astrid lächelte traurig. »Mein Mann war der Sohn eines Kapitäns. Der hat ihm viel von der Bedeutung des Messens und Navigierens erzählt.«

»Das merkt man auch hier an den Angaben. Da steht nicht nur ›Hundert Yards westlich von …‹, sondern genau ›Südwest bei Süd‹. Es gibt nun zwei Möglichkeiten, Frau Larsson. Entweder Sie verkaufen an einen Spekulanten, der sofort zahlt und das Land verpachtet oder weiterverkauft. Oder Sie verkaufen an einen Vertragseinwanderer, der in Raten abbezahlt.«

»Was ist ein Vertragseinwanderer, Herr Walberg?«

»Jemand, der nicht das Geld für die Überfahrt von Europa nach Amerika aufbringen konnte. Es gibt Makler, die das Geld vorstrecken. Dafür muss der Mann seine Arbeitskraft für meist fünf Jahre nach Ankunft verpfänden. Ich kenne einen Westfalen mit Frau und zwei großen Söhnen, der auf einer Farm am Mount Penn so gut gearbeitet hat, dass er praktisch Verwalter ist. Im nächsten Frühjahr läuft seine Zeit ab, und er will unbedingt eigenes Land haben. Der würde hart arbeiten und zehn Jahre lang aus den Ernten den Kaufpreis abzahlen. Wenn Sie nicht sofort Geld brauchen, um ein Haus oder ein Geschäft zu kaufen, wäre das die beste Lösung.«

»Ich kann bei Schwager oder Schwiegervater unterkommen. Ich nehme den Vorschlag gern an.«

»Gut, dann fahre ich gleich zu dem Mann raus. Heute Abend können wir die Verträge unterzeichnen. Morgen früh lasse ich sie bei der Behörde registrieren. Dann können Sie mit allen Urkunden übermorgen abreisen.«

Es war eine seltsame Fahrt, wenn sie später daran zurückdachten. Sie waren ja nicht viel anders als gut behandelte Frachtstücke. Sie selbst hatten nichts organisiert und kannten weder Weg noch Ziel. Aber sie sahen und erlebten Dinge, die ihnen in Einars Tal in Jahrzehnten nicht widerfahren wären.

Die Fuhrleute konnten ihren Spaß kaum verbergen, als sie am Rande von Reading an einem Hurenhaus vorbeifuhren und Astrid ihren Kindern die Augen zuhielt, damit sie nicht sahen, wie die Huren immer wieder Schenkel und Busen zeigten und sich von betrunkenen Freiern anfassen ließen.

Weniger spektakulär war der Gewitterregen, der den Weg im Nu aufweichte und sie zwang, neben den Wagen herzugehen, um die Pferde zu entlasten. Ungewohnt für alle war ein Trupp britischer Soldaten, der in seinen roten Röcken vor einem Haus stand. Sven und auch einige Fuhrleute kamen aus dem Staunen kaum heraus. Wann sah man schon einmal reguläre Soldaten aus England? Der Kutscher murmelte eine Verwünschung.

»Sie sind wohl nicht beliebt?«, fragte Sven seine Mutter.

»Ich glaube nicht. Man sagt, ihre Offiziere seien arrogant und schauten auf die Kolonisten herab.«

Vielleicht hing die Anwesenheit von Soldaten damit zusammen, dass wenig später ein Mann an einem Galgen hing und von einem Dutzend Menschen bestaunt wurde. Wieder ließ Astrid ihre Kinder wegschauen und erklärte ihnen, dass kein Mensch dem anderen das Leben nehmen solle, gleichgültig, wie schwer seine Schuld wiege.

Zum Glück gab es auch heitere Dinge zu sehen: Die Schweine, die ihren Fuhrleuten entwischt waren und über die Felder davonjagten, die Hühner, die sich auf ein Gatter gerettet hatten, während unten ein kleiner Hund sie anbellte, die Frau, die einen so großen Federhut trug, dass eine Zofe neben ihr gehen und immer den Rand festhalten musste.

Und sie sahen Farmen so dicht nebeneinander, dass zwischen ihnen kein unbebautes Land blieb. Sie sahen Herden, deren Weiden richtig eingezäunt waren, und Kinder, die mit Taschen aus einer kleinen Schule kamen.

Ihre Mutter bestätigte ihren Kindern, dass in den größeren Orten die Kinder gemeinsam in Schulen unterrichtet würden. »Das werdet ihr in Gloucester auch erleben, und ihr werdet sehen, das macht Spaß.«

Und dann stiegen sie auf das Flussschiff, mussten schimpfenden Schifferknechten aus dem Weg gehen und sich einen Platz auf und zwischen der Fracht suchen. Sie hielten sich erst ängstlich fest, bis sie merkten, dass das flache Schiff sicher und leicht den Fluss hinabglitt. Erst ließen die Kinder ihre Augen wandern und sahen immer neue Dinge am Ufer, dann wollten sie auf dem Schiff herumlaufen, was die Mutter streng verbot. Schließlich machten die vielen neuen Eindrücke sie ein wenig müde. So schön und aufregend die Bootsfahrt auf dem Schuylkill auch war, nun konnten es die Kinder kaum erwarten, ihre neue Heimat zu erreichen und Onkel und Tante, Oma und Opa zu sehen.

»Wir fahren mit unseren flachen Flusskähnen nicht über den Delaware, Frau Larsson«, sagte der Flussschiffer. »Wer Ihnen das in Aussicht stellte, war eine Landratte. Der Delaware ist an dieser Stelle zwar nur ein paar Hundert Meter breit, aber er ist hier eine Meeresbucht. Wie schnell kommt ein Wind auf, und ein paar größere Wellen würden unsere flachen Kähne vollschlagen. Aber Sie finden dort, wo wir anlegen, leicht einen Kutter, der Sie für wenig Geld rüberbringt. Den alten Kapitän Larsson kennen doch alle.«

So war es auch. Der Schiffer, der mit dem Kutter gleich ablegte, war sogar einmal mit Astrids Schwiegervater gesegelt. »Guter Seemann, der alte Schwede«, hatte er gemurmelt und einen fairen Preis gemacht.

Sven und Ingrid spähten voraus und wollten von ihrer Mutter immer wissen, was dieses oder jenes Gebäude beherberge.

»Kinder, ich habe in Philadelphia gelebt und war nur einige Male mit eurem Vati hier in Gloucester, und das liegt sechs und mehr Jahre zurück. Das Rathaus kenne ich noch, ein oder zwei Werften, die Kirche, aber sonst nicht viel. Wartet ab, der Opa und Onkel Björn werden euch alles zeigen.«

Der Schiffer und sein Gehilfe brachten ihre beiden großen Kisten mit der Schubkarre an ihr Ziel. »Ist ja nicht weit, und das schulde ich dem Käpt'n«, hatte der Schiffer gesagt. Die Taschen schleppten Astrid und die Kinder.

An einem sauberen kleinen Haus an der Flussseite klopfte der Schiffer an. »Besuch, Käpt'n!«, rief er.

Sven sah, wie eine Gardine zur Seite geschoben wurde und ein graues Wollbüschel herausspähte.

Dann knarrte eine Tür, Schritte tappten, und eine Stimme rief: »Wo ist Einar?«

Dann sah Sven den Mann. Er ging gebeugt und hinkte etwas. Sein Gesicht war von einem grauen Vollbart eingerahmt und mit einem grauen Haarschopf bedeckt. Das Gesicht war faltig und wies einen großen braunen Leberfleck unter dem linken Auge auf. »Wo ist er, Tochter?«

Astrid trat ihm einen Schritt entgegen. »Er ist tot, Herr Vater. Die Indianer haben ihn ermordet. Ich und meine Kinder bitten um Aufnahme.«

Der alte Mann nahm die Hände vor die Augen, und seine Brust bebte. Dann holte eine Hand ein Tuch aus der Tasche. Er wischte die Augen trocken und sah die Ankömmlinge mit seinen graublauen Augen fest an.

»Die Frau und die Kinder meines lieben Sohnes sind mir immer willkommen. Du musst mein Enkelsohn Sven sein und du meine Enkeltochter Ingrid. Hübsche Kinder hast du uns geschenkt, Tochter Astrid. Tretet ein und seid willkommen!«

Zum Schiffer sagte er: »Ladet die Kisten dort ab, und erzähl nicht allen, dass der Alte weinen kann. Hab Dank!«

Für Astrid und die Kinder waren die nächsten Stunden mit mehr Neuigkeiten gefüllt, als sie fassen konnten. Ihre Unterbringung war kein Problem. »Wir haben oben zwei Zimmer frei. Da könnt ihr wohnen.«

Aber dann kam eine kleine, etwas dicke Frau aus der Küche, und Astrid wollte sie umarmen und begrüßen. Aber die Frau wehrte ab: »Na, na, wer sind Sie denn?«

Der Großvater blickte Astrid verlegen an und flüsterte: »Die Oma vergisst jetzt sehr viel. Aber sie wird sich an euch gewöhnen.«

Zu seiner Frau sprach er laut: »Es ist Astrid, Einars Frau. Und sieh nur, hier ist Ingrid, unsere Enkeltochter, und das ist Sven, unser Enkelsohn. Sind sie nicht so hübsch, wie Einar letztes Jahr schrieb?«

Die Oma schlug die Hände zusammen. »Hübsche Kinder, ja. Unsere Enkeltochter. Wie heißt du?«

»Ingrid«, antwortete die Kleine etwas schüchtern.

»Sehr schön! Komm, ich hab einen Keks für dich. Und wer ist der Junge?«

Jetzt meldete sich Sven: »Dein Enkelsohn Sven, liebe Oma.«

»Guter Junge«, hörte Astrid den Opa murmeln. Aber dann trippelte die Oma schon in die Küche und kam mit einem Teller voller Kekse zurück. »Hier, lasst es euch schmecken, und kommt bald einmal wieder.«

Der Opa räusperte sich und sagte: »Frau, kannst du bitte Kaffee machen für uns und unsere Schwiegertochter Astrid? Und einen Saft für die Kinder wirst du auch haben. Kaffee und Saft!«

»Kaffee und Saft«, wiederholte die Oma und wandte sich um.

»Ich werde der Oma helfen«, sagte Ingrid und folgte ihr.

»Du hast liebe Kinder, Astrid«, lobte der Opa.

»Danke, Herr Vater.«

»Nun setz dich mal hin, Kind, und lass das mit dem Herrn Vater. Wir werden nun als eine Familie zusammenleben. Sag Vater oder Opa zu mir, und hab Nachsicht mit uns alten Leuten.«

Bevor Astrid antworten konnte, kam Ingrid und fragte: »Oma will wissen, ob ihr auch Kuchen möchtet.«

Der Opa sah Astrid fragend an, und die nickte. »Sag der Oma, wir hätten gern Kuchen.«

Als sie Kaffee tranken und Kuchen aßen, unterbrach der Opa die Stille: »Du weißt, Astrid. Ich war immer ein ungeduldiger Mann. Bitte, sag mir, wie mein Sohn starb.«

Astrid erzählte in kurzen Sätzen und betonte, dass er nicht gelitten habe und dass sie ihn christlich bestattet hätten. Ingrid weinte leise vor sich hin. Sven rang um Fassung.

Der Großvater saß regungslos da. Zwei Tränen rannen aus seinen Augen. Die Oma sah Ingrid weinen. »Was hat denn die Kleine? Schmeckt dir etwas nicht?«

Der Großvater legte ihr die Hand auf die Schulter und sagte: »Gudrun, liebe Frau. Unser Sohn Einar ist tot. Die Indianer haben ihn erschossen. Verstehst du? Unser Einar kommt nie wieder. Das ist seine Tochter Ingrid. Sie weint um ihn. Sie wohnt jetzt bei uns.«

Das Gesicht der Großmutter veränderte sich. Es füllte sich mit Leben. »Einar ist tot? O mein Gott. Unser armer Junge.« Sie schluchzte bitterlich. Ihr Mann umarmte. Dann griff Ingrid nach ihrer Hand und streichelte sie.

Die Oma bemerkte es nach einer Weile, sah Ingrid an und sagte: »Unsere liebe Enkeltochter!« und drückte sie an sich.

Astrid sah ihren Schwiegervater an, und der flüsterte: »Manchmal ist sie ganz wie früher.«

Die Oma trocknete ihre Tränen, nahm noch von ihrem Enkelsohn Sven Notiz und tauchte dann wieder in ihre Welt ab. Der Opa zeigte ihnen die Zimmer, half, die Kisten zu öffnen, und besprach mit Astrid, was noch besorgt werden könne.

»Du kannst uns sehr helfen, liebe Tochter, wo meine Gudrun nun nicht mehr ganz bei uns ist und ich immer hinfälliger werde. Aber du wirst auch dein Leben leben wollen. Wie hattest du es dir gedacht?«

»Ich würde gern wieder als Lehrerin arbeiten, wenn auch Ingrid und Sven die Schule besuchen. Du weißt, Einar wollte immer, dass sie etwas lernen.«

Der Alte nickte. »Ja, das sollen sie. Ich glaube, ich werde dir helfen können. Ich kenne Leute, die im Rat der Schule sitzen. Aber noch eins muss ich dir sagen: Bald werden Björn, unser Sohn, und seine Frau Christine kommen. Auch sie werden sagen, dass du bei ihnen wohnen und arbeiten kannst. Aber das geht nicht. Christine ist eine gute Mutter und Ehefrau, aber sie ist krankhaft eifersüchtig. Es hat schon den größten Streit gegeben, wenn eine Frau nur freundlich mit Björn sprach. Sie haben nur männliches oder ganz altes weibliches Personal. Christine kann sich da nicht beherrschen. Sie kriegt dann regelrechte Anfälle. Denk daran und halte immer Distanz zu deinem Schwager. Es tut mir leid, das sagen zu müssen. Aber ich weiß keine andere Lösung. Wenn wir mit Christine reden, sieht sie alles ein. Aber dann kommt es wieder über sie.«

Astrid lächelte etwas. »Auf unserer Farm ist mir solche Versuchung erspart geblieben. Ich werde es beherzigen, Vater.«

In den nächsten Wochen lebten sich Astrid und die Kinder in der fremden Umgebung ein. Ingrid fand auf unerklärliche Weise Zugang zur Großmutter, die nie vergaß, dass sie ihre Enkeltochter war. Wenn Ingrid sie anredete oder ihre Hand nahm, tauchte sie immer aus ihrer Welt empor, und ihr Gesicht füllte sich mit Leben.

»Es ist ein Wunder!«, staunte der Großvater immer wieder. Mehr und mehr bürgerte es sich ein, dass Ingrid der Vermittler wurde, wenn sie der Oma etwas sagen wollten, was sie behalten sollte.

Sven dagegen war seines Großvaters Stolz und Hoffnung. Er sollte die Enttäuschung ausgleichen, dass keiner der beiden eigenen Söhne zur See gefahren war. Der Großvater ahnte, dass Astrid diesen Wunsch nicht unterstützen würde, und fing behutsam an, Svens Interesse an der See zu wecken. Er zeigte ihm einige der vielen Werften, die es an der Küste des Delaware gab. Er nahm ihn auf das Handelsschiff mit, an dem er noch Anteile besaß, wenn es im Hafen lag. Er fuhr mit ihm im kleinen Boot zum Angeln und lehrte ihn, das Segel zu bedienen. Er zeigte ihm Bücher und Bilder aus fernen Ländern. Und es gab am Delaware viele Männer, die fremde Länder und Meere gesehen hatten und fesselnd davon erzählten, wenn man ihnen nur einen Grog spendierte.

Sven und der Großvater verstanden sich gut. Dem Opa wurde warm ums Herz, wenn ihn Sven auf Schwedisch: »God morgon, farfar (Groß-vater)!«, begrüßte. Er lehrte ihn das eine oder andere schwedische Wort und freute sich, wenn Sven es gelegentlich benutzte. Und er vermit-telte Sven seinen Stolz auf die Schiffbauer und Seefahrer in den ameri-kanischen Kolonien. »Drei Viertel aller Schiffe, die zwischen Amerika und England segeln, gehören Kolonisten. Und wir bauen immer mehr Schiffe selbst. Wir werden England eines Tages überrunden.«

Mit Schwager und Schwägerin verstand sich Astrid auch gut. Sie half in der Bäckerei aus, wenn es nötig war, und achtete darauf, dass sie immer mehr Kontakt mit Christine hatte als mit Björn. Christine fasste Vertrauen zu ihr, suchte gut erhaltene Kleidung und Spielsachen ihrer ein Jahr älteren Tochter für Ingrid heraus. Und auch die beiden Mädchen mochten sich gut leiden.

Aber immer wieder packte Astrid die Erinnerung an Einar. Sie fühlte ihn, sie hörte ihn, und dann griff die Wirklichkeit nach ihr, und sie weinte bitterlich. Der Opa kam eines Tages hinzu, als sie tränenüber-strömt auf der Fensterbank saß.

Er setzte sich zu ihr, umarmte und sagte nach einer Weile: »Es ist furchtbar, dass er so plötzlich von dir gerissen wurde. Aber er wird im-mer in deinem Gedächtnis als junger, kräftiger und begehrenswerter Mann leben. Du wolltest mit ihm gemeinsam alt werden. Aber das bedeutet auch, dass du zusiehst, wie der junge Körper hinwelkt, faltig, unansehnlich, ja abstoßend wird. Es bedeutet auch, mit den beiderseiti-gen Gebrechen und Krankheiten zu leben. Die Liebe erträgt das, aber es ist nicht leicht. Gott hat dir das erspart. Dein Einar bleibt in deiner Erinnerung immer jung. Wir können Gottes Willen nicht ergründen, wir sollten uns fügen.«

Astrid half diese Aussprache. Der Gedanke, dass Einar oder sie so in eine Schattenwelt hätten abtauchen können wie die Oma, erschreckte sie sehr. Sie wurde ruhiger.

Zu Astrids innerem Frieden trug auch bei, dass sie wieder ihre Aufga-ben in der Schule fand. Im Staat New Jersey, in dem sie jetzt wohnten, hatte Erziehung einen hohen Stellenwert. Grundschulen für Jungen gab es seit Langem. Seit Jahren wurde auch in Philadelphia die »Wil-liam-Penn-Charter-Schule« als Sekundarschule ausgebaut. Für Mädchen wurde die Grundschule jetzt durch die Privatinitiative der Eltern eingerichtet. Ingrid war eine der ersten Schülerinnen.

Der Opa war sehr am Schulbesuch seines Enkels interessiert und achtete besonders darauf, dass die Schule guten Mathematikunterricht anbot. Für Ingrid schien ihm die Anleitung zu häuslichen Fertigkeiten auszureichen. Astrid beunruhigte das nicht weiter, denn das war nun eben die vorherrschende Einstellung unter den Männern. Aber als sie eine der beiden Lehrerinnen an der neuen Grundschule für Mädchen wurde, konnte sie mitwirken, dass die Mädchen mehr lernten als die Anfangsgründe in Lesen, Schreiben und Rechnen.

Für Sven und Ingrid waren es neue Erfahrungen, so viele Stunden gemeinsam mit anderen Kindern zuzubringen. All die kleinen Finessen, die auch Kindern schon geläufig sind, um sich in die rechte Position zu setzen, die eigene Bedeutung herauszustreichen und Vorteile zu erlangen, waren ihnen unbekannt.

Empört berichtete Ingrid ihrer Mutter, wie andere Mädchen sie bei ihrer Sitznachbarin anschwärzten, wie sie über jeden Nachteiliges zu tratschen hatten und mit ihren Büchern prahlten. Zum Glück hatten sie eine einheitliche Schultracht, aber die Frisuren wurden Gegenstand des Wettbewerbs.

Ingrid lernte mit Astrids Hilfe schnell, und Astrid hatte in der eigenen Schule auch Gelegenheit, das Miteinander zu beeinflussen. Bei Sven war es einfacher. Er war kräftig. Nachdem er merkte, dass einige Mitschüler seine Gutartigkeit als Schwäche auslegten und ihn schikanieren wollten, teilte er einmal ein paar kräftige Hiebe aus und wurde seitdem respektiert.

Dass der Opa mehr Interesse für Svens Schulerfolge zeigte als für Ingrids Fortschritte, tat Astrid als eine typisch männliche Einstellung ab. Aber als er das Lerninteresse durch geografische Karten, astronomische Tafeln und Kursbestimmungen anregen wollte, wurde sie misstrauisch.

»Vater, was hast du vor mit Sven? Willst du einen Seemann aus ihm machen? Das hätte sein Vater nicht gewollt, und ich will das auch nicht. Er ist klug genug, um das College in New Jersey zu besuchen und einmal Anwalt oder Richter zu werden.«

Der Großvater schaute bedrückt drein. »Keiner meiner beiden Söhne wollte zur See fahren. Ich konnte ihnen nicht vermitteln, was das für ein großartiger Beruf ist, weil ich selten zu Hause war. Aber Sven soll das wenigstens erfahren und dann selbst entscheiden.«

Manchmal merkte Astrid, dass der Großvater Sven mit alten Seeleuten zusammenbrachte, die von ihren Fahrten und fernen Ländern erzählten und denen der Opa dann einen Grog spendierte. Sie wirkte dem entgegen und erzählte, wie einsam die Oma gewesen war, wenn der Opa wochen- und monatelang nicht zu Hause war. Und sie sorgte auch dafür, dass Sven es erfuhr, wenn wieder ein Schiff im Sturm untergegangen oder an einer Küste zerschellt war.

Aber Astrid hatte es in diesem Küstenort schwer. Ständig segelten die Schiffe vorbei, wenn sie Philadelphia ansteuerten oder verließen. Und es waren wunderschöne Dreimaster darunter. Immer wieder waren auch in Gloucesters Straßen Seeleute zu sehen, die mit Geld um sich warfen und von fernen Ländern erzählten. Sie fielen mehr auf als die verhärmten Krüppel, die sich in der Takelage die Knochen ruiniert hatten und nun um ein Gnadenbrot bettelten. Unmerklich wuchs in Sven die Sehnsucht nach dem Meer und fernen Ländern.

Als Sven elf Jahre alt war, meinten seine Lehrer zu Astrid, dass er bei ihnen nichts mehr lernen könne. Er müsse nun auf die »William-Penn-Charter-Schule« in Philadelphia. Einerseits war das ganz in Astrids Sinn, weil sie ihn später auf dem College sehen wollte, andererseits bedeutete das, dass er während der Woche dort im Internat wohnen musste. Das kostete Geld.

Astrid rechnete hin und her. Sie verdiente etwas. Von der Farm kamen Zahlungen, mitunter als Geld, mitunter als Getreidesäcke oder Räucherfleisch. Sie würde den Opa um Zuschuss bitten müssen, denn er hatte als Teilhaber seines Schiffes noch ganz gute Einnahmen.

Der Opa ließ sich nicht lange bitten. Er hatte sich umgehört und erfahren, dass Sven auf dem englischen Zweig dieser Schule nicht nur Französisch, sondern auch Mathematik und Geografie lernen würde. Das passte in seine Pläne.

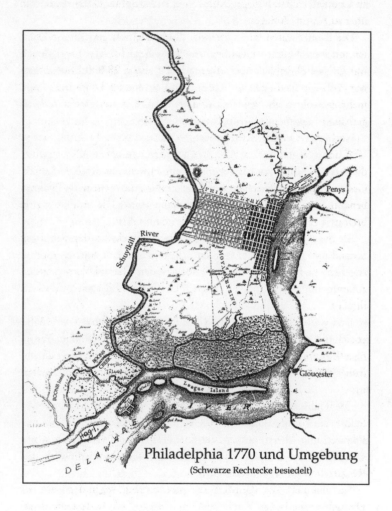

Philadelphia 1770 und Umgebung
(Schwarze Rechtecke besiedelt)

Und so fuhren alle eines Tages nach Philadelphia, nachdem sie die Oma der Obhut einer Magd anvertraut hatten. Ein Wagen brachte sie zu Coopers Fährstation gegenüber von Philadelphia. Dann setzten sie über zu Austins Anlegestelle.

Die Kinder waren schon zweimal in Philadelphia gewesen und hatten mit ihrer Mutter weitläufige Verwandte besucht. Aber immer noch war für sie der Anblick überwältigend. Mit seinen 28 000 Einwohnern war Philadelphia die zweitgrößte englische Stadt nach London. Es hatte mehr Einwohner als New York und erstreckte sich mit Docks und Lagerhäusern kilometerweit am Ufer des Delaware.

Nach dieser ersten Reihe großer Steinhäuser kam die Front Street. Und dann folgten rechtwinklig reißbrettartig gezogene Längsstraßen, die Second, Third, Fourth Street und immer weiter in der Zahlenreihe. Geschnitten wurden sie von den Querstraßen, die meist nach Pflanzen benannt waren, Cedar, Walnut oder Vine Street. Die Straßen waren breit und gesäumt von mehrstöckigen Steinhäusern.

Als Sven zum ersten Mal die gewaltigen Blocks an der Kreuzung Second und Market Street sah, hatte er Angst, in diese Straßen hineinzugehen. Er fürchtete, diese steil aufragenden Häuserkolosse würden zusammenbrechen. Und die vielen Menschen und Wagen erdrückten ihn fast.

Jetzt war er schon an städtisches Leben gewöhnt, aber wohl fühlte er sich nicht in diesen Steinwelten. Ingrid dagegen jubelte über immer neue Eindrücke, auf die sie die anderen hinwies. »Warum hast du uns früher nicht gesagt, wie schön und interessant es in großen Städten ist?«

»Weil ich auch weiß, wie schmutzig, laut und abstoßend die großen Städte sein können, liebe Ingrid. Und weil ich unser stilles Tal mit den Pflanzen und Tieren viel schöner fand. Hast du schon vergessen, wie glücklich es uns gemacht hat, wenn wir am frühen Morgen die kleinen Rehkitze mit ihren Müttern sahen?«

Sie fuhren langsam die Mulberry Street entlang, wo in der Nähe der Deutsch-Lutherischen Kirche das Internat lag. Sven hatte seine guten Schuhe aus festem Leder an, trug weiße Strümpfe, die knielange Bundhose und über dem Hemd einen schenkellanges Jackett.

Der Großvater, der sich als »Kapitän Larsson« beim Internatsleiter einführte, stellte seinen Enkel vor und wurde mit Respekt begrüßt. Der Leiter zeigte ihnen das Zimmer, in dem Sven schlafen würde, ein Saal mit zwanzig Betten und zwanzig schmalen Schränken, den Raum für Arbeiten mit zwanzig Tischen und Stühlen sowie den Essraum.

»Die jungen Herren sind gerade beim Unterricht in der Schule nebenan, Herr Kapitän. In zehn Minuten kann ich Sie dem Herrn Direktor vorstellen.«

Als Astrid eine Stunde später das Internat verließ, drückte sie Ingrid eng an sich, und der Opa blickte mitleidsvoll auf die beiden. »Nun seid man nicht traurig. Er ist jetzt ein junger Mann, da muss er hinaus ins Leben. Er kommt doch jedes Wochenende wieder zu uns, und während der Woche darf er deinen Cousin und deine Cousine besuchen, liebe Astrid. Er wird sich durchsetzen, Freunde finden und viel lernen.«

Als Sven das erste Wochenende daheim verbrachte, war er recht bedrückt. Er deutete an, dass es viele Demütigungen und Quälerei durch ältere Schüler im Internat gebe und dass er sich einsam fühle. Aber da war der Opa sein bester Gesprächspartner. Er erzählte von seinen Erfahrungen als Schiffsjunge, wie er schikaniert und ausgenutzt worden war und mit welchen Tricks er sich gewehrt habe. Sven merkte, dass sein Schicksal gar nicht so ungewöhnlich war, und er merkte sich diesen und jenen Trick, von dem der Opa ihm berichtete.

Bei den nächsten Besuchen war Sven viel zuversichtlicher, und dann bat er, Freunde mitbringen zu dürfen, die am Wochenende nicht zur Familie konnten, weil sie zu weit entfernt wohnten. »Aber immer nur einen«, bat sich Astrid aus und freute sich, dass Sven sich jetzt im Internat wohl fühlte.

Sven brachte Jack mit, der in Wilmington wohnte und dessen Eltern aus Schottland stammten. An einem anderen Wochenende kam Henrik aus Vineland, dessen Eltern aus Holland stammten, und wieder ein andermal erschien Henning aus Wilmington, dessen Eltern Schweden waren. Er fand besonderen Anklang beim Opa, der ihm stolz erzählte, dass die Schweden zu den ersten Einwanderern an der Mündung des Delaware gehört hatten und dass man die Gegend einst Neu-Schweden nannte. »Wäre mir heute noch lieber als New Jersey. Was haben wir mit dieser Insel im britischen Kanal vor Frankreich zu schaffen?«

Astrid war auch etwas stolz, dass Sven sich gut im Internat eingelebt und nette Freunde hatte. Sie konnte es mitunter kaum fassen. Nur zwei Jahre nach ihrer Flucht aus dem einsamen Bergtal waren ihre Kinder vollkommen in der städtischen Umgebung heimisch geworden.

Auch Ingrid ging gern in die Schule. In der Familie war sie für den Kontakt mit der Oma unentbehrlich geworden. Niemand konnte erklären, warum Leben, Erinnerung und Verstand in die Oma zurückkehrten, sobald sie nur Ingrids Stimme hörte. Der Opa hatte oft Tränen in den Augen und murmelte: »Wenn unser Einar erleben könnte, wie ihr unsere Familie bereichert habt. Meine Gudrun war so eine patente und hübsche Frau. Jetzt durch Ingrid kann man das auch im Alter noch sehen.«

Dr. Wilbur, ein bekannter Arzt, dessen Tochter mit Ingrid befreundet war und mit ihr die gleiche Klasse besuchte, bat Astrid darum, die Verhaltensänderung einmal beobachten zu dürfen.

Er kam zu den Larssons, wurde der Oma vorgestellt, die belanglose Dinge plapperte und ihn nach kurzer Zeit fragte, ob er die frischen Eier vom Markt mitgebracht habe, um die sie ihn gebeten hatte. Dr. Wilbur verneinte und erklärte ihr, dass er der Arzt sei, was sie wohlwollend zur Kenntnis nahm und sofort wieder vergaß.

Und dann kam Ingrid, legte einen Arm um die Oma und erzählte von der Schule. Und sofort war die Oma wie verwandelt. Ihre Augen leuchteten, sie lachte, erzählte von ihren Schultagen, wusste, was Ingrid gestern lernen musste, und sagte zu Dr. Wilbur: »Bitte, nennen Sie mir doch noch einmal Ihren Namen. Ich vergesse leider in letzter Zeit Namen so häufig.«

Als Dr. Wilbur den Namen genannt hatte, bezog sie ihn in die Unterhaltung mit ein und benutzte den Namen mehrfach.

Als Dr. Wilbur dann mit Astrid im Nebenzimmer saß, gestand er, dass er einem Bericht über diesen Vorfall nicht geglaubt hätte. »Aber nun habe ich es selbst erlebt. In der Literatur wird mitunter über Menschen berichtet, die über mediale Kräfte verfügen. Aber das ist hier ja etwas anderes. Dennoch, Ingrid und die Oma sind blutsverwandt. Ihre Gehirne müssen auf eine uns unbekannte Weise Wellen, Schwingungen oder andere Signale aussenden, die uns nicht zugänglich sind, von den beiden aber unbewusst verstanden werden. Und durch diese Reize werden bei der Oma Hirnzellen aktiviert, die sonst schon abgeschaltet sind. Unsere Nachkommen werden das vielleicht einmal ergründen können. Uns erscheint es wie ein Wunder.«

»Für das die Familie sehr dankbar ist, Herr Doktor. Die Oma war eine so kluge und liebe Frau. Es war schrecklich, sie ständig ohne Geist und Verstand zu erleben. Nun ist sie doch wenigstens wieder zeitweise bei uns.«

Dr. Wilbur sah Astrid an, als ob er überlege, noch etwas zu sagen. »Sie haben noch etwas auf dem Herzen, Herr Doktor«, ermunterte ihn Astrid.

»Ja, Frau Larsson, aber ich scheue mich, meinen Wunsch zu äußern, nachdem ich sah, wie wichtig Ingrids Anwesenheit für die Familie ist. Sie wissen, dass Ingrid und unsere Sabrina eng befreundet sind. Sabrina ist leider ein Einzelkind geblieben. Meine Frau und ich möchten ihr nun mehr Bildung zukommen lassen, als das in der Schule möglich ist. Wir kennen einen Herrn, der unserer Tochter Unterricht in Französisch, Geschichte und Geografie erteilen könnte, an vier Nachmittagen, jeweils zwei Stunden.«

Astrid wunderte sich etwas über die pedantische Erklärung, aber sie kannte Dr. Wilburs systematische Art schon aus einigen Gesprächen. Nun fuhr er fort: »Meine Frau und ich haben schon mehrfach erlebt, wie viel besser unsere Sabrina auffasst, wenn Ingrid mit ihr lernt. Daher wollten wir Sie herzlich bitten, ob nicht Ingrid am Unterricht für unsere Tochter teilnehmen dürfte. Wir würden selbstverständlich alle Auslagen erstatten, die entstehen, weil Ingrid Ihnen nicht helfen kann oder weil sie etwas braucht.« Er schloss mit einer etwas hilflosen Handbewegung.

Astrid war überrascht. Dachten die Leute, sie wolle oder könne sich nicht um die Bildung ihrer Tochter kümmern? Aber dann sah sie Dr. Wilburs ehrliches Gesicht, erkannte, wie wichtig ihm ihre Zustimmung war, und sagte etwas verlegen: »Ingrid ist doch erst sieben Jahre alt, Herr Doktor. Ist es nicht etwas zu früh für diese Themen?«

Dr. Wilbur nickte. »Die Frage hat uns auch beschäftigt, verehrte Frau Larsson. Aber ich habe mich in die Literatur eingearbeitet. Die meisten Fachleute sind der Auffassung, dass die Kinder leichter lernen, je früher sie lernen. Und wir achten sehr darauf, dass der Lehrer anregend und anschaulich unterrichtet und nicht etwa wie ein Drillmeister paukt. Sie würden uns einen großen Gefallen tun, wenn Ingrid das auch will.«

Und so konnte Ingrid nach einiger Zeit mit ihrem Bruder bei seinen Wochenendbesuchen auch einige Redewendungen in Französisch austauschen.

Opa Larsson erhielt von Zeit zu Zeit Besuch von seinem alten Kollegen und Freund William Bradwick, der nach seiner Zeit als Kapitän die Reederei des Vaters mit fünf Schiffen übernommen und nun seinem Sohn das Tagesgeschäft übergeben hatte. Er war sehr wohlhabend, sehr angesehen und Mitglied der Versammlung, die Gouverneur William Franklin beriet.

Mr Bradwick war auch sehr freundlich zu Astrid und den Kindern. Er selbst hatte eine deutsche Mutter und einen schwedischen Vater gehabt. Und so scherzte er mit Astrid ein paar Worte in Deutsch und neckte Sven mit einigen Brocken Schwedisch. Er war hager und ging ein wenig schwer am Stock, aber er lachte gern und wirkte dann jünger.

Mit ihm hielt auch die Politik Einzug in das Familienleben der Larssons, die sich darum lange überhaupt nicht gekümmert hatten, weil Astrid vollauf beschäftigt war, sich und ihre Kinder in die neue Umgebung einzugliedern, und weil der Opa lange zu sehr mit dem geistigen Verfall seiner Frau beschäftigt gewesen war.

Mr Bradwick war ein scharfer Kritiker der Londoner Kolonialpolitik, die ihm einzig und allein von dem Bestreben bestimmt schien, die Kolonien als Rohstofflieferanten auszubeuten. »Wenn wir etwas herstellen, ob es nun Eisenwaren sind aus den Gruben in Pennsylvania oder Kleider aus der virginischen Baumwolle, nichts dürfen wir direkt exportieren. Alles muss über England laufen. Dadurch werden unsere Waren unangemessen verteuert. Uns erlegt man höhere Zölle auf als den Engländern, und ihre Beamten sind arrogant und ignorant.«

Astrid merkte auch sonst, wie unbeliebt Beamte und Soldaten der britischen Regierung waren. Aber Ingrid berichtete auch von anderen Stimmen. Im Hause von Dr. Wilbur sprach man sehr verständnisvoll über die Politik der Londoner Regierung.

Ingrid erzählte: »Dr. Wilbur hat gesagt, dass die Kolonien sehr undankbar seien. Das Mutterland habe auch im letzten Krieg Truppen geschickt, um uns gegen die Franzosen und die Indianer zu verteidigen. Aber die Händler seien nur daran interessiert gewesen, den Truppen für die Verpflegung viel Geld abzunehmen. England habe viel Geld geopfert, und keiner wolle sich an den Kosten beteiligen.«

»Das leuchtet mir auch ein«, sagte Sven. »Wer ist denn nun im Recht, Opa?«

»Beide, mein Junge. Die Regierung in London ist manchmal sehr ungeschickt und müsste generell den Kolonien mehr Mitspracherechte einräumen. Und die Leute, die nach Amerika auswanderten, taten es sehr häufig, weil sie sich von ihren Regierungen in Europa nicht schikanieren lassen wollten. Sie sind eine besonders unabhängige Sorte Mensch. Aber auch sie müssten einsehen, dass man nicht Schutz ohne Gegenleistung in Anspruch nehmen kann.«

Auch in Svens Schule merkte man etwas von dem Konflikt, der die Menschen in Kritiker und Verteidiger der Londoner Politik spaltete. Die Schüler spürten schon, dass einige Lehrer mehr zu dieser, andere zu jener Richtung neigten, auch wenn sie sich im Unterricht zurückhielten.

Und dann kam es zu dem Ereignis, das die Stimmung in den Kolonien entscheidend veränderte. Es war ein schönes Frühjahrswochenende im Jahr 1765. Astrid hatte sich sehr beeilt, weil sie zwei deutsche Freundinnen in Philadelphia besuchen wollte, bevor sie Sven im Internat abholte. Ihr Vater, der sie begleitete, wollte Mr Bradwick treffen.

Der empfing ihn in gereizter Stimmung. »Hast du schon gehört, Ingmar, dieser verdammte Grenville hat eine Stempelsteuer für die amerikanischen Kolonien durchgesetzt. Für jedes Blatt Papier, das bedruckt wird, also alle Urkunden, Lizenzen, Genehmigungen, aber auch Zeitungen, müssen wir Steuern zahlen, die direkt an England abgeführt werden.«

Opa Larsson nahm die Nachricht gelassener auf. »Warum regst du dich so auf, William? Diese Steuer haben die Engländer doch schon über sechzig Jahre im eigenen Land.«

Bradwick schlug mit der Hand auf den Tisch. »Ja, aber ihre Vertreter im Parlament haben der Steuer zugestimmt. Für uns hat niemand zugestimmt. Sind wir keine freien Bürger? Keine Steuer ohne Zustimmung der Vertreter des Volkes!«

Als Kapitän Larsson zum Internat kam, stand Astrid schon wartend dort. Sven lief seinem Opa entgegen und umarmte ihn.

»Was ist das mit der Stempelsteuer, Opa? Die Lehrer reden alle davon, und ich habe gehört, wie zwei sich richtig darüber gestritten haben.«

Der Opa strich Sven übers Haar. »Eine Stempelsteuer bedeutet, dass für alle Zeitungen, Urkunden, Zeugnisse, Eintragungen, Lizenzen ein amtlicher Stempel nötig wird, für den eine Abgabe bezahlt werden muss. Mit den Einnahmen will die Regierung in London einen Teil der Ausgaben tilgen, die der letzte Krieg in Amerika gekostet hat. Da wir daheim kaum amtliche Bescheinigungen gebrauchen und nur einmal wöchentlich die Zeitung erhalten, werden wir das wenig spüren.«

Astrid mischte sich ein. »Mir haben meine Freundinnen die beiden deutschen Zeitungen mitgegeben, den ›Philadelphischen Staatsboten‹ von Miller und die Quäkerzeitung aus Germantown von Christoph Sauer. Miller ist strikt gegen die Steuer, Sauer zeigt Verständnis für sie. Aber ich muss beide noch genau lesen und werde euch dann berichten.«

»William Bradwick spuckt auch Gift und Galle, so wütend ist er«, ergänzte der Opa.

»Warum denn? Er wird doch auch nicht viel zahlen müssen«, erkundigte sich Sven.

»Junge, ihm geht es ums Prinzip. Freien Menschen darf keine Steuer ohne Zustimmung ihrer gewählten Vertreter auferlegt werden. Wir haben aber keine gewählten Vertreter im Londoner Parlament, nur in unseren Versammlungen in den Kolonien.«

»Vater, das wäre ja wohl für uns auch kaum möglich, gewählte Vertreter in London zu haben. Bis wir von denen eine Nachricht erhalten und ihnen antworten, ist ein Vierteljahr vergangen. Einar und ich haben in unserer Wildnis nie etwas von Wahlen gehört«, wandte Astrid ein.

Das Thema ließ sie nicht mehr los. Flammende Proteste überschwemmten die Zeitungen. Der Verleger William Bradford ließ sein »Pennsylvania Journal« mit schwarzem Trauerrand erscheinen und kündigte die Aufgabe der Zeitung aus finanziellen Gründen an. Die Bürgerversammlungen in den Kolonien verfassten Resolutionen gegen das Gesetz. Bürger schlossen sich zur geheimen Gesellschaft der »Söhne der Freiheit« zusammen. In einigen Städten rotteten sich Bürger zusammen und bewarfen Amtsgebäude mit Steinen und Tomaten.

Neun der dreizehn Kolonien schickten Vertreter zu einem Kongress gegen die Stempelsteuer nach Philadelphia. Zeitungen riefen zum Boykott britischer Waren auf. Nur wenige Bürger trauten sich noch, die britische Politik zu verteidigen. Freundschaften zerbrachen über diesem Streit.

Dr. Wilbur hatte viel Verständnis für die Londoner Regierung, wie Ingrid erzählte, und hielt die Feinde der Steuer für eigennützig und habgierig. Mr Bradwick beschimpfte solche Meinungen als Sklavengesinnung. Opa Larsson nahm eine eher neutrale Haltung ein und verdächtigte Bradwicks Sohn, einer der radikalen »Söhne der Freiheit« zu sein.

Sven merkte, wie sich Schüler und Lehrer in diesem Streit in verschiedene Parteien spalteten. Eine Nebenwirkung des Streits war, dass sie im Unterricht jetzt mehr über die unterschiedliche politische Verwaltung der dreizehn Kolonien und über die Verfassung des Mutterlandes lernten.

Der politische Streit wurde kurzfristig durch einen Streit in der

Familie überschattet. Ingrid spielte auf einer Schulfeier Violine, und Dr. Wilburs Tochter begleitete sie auf dem Cembalo. Es war ein viel beklatschtes Ereignis, sogar in der Zeitung stand eine Notiz.

Astrids Schwägerin schäumte vor Neid, weil ihre Tochter keinen Auftritt hatte. Sie machte Astrid im Haus der Großeltern heftige Vorwürfe, dass sie aus ihrer Tochter unbedingt eine Dame der feinen Gesellschaft machen wolle, und das mit dem Geld des Opas.

Dadurch geriet Opa Larsson so in Rage, wie es Astrid noch nie erlebt hatte. Zornbebend wies er seine Schwiegertochter in ihre Schranken. Er benachteilige keines seiner Enkelkinder, und wenn Ingrid so begabt sei und von Dr. Wilbur gefördert werde, so sei das ihr Verdienst. Jedes Kind könne aus seinen Begabungen etwas machen, wenn die Eltern es anregten und förderten. Neid und Eifersucht dulde er nicht in der Familie.

»Tante Christine ist ganz kleinlaut geworden«, erzählte Ingrid ihrem Bruder Sven. »Aber Onkel Björn und Lisbeth waren immer nett zu mir und nie eifersüchtig.«

Dann aber trat die Politik wieder in den Vordergrund des Alltags. Die britische Regierung nahm im Frühjahr 1766 die Stempelsteuer zurück. Aber die Freude der Kolonisten währte nur kurz. Kaum ein Jahr später belegte die Regierung Importe aus den Kolonien mit Steuern. Erneut schäumte die Empörung in den Kolonien empor.

Boston wurde zum Zentrum des Widerstandes. Zollbeamte beschlagnahmten dort den Schoner eines Kaufmanns, der die Zölle umgangen haben sollte. Mr Bradwick erzählte seinem Freund ein paar Tage später triumphierend, dass die Bostoner Bürger zu Tausenden auf den Straßen demonstriert und die Zollbeamten vertrieben hätten.

Wieder einige Tage später schnappte Ingrid bei Wilburs die Nachricht auf, dass die britische Regierung viertausend Soldaten nach Boston verlege. Die Oma, der sie das erzählte, wurde durch Ingrids Nachricht wieder ganz in die Gegenwart zurückgeholt und klagte: »Mein Gott, wie wird das noch enden?«

Sven hatte andere Sorgen. Er musste fleißig für den Abschluss in der Schule lernen. Seine Mutter half ihm, hörte ihn ab und gab ihm Ratschläge. Sie war voller Hoffnung, dass er anschließend das College besuchen könne. Ob in Pennsylvania oder New Jersey, das war noch nicht entschieden.

Der Opa hatte seine Pläne für Svens Karriere in der Handelsschifffahrt aber noch nicht aufgegeben und hatte deshalb erneut mit seinem Freund Bradwick Kontakt aufgenommen. Der versicherte Sven, dass auf den Schiffen seiner Reederei immer Platz für einen tüchtigen jungen Mann sei, der Maat oder gar Kapitän werden wolle.

Sven hatte sich noch nicht entschieden und wollte sich auch nicht damit beschäftigen. Er würde in einigen Monaten siebzehn Jahre alt werden. Er war groß und kräftig, sah gut aus und erregte die Aufmerksamkeit junger Mädchen. Er fand die Mädchen gar nicht mehr so blöde und albern wie noch vor Kurzem und hatte angefangen, sich für die eine oder andere zu interessieren. Entscheiden konnte er sich noch nicht. Da war ja die Plackerei für die Schule. Nun kamen sie ihm noch mit Berufsplänen. Die schob er beiseite.

Aber niemand konnte das schlimme Schicksal beiseite schieben, das das Jahr 1770 für sie bereithielt. Dabei begann alles so vielversprechend und hoffnungsvoll. Sven bestand die Abschlussprüfung mit gutem Ergebnis. In seinem neuen Anzug nahm er das Zeugnis entgegen. Großeltern, Mutter und Schwester saßen im Saal und strahlten vor Stolz. Alle Freunde und Bekannte gratulierten, und auch die Tochter des Pfarrers strahlte ihn mit ihren hübschen braunen Augen an.

Die Familie saß dann in Gloucester mit Onkel, Tante und Cousine beim festlichen Mahl beisammen, als sie laute Schreie draußen auf der Straße aufschreckten.

»Sven, schau mal nach, was da los ist!«, bat der Großvater.

Vor der Tür rannten Menschen schreiend hin und her und schwenkten Zeitungen. »Was ist los?«, rief Sven.

Aber sie rannten weiter, bis einer seiner früheren Spielgefährten anhielt und ihm zurief: »Die Rotröcke haben gemordet. Hier, sieh die Zeitung!«

Sven sah nur die Überschrift: »Fünf Tote in Boston.«

»Kannst du mir die Zeitung geben?«, fragte er. »Ich bringe dir gleich das Geld dafür raus.«

Der junge Mann nickte, und Sven ging ins Haus. »Die Rotröcke sollen in Boston fünf Bürger erschossen haben«, sagte er und reichte dem Opa die Zeitung. »Ich muss dem Paul noch drei Pennys bringen.«

Der Opa nahm die Zeitung, setzte seine Brille auf und las vor: »In Boston haben Hunderte von Bürgern friedlich gegen die Willkür der Zollbeamten protestiert. Als ihr Zug das Zollgebäude erreichte, sperrte eine Einheit des 29. Britischen Infanterieregiments die Straße. Als die Menge laut ›Freiheit und Recht‹ rief, Schneebälle warf und weiter vorrückte, gab der Kommandeur der Truppe Befehl, in die Menge zu feuern. Fünf Tote und mehrere Verletzte waren die Folge dieses Massakers.«

Der Großvater ließ die Zeitung sinken. Er war ganz rot im Gesicht und hob die Hand, um den Kragen zu lockern. »Diese verdammten Mörder!«, keuchte er. »Diese Tyrannenknechte. Das können sie doch nicht tun! O Gott!«

Er griff mit der rechten Hand an seine Brust und verzog das Gesicht vor Schmerz. Die linke Hand mit der Zeitung fiel auf den Tisch und stieß den Teller um.

»Vater!«, schrie Astrid ängstlich. »Beruhige dich! Vielleicht ist alles übertrieben.«

Aber der Großvater konnte nicht mehr atmen. Die Augen traten hervor, und plötzlich sackte er zusammen. Astrid sprang hinzu, stützte ihn und schrie Sven an: »Hol schnell Dr. Wilbur!«

Sie legte mit Björns und Christines Hilfe den Opa auf das Sofa, lockerte seinen Kragen und klopfte auf seine Wangen. Aber er reagierte nicht mehr. Björn drängte sie zur Seite und massierte seinem Vater die Brust. Aber nichts half, auch nicht das feuchte Tuch, das Christine brachte. Die Oma saß am Tisch und stöhnte immer nur: »Ingmar, komm zu dir! Mein Gott, o mein Gott!« Ingrid streichelte ihre Hand.

Dr. Wilbur hastete heftig atmend vom schnellen Lauf in das Zimmer, fühlte nach der Schlagader an Opas Hals, nahm sein hölzernes Hörrohr heraus und horchte die Brust ab. Dann richtete er sich auf und sagte mit leiser Stimme: »Es tut mir sehr leid, aber Gott hat Ihren Mann, Vater und Großvater zu sich heimgerufen. Es war ein Herzanfall!«

Astrid schlug die Hand vor den Mund, die Oma weinte laut auf, Sven schossen die Tränen in die Augen, und Björn fasste an seinen Hals und barg sein Gesicht an der Schulter seiner Frau.

Dr. Wilbur schloss die Augen des Verstorbenen und sagte: »Er hatte einen schnellen und schmerzlosen Tod. Vielleicht ist das ein kleiner Trost in Ihrer Trauer.«

»Es war die Nachricht vom Massaker, die ihn so erregte und umbrachte«, sagte Sven.

»Welches Massaker?«, fragte Dr. Wilbur.

Sven löste die Zeitung aus der Hand des Toten und zeigte Dr. Wilbur die Meldung. Der überflog die Zeilen und sagte: »Mein Gott, wie wird das noch enden, bis wieder Vernunft einkehrt.«

»Das wird nicht sein, ehe die verdammten Rotröcke nicht das Land verlassen«, schimpfte Björn böse.

»Björn, fluche nicht am Totenbett deines Vaters!«, sagte seine Mutter ganz klar und wach.

Dr. Wilbur sah sie verwundert an und fragte: »Brauchen Sie mich noch? Auf mich warten Patienten.«

Wieder war es die Oma, die ihm antwortete: »Nein, Herr Doktor. Wir danken Ihnen, dass Sie so schnell kamen.«

In den nächsten Wochen änderte sich das Leben der Larssons. Zunächst stand die Trauer im Vordergrund und ließ sie das laute politische Geschrei in Versammlungen, Zeitungen und auf den Straßen kaum wahrnehmen.

Aber als der Opa in einer ergreifenden Feier unter Anteilnahme vieler Bürger beigesetzt war, mussten sie sich mit den wirtschaftlichen Folgen des Todes beschäftigen. Die Oma, die seit dem Tod ihres geliebten Mannes fast ständig geistig präsent war und ihrer tiefen Trauer würdigen Ausdruck gab, erhielt nach Opas Testament das lebenslange Bleiberecht im Haus und durfte auch allein über die Räume verfügen. Opas

Anteile am Schiff und die Einkünfte daraus wurden für die Oma, für Björn und Astrid in drei Teile geteilt.

Für Astrid war das ein Schock. Zwar konnte sie mit ihrem Gehalt als Lehrerin und dem Zuschuss aus Opas Einkünften sorgenfrei mit ihren Kindern leben, aber zum Bezahlen des Schulgeldes für das College und Internat für Sven reichte es nicht.

Sie fragte Björn, ob er ihr einen Zuschuss geben könne. Sven würde es später zurückzahlen.

»Nein, liebe Schwägerin«, antwortete er. »Das kann ich nicht. Ich muss in der Bäckerei neue Maschinen anschaffen, um der scharfen Konkurrenz gewachsen zu sein, und ich muss einen Gesellen zusätzlich einstellen. Da habe ich keinen Penny übrig. Und ich meine auch, dass Sven alt genug ist, um endlich sein Geld selbst zu verdienen. Meine Brüder und ich haben in dem Alter schon Geld heimgebracht.«

Astrid fragte Sven ganz verzweifelt, was sie denn nun noch tun solle. »Du bist doch so begabt. Du könntest Anwalt oder Richter werden und ein angesehenes Leben führen.«

Aber Svens Einstellung hatte sich nach dem Bostoner Massaker und dem dadurch ausgelösten Tod seines Großvaters verändert. »Mutti, dann müsste ich immer mit den englischen Behörden zusammenarbeiten, ihre Gesetze vertreten und nach ihnen handeln. Das will ich nicht. Ich werde nie vergessen, dass Opa durch ihre Brutalität den Tod erlitt. Ich möchte seinen Herzenswunsch erfüllen und zur See fahren. Dort werde ich die Freiheit finden, von der er immer schwärmte. Und wenn er vom Himmel herabschaut, wie alle immer sagen, wird er zufrieden sein.«

Astrid war traurig, aber Sven hielt an seinem Entschluss fest. »Lass ihn nur, liebe Tochter«, tröstete die Oma sie. »Mein Ingmar war so glücklich in seinem Beruf, und er sagte immer, dein Sven könne einen guten Kapitän und sogar Reeder abgeben. Du hast doch auch noch unsere liebe Ingrid hier zu Hause, und ich brauche euch doch auch in meinem Alter.«

Auch Mr Bradwick sprach Astrid Mut zu. »Ich werde den Wunsch meines Freundes erfüllen und Ihnen stets zur Seite stehen, liebe Frau Larsson. Und wenn Ihr Sohn den Wunsch seines Opas erfüllen und zur See fahren will, dann werde ich ihm eine gute Stelle verschaffen. Heute will ich ein Vermächtnis meines Freundes einlösen und Ihnen eine Seekiste übergeben, die ich für ihn aufbewahren und dann Sven übergeben sollte. Mein Kutscher bringt sie gerade ins Haus.«

Als Sven die Kiste öffnete und die vollständige Ausrüstung für einen Seemann mit dem Ölmantel, dem Teleskop und so vielen anderen sorgfältig und fachkundig ausgewählten Sachen sah, stiegen ihm die Tränen in die Augen.

»Ich werde Opa nicht enttäuschen, und ich werde auch immer wieder zu dir und Ingrid zurückkehren, liebe Mutter. Gib mir deinen Segen, wenn ich zur See fahre.«

Astrid nahm ihn in die Arme. »Es soll wohl so sein. Mögen meine Gebete und die Gedanken deines Vaters und deines Großvaters dich in Wind und Wellen behüten, mein lieber Sohn.«

Die erste Reise mit der *Victoria*
(Mai 1770–
August 1770)

Die Straßen der kleinen Stadt Gloucester waren noch fast menschenleer, als eine zweirädrige Kutsche sie in aller Morgenfrühe in westlicher Richtung verließ. Mr Bradwick saß schweigend neben Sven. Seine knochigen Hände lagen auf dem Griff seines Gehstockes.

Sven hatte sich im Haus von Mutter, Oma und Ingrid verabschiedet, weil Mr Bradwick strikt abgeraten hatte, dass Astrid ihren Sohn zum Schiff brachte. »Er ist zwar ein groß gewachsener junger Mann, Frau Larsson, aber es ist sein erster Abschied von seiner geliebten Mutter für längere Zeit. Das ist immer mit Tränen verbunden. Und Seeleute sind eigentlich sehr sentimental, wollen das aber immer hinter einer rauen Schale verstecken. Wenn ein neuer Schiffskamerad heulend an Bord kommt, wird er den Spott für Monate nicht los. Ersparen Sie ihm das!«

Sven hatte tatsächlich noch die Augen voller Tränen, als sie die Häuser hinter sich gelassen hatten, und Mr Bradwick wollte ihn ablenken. Da griff er wieder ein Thema auf, bei dem er seinen Stolz auf die Erfolge der neuen Heimat vermitteln konnte.

»Dein Großvater wäre glücklich, wenn er diesen Tag erleben könnte, Sven. Du gehst jetzt auf ein Schiff, das in Amerika konstruiert wurde. Unsere Kolonien bauen inzwischen fast ein Drittel aller Schiffe, die unter der Flagge des britischen Weltreichs segeln. Und schau dich nur um! Hier am Delaware in und um Philadelphia werden die meisten der großen seefahrenden Schiffe gebaut. Wir haben in Amerika die besten Eichen für den Rumpf, die besten Fichten für Masten und Rahen und alles Zubehör, das man braucht. Und wir bauen die Schiffe um die Hälfte billiger als in England.«

Svens Interesse war geweckt. »Aber Großvater sagte auch, die amerikanischen Schiffe seien weniger haltbar als die in England gebauten. Das Holz verrotte eher.«

Mr Bradwick kniff die Lippen zusammen und entgegnete nach kurzer Pause: »Das hängt davon ab, wie lange man das Holz vor dem Bau lagert, Sven. Unsere Werften sind meist kleine Betriebe. Wenn sie nicht das Kapital haben, Holz länger zu lagern, dann rottet das frische Holz im Wasser schnell. Die Schiffe unserer Reederei aber kommen aus Werften, die das Holz gut ablagern. Die halten.«

Sven schien den Abschied verdrängt zu haben und sagte lebhaft: »Opa meinte auch, dass wir besonders gut im Bau der kleineren Schiffe seien, vor allem der Schoner.«

»Das stimmt. Wir brauchen viele Schiffe in der Fischerei, und unsere Reeder schicken lieber kleinere und schnellere Schiffe auf Reisen. Ich habe von Anfang an mehr Wert auf viel Transportraum gelegt. Darum sind meine Frachtraten niedriger, und die Schiffe sind gut ausgelastet. Und unsere Werften können große Schiffe bauen. Wir haben schon vor achtzig Jahren ein Linienschiff der vierten Klasse für England gebaut.«

Sven wusste von seinem Großvater, dass seitdem nur wenige Schiffe für die Royal Navy in Amerika gebaut worden waren, aber er wollte Mr Bradwicks Stolz nicht durch solche Bemerkungen verletzen. Schließlich war er ein sehr großzügiger Gönner.

Am anderen Ufer ragten die Häuser von Philadelphia auf, und da sah Sven auch die Werften aufgereiht. Schiffsrümpfe lagen dort in verschiedenen Stadien der Konstruktion. Auf dem Fluss wimmelte es schon von kleineren und einigen größeren Schiffen.

»Bald wirst du die *Victoria* sehen können, Sven. Sie hat an die Nordseite des Ufers verholt, weil die Firma ›Bow Mills‹ unbedingt noch eine

Ladung Haushaltswaren nach Charleston mitgeben wollte. Nun, wir haben für die Eile eine gute Frachtrate berechnet. Dort muss sie bald in Sicht kommen, auf der Höhe von Austin's Ferry.«

Sven spähte voraus, aber ein großer, dickbauchiger Frachtwagen mit vier Rädern und vier Pferden versperrte die Sicht. Vorn und hinten waren die Wagenenden abgeschrägt.

»Schau dir den Wagen nur an, Sven! Das ist ein Conestoga-Wagen, bei uns in Pennsylvania entwickelt. So einen großen Frachtwagen wirst du in anderen Ländern nicht sehen. Ich nehme an, dass er noch Fracht für ›Bow Mills‹ transportiert.«

So war es. Als sie auf den Landesteg der Fähre einbogen, folgte ihnen der Frachtwagen. Aber Sven hatte nur Augen für das Schiff, das dort lag.

Die *Victoria* war eine Dreimastbark von etwa einhundert Tonnen. Sie war vor einem Jahr in Dienst gestellt worden und sah sauber und gepflegt aus. Arbeiter fuhren mit Schubkarren Kästen zu offenen Luken. Überall war Betrieb.

Aber als Mr Bradwick mit einer Handbewegung die Beladung stoppte, um auf der Rampe bequem an Bord zu gehen, bemerkte man ihn an Bord, und der Kapitän wurde gerufen.

Er begrüßte Mr Bradwick mit Respekt, und dieser stellte ihm Sven vor. »Das ist der junge Mann, der bei Ihnen Seemannschaft lernen will. Er ist der Enkelsohn meines alten Freundes Ingmar Larsson. Sie werden ihn noch kennen, denn er war ein angesehener Kapitän. Leider starb er vor Kurzem. Nehmen Sie seinen Enkel Sven ordentlich heran. Er will keine Vorzugsbehandlung.«

Kapitän Preston war ein athletisch gebauter Mann von etwa vierzig Jahren. Unter buschigen Augen blickte er Sven etwas belustigt an, reichte ihm dann die Hand und sagte: »Willkommen an Bord!«

Sven ergriff die Hand, musste kräftig dagegen drücken, damit der Kapitän seine Hand nicht zusammenquetschte, und antwortete: »Vielen Dank, Sir.«

Mr Bradwick sah sich noch kurz um und sagte: »Gut in Schuss, Ihr Schiff, Mr Preston. Ich werd dann mal gehen. Gute Reise! Und halt die Ohren steif, Sven!«

Mr Preston begleitete ihn bis zur Rampe, kam dann zu Sven zurück, der neben seiner Seekiste stand, und rief einen älteren Matrosen. »Adam, das ist Sven Larsson, der seinen Dienst antritt. Zeig ihm seinen Platz. In den nächsten drei Tagen bist du frei, um ihn einzuweisen. Danach nimmt er voll am Dienst teil. Wenn er seine Sachen unter Deck verstaut hat, soll er in meine Kajüte kommen.«

»Aye, aye, Mr Preston«, antwortete der Matrose. Er war groß, hatte schon einige graue Haare im dunkelblonden Schopf und schaute aus grauen Augen gutmütig auf den jungen Burschen. Er fasste einen Griff der Seekiste und forderte Sven auf: »Pack mal mit an. Wir bringen das Ding nach unten.«

Sie bahnten sich ihren Weg durch das Gedrängel an Deck, stiegen einen Niedergang hinunter und kamen in den Mannschaftsraum, in dem eine Freiwache bei Kaffee und Brot saß.

»Hier ist der neue Mann, Leute. Er sitzt mit mir, William und Bob an Tisch zwei. Ach ja, er heißt Sven Larsson.«

Einer der Sitzenden stellte seinen Krug hin und spottete: »Ach, auch so ein Schwede wie du, Adam.«

Adam wandte sich an Sven: »Har du svensk?« (Bist du Schwede?)

Sven suchte nach Worten. »Min far var svensk.« (Mein Vater war Schwede.) Und er fügte gleich hinzu. »Aber ich spreche nur wenig Schwedisch. Mein Vater wurde von Indianern getötet, als ich zehn Jahre alt war.«

»Mmmm«, brummte Adam. »Tut mir leid. Aber nun komm! Ich zeig dir die Kajüte des Kapitäns.«

Sven dachte bei sich, dass er schon wisse, wo die Kajüte sei. Schiffe seien ihm ja nicht fremd. Aber er sagte nichts. Adam zeigte ihm die Tür und sagte: »Klopf an und warte! Wenn du fertig bist, dann kommst du zurück in unser Logis.«

Auf Svens Klopfen ertönte eine kräftige Stimme: »Herein!«

Der Kapitän saß an seinem Schreibtisch und drehte sich um. »Ach, der Neue. Komm, und setz dich dort hin.«

Sven rückte sich einen Stuhl heran und nahm Platz.

»Für einen Anfänger bist du ziemlich alt. Die meisten fangen mit zwölf bis vierzehn Jahren auf Schiffen an.«

»Meine Mutter wollte, dass ich die Schule richtig abschließe, Sir.«

»Nun, jetzt bist du wieder eine Art Schüler, Sven. In einem Jahr sollst du alles lernen, was ein Matrose wissen und können muss. Dabei kommt dir zugute, dass du eine gute Schulbildung hast, die Mathematik und Navigation einschloss. Was Seeleute wissen müssen, ist gar nicht wenig. Erst wenn du das kannst, werde ich dich dem Obersteuermann als Gehilfen zuteilen. Du wirst wie alle Matrosen mit ›du‹ und dem Vornamen angeredet. Der Obersteuermann, Mr Ronald Walker, der Untersteuermann, Mr Ben Margot, und der Bootsmann, Mr John Cliff, sind die Offiziere. Sie werden mit ›Mister‹ und ›Sie‹ angeredet. Ihre Befehle und die ihrer Gehilfen hast du ohne Widerspruch auszuführen.

Wir sind achtzehn Mann an Bord. Außer mir und den Offizieren noch der Koch und der Schiffsjunge und natürlich die Matrosen. Mit dem Koch stellst du dich besser gut, dann trocknet er dir schon deine Sachen, wenn du völlig durchnässt bist. Wenn du eine Beschwerde hast, komm zu mir. Tu deine Pflicht, dann hast du es gut an Bord. Wir haben eine gute Mannschaft, die immer mit uns segelt und nicht von Reise zu Reise wechselt. Wenn du versagst, hast du es schwer, und die erste ist auch deine letzte Reise. So! Und nun an die Arbeit. Wir laufen gleich aus!«

Sven stand auf, sagte laut: »Danke, Sir!« und verließ den Raum. Er lief zurück ins Mannschaftslogis, wo Adam mit zwei anderen am Tisch saß.

Adam sah Sven an. »Nun zieh mal deine Alltagsklamotten an, dann gehen wir los. Du siehst ja, an Deck gehen wir alle barfuß.«

Sven kramte wortlos sein gestreiftes Holländerhemd und die lange Hose mit dem weiten Schlag heraus und zog sich um. Die guten Sachen verstaute er in einem engen Spind und dachte ein wenig wehmütig, wann er sie wohl wieder anziehen würde. Dann stand er barfuß vor Adam.

»Hast du Creme, falls die Füße Blasen kriegen?«

»Ja«, antwortete Sven. »Ich habe auch fleischfarbene Socken mit aufgenähtem Leder, falls die Füße nicht schnell genug Hornhaut kriegen.«

»Na, da hat wenigstens jemand nachgedacht. Nun komm!«

An Deck stellte er sich auf, zeigte mit dem Finger nach vorn und erklärte: »Das ist die Spitze des Schiffs, sie heißt ›Bug‹. Die Stange, die von dort nach vorn geht, ist das Bugspriet. Hinten ist das Heck. Dort ist auch das Ruder, mit dem das Schiff gesteuert wird.«

Sven wusste das alles vom Großvater, wollte Adam aber nicht ins Wort fallen.

Der fuhr fort: »Der vorderste Mast dort ist der Fockmast, der in der Mitte der Großmast und hinten der Besanmast.«

»In den katholischen Ländern nennt man ihn meist ›Kreuzmast‹, weil dort ein Kreuz hing, sagte mein Großvater.«

Adam guckte ihn von der Seite an. »Dann kennst du also die Bezeichnungen und lässt mich hier das Maul wund quasseln?«

»Ja, aber es gibt sicher viele Bezeichnungen, die ich noch nicht kenne, Adam. Ich kann dir doch nicht ins Wort fallen als Neuling.«

Adam schaute besänftigt. »Weißt du, wir gehen jetzt zum Fockmast. Du sagst mir, welche Bezeichnungen du weißt, und dann entern wir auf und sehen uns die Einzelheiten an, bevor sie Segel setzen.«

Sven begann mit dem Fockuntermast und kam über die Vorbramstenge zu den Rahen.

»Das war gut. Komm, nun entern wir die Wanten zur Marsplattform auf. Du fasst mit beiden Händen immer hier fest zu und setzt die Füße hier auf die quer gespannten Taue. Eine Hand greift höher, ein Bein geht hoch. Niemals dürfen beide Hände oder Beine in der Luft sein. Komm, du kannst durch die Öffnung dort, die wir auch Soldatengatt nennen.«

Sven spürte die rauen Seile unangenehm unter seinen bloßen Sohlen. Da würde er sich wohl bald die Haut aufscheuern. Er war noch nie die Wanten aufgeentert, aber das Hochsteigen strengte ihn nicht an.

Dann saß Adam mit ihm auf der leicht gezimmerten Plattform und erklärte ihm, wo die Vormarsstenge durch das Eselshaupt ging und wie nun die einzelnen Wanten oder Pardunen hießen und wozu sie dienten.

An Deck ertönten Pfiffe. »Komm! Wir müssen abentern. Sie setzen nun Segel. Denk daran: Immer erst eine Hand loslassen, wenn der Fuß fest auf den Wanten steht. Los! Abwärts!«

An Deck zog ihn Adam zu Tauen, die an der Reling festgemacht waren. »Komm! Wenn die Segel gebrasst werden, kannst du hier mit an den großen Marsbrassen ziehen. Siehst du, das Tau geht an die Spitze der Rah. Wenn wir hier dran ziehen, können wir das Segel richtig in den Wind stellen.«

Sven sah aufmerksam zu, wie die Matrosen schnell aufenterten, auf die Rahen hinausgingen und die Segel lösten. Aus der Ferne hatte er das schon manchmal gesehen, aber wenn er nun daran dachte, dass er bald auch da oben an den dünnen Stangen arbeiten musste, wurde ihm doch etwas mulmig. Aber dann kam der Anker auf, die Segel fielen, und Adam stieß ihn an: »Los! Zieh!« Sven griff zu und dachte wieder einen kurzen Moment, warum die Taue bloß so rau wären, aber dann fuhr Adam ihn an: »Los, nun pack schon zu! Ausruhen kannst du später!«

Kurze Zeit darauf standen die Segel richtig. Das Schiff glitt den Delaware entlang in Richtung Meer. Die Matrosen kletterten schnatternd die Wanten herab. Die Freiwache ging unter Deck. Sven blickte zum Ufer, wo Gloucester vorbeizog.

Aber da rief Adam: »Komm! Jetzt können wir uns mal ein Segel genauer ansehen!«

Diesmal stiegen sie die Wanten noch etwas höher bis zu den Oberbramsalings. Dort hockten sie sich auf die quer laufenden Stangen.

»Schau dich erst um, mein Junge. Von hier hast du schon einen ganz schönen Ausblick, obwohl die Segel nach hinten und unten viel verdecken. Dort sind die Inseln: League-, Mud-, Port- und Hog-Insel. Dort weiter geht es dann zum Cap May und zum offenen Meer. Da schaukelt es ein bisschen mehr.«

Sven hielt sich schon jetzt krampfhaft fest. Aber nun musste er aufpassen, denn Adam deutete auf das Segel dicht vor und über ihnen.

»Das ist hier das Vorbramsegel. Siehst du hier unter der Rahe die Seile? Das sind die Bramfußpferde. Da stehst du drauf, wenn du an diesem Segel arbeiten musst. Wie hieß das Segel?«

»Vorbramsegel.« Sven hatte aufgepasst.

»Hier oben am Segel hängen zwei Reihen von Bändern runter. Siehst du die? Das sind die Reffbändsel. Wenn die Segel gerefft werden, also die Segelfläche verkleinert werden soll, dann müssen wir die Bändsel zusammenknoten. Und hier mit den Geitauen ziehen wir die Segel in die Buchten unter der Rah hoch und befestigen sie dort, wenn wir sie nicht brauchen.«

Und so erklärte Adam immer weiter. Sven schwirrte bald der Kopf von den vielen Fachausdrücken. Wenn ihm der Großvater nicht bereits ein Grundwissen vermittelt hätte, dann wäre er wohl schon völlig durcheinander gewesen.

»So, jetzt entern wir ab. Die brassen die Segel bald neu, weil wir den Kurs ändern. Wenn du hier oben arbeitest, vergiss nie die Grundregel: ›Eine Hand für das Schiff, eine Hand für den Mann!‹ Halte dich immer mit einer Hand fest! Immer! Leichtsinn in der Takelage ist tödlich. Nun werden wir noch ein paar Knoten lernen.«

Adam setzte sich im Schneidersitz auf das Deck und zeigte Sven verschiedene Garne und Taue. »Das dünne hier ist Segelgarn. Es ist aus bestem Hanf gesponnen. Wir brauchen es, wenn wir die Segel ausbessern. Vorher wird es geteert. Da wirst du dir die Hände schön dreckig machen.«

Und dann erklärte er weiter vom Takelgarn bis zum rechtsgeschlagenen Tauwerk. Hoffentlich fragt er mich das jetzt nicht ab!, dachte Sven.

Aber Adam nahm ein Schiemannsgarn und zeigte, wie man verschiedene Knoten band. Bei gewöhnlichen Knoten, Achtknoten und Palstek war Sven noch auf sicherem Boden. Das hatte ihm sein Großvater schon beigebracht. Aber dann zelebrierte, ja, so muss man es schon nennen, Adam noch Laufknoten, Lerchenkopf, Fischerstek, Bootsknoten, Slipstek, Liebesknoten – wobei er glucksend lachte – und vieles andere mehr.

Sven hatte aufgegeben, sich die Namen und die Art des Knotens merken zu wollen.

»Wozu braucht man so viele Knoten?«

Adam zuckte mit den Schultern. »Die Taue sind verschieden dick. Du brauchst am Segel andere Knoten als am Polder. Manchmal soll ein Knoten fest sein gegen jeden Zug. Manchmal willst du ihn aus einer Richtung leicht lösen können. Für jede Gelegenheit gibt es eine gute Lösung. Ein Matrose muss wissen, welche wofür.«

Sven blickte ihn verzweifelt an.

»Du musst ja nicht am ersten Tag schon alles begreifen. Es wiederholt sich nun jeden Tag. Du sollst jetzt bloß wissen, wovon die Leute reden. Da sehe ich gerade den Obersteuermann und den Bootsmann. Komm. Ich stelle dich den beiden vor. Danach zeige ich dir die unteren Decks.«

Adam ging zu den beiden Offizieren und blieb mit Sven vor ihnen stehen.

»Na, was gibt es, Adam?«, fragte der Obersteuermann, ein hagerer Mann mit großer, scharfer Nase.

»Das ist Sven Larsson, der Neue, Mr Walker.«

»Ach, der Studierte. Willkommen an Bord!« Er streckte die Hand aus.

»Danke, Mr Walker. Aber ich war nicht auf dem College, Sir.«

Der Obersteuermann lachte. »Sven, jeder, der schreiben und ein Buch lesen kann, ist für Seeleute ein Studierter. Aber das hilft dir bei Sturm in der Takelage kein bisschen.«

»Na, er sieht ja wenigstens kräftig aus«, meldete sich der Bootsmann zu Wort. »Dann wirst du wohl bald richtig mitarbeiten können. Einen guten Lehrer hast du ja in Adam. Willkommen also an Bord, Sven.«

»Danke, Mr Cliff. Ich werde mir Mühe geben.«

»Noch eins, Sven«, fügte der Bootsmann an. »Keine Rauferei an Bord! Merk dir das, sonst gerbt dir die Katze den Rücken. Wenn du dich mit jemandem prügeln willst, tu das an Land. Vergiss es nie!«

»Aye, Sir.«

Als Adam mit Sven den Niedergang hinunterging, sahen Walker und Cliff ihnen nach.

»Macht keinen schlechten Eindruck«, murmelte der Steuermann.

»Er ist der Enkel vom alten Ingmar Larsson, der dreimal um Kap Hoorn segelte und dabei die schnellste Umsegelung schaffte, von der ich je gehört habe.«

»Wusste ich nicht, John. Hoffentlich hat er etwas geerbt.«

Adam führte Sven durch die unteren Decks, zeigte ihm die Laderäume, die Stauräume für Segel und Taue. Vor einem Raum mit einem Schloss sagte er: »Das ist die Pulverkammer.«

»Aber wir sind doch kein Kriegsschiff«, warf Sven ein.

»Nein, aber wir müssen uns besonders in der Karibik auch gegen Piraten verteidigen können. Dazu haben wir drei Sechspfünder an jeder Schiffsseite, einige Drehbassen sowie Musketen und zwei Blunderbüchsen. Dir sind die Kanonen nicht aufgefallen, weil sie in ihrem Verschlag maskiert sind. Aber bald wirst du an ihnen schwitzen. Kannst du denn mit einer Rifle umgehen?«

»Als ich neun Jahre alt war, hat mein Vater mir gezeigt, wie ein Gewehr geladen wird. Ein- oder zweimal durfte ich es auch abfeuern. Aber seitdem hatte ich keines in der Hand.«

»Na, du wirst es lernen, denn mit Piraten ist nicht zu spaßen. Komm weiter! Im nächsten Laderaum ist noch die Fracht der Firma ›Bow Mills‹, die erst kurz vor dem Ankerlichten an Bord kam.«

Adam zeigte mit der Hand auf die Kisten, die dort aufgestapelt und mit Tauen gegen Verrutschen gesichert waren.

Sven sah sich den Knoten an und versuchte zu erkennen, was das für einer war. Da fiel ihm auf, dass aus der Kiste eine bräunliche Flüssigkeit herausrann.

»Was läuft denn da raus, Adam?«

Der war schon ein paar Schritte weiter, drehte sich um und fragte: »Wo?«

»Hier«, zeigte Sven.

Adam beugte sich runter, hielt einen Finger an die Flüssigkeit, schnupperte daran und prüfte mit der Zunge. »Das ist Walöl«, murmelte er erstaunt. »Wollen die uns in die Luft jagen?«

Er lief mit Sven an Deck. »Mr Cliff, Sven hat entdeckt, dass aus einer Kiste von ›Bow Mills‹ Walöl ausläuft! Wenn Sie sich das bitte ansehen möchten.«

Der Bootsmann antwortete nur: »Los! Geh voran!« und folgte Adam in den Laderaum.

Es war hell genug, dass er das Rinnsal sehen konnte. Er roch und schmeckte wie Adam vorher. »Stimmt«, stellte er fest.

»Adam, hol den Zimmermann. Er muss die Kiste aufbrechen!«

Adam lief davon. Der Bootsmann fragte Sven: »Kannst du den Knoten aufmachen?«

»Ich werde es versuchen, Sir.«

Sven erinnerte sich. Das war ein Kreuzknoten. Er zog das eine Tauende heraus, lockerte das andere, und dann hatte er es geschafft.

»Gut«, lobte der Bootsmann. »Der Kreuzknoten hat den Vorteil, dass er leicht zu lösen ist, auch wenn er vorher stark belastet wurde. Darum ist er bei solchen Absicherungen beliebt.«

Inzwischen kam der Zimmermann mit seiner Werkzeugkiste herbei.

»Robbie, hol mal mit Adam die Kiste heraus und öffne sie. Ich will wissen, was da ausläuft.«

Auch Sven packte mit an, und schließlich hatte der Zimmermann den Deckel geöffnet. Sie sahen Töpfe, Pfannen und Kaffeemühlen und dazwischen eine Ölkanne, die umgekippt war.

»Da haben die Idioten in der Eile doch ihre Ölkanne vergessen!«, schimpfte der Bootsmann. »Und wenn dann einem eine Lampe umfällt, brennt es lichterloh. Nebenan die Pulverkammer, da kann man sich ausrechnen, wann wir in die Luft fliegen. Adam, schick den Sven mit einem Lappen her. Er soll das aufschwabbern. Robbie, mach den Kasten wieder zu und vertäut dann alles wieder!«

Er nahm sich die Ölkanne und stapfte an Deck.

Er ging zum Kapitän und meldete: »Sir, ›Bow Mills‹ hatte eine Ölkanne in einer der Kisten vergessen. Sie war umgefallen und leckte. Der Sven hat es entdeckt. Damit hat er sich seine erste Heuer schon verdient. Das hätte auch schiefgehen können.«

Der Kapitän fluchte.

»Verdammt! Diese dämlichen Landratten. Auslaufendes Öl an Bord eines Schiffes! Da kann ich wieder einen bösen Brief schreiben. Scheint aber recht helle zu sein, dieser Sven.«

Sven hatte mit Adam noch das Ruderhaus mit dem Kompass inspiziert und ging nun zur Kombüse. Der Koch war zu seiner Überraschung ein älterer Schwarzer.

»Abraham«, meldete sich Adam an. »Das ist Sven, der Neue.«

Der Smutje streckte die Hand aus. »Vorhin einer erzählt, der Neue ist Enkel vom alten Larsson.«

Sven schüttelte die ausgestreckte Hand des schwarzen und bestätigte: »Ja, das stimmt.«

Der Koch klatschte in die Hände. »Große Freude! Ich war Steward bei Großvater. Guter Mann, immer gut zu mir. Komm zu mir, wenn du was brauchst. Wie gehen es Opa?«

»Er ist vor wenigen Wochen gestorben«, antwortete Sven.

Der Schwarze schüttelte betrübt den Kopf. »Schlimm. Aber er sehen uns vom Himmel. Freue mich, dass du an Bord bist.«

»Und was gibt es heute Abend, Abraham?«, wollte Adam noch wissen.

»Kotelett kalt, frisches Brot und Pudding.«

»Ja, der Abraham versorgt uns gut«, bestätigte Adam beim Abschied.

Vor der Kombüse klopfte er Sven auf die Schulter. »Du hast ein Schwein. Den Smutje zum Freund zu haben ist Gold wert. Dank deinem Opa im Gebet.«

Sven nickte.

In der Kombüse saßen jetzt alle Matrosen, die nicht gerade Wache hatten, und warteten auf das Abendbrot.

»Für alle, denen ich den Neuen noch nicht vorgestellt habe. Das ist Sven Larsson. Er gehört jetzt zu uns.«

»Und macht sich schon Liebkind bei den Offizieren!«, rief einer aus der Gruppe.

»Was soll der Quatsch, Paul?«, fragte Adam.

»Na, der Bootsmann rühmt ihn doch schon, was das für ein aufmerksamer Mann ist.«

Adam schüttelte den Kopf. »Mein Gott, du bist ein alter Streithammel. Der Sven hat gesehen, dass aus einer Kiste was rausläuft, und hat es mir gesagt. Ich hab gemerkt, dass es Walöl war, und gemeldet. Es hätte uns alle in Gefahr gebracht. Damit hat Sven uns allen einen Dienst erwiesen und sich nicht angebiedert.«

Zustimmendes Gemurmel ertönte jetzt. Adam sprach leise zu Sven.

»Komm, wir gehen an unsern Tisch. Der Paul, eigentlich heißt er Pawel, ist ein guter Matrose, aber ein Streitmaul. Sei vorsichtig!«

Sven aß mit Appetit das Kotelett und das Brot, trank den warmen Tee und genoss den süßen Pudding. Dann sah er den anderen noch ein wenig beim Kartenspiel zu.

Adam riet ihm: »Kriech in deine Hängematte, Junge, und schlaf dich noch zwei Nächte richtig aus! Dann musst du mit Wache gehen.«

Sven nickte und stieg in seine Hängematte. Sie schaukelte ein wenig heftiger. Dann haben wir wohl das Meer erreicht, dachte er noch beim Einschlafen.

Am nächsten Morgen weckte lautes Pfeifen die Matrosen. »Reise, reise, alles raus! Dalli!«, brüllte ein Maat des Bootsmanns.

»Los, Sven. Beeil dich! Pack deine Hängematte zusammen. Sieh zu, wie ich es mache. Dann geht es hoch zur Deckreinigung.«

»Und Frühstück?«

»Hinterher«, lachte Adam. »Du bist ein verwöhntes Muttersöhnchen. Nun komm schon!«

Sven war noch nicht ganz klar. Er hatte von seinem Großvater geträumt, der am Ruder stand. Etwas taumelnd stieg er den Niedergang hoch. Die Sonne war kaum am Horizont zu sehen. Es wehte ein frischer Wind. Ringsum war nur Wasser. Kein Land! Nichts! Und der Opa stand nicht am Ruder.

»Nun komm schon, du Schlafmütze!«, rief Adam vom Achterdeck.

Sven rannte hin.

»Los, ich zeig dir jetzt, wie man das Deck reinigt. Aber erst kremple dir die Hosen hoch! Was denkst du, warum die unten so weit sind? Damit du sie gut umkrempeln kannst. Los! Der Paul spritzt gleich mit der Deckspumpe alles nass. Wenn er dir die Hosen begießen kann, tut er es. Pass auf!«

Und schon kam der Pumpenstrahl auf sie zu. Sie sprangen zur Seite. Dann nahm Adam Sand aus einem Eimer und streute ihn aufs Deck.

»So«, sagte er zu Sven. »Jetzt nimm hier das Tauende!«

Das Tau führte zu einem großen Stein, an dem zwei Ringe mit je einem Tau angebracht waren. Adam nahm das zweite Tau.

»Dieses Ding hier, der ›holy-stone‹, hat eine glatte, weiche Unterseite wie Bimsstein. Er ist etwas über hundert Pfund schwer. Wenn wir ihn mit den Seilen hin und her ziehen, schmirgelt er das Deck blendend weiß.« Und er fing an zu ziehen.

Sie zogen den Stein von einer Seite zur anderen und gingen dabei immer ein Stück weiter zur Reling, sodass sie das ganze Deck säuberten.

»Und was wird hier mit den Ecken?«, fragte Sven.

»Da gehst du auf die Knie, junger Bursche, und nimmst die kleinen Bimssteine. Sie heißen ›Bibel‹, weil sie etwa die Größe haben. Damit scheuerst du mit der Hand die Ecken aus.«

Sven kniete sich hin und rieb mit dem Bimsstein die Planken ab.

»Drück kräftiger auf!«, mahnte Adam.

Aber da stieß Sven mit der Bibel an einen Eckbalken und klemmte sich die Hand. »Au!«, stöhnte er unterdrückt und hob die Hand an den Mund.

»Weiter da!«, brüllte der Bootsmannsmaat. »Niemand hat etwas von Pause gesagt!«

Sven riss sich zusammen und schrubbte weiter. Immer wieder stieß er mit den Fingern irgendwo an, und die Knie taten auch schon weh.

»Gut jetzt!«, sagte Adam. »Steh auf! Jetzt wird das Deck abgespült.«

Bin ich gemeint?, dachte Sven und sah auf. Aber da kam schon der Wasserstrahl auf ihn zu. Hastig sprang er hoch, stolperte und bekam den Strahl voll auf das rechte Hosenbein. Die umstehenden Matrosen lachten schadenfroh. Sven sah sich wütend um. Hände und Knie taten ihm weh, kalt war es sowieso, und jetzt das nasse Hosenbein!

»Los, hol dir schnell eine neue Hose aus deinem Spind, und bring die andere zum Smutje. Vielleicht hängt er sie in der Kombüse zum Trocknen auf«, wies ihn Adam an. »Komm dann schnell wieder ins Logis, sonst ist kein Frühstück mehr da.«

Zum Frühstück gab es frisches Brot, dicke Scheiben kaltes Fleisch, Porridge und Tee oder Kaffee. Zucker stand reichlich auf den Holztischen herum, und die Matrosen langten kräftig zu.

»Ja, wir sind Süßmäuler«, lachte Adam, der seinen Blick gesehen hatte. »Iss ordentlich. Heute gibt es noch viel zu tun.«

Das kalte Fleisch am frühen Morgen war ungewohnt für Sven, aber das Brot schmeckte frisch und gut. Er goss sich Kaffee ein und aß. Doch er hatte noch nicht viel gegessen, als die Pfeifen schon wieder schrillten.

Adam schaute ihn an. »Hier musst du dich aber mehr beeilen. Los, nimm den Rest Brot, und hoch mit dir!«

Sven stopfte sich den Mund voll, rannte zum Niedergang, stieß mit einem anderen Matrossen zusammen und prellte sich die Hüfte am Handlauf. Er fluchte unterdrückt und sah sich nach Adam um. Der stieg schon die Wanten am Großmast empor.

»Nun komm schon, du Schnecke! Ordentlich festhalten!«

In Sven stieg die Wut hoch. Verdammt! Wollten ihn hier alle schikanieren? Er raste förmlich die Wanten hoch, aber wenn er dabei war, Adam zu überholen, war der auf einmal wieder vor ihm. Sven kletterte so hoch wie nie zuvor.

»So, hier sitzt sonst der Ausguck«, erklärte Adam. »Ich hab ihn für einen Augenblick abgelöst. Schau, jetzt macht er auf den Püttingswanten Pause. Wenn du Ausguck hast, bindest du dich zur Sicherheit mit einem Seil an, damit du nicht immer ans Festhalten denken musst. Vor allem musst du dich nämlich umschauen und immer wieder die See rund ums Schiff absuchen. Wenn du am Horizont etwas siehst und nicht klar erkennen kannst, starre nicht zu lange drauf. Lass deine Augen zu einem anderen Fleck im Meer wandern und geh dann wieder an die Stelle zurück, die dir verdächtig erschien. Schau dich um! Siehst du etwas?«

Sven blickte nach rechts, nach vorn und nach links. Da war nichts.

»Nein«, antwortete er.

»Das kostet dich mindestens drei Tage keinen Landgang, wenn ein Steuermann das merkt, du Trantüte. Willst du nicht einmal nach achtern sehen?«

Sven drehte den Kopf nach hinten und wäre beinahe abgerutscht, weil er sich mit der linken Hand nicht mehr fest genug angeklammert hatte.

»Das hätte dich das Leben kosten können! Und was siehst du?«

»Ein Segel, hinten links.«

Adam stöhnte in gespieltem Schmerz. »Dein Großvater wird sich im Grabe umdrehen. Das heißt: Backbord achteraus, drei Meilen. So musst du es dem Deck melden. Du weißt doch, wie die Seiten des Schiffs genannt werden.«

»Ja«, gab Sven kleinlaut zu.

»Na, also. Sieh dich noch um. Dann lassen wir den richtigen Ausguck wieder ran und machen weiter in unserem Übungsprogramm.«

Als zum Mittagessen gepfiffen wurde, war Sven restlos kaputt. Die Fußsohlen schmerzten und waren wohl auch hier und da aufgescheuert. Die Armmuskeln taten ihm weh, so sehr hatte er sich immer wieder festklammern müssen. Auf der Blinderah am Klüverbaum hätte ihn eine Welle fast weggerissen. Wieder war er nass geworden. Aber Adam hatte nur gemeint, das trockne schon. Die Sonne scheine ja.

Und dann musste er Segel anknüpfen, hochziehen, festbinden und was sonst noch alles. Er hatte die Ankerwinde etwas gelockert und wieder versucht festzuziehen, was ihm ohne Hilfe von Adam und einem anderen Matrosen aber nicht gelang. Dann hatte er bei einem Trupp zugegriffen, der Taue mit Teer einrieb. Er hatte die Hände gar nicht wieder sauber bekommen, nicht mit Bürsten, heißem Wasser und Sand. Jetzt wusste er, warum Seeleute immer in den Rillen und unter den Fingernägeln schwarzen Dreck hatten.

»Die Taue, die nicht bewegt werden, also das ›Stehende Gut‹, müssen geteert werden, sonst verrotten sie«, hatte Adam nur erklärt und ihn weiter gescheucht.

Mechanisch stopfte Sven das warme Pökelfleisch, das Sauerkraut und die Kartoffeln in sich hinein. Wieder gab es Tee oder Kaffee. Aber es gab auch Seeleute, die schenkten sich aus eigenen Flaschen einen Schluck Rum ein. Jetzt hätte Sven eine Pause gebraucht. Aber Adam mahnte schon: »Jetzt wirst du eine Weile das Ruder halten, und dann erkläre ich dir, was an der Kanone zu tun ist, damit du beim Exerzieren mitmachen kannst.«

Der Rudergänger überließ Sven das Ruder und gab ihm den Kurs an. »Süd-Süd-West, achtzehn Punkte.«

Sven kam die Erinnerung an die Kompassrose, die ihm sein Opa gezeigt hatte. Sie hatte 32 Striche oder Punkte. Die ersetzten die feine Gradeinteilung und waren praktischer. 18 Striche waren ungefähr 200 Grad. Aber da rief Adam schon: »Halt das Ruder stetig!«

Bei seinen Gedanken hatte Sven nicht aufgepasst, dass er auf wechselnden Winddruck mit dem Ruder reagieren musste. Jetzt lagen schon zwanzig Punkte als Kurs an. Hastig drehte er das Ruder zurück.

»Langsam!«, mahnte Adam. »Du übersteuerst!«

Vorsichtig drehte Sven etwas zurück. So! Jetzt lagen wieder achtzehn Punkte an.

»Nun achte auf die Segel! Sie müssen immer prall gefüllt sein. Wenn sie flattern und der Wachhabende nicht von sich aus reagiert, musst du ihm das melden.«

Sven hielt das Ruder noch eine Weile, und da der Wind stetig aus einer Richtung wehte, war das keine Kunst, und er dachte, das sei ja nun nicht so schwer. Aber da erklärte Adam: »Als Rudergänger braucht man gute Leute. Wenn der Wind dauernd umspringt, ist es höllisch schwer, das Schiff auf Kurs zu halten. So, jetzt gib es mal wieder an Ben ab!«

Sie gingen zur Kuhl und zogen die Persenning von der mittleren Kanone. Adam erklärte ihm, wie die Teile hießen, ließ ihn Wurm, Wischer, Rammer und Handspaken anfassen und demonstrierte dann, mit welchen Handgriffen eine Kanone geladen, ausgerannt, gerichtet und abgefeuert wurde. Er warnte ihn, nie in der Bahn zu stehen, in der die Kanone nach dem Abfeuern zurückrollte.

»Die Kanone wiegt etwa zwanzig Zentner. Da bleibt kein Knochen heil, wenn dich der Rückstoß trifft. So, und nun nimm mal eine Rundkugel in die Hand.«

Sven fand sie ziemlich schwer.

»Ja, die schlägt auf zweihundertfünfzig Meter noch durch über zwanzig Zentimeter dicke Balken. Aber treffen muss man schon.«

»Traut sich denn da ein Pirat überhaupt ran?«, fragte Sven.

»Das kommt drauf an. Ein gut armierter Schoner mit vier Achtpfündern auf der Breitseite, der kann uns glatt zusammenschießen. Die haben mehr Mannschaft als wir. Die können neun Mann an solche Kanonen stellen, wir höchstens drei. Dann schießen die doppelt so schnell.

Aber die Kriegsflotte hat jetzt im Frieden die Piraterie ziemlich eingedämmt. Da versucht höchstens mal so ein großes Fischerboot sein Glück. Gegen die können wir uns wehren.«

Adam zeigte ihm noch, wo die anderen Waffen verschlossen waren, und sagte: »Jetzt müssen wir das Bilgenwasser auspumpen. Komm, wir gehen zur Pumpe!«

Am Abend war Sven völlig erschöpft. Handflächen und Fußsohlen brannten und waren an einigen Stellen auch aufgeschürft. Er ließ sich auf die Bank fallen und stützte den Kopf in die Hände. Die anderen schauten ihm spöttisch oder teilnahmsvoll zu.

»So, Sven, nun isst du noch ordentlich und reibst dann Hände und Füße ein. Morgen wird es schon leichter für dich«, munterte Adam ihn auf.

»Ich hab keinen Appetit.«

»Brauchst du auch nicht. Du sollst essen, um Kraft zu kriegen, nicht um Spaß zu haben.«

Sven stopfte Brot und Fleisch in sich hinein, spülte mit süßem Tee nach, rieb sich die Fußsohlen und Handflächen mit der Salbe ein und kroch in die Hängematte. Er hörte die Unterhaltung und das Gelächter der anderen nur noch kurze Zeit, dann schlief er fest.

Als er am nächsten Morgen geweckt wurde, dachte er, wie gern er jetzt daheim wäre und sich von seiner Mutter verwöhnen lassen würde. Aber schon brüllte jemand, er solle gefälligst seine Hängematte verstauen und sich fertig machen.

Adam wartete bereits auf ihn. »Heute müssen wir die Verpflegung für die anderen aus der Kombüse holen. Außerdem will ich dir zeigen, wie das mit dem Anker geht, dann müssen wir aufentern, und du sollst lernen, wie man ein Segel löst oder einholt, und schließlich sollst du ja auch einiges über Takel und Rollen wissen.«

Sven nickte ergeben. Da wäre er am Abend wieder erledigt. Und das sollte das schöne Seemannsleben sein, wo man so viel von der Welt sah?

Nun, er erfuhr zumindest etwas mehr von den anderen in der Crew, als er mit Adam das Essen heranschleppte.

Da war der fast zahnlose Jonny. Er hatte auf einem Walfänger Skorbut gehabt, als sie acht Wochen nicht um Kap Hoorn segeln konnten. »Sein Kapitän hatte auf günstigen Wind gesetzt und nicht mehr die Zeit geopfert, um die Küste anzusteuern und Frischfleisch und Gemüse einzukaufen. Dann schlug der Wind um. Und als sie endlich wieder an der Atlantikküste in einen Hafen kamen, waren fünf Mann tot und die anderen mehr oder weniger Invaliden«, erzählte Adam.

Da war auch Karl. Er kam auf Sven zu, als der seine Wunden an den Füßen einrieb und leise auf Deutsch jammerte: »Ach, tut das weh.« So hatte seine Mutter immer geklagt, wenn sie an ihrem Hühnerauge polkte.

Karl war überglücklich, dass er jemanden entdeckt hatte, der recht gut deutsch sprach. »Dann musst du mir helfen«, bat er. »Ich bin aus Germantown. Wir haben fast nur deutsch gesprochen. Du kannst doch gut lesen und schreiben. Ich helfe dir gern in der Takelage.« Der starke, sehnige Bursche blickte ihn erwartungsvoll an.

»Gern«, nickte Sven. »Ich muss mich nur noch ein wenig einleben.«

Robert, der das gehört hatte, schüttelte den Kopf. »Nun mach schon. Du ahnst nicht, wie bequem du es hier hast im Vergleich zu einem Schiff der königlichen Flotte. Da ziehen sie Landeiern wie dir richtig die Knochen lang.«

Robert war Steuermannsmaat und hatte im letzten Krieg auf einer Fregatte gedient. Adam flüsterte später: »Er gibt gern an mit seiner Flottenzeit. Aber er ist nicht so gut, wie er tut. Mr Walker schimpft oft über seine Messungen.«

Für Adam wurde es ein ganz normaler Tag. Für Sven wurde es wieder ein verwirrendes Kaleidoskop, vollgestopft mit neuen Geräten, neuen Bezeichnungen, neuen Handgriffen.

Was für Sven wie Taue aussah, die über verschiedene Rollen liefen, wurden in Adams Erklärung Fischtakel, Nocktakel, Stagtakel und davon kaum unterscheidbar Stoßtalje, Bauchtalje, Steerttalje und so fort. Alles diente dazu, Lasten zu ziehen, und zwar so, dass man auch große

Lasten leichter heben konnte, wenn man das Tau weiterzog und diese Bewegung über Rollen in Kraft umsetzte.

So ganz verstand Sven das nicht, aber Adam demonstrierte es sehr anschaulich, indem Sven versuchen musste, einen schweren Sack zu heben, was ihm misslang. Aber dann band Adam den Sack an ein Takel mit zwei Rollen, und Sven musste zwar viel Tau ziehen, aber der Sack hob sich langsam und stetig empor.

»Und was ziehen wir damit hoch?«, fragte er.

»Alles, was wir beladen und entladen müssen, außerdem Boote, die wir aussetzen, Kanonenrohre, die wir umsetzen müssen, also alles, was wir so nicht heben können.«

Und dann ging es wieder in die Takelage, und Sven erlebte die schöne Abwechslung, dass eine Delfinschule um das Schiff herum spielte, während er sich oben an die Vorbramrah klammerte. Adam gönnte ihnen eine kurze Pause, denn von oben sah man die Delfine nicht nur synchron aus dem Wasser springen, man konnte ihre Bewegungen auch unter der Oberfläche verfolgen.

»Es sind wunderbare Tiere«, schwärmte Adam. »Sie sind nicht nur schön und elegant. Ich habe erlebt, wie sie einen Mann, der nicht schwimmen konnte, zum Ufer getragen haben. Sie sind gut zu Menschen. Wenn ich dabei bin, angelt keiner nach Delfinen.«

Einen kurzen Augenblick dachte Sven, dass das Leben auf dem Meer ja doch sehr schön sein könne, aber dann trieb ihn Adam schon wieder an, sich mit einer Hand festzuhalten und mit der anderen Hand ein Segel einzuholen.

Adam rutschte auf den Fußpferden vom Mast bis zur Rahnock. Sven konnte kaum stehen, so wund waren seine Fußsohlen. Einmal wäre er beinahe abgerutscht, weil er vor Schmerz nicht fest auftreten wollte.

»Komm, du reibst wieder Salbe ein, und dann zeig ich dir, wie man eine Drehbasse bedient!«

Der Tag ging schließlich auch vorbei. »Morgen hast du mit Karl und mir in der ersten Wache am Fockmast Dienst«, verkündete Adam.

Aber das Wetter änderte den Dienstplan. Schon vor dem üblichen Wecken schrillten die Pfeifen. »Alle Mann an Deck!«, brüllten die Maate. Das Schiff stampfte und rollte. Sven konnte gar nicht richtig gehen und musste sich überall abstützen.

Als er mit den anderen den Niedergang nach oben stapfte, war es grau und trüb. Man konnte nicht weit sehen, aber es reichte, um zu erkennen, dass die Wellen Schaumkronen trugen.

»Das Barometer fällt. Wir kommen in einen Sturm. Alle Segel bergen, Sturmklüver setzen!«

Adam zog Sven mit zum Fockmast. »Karl geht zur Rahnock, du in die Mitte und ich zum Mast hin. Schau, wie wir es machen. Stell dich fest auf die Fußpferde, und halt dich gut fest.«

Der Mast neigte sich von einer Seite zur anderen. Als Sven die Wanten aufenterte, wurde er einmal gegen die Wanten gedrückt. Bei der Gegenbewegung hing er fast über dem Meer und musste sich fest anklammern.

Karl sauste förmlich auf dem Fußpferd zum äußeren Ende der Fockrah. Sven tastete sich mühsam voran und klammerte sich fest.

»Los, mach schon!«, rief Adam. »Schau her, hier die Bändsel lösen, dort ziehen, einschlagen, und jetzt fest einbinden! Wir haben es doch schon geübt.«

Sven war hilflos. Wie sollte er sich mit einer Hand festhalten und alles nur mit der anderen Hand schaffen? Aber dann sah er, wie die beiden sich mit den Oberarmen über die Rah lehnten und dort festklemmten und mit den Unterarmen schafften. Er ahmte es nach und wäre fast von der Rah geschleudert worden, als ein Windstoß sie traf.

Aber dann unterdrückte er die Panik. Es ging ja! Zug um Zug wurde er des nassen und sich bäumenden Segels Herr, und schließlich war es eingeholt und befestigt.

»Komm runter!«, rief Adam.

Sven klammerte sich an die Wanten und merkte jetzt erst richtig, wie der Schiffsbug hoch in den Himmel stieg und dann wieder tief in die Wellen eintauchte. Das ist ja wie auf einer riesigen Schaukel, dachte er. Als er den Fuß wieder an Deck setzte, drückte sein Magen nach oben, als wolle er durch die Speiseröhre aus dem Mund drängen. Sven schlug die Hand vor den Mund und würgte.

»Geh zur Leeseite und kotze dort über Bord! Los, rüber!«, befahl Adam.

Sven taumelte zur Reling und übergab sich ins Meer. Der Wind riss ihm die Speisereste förmlich vom Mund.

»Nun komm schon!«, schrie Adam. »Wir müssen die Taue an Deck spannen.« Er zog Sven an sich heran und sprach direkt in sein Ohr. »Bei Sturm müssen wir Taue an Deck spannen, damit wir uns festhalten können. Sonst werden wir über Bord geschleudert. Komm, pack mit an.«

Sie spannten ein Tau nach dem anderen, duckten sich immer wieder, wenn eine Welle kam, und klammerten sich fest. Sven war klatschnass. Sein Magen wölbte sich immer wieder nach oben, aber es kam nichts mehr heraus. Ihm war zum Sterben schlecht. Aber Adam gab keine Ruhe. Ihm schien das nichts auszumachen.

Endlich brüllte er in Svens Ohr: »Fertig! Komm nach unten! Umziehen!«

Unten standen auch die Holzbottiche mit dem Frühstück. Sven musste würgen. »Nimm dir da den Topf. Kotz ja nicht auf den Boden!«, fuhr ihn Robert an.

»Komm, Sven, trink etwas Tee ohne Zucker, und kau ein wenig Brot. Es ist kein schlimmer Sturm. Heute Abend ist alles vorbei.«

Sven brachte außer Tee nichts hinunter, aber er genoss die trockene Kleidung. Allmählich beruhigte sich sein Magen. Aber dann musste er wieder an Deck. »Komm, wir sollen dem Rudergänger helfen«, instruierte ihn Adam.

Am Ruder standen jetzt vier Mann. Zwei wurden abgelöst. Sven griff mit Adam in die Speichen. »Mach nur mit, was ich mach und dir sage«, befahl ihm Adam.

»Gegensteuern! Gut so! Und wieder gegenhalten! Nachlassen!« Sven folgte Adams Bewegungen wie sein Schatten.

Neben dem Ruderhaus gab der Obersteuermann mit einer Sprechtrompete Befehle. Er hatte sich mit einem Tau am Mast festgebunden und schien sich nichts weiter aus dem Schwanken und Stampfen des Schiffes zu machen.

Nach einer Zeit, die Sven endlos erschien, wurde er mit Adam abgelöst. Sie hangelten sich an Tauen unter Deck. Der Ölmantel hatte die Gischt und die Wasserspritzer auch nicht alle abgehalten.

»Reib dich trocken«, riet ihm Adam. »Hast du noch trockene Sachen?«

Sven hatte noch ein Hemd und einen Pullover. Das zog er an. Die anderen Sachen hängte er auf. Ihr Logis sah aus wie eine Wäscherei. Wann die Sachen trocken sein würden, wer konnte das wissen.

»Leg dich ein bisschen hin. Du hast jetzt Freiwache und wirst an Deck nicht benötigt«, sagte Adam. Sven folgte seinem Rat und fiel in eine Art Halbschlaf. Sein Magen beruhigte sich.

Als Adam ihn an der Schulter rüttelte, schien auch das Schiff nicht mehr so stark zu schwanken. »Komm! Wir sind wieder dran!«

Der Sturm hatte nachgelassen. Sven hatte Hunger und fühlte sich schlapp, aber er fühlte sich nicht mehr so elend wie am Morgen. Er konnte wieder in die Wanten, setzte mit Adam und Karl Segel und konnte lachen, als ihm Karl Scherzworte zurief. Er war ein wenig stolz auf sich, dass er es jetzt besser packte.

Als ihre Wache endete, war der Sturm nahezu abgeflaut. Die *Victoria* setzte erneut fast alle Segel. Sven konnte wieder essen. Die anderen schienen ihn jetzt als einen der ihren zu sehen. Sie warfen ihm Scherzworte zu und fragten ihn nach seiner Familie aus.

Karl erzählte von seiner Jugend in Germantown. Sein Vater war vor den Schikanen eines Gutsherrn in die Freiheit der neuen Welt geflüchtet und lebte jetzt als Arbeiter in einer Mühle ärmlich, aber zufrieden. Karl liebte das Leben auf See und schwärmte Sven von den Inseln in der Karibik vor.

»Kannst du für mich einen Brief schreiben? In Charleston können wir Post aufgeben, wenn wir dort anlegen.« Sven war gern dazu bereit, musste aber eingestehen, dass er selbst noch gar nicht an diese Möglichkeit gedacht hatte.

So teilte er seine Freizeit mit Briefschreiben für sich und Karl und mit der Lektüre von Defoes »Robinson Crusoe«, den ihm seine Mutter als für einen Seemann geeignete Lektüre geschenkt hatte. Karl musste den englischen Text vorlesen. Sven berichtigte die Aussprache und erklärte unbekannte Wörter, wobei er nur im Notfall auf deutsche Begriffe zurückgriff. So sicher fühlte er sich in der Sprache seiner Mutter auch nicht.

Nach einer Woche hatten sie Charleston erreicht, wo die Fracht von »Bow Mills« zu entladen war. Sven musste zum Kapitän.

Mr Preston begrüßte ihn freundlich: »Ich höre, du machst dich recht gut. Weiter so! Morgen sind wir einen Nachmittag und eine Nacht in Charleston. Am liebsten hätte ich die Fracht auf den Kai gesetzt und wäre weitergesegelt, denn wir sind hinter unserem Zeitplan. Aber das hätte mir die Mannschaft übel genommen, und eine übel gelaunte Mannschaft ist für keinen Kapitän eine Hilfe. Also bleiben wir eine Nacht, und sie können etwas auf den Putz hauen.

Du kannst dir Hafen und Stadt ansehen, wenn du Adam als Begleitung akzeptierst. Hör auf ihn, und sei vorsichtig. In den Hafenstädten wollen viele die Seeleute nur ausnehmen. Und falls der Adam etwas mit Weibern vorhat, halte dich raus. Lass dich auch später nie mit Straßendirnen ein. Ich habe einen Freund jämmerlich krepieren sehen, weil er sich bei einer billigen Hure angesteckt hatte. Wenn du es nötig hast, geh in ein gutes und sauberes Bordell. Es kostet mehr, aber du hast eine Chance, gesund zu bleiben. Das hätte dir dein Großvater auch geraten.«

Sven stand an Deck, als sie in die Bucht einliefen. Der Untersteuermann hatte ihn zu sich gerufen. »Schau dich um, Sven! Merk dir die Zeichen, die den Weg markieren. Sieh dort an Steuerbord. Die vorragende Landzunge heißt ›Sullivan‹. Wir müssen an ihr entlangsegeln. Hier ist es tiefer als dort drüben an Backbord, wo ›Ganmin's Point‹ liegt.«

Sven drehte aufmerksam den Kopf und merkte sich den Küstenverlauf. »Was liegt dort, etwas östlich hinter Sullivan, Mr Margot?«

»Meinst du die kleine Ansiedlung?«

»Ja, Sir.«

»Sie heißt ›Mount Pleasant‹. Und dreh dich um, gegenüber an Backbord liegt ›Fort Johnson‹. Von ihm bis fast vor Sullivan zieht sich eine Sandbank mit weniger als einem Meter Wassertiefe entlang. Wenn du da raufschrummst, dann brechen dir die Masten weg.«

Vor ihnen lagen viele Schiffe mit eingeholten Segeln.

»Ist das Charleston, Sir?«

»Ja, die Stadt liegt auf einer Halbinsel, die vom Ashley River dort an Backbord und vom Cooper River hier an Steuerbord gebildet wird. Wir werden an der Seite des Cooper River anlegen. Du kannst jetzt auf deinen Posten am Fockmast gehen.«

»Darf ich noch fragen, Mr Margot, ob Charleston so groß wie Philadelphia ist?«

»Nein, keinesfalls. Zwischen fünf- und zehntausend Menschen leben dort. Die genaue Zahl weiß ich auch nicht.«

Sven lief zum Fockmast, wo Adam und Karl schon auf ihn warteten. Gleich würde der Befehl zum Einholen der Segel kommen.

Karl schmatzte genießerisch. »Da werde ich mir heute noch ein frisches Bier zur Brust nehmen.«

Adam sagte zu ihm: »Ich soll Sven die Stadt zeigen. Wenn du willst, kannst du mit uns kommen. Wir haben auch nichts gegen ein Bier.«

Und so zogen die drei aus, um Charleston zu erkunden, nachdem sie die Fracht ausgeladen hatten. Sven kannte die Kaianlagen und die Hafenstraßen in Philadelphia. Aber hier sah es doch anders aus.

Viel mehr Schwarze und Mischlinge waren zu sehen. Die Stadt lag ja in Süd-Karolina, einer Kolonie, in der viele Plantagen mit Hilfe von Sklaven bewirtschaftet wurden.

Aus den Fenstern im ersten Stockwerk eines Hauses winkten ihnen Frauen zu, weiße und farbige. Aber sie winkten nicht nur, sie zeigten ihnen auch ihre Brüste und schaukelten sie aufreizend hin und her.

Sven kam auf einmal die Szene ins Gedächtnis, als er mit Mutter und Schwester aus Reading weggefahren war und die Mutter ihm die Augen zuhielt, als auch dort Frauen sich entblößten. Das war nach ihrer Flucht aus »Einars Tal« und seines Vaters Tod. Würde ihn der Anblick nackter Frauen immer an diese schlimme Zeit erinnern?

»Warum machst du so ein trauriges Gesicht, Sven? So hässlich sind sie doch gar nicht. Aber du kannst dir bei dieser Preisklasse fast sicher eine Krankheit holen. Die besseren Weiber entblößen sich nicht am Fenster.«

Sven erzählte ihm, woran ihn das Bild erinnerte.

»Die trüben Gedanken lass jetzt lieber. Wir genehmigen uns erst einmal ein Bier, und dann schauen wir uns um, was die Gaukler uns an den Straßenecken vorführen.«

Aber sie kamen noch an einem Bäckerladen vorbei, der in seinem Fenster Gebäck ausgestellt hatte. »Seht doch nur!«, hielt Adam sie an. »Da läuft einem ja das Wasser im Mund zusammen. Das ist doch was anderes als unser hartes Brot.«

Sie holten sich ein Kuchenstück, Adam sogar zwei, und aßen es gleich auf der Straße. Neben der Bäckerei war ein Laden mit Büchern und Zeitungen in der Auslage. Eine Menschentraube hatte sich angesammelt. Es wurde heftig und laut gestritten.

»Das ist Lüge und Aufhetzung!«, rief ein Mann in die Menge. »Seht euch dieses Bild von Paul Revere an!«

Sven sah auf eine Grafik, die einen Zug Rotröcke zeigte, der auf Befehl eines Offiziers auf eine größere Menge von Zivilisten schoss, die nur winkte und Transparente zeigte.

Er hörte, wie der Mann weiter anklagte. »So war das so genannte Massaker in Boston nicht. Es waren nur sieben Rotröcke dort, und die Menge hat sie angegriffen, mit Steinen beworfen und den Hauptmann mit einer Keule geschlagen. Die Briten haben sich nur gegen den entfesselten Pöbel gewehrt. Mein Bruder, der dort lebt, hat es mir geschrieben.«

Sven war entsetzt. Wenn das stimmte, hatte sich sein Großvater unnötig so aufgeregt, dass er den tödlichen Herzanfall bekam.

»Dann ist dein Bruder ein bezahlter Knecht der Briten, der die Mordtaten der Rotröcke beschönigt. Wir alle wissen doch, wie arrogant sie uns behandeln und uns von der Straße jagen, wenn wir ihren Marsch stören.«

Sven blickte Adam verwirrt an. »Was soll man denn nun glauben?«

»Am besten nur, was du selbst siehst und hörst. Sie lügen alle, wenn sie was erreichen wollen. Ich bin froh, dass ich auf See selten so ein Zeug höre.«

»Aber Adam, es geht doch auch um uns. Es sind doch unsere Mitbürger, die unterdrückt werden. Es ist unser Handel, der behindert wird. Wir müssen doch patriotisch denken.«

»Dann sieh dir deine Mitbürger nur genau an. Das sind die Kaufleute hier in den Läden, die uns mit überhöhten Preisen betrügen. Es sind die finsteren Gestalten dort in den Hauseingängen, die uns beklauen wollen. Mich hat eine britische Sloop im letzten Krieg vor einem französischen Kaper gerettet. Waren das nicht auch Mitbürger?«

»Hört ihr jetzt auf mit eurer verdammten Politik! Ich will endlich mein Bier«, beschwerte sich Karl.

Sie tranken ihr Bier in der nächsten Kneipe, aber die rechte Stimmung kam nicht wieder auf.

»Kommt, jetzt zeigen wir Sven die Einkaufsstraße. Vielleicht findet er etwas für seine Mutter.«

In der Einkaufsstraße, die Sven ein wenig an die Second Street in Philadelphia erinnerte, waren die Menschen besser gekleidet als in der Hafengegend. Hier fielen sie als Matrosen mit ihren gestreiften Holländerhemden und den weiten Hosen schon auf.

Kutschen ratterten die Straße entlang. Herren mit langen Gehröcken, Damen mit Spitzenblusen ließen sich von Lakaien aus den Kutschen helfen. Schwarze sah man fast nur als Lakaien. Indianer erblickte Sven in dieser Straße überhaupt nicht.

Mit einem Geschenk für seine Mutter wollte er lieber bis zur Karibik warten. Was er hier sah, konnte sie auch in Philadelphia kaufen. Aber für sich konnte er einen Strohhut erstehen. Den würde er in der glühenden Sonne der Karibik brauchen.

Adam und Karl steuerten ihren Rat bei, und schließlich hatte Sven einen praktischen und preiswerten Strohhut auf dem Kopf.

»Kommt, jetzt gehen wir in ein gutes Restaurant und lassen uns gebratenes Fleisch und ein gutes Bier schmecken«, riet Adam. »Hier durch die Seitengasse sind wir gleich da.«

Sie waren kaum zehn Meter gegangen, als Sven einfiel: »Leute, ich wollte ja noch eine Zeitung kaufen. Wartet einen Moment. Ich bin gleich zurück.«

Adam und Karl schlenderten langsam weiter. »Was der bloß mit seiner Politik hat?«

Sven rollte die gekaufte Zeitung zusammen und steckte im Laufen seine Geldbörse in die Tasche, als ihm ein großer Kerl die Schulter in die Seite rammte.

»He, was rempelst du mich an?«, brüllte der Kerl und griff nach Sven. Aus einem Hausflur stürzte ein anderer auf sie zu. »Dem Seeräuber werden wir es zeigen!«, rief er.

Sven rief laut: »Adam!« Er stieß den Kerl zur Seite und wollte zu Adam und Karl laufen, als ihn ein Knüppel am Kopf traf. Benommen sank er in die Knie. Der erste Kerl griff in seine Tasche und wollte die Geldbörse herausziehen. Aber Sven war noch klar genug, um ihm seinen Ellbogen in den Unterleib zu stoßen und sich aufzurichten, als der Kerl sich krümmte.

Und dann waren Adam und Karl heran. Sie gaben jedem der beiden Straßenräuber einen Faustschlag auf die Nase und schlugen ihnen mit der Handkante an die Schlagader, dass sie bewusstlos zusammensanken. Und dann packte Adam den Unterarm des ersten Kerls an Ellbogen und Handgelenk und brach ihn auf seinem Knie mit seiner gewaltigen Kraft einfach durch.

»Adam!«, rief Sven entsetzt. »Das darfst du doch nicht tun!«

»Dein ›Mitbürger‹ soll so schnell nicht wieder jemanden überfallen«, konterte Adam böse. »Und jetzt nichts wie weg!«

Sie liefen um ein paar Ecken, bis sie Adam in eine Wirtschaft lotste. »Gewöhne dir das ab, Sven, dieses Räuberpack mit Nachsicht zu behandeln. Ich habe einen Freund verloren, dem sie das Messer in die Brust stachen, als er sich wehrte. Du musst zuschlagen, so hart du kannst, und ihnen den Appetit auf weitere Raubtaten verderben. Und nun will ich nichts mehr davon hören!«

Sie bestellten ihr Steak und Bier, aßen und tranken mit Appetit, aber ihnen war die gute Laune verdorben. Sie kehrten vor Mitternacht auf ihr Schiff zurück, und es dauerte ein paar Tage, bis Sven wieder unbefangen mit Adam scherzen konnte.

Sie hatten wunderbares Segelwetter. Ein kräftiger und stetiger Wind trieb sie ihrem Ziel entgegen. Sven wurde die Arbeit an Deck von Tag zu Tag vertrauter. Er putzte Messingbeschläge blank, teerte Taue, half beim Ausbessern der Segel und scheuerte das Deck.

Die Arbeit ließ Zeit, mit den Kameraden zu scherzen, die leuchtenden Wolkenformationen zu bewundern oder nur einfach seinen Gedanken nachzuhängen.

In den ersten beiden Tagen gingen Sven noch die Nachrichten durch den Kopf, die er der Zeitung entnommen hatte. Die britische Regierung erwog, ihre Steuergesetze abzumildern. Aber nicht alle Amerikaner standen der britischen Politik feindlich gegenüber.

Sven hatte eine Zeitung aus Süd-Karolina gekauft. Deren Redakteure zitierten zwar die Stellungnahmen aus den nördlichen Kolonien, distanzierten sich aber ziemlich deutlich davon. Wer waren denn nun die richtigen Patrioten? Mit den Matrosen konnte Sven nicht darüber diskutieren. Die spotteten über ihn, dass er Zeitungen las.

Aber dann dachte Sven auch nicht mehr an diese Probleme, sondern gab sich dem Alltag hin.

Sie segelten an der Küste Floridas entlang. Backbord hinter dem Horizont lagen die Bahamas, wie der Obersteuermann Sven erzählte. Dann liefen sie durch die Florida-Straße, passierten die Nordspitze Kubas und steuerten jetzt durch das karibische Meer ihrem Ziel Jamaika entgegen.

Die Route sei weniger durch Piraten gefährdet, erklärte Mr Walker noch. Aber das hinderte den Kapitän nicht, jeden Tag Übungen mit Kanonen und Gewehren anzusetzen.

Adam schimpfte leise, er sei doch nicht auf einem Kriegsschiff. Aber er musste mit Sven und Karl an einer Kanone schwitzen, sie immer wieder laden, ausrennen, das Abfeuern simulieren, dann wieder wischen, laden, rammen, bis jeder Handgriff saß.

»Es kann unser Leben retten!«, betonte der Kapitän immer und setzte, als der Ausguck voraus einen im Meer treibenden Baumstamm meldete, auch ein Zielschießen an.

Adam war der Geschützführer. Er dirigierte Sven und Karl, die das Geschütz herumwuchten mussten. Dann hielt Adam die Lunte ans Zündloch, und Sven erlebte zum ersten Mal aus der Nähe, wie furchtbar laut eine Kanone war. Und mit welcher Wucht sie zurückrollte und sich in den Tauen aufbäumte! Sven war froh, dass er klar seitab von der Rückrollspur gestanden hatte.

Aber schon brüllte ihn Adam an: »Los, ran mit Wurm und Wischer!« Und Sven nahm die Stange, kratzte die Reste der Kartusche aus dem Rohr und wischte es sauber. Karl rammte die neue Kartusche ein, Sven legte die Kugel ins Rohr. Karl rammte sie fest. Dann fiel Sven ein zu fragen, ob sie getroffen hätten.

»Zwanzig Meter seitab und fünfzig zu kurz«, grollte Adam und richtete schon wieder.

Aber die anderen hatten auch nicht getroffen, und der Untersteuermann rannte hinter den Kanonen herum und brüllte die Matrosen an. Noch einmal feuerten die vorderen Kanonen, und dann hielt auch Adam wieder die Lunte ans Zündloch.

Diesmal deckten sie den Baumstamm mit ihren Einschlägen zu. Und dann waren sie vorbei.

»Ganz ordentlich, Männer. Das würde einen Piraten schon ärgern!«, rief der Kapitän. »Deckt die Kanonen wieder ab!«

Und sie stellten die Wände um jede Kanone wieder auf, die an den Außenseiten wie eine Decklast wirkten. Das war mit ein paar Handgriffen erledigt.

Sven musste am nächsten Tag auf dem Vordeck mit der Rifle auf eine Scheibe schießen, die neben dem Bugspriet angebracht war. Er traf sie nicht.

»Mensch, Sven«, schimpfte der Untersteuermann. »Dieses Gewehr ist in Pennsylvania nach einem deutschen Modell entwickelt worden. Du müsstest damit doch treffen. Noch einmal von vorn!« Und er gab ihm Tipps, wie er den Kolben in die Schulter einziehen und den Lauf von oben in das Ziel absenken solle.

Diesmal traf Sven den Rand der Scheibe. »Na bitte!«, lobte Mr Margot. »Aus dir machen wir noch einen Scharfschützen.«

Nach dem Mittagessen stand Sven wieder an Deck und putzte Beschläge sauber, als der Ausguck die Annäherung eines Fischerbootes meldete. Das war keine aufregende Neuigkeit, und kaum einer schaute hoch.

Aber dann meldete der Ausguck: »Deck! Fischerboot setzt Blau über Gelb!«

Der Untersteuermann hatte Wache und rief Sven zu: »Sven, melde dem Kapitän, dass sich ein Fischerboot mit Blau über Gelb nähert!«

Sven legte seine Lappen aus der Hand und lief zur Kajüte. Der Kapitän hörte sich die Meldung an und sagte: »Melde, dass ich gleich an Deck komme. Mr Margot möchte Segelkürzen und Ausbringen der Jakobsleiter vorbereiten.«

Sven lief zurück und berichtete.

»Also kommt jemand an Bord«, murmelte der Untersteuermann und fügte lauter hinzu: »Dann räumt man eure Sachen an der Pforte zur Seite, dass der Gast nicht gleich über das Zeug stolpert.«

Die anderen wunderten sich nicht weiter über diese Vorbereitungen, kürzten die Segel und bereiteten die Jakobsleiter vor. Der Kutter war recht groß, sah aber ziemlich ungepflegt aus. Jetzt ging er auf eine Position querab von ihnen und setzte ein Boot aus. Der Kapitän befahl, dass die Segel gebrasst wurden. Die *Victoria* verlor an Fahrt, und das Boot des Fischkutters legte bei ihnen an.

Sven wunderte sich, dass der Mann, der emporkletterte, nicht wie ein Fischer, sondern wie ein Kaufmann gekleidet war. Sein Kinn zierte ein gestutzter tiefschwarzer Schnurrbart, der in Verbindung mit der kurzen schwarzen Jacke und den Silberknöpfen in Sven den Gedanken aufkommen ließ, das müsse ein Spanier sein. Tatsächlich begrüßte ihn der Kapitän sehr freundlich mit einigen spanischen Worten, und der Gast revanchierte sich mit akzentgefärbtem Englisch. Dann verschwanden beide in der Kajüte. Die *Victoria* setzte ihre Fahrt fort, und das Fischerboot folgte in ihrem Kielwasser.

Als Adam und Sven wieder die Beschläge putzten, fragte Sven leise: »Was bedeutet denn das?«

»Sie verabreden irgendwelche Termine und Geschäfte. Der war schon öfter an Bord.«

Der Untersteuermann hatte die Unterhaltung wohl richtig gedeutet und rief Sven. »Du bist neu, Sven. Merk dir: Niemand darf zu Fremden etwas über Besucher des Kapitäns auf hoher See, über Be- oder Entladungen in anderen als den angegebenen Häfen sagen. Mund halten, sonst fliegst du von Bord.«

Karl hatte die Szene beobachtet und griente. Als Mr Margot sich entfernt hatte, sagte er zu Sven auf Deutsch: »Die wollen Sachen an den englischen Steuerbeamten vorbeischmuggeln. Das machen sie alle. Daran gewöhnst du dich.«

Sven zuckte mit den Schultern. Vom alltäglichen Schmuggel hatte er schon oft gehört. Und seit dem Tod seines Großvaters war er den Engländern gegenüber feindselig eingestellt. Deren Steuereinnehmer konnte man von ihm aus ruhig betrügen.

Am nächsten Tag wurde der ungeliebte Kanonendrill jäh unterbrochen, als der Ausguck Treibgut backbord voraus meldete. »An einem klammert sich etwas fest, vielleicht ein Mensch.«

Der Obersteuermann lief mit dem Teleskop zum Bug. Der Kapitän erschien an Deck. Vom Bug wurde gerufen, dass ein Mensch sich an Planken klammere. Der Kapitän ließ ein Boot fertig machen zum Aussetzen. Sie kürzten Segel, und Sven war unter denen, die ins Boot sprangen und die Riemen durchzogen.

Dann mussten sie die Riemen hochnehmen, und zwei Matrosen mühten sich, den Schiffbrüchigen zu bergen. Die Ruderer drehten sich etwas um und sahen, dass ein älterer Farbiger mit einer Kopfwunde ins Boot gezogen wurde. Er schien völlig kraftlos zu sein. Sie mussten ihn mit dem Bootsmannsstuhl an Deck hieven.

Das Boot ruderte noch einmal zurück und sammelte Trümmer ein. Es waren abgeschossene Rahen, Planken und Teile der Takelung. Als sie an Deck der *Victoria* zurückkehrten, lag der Schiffbrüchige an Deck, und Abraham, der Smutje, hockte bei ihm.

Abraham war ihr Sanitäter oder eher Medizinmann. Er hatte Tee, Tropfen und Pulver für alle möglichen Krankheiten, konnte auch gut Brüche schienen, Wunden verbinden und sogar klaffende Fleischwunden nähen. Die meisten Matrosen respektierten seine Heilkünste mehr als seine Kochkünste.

Der Gerettete war allem Anschein nach Mestize, eine Mischung aus Schwarzem und Spanier, die Sven in Philadelphia auch hin und wieder gesehen hatte. Die Kopfwunde schien nicht schlimm zu sein, denn Abraham kümmerte sich nicht weiter um sie und betastete den Körper. Als er die Hose herunterzog, entdeckte er eine klaffende Fleischwunde an der Hüfte.

»Ein Säbelhieb wahrscheinlich«, sagte er zu den umherstehenden Offizieren.

»Was ist denn sonst mit ihm?«, fragte der Kapitän.

»Er sein ohnmächtig, Mr Preston. Ich werde ihm gern die Wunde nähen und verbinden und dann erst aufwecken. Er hat sonst nichts bei sich. Kann er in Kombüse geschafft werden?«

Der Kapitän rief zwei Matrosen, die in der Nähe arbeiteten. Sie packten den Ohnmächtigen und trugen ihn zur Kombüse.

»Lassen Sie mich bitte holen, wenn der Mann bei Bewusstsein ist, Mr Walker. Und verdoppeln Sie den Ausguck. Es deutet zu viel darauf hin, dass sich hier ein Pirat herumtreibt.«

Die Matrosen hatten sich bereits ihre eigenen Gedanken gemacht. Es lag ja auch auf der Hand. Sven spleißte mit Adam Taue und fragte ihn: »Der Krieg ist doch lange vorbei, Adam. Wie ist es möglich, dass hier Piraten räubern? Die Kriegsschiffe der Briten, Franzosen und Spanier kontrollieren doch jetzt gemeinsam die Meere.«

Adam lachte kurz. »Wer kann die Karibik schon kontrollieren? Warte nur, bis wir zu den kleinen Antillen kommen. Da gibt es Inselgewirre, die du in Jahren nicht auf alle Schlupfwinkel untersuchen kannst. Und Seeräuberei ist immer noch einträglicher als Seehandel. Du brauchst nur ein paar Mörder als Crew. In unübersichtlichen und nicht so stark befahrenen Gewässern wird es immer Piraten geben.«

»Hast du schon einmal einen Piratenangriff erlebt, Adam?«

»Ja, bei den Grenadinen. Es war auf der *Regina*. Mr Preston war damals Obersteuermann. Ein Schoner hat uns im Morgengrauen überrascht. Sie waren zum Entern heran, ehe wir ihnen die Takelage zerschießen konnten. Mr Preston hat eines ihrer Boote mit einer Drehbasse versenkt und den Haufen aus dem zweiten Boot mit der Blunderbüchse zusammengeschossen.«

»Ist das die kurze Muskete mit dem dicken Rohr und dem Trichter vorn?«

Adam nickte. »Ja. Wenn du den Lauf mit gehacktem Blei oder Eisenstücken füllst, dann zerfetzt du damit auf kurze Entfernung alles vor dir. Allerdings haut der Rückstoß dich um. Mr Preston hatte tagelang eine dicke Schulter. Aber besser eine dicke Schulter als eine durchschnittene Kehle.«

»Hat er denn alle erschossen?«

»Nein. Nur die Masse in der Mitte der Angreifer. Aber mit dem Rest wurden wir fertig. Und ihr Schiff drehte ab, als sie so viel Verluste hatten.«

Sven ging dieses Gespräch noch ein Weilchen im Kopf herum. Wie würde er bei solchem Kampf auf Leben und Tod reagieren?

Am Abend, als sie ihren Zwieback und ihr Salzfleisch kauten, erzählten die Essenholer, was Abraham von dem Schiffbrüchigen erfahren hatte. Er sei mit einer spanischen Brigg nach Cartagena gesegelt, als sie ein Schoner angegriffen habe. Sie hätten nur zwei Sechspfünder zur Verteidigung gehabt, und der Schoner hätte sie mit seinen Neunpfündern zusammengeschossen. Als die Piraten enterten, sei er im Kampf verwundet und über Bord gestoßen worden. Die Brigg sei mit dem Schoner weitergesegelt. Was aus ihr und ihrer Besatzung geworden sei, wisse er nicht.

»Und wenn er nun selbst ein Pirat ist?«, warf Robert ein.

»Ihren Mann hätten sie doch gerettet«, protestierte Karl.

»Grünschnabel«, antwortete Robert. »Die kennen keine Kameradschaft. Die gehen über Leichen. Zaster, Suff und Weiber, und das um jeden Preis.«

»Aber für einen Piraten sah er ziemlich alt und schwach aus«, warf Sven ein.

»Das stimmt«, gab Robert zu. »Sie könnten ihn zwar als Smutje oder Segelmacher bei sich haben, aber warum soll so ein schlapper Kerl mit entern?«

Am nächsten Tag war Sven jedenfalls mit besonderem Eifer dabei, als Mr Margot sie mit Entermesser und Pistolen üben ließ. Sie standen nebeneinander und mussten das Entermesser, das Sven als Schwert bezeichnet hätte, schwingen, als ob sie zustießen oder Schläge abwehrten. Und dann gab er ihnen Holzstäbe mit Griffen in die Hand, mit denen sie gegeneinander kämpfen mussten, als wären es Entermesser.

Zuerst machte es richtig Spaß, denn Karl und Sven schlugen die Holzstäbe gegeneinander, und keiner tat dem anderen weh. Dann aber nahm Mr Margot sie sich einzeln vor und schlug ihren Holstab zur Seite und stieß gegen ihre Rippen.

»Das ist kein Kinderspiel, ihr Anfänger. Der Gegner will nicht auf euer Entermesser eindreschen, sondern er will euch treffen. Gebt euch verdammt noch mal Mühe mit der Deckung!«

Und sie fingen von vorne an. Schlag, Parade, Stich, Abwehr, und dann der Kampf gegeneinander. Und da traf mancher Hieb die Faust, die den eigenen Stab hielt. Sven stöhnte vor Schmerz.

»Na, wisst ihr nun, warum die Griffe der Entermesser diesen Handschutz haben?«, fragte Mr Margot höhnisch. »Ihr hättet sonst schon längst keine Finger mehr.«

Als sie Pause machten, holte nicht nur Sven sich mit dem Seil einen Eimer Seewasser und kühlte seine Hände.

An den Tagesablauf hatte sich Sven längst gewöhnt. Manches tat er lieber, manches war ihm zuwider. Er saß gern im Ausguck und suchte den Horizont ab. Dabei blieb immer Zeit, den Wolken nachzusehen, die mitunter breit und behäbig wie Kühe auf der Weide ruhten und manchmal wie eine Pferdeherde wild am Horizont dahinrasten.

Er fand das Spiel der Wellen ebenso faszinierend und war glücklich, wenn er springenden Delfinen zusehen konnte.

Eklig waren ihm dagegen das Einteeren der Stage und das Reinigen der Latrinen am Bugspriet. Nur gut, dass so oft Latrinenreinigen als Strafdienst vergeben wurde. Dann blieb ihm das als regulärer Dienst erspart.

Sven genoss inzwischen auch die Augenblicke, die er mit Karl am »Robinson« übte. Karl las vor, fragte nach unbekannten Wörtern, und Sven korrigierte die Aussprache und erklärte den Zusammenhang der

Wörter. Karl wiederum fügte bei manchen Szenen seine seemännischen Kommentare an. Er war nur ein Jahr älter als Sven, fuhr aber schon seit zwei Jahren zur See.

In diesen Gesprächen merkte Sven auch, dass Karl bei allem Mangel an Schulbildung ein kluger und ehrgeiziger Bursche war. Er sparte seine Heuer und bat Sven, ihn in Philadelphia, wo es doch viele gute Buchhandlungen gab, beim Kauf einiger Bücher zu beraten, die sein Bild von den Völkern und ihrer Geschichte bereichern konnten.

Und Sven erhielt auch ganz praktische Einblicke in die Vielfalt der Bevölkerung in den Kolonien. Karl war praktisch auf einer deutschsprachigen Insel aufgewachsen, die nun von Generation zu Generation mehr von den Rändern her ausfranste. Sein Großvater hatte von schwedischen Inseln dieser Art erzählt. Andere Schiffsgefährten kamen aus schottischen oder irischen Kulturgruppen. Die Vielfalt der Kolonien war sehr groß. Aber im Widerstand gegen England bildete sich bei vielen jetzt so etwas wie ein übergreifendes Zusammengehörigkeitsgefühl.

Als Sven abends müde von seiner Wache in das Logis kam, sagte ihm Mr Cliff, der Bootsmann: »Morgen passieren wir die Cayman-Inseln. Du hast in der ersten Hälfte der Morgenwache Ausguck, Sven. Danach hilfst du Adam, das Beiboot mit Schutzfarbe zu streichen.«

Die Cayman-Inseln waren eine Gruppe kleiner Inseln und Riffe, die keine weitere Bedeutung hatten. Als Sven den Mast aufenterte, ließ die Sonne schon das Meer glitzern und blenden, dass er immer wieder die Augen zukneifen und sie mit der Hand abschirmen musste.

Sie passierten Grand Cayman an Steuerbord, und Little Cayman war an Backbord mehr zu ahnen als zu sehen. Aber da war doch etwas! Sven schloss die Augen, schaute eine Weile auf die der Sonne abgewandte Steuerbordseite und fixierte dann wieder den Horizont bei Little Cayman. Das war ein Segel. Jetzt hatte die Sonne es angeleuchtet.

»Deck!«, rief er: »Segel backbord West zu Nord, etwa zwölf Seemeilen.«

»Wie ein Alter«, scherzte an Deck der Kapitän zu Mr Cliff, dem Bootsmann.

»Ja, er macht sich gut, Mr Preston, und lernt schnell. Aber jetzt sollten wir doch Mr Margot mit dem Teleskop hochschicken. Die Gegend ist nicht ganz geheuer.«

»Tun Sie das, Mr Cliff!«

Der Untersteuermann kam zu Svens Platz aufgeentert, ein Teleskop hinten im Gürtel eingeklemmt. »Rück mal zur Seite«, sagte er. »Wo hast du was gesehen?«

Sven zeigte ihm die Richtung und beschrieb, wo das Segel aufgeleuchtet hatte. Mr Margot stellte sein Teleskop ein und suchte. »Tatsächlich«, murmelte er nach einer Weile. »Ein Schoner, relativ groß. Hält auf uns zu. Mehr ist noch nicht zu erkennen. Ich sag dem Kapitän Bescheid und lass dir das Teleskop hier. Pass gut auf!«

Nach einer Weile kam Jan, ein erfahrener Seemann und anerkannt guter Ausguck. »Ich soll dich ablösen, Sven.«

Als Sven die Wanten hinabgeklettert war, winkte der Kapitän ihn zu sich. »Du hast gut aufgepasst, Sven. Aber jetzt wollte ich doch den Ausguck mit der meisten Erfahrung oben haben. Es hängt viel davon ab, wie bald er das Segel einschätzen kann.«

Sven ging der üblichen Tätigkeit nach und strich mit Adam die hintere Reling an. Aber bei aller Routine war bei den meisten eine Spannung zu spüren.

Dann kam der Ruf von oben: »Deck! Schoner hält weiter Kurs auf uns! Ist entweder ein Schoner der Flotte oder ein Pirat!«

»Mr Cliff, lassen Sie mal vier Strich nach Backbord abdrehen! Mal sehen, was er macht«, ordnete der Kapitän an.

Die Seeleute rannten und brassten die Segel neu. Dann gingen sie an ihre Arbeit zurück, warteten aber gespannt, was der Ausguck melden würde.

»Deck! Schoner ändert Kurs und hält wieder auf uns zu!«

Alle sahen sich bedeutungsvoll an. Der Kapitän rieb sich das Kinn. Dann winkte er dem Obersteuermann. »Mr Walker, es kann auch sein, dass er uns nur kontrollieren will, aber ich fürchte, es ist ein Pirat. Sorgen sie, dass alles für den Kampf vorbereitet wird. Ich hole mir meine Waffen aus der Kajüte. Lassen sie die Kanonen mit Kettengeschossen laden.«

Auf Pfiffe des Bootsmanns lief Sven zu seiner Kanone. Er wollte die Riegel der Verkleidung lösen.

»Finger weg!«, rief Adam. »Wir dürfen nur die dem Feind abgewandte Seite abnehmen, um zu laden. Danach maskieren wir die Kanone wieder.«

»Warum?«, fragte Sven erstaunt.

»Mensch, wenn ein Pirat sieht, dass wir drei Achtpfünder an einer Breitseite haben, dann kommt er doch nicht näher. Dann segelt er uns aus und rotzt uns durchs Heck den Laden voll. Der manövriert doch ganz anders als unser dicker Pott. Chancen haben wir nur, wenn er rankommt und wir ihm die Segel wegpusten können.«

Gut, dachte Sven. Das leuchtet mir ein. Und er packte zu, um ihre Kanone mit Kettenkugeln zu laden. Das waren zwei Halbschalen, die durch eine Kette verbunden waren. Nach dem Abfeuern trennten sich die Halbschalen und spannten die Kette. Ein solches Geschoss konnte in der feindlichen Takelage viel mehr Schaden anrichten als eine Kanonenkugel, die durch ein Segel einfach nur durchschlug und ein Loch hinterließ.

Sie legten noch weitere Geschosse und zwei Kartuschen bereit. Dann maskierten sie die Kanonen wieder und duckten sich hinter den Aufbauten. Zwei gute Schützen waren mit ihren Rifles zum Mastkorb aufgeentert und hatten zwei Sandsäcke mit einem Tau hochgezogen. Nun hockten sie dahinter.

Andere hatten die Drehbassen geladen und aufgesteckt. Das waren die winzigen Kanonen, die an der Reling oder am Achterdeck mit einem eisernen Stiel in vorbereitete Löcher gesteckt wurden. Sie hatten nur Ladungen bis zu zwei Pfund und wurden mit einer Art Handgriff gerichtet. Ihre Ladung bestand meist aus Eisenstücken, um Enterer zu zerfetzen.

Sven sah den Kapitän wieder an Deck kommen. Er hatte sich einen Gurt umgeschnallt, in dem eine schwere Pistole und ein Säbel steckten. In der Hand hielt er eine Blunderbüchse. Er nahm die Sprechtrompete.

»Jan! Kannst du schon mehr erkennen?«

»Etwa hundert Tonnen! Jagdgeschütz am Bug! Mindestens zwei Kanonen an jeder Breitseite! Keine Flagge! Keine Uniformen von Offizieren zu erkennen! Tippe auf Piraten!«

Der Kapitän legte seine Blunderbüchse am Ruderhaus ab und ging an Deck zu den Matrosen. Bei jeder Gruppe hielt er an und sagte: »Leute, ihr wisst, worauf es ankommt. Kämpft wie die Löwen, dann schaffen wir es.«

Sven schlug das Herz bis zum Hals. Ob die anderen merkten, dass er Angst hatte? Er schaute zu Karl. Der lächelte ganz verkrampft. Adam hingegen schirmte die Augen mit der Hand ab und spähte zum Schoner hinüber. Drei Meilen war er noch entfernt.

»Er wird sehen, dass er die Windseite gewinnt. Dann kann er uns nach Belieben angreifen. Wir können nur auf Täuschung bauen und gut treffen«, sagte Adam.

Der Kapitän hatte ähnliche Gedanken. »Jonny und Bill, nehmt euch mal Sachen und hängt sie auf wie zum Trocknen. Er soll nicht denken, dass wir einen Verdacht haben.«

Der Schoner kam unerbittlich näher. »Ungepflegt sieht der aus«, schimpfte Karl. »Die Strolche scheinen nichts auszubessern.«

Dann krachte ein Schuss und schlug seitwärts von ihnen in die See.

»Brasst die Segel back, aber so, dass es erschreckt und durcheinander wirkt!«, rief der Kapitän. »Lockert dann die Geschützverkleidungen! Auf Befehl werft ihr sie nieder und rennt die Kanonen aus!«

Jetzt war der Pirat im Nu heran. Sven stand mit Karl und Adam hinter der Verkleidung ihres Geschützes. Adam lugte hervor. »Drei Neunpfünder an jeder Seite und am Bug einen langen Neuner als Jagdgeschütz. Volle Besatzung.«

Da brüllte ihr Kapitän: »Rennt die Kanonen aus! Feuer frei!« Der Bootsmann pfiff, so laut er konnte.

Sven und Karl lösten die Riegel und warfen die Holzwände nieder. Dann rissen sie mit Adam an den Tauen, um die Kanonen auszurennen. Adam hockte sich hin, linste über das Rohr und rief ihnen die Korrekturen zu. Sven wuchtete mit der Handspake, um die Richtung zu finden. Adam schlug den Holzkeil ein wenig tiefer, um die beste Höhenrichtung zu finden. Dann rief er: »Fertig!« Die beiden sprangen zur Seite. Adam stand auf, hielt die Lunte ans Zündloch und hüpfte wie ein Frosch aus der Bahn.

Mit lautem Krach löste sich ihr Schuss. Auch die beiden anderen Kanonen donnerten los. Aber da hatte Sven schon die Stange mit dem Wurm ins Rohr geführt, kratzte aus, drehte die Stange um und führte den Wischer ein. Als sie am Ruderhaus Hurra brüllten, führte Karl schon die neue Kartusche ein. Sven riskierte einen Blick zum Gegner und sah, dass dessen großes Schonersegel halb heruntergerutscht war.

Doch Adam fuhr ihn an: »Ramm fest!«

Sven stieß die Kartusche ins Rohr. Karl führte die neue Kettenkugel ein. Sven schob den Rammer nach, sprang zur Seite, und Adam richtete nach.

Ein Glück, dass er sich ein Tuch um die Ohren gebunden hatte, denn es krachte wieder so entsetzlich laut. Aber dann schlug es auch über ihnen ein. Splitter fetzten, und einer traf Sven am Oberarm.

»Au!«, schrie er auf. Aber Adam packte ihn, sah den Splitter, zog sein Messer, packte das Holz und schnitt den Splitter ab, wo er aus dem Hemd ragte. »Weiter!«, keuchte er. Sven stöhnte, aber er führte den Wurm ein und kratzte.

»Jetzt Vollkugeln!«, brüllte der Kapitän. »Auf den Rumpf beim Mastansatz!«

Karl schleppte die acht Pfund schwere Rundkugel heran und stieß sie ins Rohr. Sven rammte nach und schaute zum Piraten. Dessen Segel war aufs Deck gesackt. Er verlor an Fahrt und fiel zurück. Adam schrie Sven an, er solle mit der Spake nachrichten, und Sven packte wieder zu. Dann schossen sie noch einmal.

Als sie nachladen wollten, pfiff der Bootsmann, und der Kapitän rief: »Feuer einstellen! Alle Mann an die Segel! Voll brassen!«

Der Pirat war aus dem Ruder gelaufen. Das Segel hing über Bord und die obere Maststenge war mit der Takelage heruntergekommen.

»Warum geben wir ihm nicht den Rest?«, fragte Sven.

»Weil er noch alle Kanonen hat, und die spucken mehr aus als unsere«, gab Adam zurück. »Los, pack an!«

Sie segelten mit allem, was ihre Masten tragen konnten, und waren fast außer Sicht, als der Ausguck meldete: »Pirat hat Notbesegelung gesetzt!«

Alle jubelten. »Jetzt holt er uns vor Einbruch der Nacht nicht mehr ein. Ihr habt euch gut geschlagen, Leute. Jeder kriegt einen Krug Bier extra, sobald der Smutje seine Sachen aufgeräumt hat. Räumt alles wieder auf. Wer verletzt ist, soll sich melden.«

Adam sah sich Svens Arm an. »Das Holz ist nur wenig ins Fleisch eingedrungen. Soll ich es herausziehen, oder soll der Smutje schneiden?«

»Zieh du«, sagte Sven und biss die Zähne zusammen.

Adam drückte Sven den Oberarm zusammen und riss mit einem Ruck den Splitter heraus. Durch den Druck spürte Sven weniger als erwartet.

»Er hatte zum Glück keinen Widerhaken«, stellte Adam fest. »Drück den Lappen drauf und hol dir vom Smutje einen ordentlichen Verband.«

Am Abend gab es Haferbrei, Zwieback und Fleisch, und alle redeten vom Kampf. Der Pirat wurde immer größer. Adam lachte Sven an. »Nun hast du auch schon Pulverdampf gerochen. War es schlimm?«

»Na ja, Angst hatte ich schon.«

»Ich auch«, gab Adam zu Svens Erstaunen zu. »Das muss sein, sonst wird man unvorsichtig. Aber wir sind gut weggekommen. Ein Treffer und nur zwei Leute leicht verwundet. Das ist Glück! Morgen kommt Jamaika in Sicht.«

Der Bootsmann schaute rein. »Feiert nicht zu viel, Leute«, riet er. »Das war heute nur ein kleines Tänzchen, kein richtiger Kampf. Ihr müsst bereit sein, falls der Schurke Glück hat und uns morgen früh wieder aufspürt.«

Der Einwand drückte die Stimmung, und einige krochen bald in die Hängematte.

Am nächsten Morgen wurde Sven ganz flau im Magen, als der Ausguck rief: »Segel steuerbord achteraus! Achtzehn Strich, drei Meilen!«

Adam drehte sich um. »Verdammt! Der Pirat fällt nicht noch einmal auf unsere Tarnung rein. Diesmal manövriert er uns aus.«

Aber da kam der erlösende Ruf aus dem Mast: »Sloop. Führt britische Flagge!«

Der Kapitän erschien an Deck. »Lassen Sie Segel kürzen, Mr Cliff, und das Boot fertig machen. Ich möchte dem Kommandanten unsere gestrige Begegnung melden.«

Wieder war Sven der Bootsbesatzung zugeteilt. Er war neugierig auf die britische Sloop. Wenn ihr Boot längsseit liegen würde, könnte man schon etwas von der Besatzung hören.

»Sven! Pass auf! Halt den Takt!«, rief Robert, und der Kapitän sah ihn strafend an. Sven achtete nun genau auf seinen Vordermann. Er war eben noch weit entfernt, ein perfekter Seemann zu sein.

Von der Sloop warfen sie die Jakobsleiter herunter. Mr Preston kletterte gewandt empor. An Deck begrüßte ihn kein Trommelschlag, kein Pfeifenzwitschern, wie Sven es manchmal vor Philadelphia auf britischen Kriegsschiffen gehört hatte. Nun ja, es kam eben nur der Kapitän eines Handelsschiffes.

Britische Matrosen lehnten über die Bordwand und sahen zu ihnen hinunter. »Na, ihr Schlickrutscher! Was macht ihr denn auf hoher See?«, spottete einer.

»Wir wollten euch mal zeigen, wie man Segel setzt, ihr Kanonenputzer«, gab Adam zurück.

»Was ist denn das da für ein Loch in euren Decksaufbauten? Hat da der Bootsmann gefurzt?«, höhnte ein Brite.

»Wir haben einen Piraten verjagt, den ihr Lahmärsche eigentlich finden solltet«, konterte Robert.

Nun war das Interesse geweckt. Wo das gewesen wäre, was die für ein Schiff hätten und wann sie den Piraten zuletzt gesehen hätten, wollten die Briten wissen.

Mehrere Männer der Bootsbesatzung antworteten gleichzeitig, aber ehe sie viel sagen konnten, rief eine barsche Stimme die Briten zurück an ihre Arbeit.

Ein Mann mit dunkelblauem steifen Hut schaute hinunter auf ihr Boot. »Haltet die Männer nicht von der Arbeit ab, ihr Pfeffersäcke!«

»Pack doch selbst mit an, du Lackaffe«, gab Robert zurück, aber ehe der Streit eskalieren konnte, erschien ihr Kapitän an der Reling und stieg zurück ins Boot. Er machte ein ärgerliches Gesicht.

»Ablegen! Zurück zur *Victoria*!«, befahl er kurz angebunden.

Als sie an ihrem Schiff anlegten, hörten sie noch, wie ihr Kapitän zum Obersteuermann schimpfte: »Arrogantes Pack! Bieten einem nicht einmal ein Getränk an. Tun so, als müsste man dankbar sein, dass sie einen überhaupt an Deck lassen. Schnösel!«

Die Sloop und die *Victoria* entfernten sich auf entgegengesetzten Kursen. Sven hatte den Eindruck, dass seine Gefährten heute fröhlicher arbeiteten. Manche sprachen schon erwartungsfroh von den Kneipen in Kingston.

»Ist das eine schöne Stadt?«, fragte er Adam.

»Was heißt schön? Weiße Gebäude. Dahinter die blauen Berge. Viele Kneipen. Rassige dunkelhäutige Weiber, aber fieberverseucht und ungesund.«

Bevor Sven nachfragen konnte, flatterten die Segel, und der Bootsmann schimpfte, dass sie in eine Flaute gerieten. Tatsächlich! Sie hatten noch ein Weilchen Fahrt im Schiff, aber dann hingen die Segel schlaff herunter. Der schwache Wind war ganz eingeschlafen. Das Meer um sie herum hob sich nur in den leichten Wogen der Dünung und blieb seltsam unbewegt.

»Segel einholen!«, schrie der Bootsmann. Sie enterten auf, bargen die Segel und wurden gleich wieder nach oben geschickt, um Arbeiten an Mast und Rahen auszuführen.

Adam und Sven kontrollierten am Fockmast die Toppnants, das sind jene Taue, die vom Mast oder den Stengen zu den Rahspitzen führten und die Rahen waagerecht hielten.

Auf dem Großmast war Ben, ein junger Ire, mit der gleichen Arbeit beschäftigt. Er war ein Spaßmacher und turnte immer wieder freihändig auf einer Rahe herum. »So ein Clown!«, schimpfte Adam. »Bis er sich einmal das Genick bricht.«

Sven sah über die Rahspitze, die Nock, hinaus auf die See. Sie kochte dort hinten ja so komisch. Und das kam immer näher! Ganz schnell!

»Adam!«, rief er. »Sieh doch nur!«

Der blickte hin und brüllte: »Festhalten, eine Bö von steuerbord!« Adam umklammerte mit beiden Händen fest die Rah und rief Sven zu: »Fest sichern!«

Dann war der Windstoß heran und hätte Sven fast von der Rah geworfen. Vom Großmast erscholl ein Schrei. Dann krachte es an Deck. Sie schauten hin. Ben lag an Deck. Eine Blutlache bildete sich an seinem Kopf. Er rührte sich nicht.

Der Smutje wurde gerufen und schüttelte nach kurzer Zeit den Kopf. Der Bootsmann befahl: »Der Segelmacher soll ihn einnähen. Schwabbert dann das Deck sauber!«

Ben hatte die Bö zu spät bemerkt und war vom Mast gerissen worden. Schädel- und Genickbruch, hatte der Smutje gesagt. »Er muss sofort tot gewesen.«

»War das die Clownerie wert? Habe ich es nicht gerade gesagt? Lass dir das eine Lehre sein, Sven. Mach Blödsinn nur auf festem Boden, nie in der Takelage!«, mahnte Adam.

Als sie Kingston erreichten, war die Stimmung immer noch gedrückt. Sie hatten Ben noch auf See bestattet. Der Kapitän hatte gedrängelt. »Er war ein Seemann und soll auf See bestattet werden. An Land machen sie uns nur unnötige Scherereien.«

Und so hatten sie nach einem kurzen Gebet den mit einer Kugel beschwerten Leinwandsack ins Meer gleiten lassen. »Möge Gott ihm gnädig sein«, murmelte Robert. »Er war ein lustiger Kumpel, aber dumm.«

Und nun sahen sie die hellen Strände und die hohen, blau schimmernden Berge, die auch Ben so gern sehen wollte.

»Siehst du dort den langen, flachen Sandstreifen? Das ist die Pallisadoe-Halbinsel«, erklärte Adam. »Da vorn liegt Port Royal, die Hafenstadt. Dort in den Sanddünen der Halbinsel haben sie die Gelbfiebertoten immer im Sand vergraben, und abends kamen die Strandkrabben und fraßen sie an.«

Der Bootsmann war zu ihnen getreten. »Es sieht alles sehr schön

aus mit den blauen Bergen am Horizont, aber das Land ist eine Fieber-
hölle. Im Hafen tummeln sich Haie, dass man keine Hand ins Wasser
stecken kann. Hütet euch vor den Huren! Sie sind kränker als sonst in
der Karibik.«

Sven war enttäuscht. Erst hatten die anderen geschwärmt, Kingston
sei eine tolle Stadt, und nun machten sie alles madig. Er würde trotzdem an Land gehen, einen Rum trinken und etwas für seine Mutter
und seine Schwester kaufen. Na ja, an die Huren traute er sich sowieso
nicht so recht heran.

Sie legten abends am Kai an.

»Ihr habt Ausgang bis Beginn der Morgenwache (vier Uhr früh).
Aber lasst euch nicht volllaufen! Um vier Glasen der Morgenwache
(sechs Uhr) beginnen wir mit dem Entladen. Und wer dann nicht zu-
packen kann, hat hier keinen Landgang mehr.«

»Ich hab dann sowieso schon alles versoffen«, murmelte ein älterer
Matrose leise.

Sven schlenderte wieder mit Adam und Karl durch die Straßen. Sie
verstanden sich gut. Adam zeigte den jungen Burschen die schönsten
Gebäude der Stadt, die Villa des Residenten, das Gericht, die größten
Kirchen. Überall war reges Leben und Treiben. »Bei uns wären doch
die Läden schon zu«, sagte Sven.

»Hier machen sie um die Mittagszeit ein paar Stunden alles dicht«,
erklärte ihm Adam. »Da ist es dann zu heiß. Aber abends sind sie lange
munter.«

Sven sah sich die Auslagen an und fand für seine Schwester einen
schönen Silberreif und für seine Mutter einen großen Seidenschal.
Und für alle wählte er noch ein schönes Aquarell von Kingston.

Aber danach setzten sie sich in eine Kneipe, aßen ihr Steak und tranken weißen Rum. Die meisten Leute um sie herum waren farbenfroh
und geschmackvoll gekleidet. Unter den Männern gab es Matrosen der
Kriegsflotte, Rotröcke der Armee, Angestellte und Kaufleute. Die meisten Frauen hatten einen dunklen Teint, schwarze Haare und waren
sehr hübsch. Viele hatten schulterfreie Kleider und ließen den leichten

Schal, den sie darüber trugen, immer wieder herabgleiten. Sven fand das ziemlich erregend.

Einige Frauen saßen ohne Männer an Tischen. Sie entblößten besonders oft ihre Schultern, hatte tiefere Dekolletees und blickten sich immer wieder um. Einige lachten Sven an. Der stieß Adam an.

»Das sind Huren, Sven«, sagte Adam nach kurzem Blick.

»Aber sie sind doch gut gekleidet und benehmen sich ganz unauffällig.«

»Aber sie sind dir doch aufgefallen. Natürlich sind das nicht die billigen Straßendirnen. Die würde der Wirt auch nicht reinlassen. Aber gegen den richtigen Preis kannst du die genauso haben. Doch hinterher müsstest du vom Smutje die Quecksilberpillen kaufen, und dir wäre hundsübel.«

»Wieso denn das?«, fragte Sven erstaunt.

Karl lachte. »Na, weil du dir 'nen Tripper eingefangen hättest. Das Mittel dagegen spendiert dir die Reederei nicht. Das musst du kaufen. Und es soll einem richtig kotzig werden davon.«

»Kann man das den Weibern nicht ansehen?«, fragte Sven.

Adam schüttelte den Kopf. »Was hast du bloß in deiner Schule gelernt? Nein, das siehst du nicht, höchstens im Endstadium. Aber nun kommt weiter! Ich will noch in eine Kneipe, wo gesungen wird und wo die Weiber tanzen.«

Sven tat der Kopf weh, als sie am nächsten Morgen aus den Hängematten gepfiffen wurden. Aber den anderen ging es auch nicht besser. Wahrscheinlich fühlten sich die Offiziere auch nicht so gut, denn sie waren besonders laut und ungeduldig.

Die Luken von den Laderäumen wurden abgedeckt, die Takel befestigt und Fass um Fass, Kiste um Kiste und Sack um Sack aus den Laderäumen gehievt. Arbeiter nahmen sie in Empfang und rollten sie mit Schubkarren über Rampen an Land, wo sie in Lagerhäuser kamen oder gleich auf Wagen verladen wurden. Die Stauer waren Schwarze oder Mischlinge. Die Aufseher waren Weiße.

Mittags gab es eine Pause. Sven war erschöpft. Die Hände waren von dem dauernden Ziehen an den Tauen gerötet, aber wenn man Handschuhe anzog, schwitzte man so furchtbar. Ein Glück, dass er den Strohhut hatte.

»Wenn ich an morgen denke, wird mir jetzt schon schlecht«, stöhnte Karl.

»Warum?«, erkundigte sich Sven.

»Morgen wird eingeladen. Und da müssen wir meist unten im Laderaum stehen und alles verstauen. Das geht an die Knochen.«

Sie entluden vor allem Mehl, aber auch getrockneten Stockfisch. Das sei Verpflegung für die Sklaven auf den Zuckerplantagen, wurde Sven erklärt. In den Kisten waren auch Eisenwaren aus Pennsylvania und in manchen Säcken Gerste aus New Jersey.

»Morgen laden wir Zuckersäcke und Fässer mit Melasse, aus der man Rum destilliert«, erklärte Adam. »Aber heute gehen wir noch einmal an Land und leisten uns auch eine Kutschfahrt.«

Eine Kutschfahrt hatte für Adam die Bedeutung, dass er kein armer, gering geschätzter Salzbuckel war, sondern ein Mensch, der sich auch Vergnügungen der gehobenen Klasse leisten konnte. Und so fuhr er mit seinen Kameraden in einer offenen Kutsche durch die Außenbezirke Kingstons hinauf auf einen Hügel, wo sie die Stadt übersehen konnten.

»Seht ihr dort die dunklen Mauern, das ist Fort Augusta, und dort liegt Fort Charles«, zeigte Adam seinen Freunden. »Dort sind die Rotröcke stationiert. Aber es gibt auch farbige Kompanien hier, freigelassene Sklaven. So, und jetzt erst mal wieder etwas Rum!«

Rum in guter Qualität gab es hier praktisch an jeder Ecke, und sie saßen in einer winzigen Wirtschaft vor der Stadt. Auf der staubigen Straße wurden gerade drei Neger an den Händen gefesselt und durch ein Tau miteinander verbunden vorbeigetrieben. Es waren auch Schwarze, die sie trieben, aber sie sahen größer und muskulöser aus.

»Was machen die denn da?«, fragte Sven.

Adam zuckte mit den Schultern. »Wahrscheinlich haben sie entlaufene Sklaven eingefangen und bringen sie zurück. Das ist die Straße nach Spanish Town, der Hauptstadt von Jamaika. Dort liegen große Plantagen.«

»Aber die sie antreiben, sind doch auch Schwarze«, wandte Sven ein.

»Das sind Maroons. Vor Jahrzehnten selbst in die Berge geflüchtet, haben sie inzwischen Frieden mit den Briten geschlossen, dürfen frei leben und werden als Sklavenjäger benutzt.«

»Gegen die eigenen Leute?« Sven schüttelte den Kopf.

»Das sind doch alles verschiedene Stämme aus Afrika«, mischte sich Karl ein. »Die Maroons sind kräftiger und haben nicht so wulstige Lippen.«

Aber Adam drängte zum Aufbruch. Er wollte noch in eine besondere Kneipe fahren. Das »Besondere« an diesem Etablissement war, dass sich die »Damen«, wenn sie zu der wilden afrikanischen Musik tanzten, Kleidungsstück um Kleidungsstück auszogen, sobald ein Zuschauer die entsprechende Münze in ein Schälchen legte, das eine Kollegin der Tänzerin herumreichte.

Bei den ersten Kleidungsstücken, Schal oder Gürtel zum Beispiel, war der »Spenderandrang« eher zögerlich. Denn die Frauen drehten sich beim Tanzen dem Spender zu, und da gab es noch nicht viel zu sehen, wenn ein Gürtel fiel. Aber wenn es dann ums das letzte Hemd oder Höschen ging, dann klapperten die Pennys schneller. Es waren gut gebaute Frauen, die sich da entblößten, und Sven merkte, wie ihm heiß wurde.

Aber dann drängte Adam auf einmal zum Aufbruch. »Hat ja keinen Sinn. Mit euch Grünschnäbeln kann man ja doch nichts Richtiges anfangen, und morgen gibt es harte Arbeit.«

Karl und Sven protestierten, aber Adam machte Anstalten, allein zu gehen. Und da bekamen die beiden Zweifel, ob sie allein zurückfinden würden.

Der nächste Tag war hart. Sie hatten nur eine kurze Pause über Mittag und mussten in der Hitze Fass um Fass in die Laderäume hinablassen und dort verstauen. Ein Fass war nicht richtig vertäut und fiel von oben in den Laderaum. Es zerbrach. Die zähe, braune, klebrige Masse kroch förmlich am Boden entlang. Der Bootsmann fluchte und schrie, wie es Sven noch nie erlebt hatte, aber einige Matrosen steckten die Finger in die Masse und leckten sie ab.

Sven verzog sein Gesicht, denn appetitlich sah das wirklich nicht aus. »Du Dummkopf«, lachte Jonny. »Das ist aus Zuckerrohr, ganz süß! Daraus destillieren sie bei uns den besten Rum.«

Schließlich war der letzte Wagen entladen. Sven wunderte sich. Die Laderäume waren nicht einmal halb voll. Aber er hörte, dass der Beamte der Zollbehörde zum Obersteuermann sagte: »Den Rest laden Sie in Montego Bay, nicht wahr?«

Mr Walker bestätigte. Sie würden am nächsten Morgen sehr früh auslaufen, um Montego Bay rechtzeitig zu erreichen.

Sven wusste, dass das an der Nordostspitze Jamaikas war. Ob sie dort auch eine Nacht blieben? Vielleicht gab es dort auch ein Lokal, wo sich Weiber auszogen.

Am Abend hatten sich nur wenige weiter vom Hafen entfernt. Nur ein paar Glas in einer Kneipe dicht am Kai hatten sich Sven und seine Freunde gegönnt. Daher waren sie am Morgen auch ausgeruht, als die Pfeifen schrillten und sie mit dem ersten Morgenlicht den Hafen verließen.

Die Sonne ging über den Blue Mountains auf. Sven sah wieder die weißen Strände, die grünen Wälder, die steil aufragenden Felsen. Von Weitem sieht es schöner aus als aus der Nähe, dachte er. Da ist es oft zu heiß, zu staubig und zu schmutzig.

Sie segelten an der Küste Jamaikas entlang, aber auf der Höhe von St. Ann's Bay nahmen sie Kurs auf Kuba.

»Was soll denn das?«, fragte Sven Adam. »Wir sollen doch nach Montego Bay?«

Adam schaute ihn prüfend an. »Du darfst nicht alles glauben, was dem Zoll gesagt wird. Und wunder dich nicht über unerwartete Kurse und Liegeplätze, und rede nicht darüber!«

Das hat also wieder mit dem Schmuggel zu tun, dachte sich Sven und gab sich seiner Arbeit hin, den Rost von den Kanonenkugeln abzuklopfen und mit der Drahtwolle abzuschmirgeln.

Am Abend liefen sie in eine einsame Bucht an der kubanischen Küste in der Nähe von Manzanillo ein. Zwei Leichter warteten schon auf sie. Die Leichter hatten große Ladebäume, mit denen Fässer bis in ihre Ladeluken gehievt werden konnten.

Der Kapitän rief die Mannschaft an Deck. »Eine Nacht mit harter Arbeit liegt vor uns. Dafür gibt es morgen dienstfrei für alle, die nicht gerade die Segel bedienen müssen. Ihr wisst Bescheid: Macht eure Arbeit, trinkt das Extrabier, aber redet nicht über diesen Aufenthalt.«

Auf den Leichtern waren schwarze Arbeiter, die von Weißen in spanischer Sprache kommandiert wurden. Sie beförderten in ununterbrochener Folge Fässer in die Ladeluken der *Victoria*. Dort mussten sie von den Matrosen der *Victoria* gestapelt und gesichert werden.

Sven wunderte sich, dass die Fässer genauso aussahen wie die, die sie in Kingston geladen hatten. Sie hatten die gleiche Aufschrift eingebrannt: »Black-River-Plantage.«

Er fragte Adam. »Warum bringen sie die erst von Kingston hierher? Die hätten wir doch dort einladen können.«

Adam sah ihn an, als sei er ein Riesendummkopf. »Mein Gott! Bist du naiv. Glaubst du alles, was irgendwo draufsteht? Das ist kubanische Melasse, die wird etwa ein Drittel billiger verkauft als die aus Jamaika. Wer sie einführt, muss Zoll darauf zahlen, der den Gewinn mindert. Also laden wir heimlich, und die Fässer kriegen Aufschriften wie die aus Jamaika. Kapierst du das?«

Sven nickte. »Also wieder der berühmte Schmuggel. Aber die Ladung muss doch durch Papiere bestätigt werden. Und wir haben in Kingston doch nur Papiere für die dort geladenen Fässer bekommen.«

»Das ist nicht unsere Sorge, Sven. Ob die nun die Zahl auf den Papieren fälschen, ob sie den Einfuhrbeamten bestechen, das geht mich nichts an. Und dich auch nicht! Wir machen unsere Arbeit und halten den Mund.«

Sven nickte, aber wohl war ihm nicht. Er hatte es daheim anders gelernt. Seine Mutter hatte ihm immer gesagt, dass jeder Mensch verantwortlich für seine Taten sei und das nicht auf andere abschieben könne. War das bei Schmuggel anders, weil man die Engländer beschummelte, die arrogante Bande, die seinen Großvater in den Tod getrieben hatte?

Noch vor dem Morgengrauen waren die Leichter unter den Abschiedsrufen ihrer Besatzungen verschwunden. Die *Victoria* hatte die vielen Leuchten an Deck gelöscht, die den Arbeitern Licht gespendet hatten. Im Morgengrauen hatten sie Segel gesetzt und waren nun im ersten Sonnenschein schon weit vor der Küste Kubas mit Kurs auf die Straße von Yukatan.

Sven hatte Freiwache und würde erst schlafen und es sich dann an Deck gemütlich machen. Heute stand ja kein Dienst auf dem Plan. Aber erst musste er noch seinen Strohhut holen, den er gestern in der vorderen Ladekammer vergessen hatte. Heute Nacht hatte er ihn nicht gebraucht, aber später am Tag.

Er hob die Luke an und kletterte in den Laderaum. Es war ein ganz diffuses Licht. Ihm war, als hätte er etwas gehört, als er in den Laderaum kam. Aber jetzt war alles still. Seine Augen gewöhnten sich an die Dunkelheit.

Auf den Fässern oben lag sein Hut nicht. Vielleicht am Boden. Er beugte sich nach unten und suchte vor den Fässern. Nanu, was waren das für Tropfen? War ein Fass undicht? Er tupfte einen Fleck mit dem Finger an. Der war nicht klebrig wie Melasse. Und als er den Finger an das Licht der Luke hob, war er rot.

Sven suchte weiter. Die Tropfen führten zu einem Fass. Dort oben war noch einer. Und am Fass darüber schien es rot verwischt. Er stieg empor. Woher kam der Uringeruch? Er spähte über die Fässer. Dort in der Lücke am Querbalken hockte ein Neger. Seine weißen Augen starrten zu ihm empor.

Sven sprang zurück und griff nach seinem Messer. »Komm raus! Oder du kriegst die Klinge zwischen die Rippen.«

Ein großer, kräftiger Schwarzer stieg über die Fässer. Das war ein Maroon. Sven zog sein Messer heraus. »Setz dich da hin und spreiz deine Hände zur Seite!«

»Ja, Massa. Bitte nichts tun. Ich will nur frei sein. Ich kann arbeiten.«

»Kann hast du dich hier reingeschlichen? Letzte Nacht?«

»Ich in Kingston bei Ladepause. Ich habe Wasser in Flasche, aber viel Hunger jetzt, Massa.«

»Warum bist du geflohen? Wie heißt du?«

»Ich Joshua Petrus aus Nanny Town. Ich verliebt in Tochter vom Häuptling. Er hat das nicht erlaubt, weil meine Familie Christ, ich auch. Er nicht. Aber Tochter und ich war große Liebe. Wir uns heimlich getroffen, hinter Busch und Fels geküsst. Da haben der Vater mit Kriegern uns gefunden. Hat gleich Säbel gezogen, mich an Schulter gestreift. Tochter viel geschrien. Hat sie weggeschleppt. Ich bin gerannt. Sie waren hinter mir. Geschrien und geschossen. Aber ich entkommen. Was soll ich tun? Heimkehren und tot? Ich will fliehen nach Amerika. Bitte mir helfen, bitte. Um Gottes Lohn, bitte.«

Sven war sonderbar berührt, wie dieser große starke Kerl flehentlich die Arme ausstreckte. Er glaubte ihm. Aber er musste es dem Kapitän sagen. Würde der dem Neger auch glauben?

»Du bleibst hier sitzen«, befahl er ihm. »Ich gehe zum Kapitän und werde für dich bitten. Verstehst du?«

»Ja, Massa. Ich nichts Böses getan. Nur Liebe.«

Sven fiel ein, dass die Oma öfter gesagt hatte: »Liebe schafft Leid!«, aber er schob die Erinnerung beiseite, kletterte aus der Ladeluke, verschloss sie wieder und eilte zur Kajüte des Kapitäns. Er klopfte und trat auf den Ruf des Kapitäns ein.

»Was willst du, Sven? Du hast doch jetzt frei. Ich will mich auch ein wenig ausruhen.«

»Entschuldigen Sie, Mr Preston. Ich habe in der vorderen Ladeluke einen blinden Passagier entdeckt. Er ist verwundet. Durch die Blutstropfen habe ich ihn gefunden. Er ist ein Maroon, aber Christ. Sein Häuptling hat ihn gejagt und vertrieben, weil er die Tochter des Häuptlings liebte und die ihn. Er kann nicht zurück und will nach Amerika fliehen. Ich glaube ihm, Mr Preston. Können Sie ihn nicht in die Besatzung aufnehmen? Wir brauchen doch wieder einen Mann.«

»Aber nicht einen verdammten Kopfjäger, das sind die Maroons doch. Das ist doch kein Seemann. Und wenn er Unfrieden stiftet und unsere Leute absticht?«

»Er kann ganz gut Englisch, Mr Preston, und ist sehr kräftig. Waffen hat er nicht. Er würde auch schnell die Arbeit lernen. Bitte, geben Sie ihm eine Chance.«

»Bring ihn mal her, und ruf Mr Cliff.«

Joshua zitterte vor Angst, als er hörte, dass er zum Kapitän solle. Er hatte anscheinend wenig Vertrauen zu anderen Menschen. Aber er folgte Sven ergeben.

Mr Preston und der Bootsmann erwarteten sie.

Der Kapitän fragte den Maroon streng: »Du heißt Joshua Petrus und bist Christ?«

»Ja, Massa.«

»Dann sprich das Vaterunser!«

Der Maroon starrte den Kapitän verwundert an, aber der blickte nur streng und erwartungsvoll. Da begann er: »Vater unser, der du bist im Himmel …« Er wurde immer sicherer im Vortrag und beendete das Gebet ohne Fehler.

»Na schön«, sagte der Kapitän. »Du bist geflohen, weil du wegen deiner Liebe zur Häuptlingstochter verfolgt wurdest?«

»Ja, Massa. Sie wollen mich totmachen. Ich kann nicht mehr dort hin. Ich wollen arbeiten, frei sein.«

Der Kapitän schaute skeptisch. »Na gut. Wir können es versuchen. Du darfst kein Messer tragen, der Adam weist dich ein. Und du, Sven, kennst dich ja auch schon etwas aus und gehst dem Adam zur Hand. Jetzt bring den Joshua zum Abraham. Er soll sich die Wunde ansehen.«

Abraham war überrascht, einen Schwarzen zu sehen. Aber als er hörte, dass Joshua Maroon sei, schimpfte er. »Was willst du hier? Maroons sein Sklavenjäger und Mörder.«

Joshua protestierte: »Ich nie Sklaven gejagt. Ich mache Schuhe und Ledertaschen, alles mit Leder.«

Der Bootsmann, der zugehört hatte, freute sich: »So einen können wir gut gebrauchen. Dann kannst du die Stage mit Leder umkleiden. Na ja, erst mal sehen, wie du dich so anstellst.«

Abraham versorgte die Fleischwunde des Flüchtlings. Da er ein gutartiger Bursche war, wurde er freundlicher und sagte zu Sven: »Er soll sich Kleider und Decke geben lassen, Sven. Und eine Hängematte braucht er auch.« Dann fragte er Joshua: »Willst du was essen?«

Joshua bejahte und erhielt seine Ration Brot und Fleisch. Als Sven dann mit ihm zu dem Matrosen ging, der die Kleiderkammer verwaltete, und er seine Sachen in das Logis trug, wo ihm Sven half, die Hängematte aufzuspannen, kannte seine Dankbarkeit kaum noch Grenzen.

Er wollte Sven die Hände küssen. »Lass den Quatsch«, sagte der. »Jetzt schlafen wir erst etwas, und dann werden wir sehen, dass wir einen Matrosen aus dir machen.« So hätte auch Adam gesprochen, dachte Sven, kaum, dass er es gesagt hatte, und lächelte.

Abenteuer unter Segeln
(September 1770–
Dezember 1773)

»Bei dem Sturm vor der Küste Nord-Karolinas bin ich nicht mehr seekrank geworden. Und der war stärker als der Sturm auf der Hinreise. Adam meinte, es sei der Ausläufer eines Hurrikans gewesen«, erzählte Sven stolz.

Seine Mutter, seine Schwester Ingrid und die Oma hörten ihm aufmerksam zu. »Du erzählst wie dein Opa«, sagte die Oma. »Wie glücklich er wäre, wenn er das noch hätte erleben können.«

»Er hört uns aus dem Himmel zu, Omi«, tröstete Ingrid sie und streichelte ihre Hand.

Sven machte eine kurze Pause, weil er mit seiner Verwunderung fertig werden musste, wie groß und hübsch seine Schwester ihm nach nur drei Monaten Abwesenheit erschien und wie sie die Oma immer noch allein durch ihre Gegenwart verwandeln konnte.

»Du erzählst immer von einem Adam und manchmal auch von Karl und Joshua«, unterbrach seine Mutter die Gedanken. »Was sind das für Menschen?«

Und Sven berichtete von dem erfahrenen, besonnenen Adam, der die Neulinge fast väterlich betreute, von Karl, der zwar kaum Schulbildung aufwies, aber ein lernbegieriger und intelligenter junger Mann war, mit dem er sich angefreundet hatte, und von Joshua, dem Schwarzen, der sich fast an ihn klammerte, weil er ihm dankbar war für seine Unterstützung.

»Ein Neger«, staunte Ingrid. »Wie ist denn das Zusammenleben mit ihm? Ich kenne Schwarze nur aus der Ferne, hatte nie eine Negerin in der Klasse.«

Sven zuckte mit den Schultern. »Ja, wir haben keine Erfahrungen mit Farbigen. Ich musste mich auch erst an Joshua gewöhnen. Er ist in manchen Dingen fast ein wenig kindlich, zu wenig distanziert. Aber er ist ein gutartiger Mensch und traut auch den anderen nichts Schlechtes zu. Er ist nicht dumm, ist fleißig, zuverlässig und treu, wenn er sich jemandem angeschlossen hat.«

»Mehr kannst du wohl kaum erwarten«, sagte seine Mutter.

»Ist er auch sauber?«, wollte Ingrid noch wissen.

Sven lachte kurz. »Er wäscht sich öfter als ich und putzt seine Zähne häufiger. Wenn es danach ginge, müsste ich schwärzer sein als er.«

»Du solltest deine Kameraden einmal zum Essen einladen. Ihr liegt doch jetzt acht Tage im Hafen, und sie wohnen zu weit, um nach Hause zu fahren.«

Adam, Karl und Joshua erschienen in ihrer besten Kluft, mit dunkelblauen Jacken und steifen Hüten.

»Mein Gott, ihr seht ja fast wie Offiziere aus«, scherzte Sven, als er sie am Kai in Gloucester empfing.

»Sei friedlich, und mach keine Scherze auf unsere Kosten, sonst erzählen wir deiner Familie, was du für ein Hallodri bist«, drohte Adam lachend.

»Da wird euch wohl kaum etwas einfallen«, wehrte Sven ab.

Adam lachte. »Ich hab Joshua schon erzählt, dass er von deiner Liebschaft mit seiner Schwester berichten soll.«

Sven sah Joshua an. »Für solche Lügen ist Joshua viel zu anständig.« Und er klopfte ihm auf die Schulter. Joshua lächelte dankbar.

»Nun kommt endlich! Ich hab Hunger«, mahnte Karl.

Bei der Begrüßung der Gäste brachte die Oma alle etwas in Verlegenheit. Ingrid war mit ihrem Ankleiden und Frisieren nicht rechtzeitig genug fertig geworden, und so begrüßte sie Svens Mutter und führte sie in das Wohnzimmer, wo die Oma allein saß.

»Ach, sind Sie vom Schiff meines Mannes?«, fragte die freundlich. Dann zeigte sie auf Sven. »Sie kenne ich aber doch.«

Bevor Astrid oder Sven etwas erklären konnten, erschien Ingrid. Mit ihren dreizehn Jahren sah sie wie eine junge Dame aus, und Svens Freunde schauten erst einmal erstaunt. Als Ingrid Omas Hand fasste, wurde die auch wieder in die Realität zurückgeholt und sagte: »Da ist ja unser Sven mit seinen Kameraden. Stell sie uns doch bitte vor.«

Sven stellte sie vor, und sie reichten der Oma ihre Hand und verbeugten sich artig.

»Das sind richtige Seemannshände«, sagte die Oma. »Seit dem Tod meines lieben Mannes habe ich sie nicht mehr gedrückt. Sie werden mir bestätigen, meine Herren, dass die ›Landeier‹ gar keinen richtigen Händedruck haben.«

Lachend stimmten sie der Oma zu, tranken ihren Rum zur Begrüßung und ließen sich dann das gute Menü schmecken. Die Oma verabschiedete sich nach dem Essen zu ihrer Ruhepause, Mutter und Tochter kümmerten sich um das Geschirr, und Sven konnte endlich von dem Mysterium erzählen, dass seine Schwester Ingrid die Oma allein durch ihre Gegenwart immer aus ihrer Traumwelt in die Realität zurückholen könne.

Adam und Karl machten Späße, dass Ingrid auch sie verzaubert habe und dass es Sven nicht geschadet hätte, wenn er von ihrer Schönheit etwas abbekommen hätte.

Aber Joshua schüttelte den Kopf. »Ihr wisst nichts von Geistern. Böser Geist hat Oma verzaubert. Aber Ingrid hat so guten starken Geist, dass der böse Geist sich immer versteckt, wenn Ingrid kommt. Dann ist die Oma wieder frei. Ich glaube, Ingrid kann auch Zukunft schauen. Vielleicht noch nicht jetzt, aber wenn sie richtige Frau ist, bestimmt.«

Sven widersprach nur darum nicht, weil er Joshua mochte. Aber die beiden anderen hatten schon von Zaubereien des Voodoo gehört und hielten daher Joshuas Aussage für glaubwürdig.

Doch dann kamen Mutter und Schwester zurück und ließen sich

von der Heimat der Kameraden und vom Schiffsleben erzählen. Es war ein lustiger Nachmittag. Nach dem Abendessen begleitete Sven seine Kameraden zur Anlegestelle. »In drei Tagen geht es wieder los, mein Lieber. Gewöhne dich also nicht zu sehr an euer schönes Zuhause. Sag deiner Mutter und deiner schönen Schwester und auch der lieben Oma, dass es uns sehr gut gefallen hat«, betonte Adam zum Abschied.

»Nette und gute Kameraden hast du, Sven«, bestätigte seine Mutter, als er die Grüße ausgerichtet hatte. »Nun habe ich etwas weniger Sorge, wenn du wieder auf See bist.«

Der Unterschied zur Welt der Seeleute wurde Sven am nächsten Tag deutlich, als er erst seine Mutter von der Schule und mit ihr dann Ingrid aus dem Haus von Dr. Wilbur abholte, wo Ingrid mit Sabrina Wilbur Hausunterricht hatte.

Der Arzt hatte einen Augenblick Zeit und ließ es sich nicht nehmen, mit Sven und den Damen bei einer Tasse Tee zu plaudern. Hier wurde Sven nicht belächelt, dass er Zeitungen kaufte, hier wurde er bedauert, dass er wochenlang von jeder Information abgeschnitten sei.

Als er erwähnte, dass das nächste Ziel der *Victoria* Boston sei, wurde Dr. Wilbur lebhaft. »Da kommst du in das Zentrum der Unruhestifter, mein Junge. Ich lese manchmal den ›Massachusetts Spy‹ oder die ›Boston Gazette‹, für mein Gefühl reine Hetzblätter. Aber auch dem gemäßigten ›Boston Chronicle‹ war zu entnehmen, dass die Stimmung in Boston sehr geladen ist. Die Stadt ist voll von britischen Truppen, und die Einquartierungen tragen nicht zur Freundschaft zwischen Soldaten und Einwohnern bei. Halt dich nur fern von Ansammlungen des Mobs, Sven, sonst kannst du schnell zwischen die Fronten geraten.«

Dann sprach er noch über Benjamin Franklin und John Adams, die Wortführer der patriotischen Bewegung. Svens Mutter und Schwester standen den Meinungen der beiden eher wohlwollend gegenüber, aber Dr. Wilbur sah das anders.

Der Franklin und der Adams seien Demagogen, betonte Dr. Wilbur mit Nachdruck. Er wisse von einem Freund, der zum Verwalter der Stempelsteuer ernannt worden war, dass Mr Franklin ihm geraten hatte, den Posten anzunehmen und nicht auf die rebellischen Hetzer zu hören. Auch als er die Kolonien in London vertrat, habe er dort ganz anders über die Steuern gesprochen als jetzt hier.

»Glauben Sie mir, es geht uns, was die Steuern angeht, besser als den Engländern im Mutterland. Solange nördlich und westlich von unseren Kolonien noch die Franzosen saßen, haben die Maulhelden gern den Schutz der britischen Armee und Flotte in Anspruch genommen. Jetzt, wo nach dem Frieden von anno dreiundsechzig die Briten in Kanada sitzen und kein Angriff mehr zu befürchten ist, da schreien sie alle und wollen unabhängig sein. Die meisten haben nur ihre eigenen Interessen im Auge, nicht das Gemeinwohl.«

Als die Larssons nach Hause gingen, waren sie nicht unbeeindruckt, mit welcher Überzeugungskraft Dr. Wilbur diese Meinung vertreten hatte. »Er ist ein guter und hilfsbereiter Mensch«, sagte Sven, »aber hier urteilt er wohl etwas zu einseitig. Es ist doch ein Recht aller freien Menschen, dass sie nur Steuern zahlen müssen, denen ihre gewählten Vertreter zugestimmt haben.«

Seine Mutter lächelte. »Ja, aber wir können doch keine Vertreter über den Ozean nach London schicken. Wir haben hier unsere gewählten Versammlungen. Dann müssten die abstimmen, was wir für unsere Verteidigung und Verwaltung zahlen müssen. Doch dann wollen unsere gewählten Vertreter auch über Verteidigung und mehr als die örtliche Verwaltung bestimmen, und da macht London nicht mit. Wie soll man sich dann einigen?«

Mr Bradwick, der sie am nächsten Tag besuchte, hatte darauf eine ganz einfache Antwort: »Die Kolonien müssen unabhängig werden, entweder vollständig oder zumindest in Wirtschaft, Verteidigung und Verwaltung. Londons Vorschriften hemmen inzwischen unseren Handel mehr, als dass sie ihn unterstützen.«

Ingrid verdrehte die Augen, als er gegangen war. »Furchtbar, diese dauernden Reden über Politik, seitdem der Sven da ist. Er könnte mit uns auch mal ein bisschen in Philadelphia bummeln.«

119

Die Mutter schüttelte den Kopf. »Ingrid, du bist alt genug, um zu wissen, dass die Männer im letzten Jahr immer wieder über Politik reden. Das geht auch uns Frauen an, doch die meisten Männer glauben, wir seien zu dumm dafür. Mr Bradwick hat aber zu Beginn auch gesagt, dass er Gutes über Sven von seinem Kapitän gehört hat. Und darüber können wir uns doch freuen. Damit du deinen Willen hast, bummeln wir morgen ein wenig in Philadelphia, und dann muss unser Sven auch zurück an Bord und ist wieder weit weg.«

Auch diesmal weinte Svens Mutter beim Abschied. Sven fiel die Trennung nicht mehr so schwer. Er wusste nun, wohin er ging und dass dort auch Freunde warteten.

»Na, willst du auch mal wieder deine Heuer verdienen, du Grünschnabel«, flachste Adam, als er an Bord kam.

»Ich hielt es daheim nicht mehr aus und hatte Sehnsucht nach dir«, scherzte Sven zurück.

Adam lachte. »Angeber. Du hast eine so nette Familie und ein schönes Zuhause. Es war schön bei euch. Ich kannte von Gloucester bisher ja nur Gabriel Daveis' Taverne. Bei euch war es sauberer. Aber nun komm! Wir haben nicht so viel Zeit.«

»Was haben wir diesmal geladen?«, wollte Sven wissen.

»Was man in Philadelphia immer lädt: Mehl. Dann haben wir noch Stabeisen und eine Ladung Holzplanken. Und zurück werden wir Rum bringen. So ist es meistens.«

Für Sven war das Auslaufen nicht mehr so ungewohnt. Aber dass er immer aufpassen musste, wurde ihm schnell klar, als er beim Segelsetzen an der Vormarsrah fast von den Fußpferden abgerutscht wäre.

»Willst du dir den Schädel zerschlagen wie Ben?«, mahnte Adam.

Joshua war eine Stufe tiefer an der Fockrah, aber er stellte sich recht geschickt an.

Svens Kameraden schauten mit ihm, als sie an Gloucester vorbeisegelten. Joshua zeigte: »Da wohnst du!«

Aber bald wurden die Wellen rauer. Sie waren wieder im Atlantik und segelten nordwärts. Der Wind meinte es nicht gut mit ihnen. Er wehte ihnen oft ins Gesicht, und sie mussten gegen ihn ankreuzen. Das war harte Arbeit, aber Sven hatte inzwischen Schwielen an Händen und Füßen. Doch Joshua musste er mit seiner Salbe helfen. Dabei hatte Sven immer naiv gedacht, Schwarze hätten härtere Haut. Aber im täglichen Umgang mit Joshua musste er so manches Vorurteil korrigieren.

Joshua litt wie er damals, als ein Sturm sie vor der Küste von New York beutelte. Vor New York war es auch, dass sie ein anderes Schiff in der Nacht fast gerammt hätten.

Plötzlich kam ein großer Schatten auf die *Victoria* zu. Der Ausguck brüllte seine Warnung hinaus, der Rudergänger kurbelte das Ruder mit aller Kraft herum, der wachhabende Untersteuermann rief alle Mann an Deck.

Sven rannte dürftig bekleidet den Niedergang hinauf, aber er sah den fremden Schatten nicht mehr.

»Es war eine Brigantine, Mr Preston«, berichtete der Untersteuermann. »Sie führte keine Positionslampen. Ich vermutete, sie war britisch, nach dem, was ich in der Eile sehen konnte.«

»Schade, dass wir ihr keine Kanonenkugel in den Rumpf schießen konnten«, brabbelte Karl. »Das ist doch ein Verbrechen, so durch die Nacht zu gurken!«

Sven griente in sich hinein. Er wusste, wie ungern Karl sich aus dem Schlaf reißen ließ.

Die Nacht versank im Westen, und die Sonne stieg im Osten empor. Die sinkende Nacht verbarg aber auch die Anzeichen eines heranziehenden Sturms.

»Pennt ihr alle?«, rief auf einmal der Bootsmann. »Sieht keiner die Wolken im Osten? Alle Mann an Deck, aber Tempo!«

Er pfiff und schrie. Auch der Kapitän erschien mit seinen Offizieren. Er schaute sich um, bestätigte den Bootsmann: »Machen Sie weiter, Mr Cliff!«, und zum Obersteuermann sagte er: »Wir haben genug Seeraum, wenn wir von Long Island abhalten. Lassen Sie bitte alles vorbereiten, und geben Sie den neuen Kurs an. Ich frühstücke noch fertig.«

Da würde ich gern mitkommen, dachte Sven, dem heute sein Hartbrot gar nicht geschmeckt hatte. Aber er musste mit Adam und Karl die Segel am Fockmast raffen, die Boote doppelt sichern und alle Deckslasten überprüfen.

Kaum hatte er danach noch Zeit, sich warm anzuziehen und den Ölmantel überzustreifen, da jagte der Sturm mit seinen Gischtwänden heran und vertrieb alle, die nicht mit der Führung des Schiffes zu tun hatten, schneller unter Deck, als es die Pfeife des Bootsmanns gekonnt hätte.

Sven klammerte sich an das Seil, mit dem er sich am achteren Mast festgezurrt hatte, und duckte seinen Kopf mit dem Ölhut gegen den Wind. Es dauerte nicht lange, da war er durch und durch nass. Der Bootsmann gestikulierte und deutete zur Kuhl, von der nun auch Sven ein klopfendes Geräusch hörte. Adam schrie ihm ins Ohr, dass sie die Boote besser befestigen müssten. »Halt dich bloß fest!«

Sie hangelten sich an den Tauen, die an Deck gespannt waren, nach vorn. Adam rief etwas. Sven sah die riesige Welle auf sie zurasen, ließ sich auf die Knie sinken und klammerte sich mit beiden Händen an einem Tau fest. Das Wasser warf ihn um, aber er ließ das Tau nicht los. Doch dann gab das Tau auf einmal nach. Es hatte sich an einer Seite gelöst, und Sven rutschte auf die Reling zu. Aber er hielt das Tau fest. Dann schlug es ihn gegen eine Deckslast, und er war für einen Moment verwirrt. Aber das Wasser war verrauscht, und Adam griff ihn mit einer Hand und zog ihn an sein Tau heran.

»Komm!«, keuchte er. »Zieh mit, wir wollen hinter den Aufbau dort. Wenn ich den erwische, der das Tau nicht richtig festgezurrt hat.«

Aber als es eine kleine Pause im Toben gab, als sie die Boote nachgezurrt hatten, entdeckten sie, dass das Tau einfach gerissen war. Adam schüttelte den Kopf. »Zu alt oder Pfuscharbeit! Hätten wir besser kontrollieren müssen.«

Es ging immer so weiter. Festhalten, anklammern, wieder durchnässt werden, erneut nach Atem ringen. Aber dann war die Ablösung heran. Sie konnten nach unten in ihr Logis. In Krügen, mit Wolle umwickelt, war noch warmer Kaffee. Aber das Feuer in der Kombüse war längst gelöscht. Es gab kein warmes Essen. Sie konnten sich nur die

Sachen herunterreißen, sich abtrocknen, in eine Decke hüllen und in die Hängematte krauchen.

Sven war schon so an Stürme gewöhnt, dass ihm das Rollen und Stampfen des Schiffes nichts mehr ausmachte. Vor Erschöpfung schlief er ein. Als ihn jemand rüttelte, waren zwei Stunden vorbei. Er musste wieder in die kaum getrocknete Hose, Jacke und den Ölmantel und raus an Deck.

Der Sturm tobte den ganzen Tag und ließ auch in der Nacht nur wenig nach. Aber als sie dann mit müden und roten Augen den Tag im Osten kommen sahen, schlief der Sturm bald ein.

Der Kapitän, der sich am Ruderhaus festgebunden hatte und nicht weniger erschöpft aussah als seine Männer, gab Befehl, alles zu kontrollieren und dann wieder mehr auf die Küste zuzuhalten.

Joshua, der beim Toben des Sturmes nicht an Deck gedurft hatte, musste jetzt mit der Ablösung ran. Aber er grinste Sven ausgeruht an: »Ich nicht mehr seekrank! Bald richtiger Seemann!«

Sven musste lachen, als er in die Hängematte kroch. Richtiger Seemann! Das würde auch bei ihm noch eine Weile dauern.

Der Koch durfte in der Kombüse wieder Feuer machen, kochte Kaffee und wärmte eine dicke Suppe. Als die Töpfe ins Logis kamen, weckte Adam die anderen. »Raus aus euren Kabuffs! Jetzt gibt es endlich was Richtiges zu futtern.«

Sie schlangen voller Heißhunger in sich hinein. Die Esssitten hier dürfte meine Mutter nicht sehen, dachte Sven und musste lächeln. »Dir geht es wohl schon wieder sehr gut?«, fragte Karl, der sich anscheinend noch nicht genug ausgeruht hatte. »Ach, ich musste an etwas Lustiges denken«, antwortete Sven.

Aber da hörte er schon Schreien und Pfeifen: »Alle Mann an Deck!« Das war nun gar nicht lustig.

»Was ist denn schon wieder?«, fragten die Männer der Freiwache, als sie an Deck hasteten. Die anderen zeigten nur nach vorn.

Steuerbord voraus, etwa eine Meile entfernt, trieb ein Fischkutter mit gebrochenem Mast in der immer noch hoch gehenden See. Er musste auch leckgeschlagen sein, denn er lag tief im Wasser. Aber es gab noch Leben an Deck! Sven sah, wie ein Lappen geschwenkt wurde.

Sie mussten ein Boot fertig machen zum Aussetzen. Sven gehörte zur Besatzung und war nicht sehr froh darüber. Das bedeutete, dass er wieder pudelnass werden würde und nun auch keine trockene Unterwäsche mehr zum Wechseln hatte.

Aber was half es? Die *Victoria* brasste so back, dass das Wrack in Lee lag und etwas vor den Wellen abgeschirmt wurde. Das Boot erreichte den leckgeschlagenen Kutter, und Sven sah überrascht, dass noch drei Mann an Deck waren. Einer war am Mast festgebunden und anscheinend bewusstlos.

»Ist noch jemand an Bord?«, fragte der Bootsführer.

»Ja, der Alte. Er will nicht von Bord!«, lautete die Antwort.

»Adam und Sven! Holt den Kerl, und helft den anderen ins Boot!«

Die beiden Freunde zogen sich ans Deck des Kutters. Sie banden erst den bewusstlosen Mann vom Mast ab und trugen ihn an die Reling. Mit Hilfe der Bootsbesatzung hievten sie ihn ins Boot. Die beiden anderen brauchten kaum Hilfe und kauerten bald im Boot. Aber nun mussten Adam und Sven unter Deck.

Da saß ein Mann mit grauem Bart und schrie sie an: »Haut ab! Der Kutter ist alles, was ich habe. Ich gehe mit ihm unter!«

Adam trat auf ihn zu und schlug ihn mit einem Kinnhaken bewusstlos, ehe Sven begriff, was er vorhatte.

»Los komm! Pack an, ehe wir hier absaufen. Meinst du, wir hätten Zeit, mit dem Verrückten zu debattieren? Komm!«

Sven packte mit an, und sie schleiften den Mann an die Reling und ließen ihn ins Boot hinunter.

»Was habt ihr mit ihm gemacht?«, rief einer der Fischer.

»Ihn gerettet, oder meinst du, wir sind solche Quasselköppe wie ihr?«, gab Adam zurück und griff seinen Riemen. Sie stießen vom Kutter ab und ruderten zurück.

Als sie die Geretteten an Bord gebracht hatten und selbst wieder an Deck standen, fragte Sven: »Musste das sein, Adam?«

Der sah ihn an. »Ja! Du musst noch eine Menge lernen. Wenn ein Boot so leckgeschlagen ist, kann es jede Minute absacken oder noch

Stunden treiben. Du weißt es nicht. Aber du musst mit dem Schlimmsten rechnen. Du hast nie überflüssige Zeit in solchen Situationen. Entweder du willst den Mann retten oder du lässt ihn absaufen und machst dir hinterher Gewissensbisse, weil du dir sagst, dass er nur im Augenblick verwirrt war und dich im Augenblick des Ertrinkens schon wieder verfluchte. Ich rette solche Kerle schnell. Wenn sie sterben wollen, können sie es ja morgen tun. Kapierst du das?«

Zwei Tage später standen sie vor der Einfahrt nach Boston. Es war ein schöner Herbsttag. Der Wind war nicht stark, aber stetig. Sven hatte an der linken Hand am Mittelfinger einen Verband, der ihn an das Geschützexerzieren vom gestrigen Tag erinnerte.

Der Obersteuermann hatte sie drei Stunden regelrecht geschunden. »Hier gibt es zwar keine Piraten, aber ihr müden Säcke rostet ja sonst völlig ein!«, hatte er geschimpft und sie immer wieder laden und ausrennen lassen. Dabei hatte Sven seinen Finger zwischen Mündung und Wischerstab schmerzhaft eingeklemmt. Er hatte so geflucht, dass es auch Adam imponierte. »Du wirst ja doch noch ein Seemann«, hatte er gemurmelt.

Adam hatte gut reden. Der alte Mann vom Fischkutter hatte, als er an Bord der *Victoria* in Sicherheit wieder zu sich kam, seine Meinung radikal geändert und sich für die Rettung immer wieder bedankt. Auch dem Kapitän gegenüber hatte er Adam als helfenden Helden gerühmt. Der hatte Sven nur zugezwinkert.

Jetzt standen sie aber mit Farbtöpfen, Pinseln und Lappen und strichen in der Schiffsmitte die Hütte an. Joshua hatte lamentiert, dass man auf dem Schiff dauernd streichen müsse. Karl hatte ihn belehrt, dass die salzhaltige Seeluft die Farben auch viel mehr angreife als die Landluft.

Plötzlich wies Adam auf eine kleine Insel hin, die sie gerade backbord passierten. »Governors Island«, murmelte er, denn der Bootsmann kam gerade auf sie zu.

Aber der wollte den Neulingen auch etwas beibringen. »Schaut steuerbord voraus. Da liegt ›Noddles Island‹, eine große, flache Insel.

Da gibt es nur ein Gehöft und Landwirtschaft. Wenn es nach mir ginge, bekämt ihr nur hier Landgang.« Er zwinkerte so kräftig mit den Augendeckeln, dass alle pflichtschuldigst über den Spaß lachten.

»Der freut sich schon auf seine Stammkneipe heute Abend«, flüsterte Adam, als Mr Cliff weit genug weg war.

»Hat der eine in Boston?«, fragte Sven.

Adam nickte. »In der Marlborough Street. Er hat dort auch eine Kellnerin, mit der er nach Hause geht. Billiger und gesünder als im Puff«, informierte er leise.

Als dann der Befehl kam, die Arbeit zu beenden und sich zum Einholen der Segel fertig zu machen, sah Sven mit Erstaunen eine lange Straße mitten in das Hafenbecken hineinragen. Mehrstöckige Häuser standen dort, und viele Schiffe hatten vor ihnen angelegt.

»Long Wharf«, meldete Adam lakonisch. »Steuerbord querab ist Charles' Wharf, backbord querab Fort Hill. Wir werden am äußeren Teil von Long Wharf anlegen, ich weiß aber nicht, ob an der Nord- oder Südseite.«

Im Hafen lagen auch eine Fregatte, zwei Sloops und ein Schoner. »Die arroganten Schnösel!«, mokierte sich der Untersteuermann.

Diese unfreundliche Bemerkung war wie ein Motto für ihre Tage in Boston. Als sie ihre Ladung gelöscht hatten, gab es Landgang. Sven und seine Freunde hatten sich fein gemacht und ihre blauen Jacken angezogen, denn es war schon frisch am Abend.

Adam führte sie in ein gemütliches Restaurant in der Newbury Street. Als sie für sich einen Tisch gefunden hatten, sagte Sven: »Ich lade euch alle zu einem Bier und einem Schnaps ein.«

»Nanu«, wunderte sich Karl. »Hast du einen Zuschlag erhalten?«

Sven schüttelte den Kopf. »Ich habe heute Geburtstag!«

Das gab eine Hallo und Schulterklopfen. Warum er das nicht längst gesagt habe, wie alt er werde, auch einer der Offiziere hätte etwas sagen müssen.

»Nun beruhigt euch mal wieder. Ich werde siebzehn, und schon immer hatte ich am sechzehnten September Geburtstag. Ihr könnt es euch ja fürs nächste Jahr merken.«

Sie tranken auf sein Wohl, bestellten sich Essen und waren guter

Dinge. Das Restaurant hatte sich gefüllt. Neben Seeleuten gab es Tische mit Zivilisten und mit Rotröcken. Sie saßen aber immer getrennt und schienen auch keinen Kontakt untereinander zu haben.

Als der Wirt erfuhr, dass Sven Geburtstag hatte, spendierte er den vier Seeleuten noch ein Bier. Die junge Kellnerin, die es ihnen brachte, lachte Sven verführerisch an. Ihre braunen Augen deuteten an, dass er ihr gefiel. Und wenn sie ihm gegenüber am Tisch servierte, beugte sie sich so hinunter, dass er in ihren Ausschnitt sehen konnte. Die beiden wohl geformten Brüste, die sich in der Mitte zusammendrückten, regten Svens Fantasie schon an, und ihm wurde heiß.

Karl stieß Adam an. Beide amüsierten sich über Svens Befangenheit. Auch am Nachbartisch bei den Rotröcken war aufgefallen, dass die Kellnerin Svens Tisch bevorzugte. Ein junger, dunkelhaariger Soldat griff nach dem Arm der Kellnerin und forderte: »Gib dir bei uns mal auch so Mühe wie bei den Kielschweinen.« Als sie sich loswand und ging, klatschte er ihr noch auf den Po.

Sven sprang auf und wollte den Soldaten beschimpfen, aber Adam hatte ihn sofort zurückgestoßen und gezischt: »Fang nichts an! Das endet schlimm!«

Doch der Soldat hatte bemerkt, dass Sven etwas kritisieren wollte. Er stand schwankend auf, ging auf ihren Tisch zu und rief: »Komm doch her, du dämliche Schiffsratte! Ich werde dir schon zeigen, wie ein Mann mit dir fertig wird!«

Adam winkte ihm beruhigend zu und sagte: »Setz dich und trink dein Bier.«

Aber der Soldat suchte Streit. Er griff nach Adams Hand und wollte ihm die Finger umbiegen. Da war er an den Falschen gekommen. Adam griff den Arm des Soldaten, drehte ihn mit solcher Kraft herum, dass der Soldat auf die Knie sank und vor Schmerz schrie. Seine Kameraden sprangen auf, aber Adam hatte den Unruhestifter schon losgelassen. Doch der wollte nicht aufgeben und stachelte seine Kameraden an: »Kommt, jetzt zeigen wir es den Kakerlaken!«

In dem Augenblick wurde die Tür aufgestoßen. Ein Sergeant mit vier bewaffneten Soldaten betrat den Raum. Mit einem Blick erkannte er die Situation.

»Halt!«, brüllte er so laut, dass alle schwiegen. »Jeder bleibt an seinem Platz! Wirt, was ist da los?«

Der Wirt berichtete, unterstützt von der Servirerin, dass die Matrosen einen Geburtstag feierten und der Soldat Streit gesucht habe.

Der Sergeant wandte sich an den Soldaten. »Name, Einheit?«

»Soldat William Henford, elfte Kompanie Royal Irish Regiment, Sir.«

»Soldat Henford, willst du in den Arrestbunker, oder bist du jetzt brav wie ein Ministrant?«

»Brav wie ein Ministrant, Sir.«

»Gut«, knurrte der Sergeant und schlug mit seinem Stock auf eine Tischplatte. »Wir schauen wieder rein!« Er bellte ein Kommando. Seine vier Soldaten nahmen ihre Musketen und verschwanden mit ihm.

Die Stimmung war nach dem Auftritt der Streife dahin. Sven und seine Kameraden gingen bald, und Sven reagierte nicht mehr auf die verführerischen Blicke der Kellnerin.

Überall auf den Straßen trafen sie Rotröcke. Die Zivilisten mieden ihre Nähe und gingen auf die andere Straßenseite. Es war eine feindselige Stimmung. »Das ist ein Scheißnest geworden, dieses Boston«, schimpfte Adam. »Hier kannst du Streit und Feindschaft förmlich riechen.«

Sven erlebte das noch deutlicher an den folgenden Tagen. Der Untersteuermann schickte ihn zum Windmill Point, um dort ein Dokument über die Ladung abzugeben. Sven ließ sich von Joshua begleiten. Dessen gewaltige Kraft schien ihm eine gute Rückversicherung zu sein.

Am Windmill Point war auch eine Zollstation, die von zwei Rotröcken bewacht wurde. Ein Dutzend junger Burschen zwischen zehn und fünfzehn Jahren hatte sich um die Wachtposten versammelt und beschimpfte die Soldaten. »Hummer, Schweine, Wichser, Hurenböcke!« Der Schimpfwortschatz dieser Lausebengel schien unerschöpflich zu sein. Die Soldaten übersahen die Randalierer stoisch.

»Können die Eltern nicht besser auf diese Bengel aufpassen?«, schimpfte Sven.

Joshua hatte es gehört. »Die sind wahrscheinlich schon besoffen.

Das ist doch überall dasselbe Gesindel, das bei allen Raufereien zu finden ist.«

Jetzt holten die Bengel auch Tomaten und warfen damit. Einige griffen sich sogar Steine. Nun machten die Soldaten ihre Gewehre bereit und legten an.

»Um Gottes willen!«, rief Sven. »Hört auf, ihr Bengel!« Aber die warfen weiter. Zwei Schüsse krachten. Nun rannten die Burschen weg. Die Soldaten hatten über ihre Köpfe geschossen. Sven atmete erleichtert auf.

Der Kaufmann, dem er später seine Liste übergab, wunderte sich nicht. »Das ist hier alle paar Tage so. Es wird einmal schlimm enden. Aber diese Rowdys findet ihr immer, wenn sich eine Gelegenheit zur Randale bietet.«

Der Untersteuermann hatte noch etwas in einem Büro in der Hannover Street zu erledigen und nahm Sven mit. An der Town Hall sahen sie eine Ansammlung von etwa zwei Dutzend Bürgern. In der Mitte stand ein Mann auf einer Kiste und hielt eine Ansprache. Wortfetzen wie »Freiheit, keine Steuer ohne Volksvertreter, Unterdrückung« klangen zu ihnen herüber.

»Verzeihung, was ist da los?«, fragte Mr Margot einen Passanten.

»Da hält Samuel Adams eine seiner Reden«, antwortete der Bürger gleichmütig und ging weiter.

»Von dem Adams habe ich schon Artikel in der Zeitung gelesen«, sagte der Untersteuermann zu Sven. »Das ist ein Wortführer der Radikalen.«

Sie waren kaum zwei Dutzend Schritte von der Ansammlung entfernt, als eine Streife der britischen Armee um die Ecke bog. Die Ansammlung zerstreute sich, sobald die Soldaten erblickt wurden. Und nun wurden die enteilenden Zuhörer des Samuel Adams von anderen Bürgern beschimpft. Sie würden dem lieben Gott mit ihrem Unsinn die Zeit stehlen, hätten immer etwas zu meckern, seien nichtsnutziges Gesindel und ähnlich.

Mr Margot war erstaunt. »Die sind ja auch untereinander verfeindet. Die einen wollen die Briten aus dem Land haben, die anderen möchten die Protestierer lieber zum Teufel jagen.«

»Sir, bei uns in Philadelphia gibt es auch Feinde und Anhänger der Briten«, wandte Sven ein.

»Ja, wir leben in verrückten Zeiten.«

Diesmal wurde Sven von Mutter und Schwester in Philadelphia am Kai erwartet. Sie winkten ihm zu, und der Kapitän erlaubte Sven, zu ihnen zu gehen, nachdem das Schiff festgemacht hatte.

»Willkommen, mein lieber Sohn. Wie bin ich glücklich, dass du wieder wohlbehalten heimgekehrt bist. Wir wollten in Philadelphia etwas für den Winter kaufen, als wir von der Fähre aus dein Schiff einlaufen sahen. Bleibt ihr diesmal etwas länger?«

»Es werden wohl zwei Wochen werden, weil viel vom Tauwerk erneuert werden muss. Aber ich habe jetzt noch vier Stunden Dienst beim Entladen und den sonstigen Hafenarbeiten. Ich werde auch nicht die ganze Zeit nach Hause können.«

»Hauptsache, wir haben dich wieder für einige Tage. In vier Stunden kommen wir wieder vorbei und sehen, ob du uns begleiten kannst. Grüß Mr Preston und deine Freunde!«

Sven konnte erst einmal drei Tage nach Hause und erzählte daheim von Boston. »Die Stadt liegt schön und hat auch schöne Häuser. Ihr langer Hafenkai ist beeindruckend. Aber diese Atmosphäre von Hass und Feindschaft verleidet einem den Aufenthalt. Ich habe noch nie so viele Rotröcke auf einem Fleck gesehen. Sie werden sehr angefeindet, und sie selbst behandeln die Bürger oft arrogant. Unsere nächste Reise führt uns übrigens nach Lissabon und Madeira.«

»Was du alles von der Welt siehst«, staunte die Schwester. »Ich werde richtig neidisch.«

Die Oma nickte. »Ich war auch neidisch darauf, was der Opa alles in der Welt gesehen hat. Aber wenn er dann von Stürmen und Schiffbrüchen erzählte, dann war ich froh, hier trocken und warm zu sitzen.«

Svens Mutter sorgte sich, dass Sven nun in den Wintermonaten über den Atlantik segele, aber er beruhigte sie, sie steuerten ja eine südliche Route, und in Lissabon und Madeira solle es immer eher mild sein.

Sven fand, dass die Oma in den knapp drei Monaten sehr gealtert sei. Seine Mutter bestätigte ihm, als sie allein waren, dass die Oma jetzt häufig sehr schwach sei. »Sie wird nun auch schon siebzig. Sie wird uns eines Tages sehr fehlen.«

Als die *Victoria* wieder den Delaware seewärts segelte, stimmten die Freunde Sven zu, dass der Aufenthalt zu kurz gewesen sei.

»Es war wieder wunderbar bei deiner Mutter, Sven«, lobte Adam. »Wir müssen ihr, der Oma und deiner Schwester in Lissabon ein Geschenk kaufen, damit wir ihr auch eine Freude bereiten. Du wirst sehen, Lissabon ist eine wunderbare Stadt. Da findest du alles.«

Aber vor Lissabon lag noch der Atlantik. Sven war froh, dass er sich nun an Deck und in der Takelage auskannte. Wäre seine erste Fahrt so rau gewesen, dann hätte er mehr leiden müssen. Auch Joshua hatte schon Erfahrung und wurde nicht mehr seekrank. Er war in der Mannschaft sehr angesehen, weil er fleißig und gutartig war. Karl saß in der Freizeit mit ihm beisammen und studierte das »Wörterbuch der englischen Sprache«, das er sich in Philadelphia gekauft hatte. Auch die Freunde halfen Joshua, sein Englisch zu verbessern, und sogar der steife Obersteuermann lobte ihr Team.

Viele der älteren Matrosen der *Victoria* hatten Lissabon schon angelaufen, denn es war ein häufig frequentierter Handelshafen für amerikanische Schiffe. Aber die Neulinge waren sehr gespannt, bei der Einfahrt in den Tejo nichts zu versäumen.

Der Fluss war nur etwa eine Meile breit, und sie konnten das Fort Sao Juliao an Backbord genau erkennen. Die *Victoria* brauchte einen Lotsen und ankerte nach seinen Weisungen vor Trafaria, um die Zoll- und Gesundheitsinspektoren an Bord zu lassen und danach die Hafenformalitäten zu erledigen. Dann gingen sie wieder flussaufwärts.

Die Stadt öffnete sich in einem riesigen Halbrund vor ihnen.

»Bow!«, staunte Sven. »Das ist eine Stadt! Und die Häuser so weiß. Sie leuchten in der Sonne.«

Sie ankerten in der Nähe des Praco do Comercio, einem großen Platz, an dem der Königspalast stand, der an drei Seiten von Ministerien eingerahmt wurde. Rechtwinklig führten breite Straßen nach allen Seiten. Sie waren von Fußgängern und Kutschen bevölkert.

»Wann können wir denn endlich an Land?«, maulte Karl.

Aber der Obersteuermann hatte noch dies und jenes, was erledigt werden musste, ehe er ankündigte: »Ab jetzt ist Landgang bis zum Beginn der Morgenwache. Wer Borddienst hat, wisst ihr. Morgen wird entladen und Wasser gefasst. Wer dann zu besoffen zur Arbeit ist, kommt hier nicht mehr an Land.«

Als die vier Freunde an Land gingen, bestaunten sie zunächst auf dem Praco do Comercio das überlebensgroße Reiterstandbild José I., eines portugiesischen Königs. Es wurde von Darstellungen eingerahmt, die die Armee, die Flotte und die Kolonien Portugals symbolisieren sollten.

Adam hatte empfohlen, dass sie sich zur Alfama begeben sollten, der Altstadt, deren kleine Gassen so eng und verwinkelt waren, dass Sven meinte, er würde sich da nie zurechtfinden. Aber Adam riet, man müsse hügelaufwärts gehen, um zum Kastell de Sao Jorge, der früheren Königsresidenz, zu gelangen. Es sei zwar ziemlich zerfallen, aber der Blick auf Stadt, Hafen und Umgebung sei einmalig schön.

Das mussten die Freunde zugeben. Sie hatten noch nie die *Victoria* so klein inmitten der vielen anderen Schiffe unter sich liegen sehen.

»Seht nur, da ist der Platz, an dem wir ausgebootet sind!«, rief Karl. Auch die anderen entdeckten dies und das, worauf sie sich hinwiesen. Adam konnte nicht bei allem sagen, wie es hieß und was es bedeutete, aber er meinte, sie könnten es ja an den anderen Tagen erkunden. Jetzt wollte er erst einmal etwas essen und trinken.

Sie tauchten wieder in die verwinkelten kleinen Gassen ein. Es duftete nach Knoblauch und unbekannten Gewürzen. Wäsche hing zum Trocknen von einer Seite der Gasse zur anderen. Kleine Läden und

Kneipen wechselten sich ab. Mehrere priesen ihre Waren oder Speisen auch in englischer Sprache an.

Adam lotste sie in eine Kneipe. »Kneipe heißt hier ›Adega‹. In der hier habe ich schon mal gut gegessen. Kommt! Wir gehen hier vor Anker!« Sie aßen Spanferkel mit geröstetem weißen Brot und feinen Gemüsebeilagen. Sie sprachen einem würzigen Rotwein zu, und Adam musste die jungen Burschen bremsen, nicht so schnell zu trinken. »Der hat mehr Alkohol als unser Bier!«

Und sie leisteten sich noch eine Nachspeise, natürlich süß. Es war stark gekühlte Vanillemousse mit heißer Himbeersauce.

»Wenn wir so etwas an Bord kriegen würden«, schwärmte Sven.

Adam lachte. »Dann wärst du in vier Wochen so fett, dass du nicht mehr die Wanten hochklettern könntest.«

»Aber die Leute hier sind doch auch nicht so dick«, protestierte Sven.

»Meinst du, die können sich so ein Essen oft leisten? Wenn wir hier unsere Heuer auf den Kopf hauen, dann sind wir für die hier reich.«

Am nächsten Tag mussten sie viel von dem abarbeiten, was sie genossen hatten. Die einen mussten die Taljen bedienen, als ihre Fracht entladen wurde. Es waren wieder Säcke mit dem feinen Weizenmehl, das auch hier gern gekauft wurde. Die Schauerleute karrten die Säcke in ununterbrochener Folge vom Schiff in die Ladehäuser.

Sven war mit seinen Kameraden zum Wasserfassen eingeteilt. Sie mussten zunächst die Wasserfässer aus den unteren Decks der *Victoria* mühsam an Deck hieven, entleeren, schwefeln, schrubben und durch den Bootsmann inspizieren lassen.

Dann ruderten sie quer über die ganze Bucht zum Südufer in der Nähe von Almada, wo die Schiffe an einer Felsenküste Wasser fassen konnten. Aber sie waren nicht die Einzigen, die ihre Fässer füllen wollten. Es dauerte etwa eine halbe Stunde, bis sie die langen, schweren Leinenschläuche übernehmen und ihre Fässer spülen und füllen konnten. Und auf dem Rückweg mussten sie gegen Wind und Strömung anrudern.

Sven und die Freunde waren völlig erschöpft, als sie die Fässer wieder verstaut hatten. Abraham wärmte ihnen das Essen, und sie aßen etwas. Dann wollten sich alle ausruhen. Nur Adam war dagegen.

»Wann sind wir schon mal in Lissabon? Lasst uns den freien Abend noch ausnutzen. Wir wollten doch etwas für Svens Familie kaufen. Und ihr werdet doch auch noch andere kennen, denen ihr ein kleines Andenken kaufen wollt. Also los! Kommt schon!«

Sie hatten alle möglichen Kleinigkeiten gefunden und auch noch dies und jenes für sich selbst erstanden. Als Sven am nächsten Morgen durch die Pfeife des Bootsmannes aus dem Schlaf gerissen wurde, tat ihm der eine oder andere Kauf leid. Was sollte er mit dem breitrandigen schwarzen Hut, der ihm angeblich so gut stand?

Aber es blieb nicht viel Zeit für solche Gedanken. Mr Margot, der Untersteuermann, befahl den vier Freunden, die Gig zu Wasser zu lassen.

»Ich habe heute frei und möchte den Turm von Belém besuchen. Er liegt sieben Kilometer flussabwärts. Wer will, kann mit reinkommen, aber einer muss das Boot bewachen.«

Die Fahrt flussabwärts strengte sie nicht an. Es blieb genug Zeit, die großen Schiffe zu bewundern, die auf dem Tejo segelten. Mehrmals sahen sie sogar Schiffe mit Fahnen der amerikanischen Kolonien. Mr Margot bestätigte, dass Lissabon immer häufiger von amerikanischen Schiffen angelaufen werde.

»Wir können seit 1729 Salz aus Portugal und Spanien ohne den Umweg über England importieren. Die *Victoria* lädt aber nur zu einem Drittel Salz. Vor allem werden wir unsere Laderäume mit Weinfässern aus Madeira füllen.«

»Wozu brauchen wir so viel Salz, Mr Margot?«, fragte Sven.

»Vor allem natürlich für die Fischer, die ihre Fische einsalzen. Aber auch Fleisch wird eingesalzen.«

Und dann ragte der Turm von Belém vor ihnen aus dem Wasser.

»Das soll ein Festungsturm sein?«, fragte Adam erstaunt. »Ich habe immer gedacht, das sei ein königlicher Erholungsturm mit den vielen Schnörkeln und Säulengalerien.«

Mr Margot erklärte, das sei marokkanischer Baustil, aber der Turm sei vor über zweihundert Jahren zum Schutz des Hafens erbaut, habe damals auch noch frei im Wasser gestanden. Inzwischen hatte der Tejo sein Bett etwas verlagert, und der Turm stand fast am Ufer.

Joshua war einverstanden, das Boot zu bewachen. Die anderen kletterten an Land und besichtigten den Turm. In den vorgebauten Kasematten fanden sie dann auch die Kanonen.

»Deren Schusswinkel wäre mir zu dicht am Wasser. Wenn ein Schiff nahe beim anderen Ufer segelt, können sie doch gar nicht mehr treffen«, monierte der Untersteuermann.

Aber sonst, als Kunstwerk, bewunderte er den Turm sehr und wies die Matrosen auf die in Form von Ritterschilden gestalteten Zinnen, die Figur der Schutzgöttin und die Loggia hin. Er spazierte mit ihnen auch die vier Stockwerke hinauf und bewunderte den Königssaal. Den Matrosen imponierte die Aussicht von der Plattform auf den belebten Tejo wohl aber doch noch mehr.

Sven schaute sich auch landwärts um und fragte Mr Margot, was denn dort für ein riesiges Brückenbauwerk zu sehen sei.

»Das muss der Aquädukt sein, der erst vor dreißig Jahren etwa eröffnet wurde. Das ist eine Wasserrinne, die dort über ein tiefes Tal geführt wird. Ich habe gehört, die Bogen sollen bis fünfundsechzig Meter hoch sein. Die Brunnen der Stadt erhalten so ihr Wasser.«

»Ich sehe Menschen dort oben gehen«, ergänzte Sven.

»Ja, man kann dort spazieren gehen, wurde mir gesagt. Wenn wir einmal länger hier sind, müssen wir auch dorthin. Aber jetzt müssen wir zurück. Wir legen noch am Ufer des Klosters Jeronimo an. Dort sind Stände, wo wir günstig etwas zum Essen und Trinken kaufen können. Kloster selbst interessieren mich nicht so. Zum Mönch bin ich nicht geboren.«

Mr Margot spendierte ihnen ein Glas Wein und ein Brot und wies sie bei der Rückfahrt noch auf Ruinen hin, die an das Erdbeben von 1755 erinnerten.

»Während des Gottesdienstes an Allerheiligen bebte die Erde, und in hundertzehn zerstörten Kirchen soll fast ein Viertel der Bevölkerung von den Trümmern erschlagen worden sein. Fünftausend Paläste und Häuser stürzten ein oder verbrannten. Es muss furchtbar gewesen sein. Wo unser Schiff liegt, ist alles neu aufgebaut mit großen, breiten Straßen.«

»Kann denn so ein Erdbeben auch kommen, während wir hier liegen?«, fragte Karl.

»Das kann niemand vorhersehen.«

Joshua erzählte, dass auf Jamaika einmal die Erde bebte, als er Kind war. Aber es war nicht so schlimm. Nur ein paar Hütten stürzten ein. Adam witzelte, dass die Hütten schon einstürzten, wenn man nur doll furzte. Mr Margot erzählte noch etwas von Seebeben, und dann war ihre *Victoria* schon wieder in Sicht.

Der Bootsmann empfing sie und meinte, die Herren hätten sich ja nun genug ausgeruht und könnten einmal die unteren Laderäume ordentlich trocken fegen, denn am Nachmittag würde man noch das Salz einladen. »Morgen laufen wir wieder aus. Dann hat das Nichtstun ein Ende!«

Mr Margot hatte irgendwie Sympathie für Sven entwickelt. Während alle beim Laden waren, rief er Sven und sagte ihm, er möge sich gute Sachen anziehen, denn er solle ihn begleiten, wenn er in der Straße San Miguel die Abreisepapiere stempeln lasse.

Svens Kameraden scherzten über den »Drückeberger«. Sven zog sich gute Hosen, ein frisches Hemd und die blaue Jacke an und lief zu dem wartenden Untersteuermann. Der gab ihm die Leinwandtasche mit den Dokumenten zum Tragen und ging mit ihm über die breite Uferstraße in die Stadt.

Die Menschen flanierten, und Sven staunte wieder, wie viel prunkvoller die Kleidung hier war als in seiner Heimat. Fast jede Frau trug mindestens einen Spitzenschal und silbernen oder sogar goldenen Schmuck.

Mr Margot stimmte seiner Beobachtung zu. »Hier handeln Menschen seit Jahrhunderten, Sven. Da hat sich einiger Reichtum angesammelt. Bei uns ringen die Einwanderer erst seit höchstens anderthalb Jahrhunderten um ihr Überleben. Da musst du noch zwei- oder dreihundert Jahre warten, bis sie bei uns auch so protzen können. Aber es gibt hier auch arme Menschen.«

Das wusste Sven noch von seinem Besuch in der Alfama. Er merkte, wie Mr Margot zu mancher hübschen Señorita schaute. Und dann stellte er zu seinem Erstaunen fest, dass auch ihn einige über ihren Fächer hinweg neugierig und vielleicht ein wenig kokett betrachteten. In seiner Schulzeit war Sven mitunter Zielpunkt weiblicher Blicke gewesen. Aber das waren doch Mädchen! Und in den letzten Monaten war er Matrose, Anfänger sogar. Da war für so etwas kein Gedanke frei. Doch jetzt sahen sie ihn so komisch an. Meinten sie etwa …?

Mr Margot war in dem Amtsgebäude verschwunden, und Sven wartete beim Pförtner. Der versuchte, sich mit ihm zu unterhalten. Aber sein Englisch war nahezu unverständlich. Sven antwortete in Französisch, und siehe da, bei deutlichem Sprechen fanden sich genug Verwandtschaften zum Portugiesischen, um mit ein paar englischen Brocken zu erkennen, was der andere meinte.

Aber da erschien Mr Margot schon wieder. Er schien sehr gut gelaunt. »Komm, Sven, ich muss noch ein paar Straßen weiter. Ich habe einen Tipp erhalten!«

Er hatte es eilig, fragte zwischendurch, ob Sven Portugiesisch könne, was dieser verneinte. Wie er sich dann verständigt habe? Ach, über Französisch. Nun, jetzt werde er wohl auch wieder ein wenig warten müssen. »Komm, wir holen hier beim Bäcker für dich ein Stück Kuchen. Kaffee bekommst du sicher dort.«

Es war ein respektables, bürgerliches Haus, an dem Mr Margot die Hausglocke betätigte, nachdem er sich vergewissert hatte, dass es die richtige Hausnummer war. Der Portier, der öffnete, sprach sie sogleich auf Englisch an. Mr Margot fragte nach einem Warteraum für seinen Begleiter.

Sie betraten ein Zimmer, in dem einige Sessel um einen Tisch standen. Sven wurde gebeten, hier Platz zu nehmen. Mr Margot wurde durch einen Vorhang in einen anderen Raum geführt, aus dem Sven Klavierspiel und Lachen hörte.

Nach kurzer Zeit erschien ein Mädchen und brachte auf einem Tablett ein Kännchen Kaffee mit Tasse, Milch und Zucker. Die Aufmerksamkeit war Sven nicht gewohnt, aber noch mehr erstaunte ihn die Kleidung des jungen Mädchens. Sie hatte ein ganz normales Servierschürzchen umgebunden, aber nicht viel darunter. Der Rock endete weit über dem Knie. Die Bluse war weit ausgeschnitten und fast durchsichtig. Das Mädchen war etwa in seinem Alter und verteufelt gut gebaut. Sie lächelte, als sie Svens Blicke spürte, und zwinkerte mit einem Auge, als sie wieder durch den Vorhang verschwand.

Sven dachte noch ein Weilchen an den tollen Busen. Dann goss er sich Kaffee ein und aß seinen Kuchen. Nebenan wurde das Klavierspiel lauter. Anscheinend wurde dort jetzt auch getanzt. Man lachte laut, vor allem die Frauen.

Sven überlegte, was das wohl für ein Geschäft oder Büro sei. Nein, kein Büro. Aber vielleicht …

Ja, das könnte ein Bordell sein. Wenn, dann aber eines der feineren Sorte. Hier wirkte nichts billig.

Nach einem Weilchen öffnete sich eine Tür. Eine Frau trat heraus. Aber was für eine Frau! Sven sprang auf und verneigte sich.

Als er den Kopf wieder hob, sah er, wie sich ihre Hand ihm entgegenstreckte. Aber nicht zum Händedruck, sondern den Handrücken nach oben. Halt! Das hatte er schon gesehen. Man nannte das Handkuss, aber der Herr nahm die Hand nur leicht und beugte sich darüber. Er küsste nicht wirklich. Sven probierte es und sah das Staunen in den schwarzen Augen der Frau.

»Bon jour!«, sagte sie sehr melodisch.

»Bon jour, madame«, antwortete er heiser.

»Oh, vouz parlez français?«

»Un peu, madame.«

Sven musste heftig atmen. War die Frau hübsch! Sie war deutlich älter als das Mädchen von vorhin, aber auch nicht alt. Ihre schwarzen Locken rahmten ein feines Gesicht ein. Ihre Schultern waren nackt, und ihre Haut war von cremiger Reinheit. Das Dekolletee ließ einen vollen, gut geformten Busen ahnen.

Jetzt lächelte sie über sein Staunen und sprach ihn nun englisch an. Da war sie nun nicht mehr perfekt, und das machte sie weniger unerreichbar.

»Sie sind also der gut gebaute junge Seemann, vom dem unsere Zofe sprach. Wollen Sie mir nicht ein wenig Gesellschaft leisten?«

»Gern, Madam.« Nun hatte Sven ein wenig Fassung gewonnen, trat einen Schritt vor, um anzudeuten, dass er die Tür offen halten wollte. Sie neigte den Kopf und schritt vorüber.

Den Mittelpunkt des Zimmers bildete zu Svens Erstaunen ein breites Bett. Die Frau ging aber zu einem kleinen Tisch, an dem zwei Stühle standen. Sie nahm Platz, sagte: »Bitte setzen Sie sich« und griff nach einem der beiden Champagnergläser, die auf dem Tisch standen. »Kommen Sie, lassen Sie uns einen Schluck trinken.«

Sven stotterte etwas unmotiviert: »Ich muss auf unseren Steuermann warten.«

Sie lachte. »Seien Sie ganz beruhigt. Der kommt nicht so bald. Wir erfahren es vorher. Auf Ihr Wohl!«

Sven hatte sich wieder gefasst. »Auf Ihr Wohl, Madam!«

Das schmeckte erfrischend, etwas herb, ungewohnt. Sie lächelte und fragte ihn ein wenig aus, woher er komme, ob er zum ersten Mal in Lissabon sei, wie alt er sei. Und sie trank ihm immer wieder zu.

Sven wurde leichter zumute. Aber dieser Busen! Wenn er dachte, wie er nackt aussähe, dann wurde ihm schon heiß. Sie stand auf, schenkte nach. Ihr Rock war ja geschlitzt und ließ einen nackten Schenkel sehen! War das hier so üblich?

Sie stand jetzt vor ihm und hob das Glas. Er stand auf und griff nach seinem Glas. Sie trank ihm zu. »Ich heiße übrigens Rosita.«

»Ich heiße Sven, Madam.«

Sie griff mit der linken Hand nach seiner Schulter und zog ihn nah an sich heran. »Sag nicht immer Madam! Sag Rosita! Ich mag dich.« Und sie berührte sein Glas mit ihrem Glas.

Er trank und fühlte ihre Nähe. Sie erregte ihn. Es zog in seinen Leisten. Sie stellte ihr Glas ab und nahm ihm auch seins weg.

»Nun musst du mich küssen! Das ist hier so Sitte.«

Sven war verwirrt. Eine richtige Frau küssen? Aber dann zog er sie an sich heran und drückte ihr einen Kuss auf die Lippen.

Aber sie ließ ihn ja gar nicht wieder los! Sie saugte sich förmlich an seinen Lippen fest. Ihr Körper schmiegte sich an ihn. Ihr Unterleib stieß an sein Glied, das sich schmerzhaft aufrichtete. Ihre Zunge spielte in seinem Mund.

Sven wurde fast schwindlig. Wollte sie etwa »das«? Aber dann saugte er sich auch an ihren Lippen fest, drückte seinen Unterleib gegen ihren und stöhnte vor Begehren.

Sie zog sein Hemd nach oben, löste sich etwas von ihm und flüsterte: »Hilf mir!«

Und er zog sich das Hemd über den Kopf und half, ihre Bluse aufzuknöpfen. Als beide Oberkörper nackt waren, kümmerte sie sich eine Weile nicht um die Kleidung, sondern drückte ihren nackten Busen gegen seinen Oberkörper und schob sich etwas hin und her. Er atmete stoßweise und fasste nach ihrem Busen. Er war fest und anschmiegsam zugleich. Nun stöhnte auch sie und leckte an seinen Brustwarzen.

Er nestelte an ihrem Rockverschluss, aber sie half ihm. Der Rock rutschte nach unten. Sie trug ein Spitzenhöschen mit recht kurzen Beinen und sah schön wie eine Göttin aus.

Ihre Hände fuhren zu seinem Gürtel, und er schämte sich etwas, seine langen baumwollenen Unterhosen zu zeigen. Aber dann zog er sie schnell aus und griff nach ihr.

Aber sie wehrte ihn ab. »Die Strümpfe auch. Wir müssen ganz nackt sein.«

Sie streifte ihre Hose ab, und er sah das schwarze Dreieck zwischen ihren Beinen. Von Weitem hatte er so etwas gesehen, wenn er als Kind im Bach von Einars Tal badete. Sein Vater war bei ihm, aber die Schwester und die Mutter waren hinter einer Bachbiegung. Doch manchmal erhaschte er einen Blick.

Rosita bemerkte sein Zögern, zog ihn an sich und fragte leise: »Bin ich deine erste Frau?«

Er nickte verlegen.

Sie lächelte und forderte ihn auf: »Sag es, dass ich deine erste Frau bin!«

Er sagte es.

»Sprich lauter!«

»Du bist meine erste Frau, Rosita!«

»Die erste Frau vergisst man nie!« Sie zog ihn an sich, küsste ihn verlangend und griff mit ihrer Hand nach seinem steifen Glied. Er zuckte zurück.

»Nicht doch! Es tut gut. Du weißt es nur noch nicht.« Sie streichelte sein Glied. Er schob seinen Unterkörper vor und griff nach ihrem Busen.

»Komm!« Sie schob ihn vor das Bett, über dem ein großer Spiegel hing. »Siehst du uns? Schau nur hin. So hat Gott Mann und Frau erschaffen, damit sie sich aneinander erfreuen können. Wir müssen uns nicht schämen. Komm, du sollst mich erst noch streicheln und küssen, und dann will ich dich ganz tief in mir haben.«

Sie zog ihn auf das Bett, kuschelte sich an ihn und sagte: »Komm! Küss mich und streichele mich! Du musst eine Frau erst küssen und streicheln, bis sie nach dir schreit. Erst dann darfst du in sie eindringen! Denk immer an deine erste Frau, an Rosita.«

Er verstand nicht ganz, was sie meinte, aber er küsste ihren Busen, den sie ihm entgegenreckte, und streichelte ihre Schultern. Dann küsste er ihren Hals, und sie dehnte sich wohlig und streichelte sein Glied. Er keuchte vor Verlangen, aber sie nahm seine Hand und führte sie an ihr schwarzes Dreieck.

Wieder erschrak er. Durfte man eine Frau da anfassen? Aber sie bewegte ihren Unterkörper an seiner Hand und stöhnte. Da rieb er mit seiner Hand zwischen ihren Beinen, und sie streichelte sanft seinen Unterkörper. Das war so schön! Sein Glied brannte, so steif wurde es, und er drückte ihre Brüste zusammen und leckte von einer Brustwarze zur anderen. Sie schrie auf, löste sich von ihm, drehte ihn auf den Rücken, hob ihr Bein über ihn und setzte sich so auf seinen Unterkörper, dass sie sein Glied in ihre Scheide schob.

Das war ein wunderbares Gefühl für Sven. So warm, so weich und feucht. Es fühlte sich unsagbar schön an. Rosita bewegte ihren Unterkörper langsam auf ihm auf und ab. Er sah ihre Brüste und ihr verlangendes Gesicht über sich und rammte mit seinem Glied nach oben in sie hinein. Schneller!

Aber sie wich aus, wenn er ungeduldig stieß, und sagte: »Nicht so schnell. Fühle, wie schön es ist. So langsam und tief!« Aber dann stöhnte sie selbst und keuchte: »Stoß zu! Schneller!«

Sven stieß hinauf und zog zurück, so schnell er konnte. In seinen Lenden zuckte es. Das fühlte sich so komisch und so schön an. Er schrie vor Lust, und Rosita schrie ebenfalls. Es war, als ob sein Glied sich nach außen stülpte. Etwas strömte hinaus. Es wurde ganz feucht in ihr. Rosita sank auf ihm zusammen. Ihre Brüste bedeckten ihn, und sie atmete heftig und keuchend an seinem Hals.

»O, Sween«, sagte sie lächelnd und sprach seinen Namen so einzigartig gedehnt aus, dass er meinte, er könne das nie vergessen. Und Rosita und dieses Erlebnis auch nicht. Er drückte sie an sich.

Da klopfte es leise. Eine Frauenstimme flüsterte etwas auf Portugiesisch. Rosita antwortete. Wieder die andere Stimme, und dann sagte Rosita zu ihm: »Sween, du musst gehen. Dein Steuermann kommt gleich wieder raus. Kannst du heute Abend noch einmal kommen? Frag nach ›Madam‹.«

Die Zofe, die Sven den Kaffee gebracht hatte, schloss die Tür und sagte zu einer anderen jungen Frau: »Die Madame ist sauer, dass sie nicht noch weitermachen kann.«

»Hat sie sich wieder mal einen jungen Erstling geschnappt?«

»Ja. Den hätte ich auch lieber als die alten Kerle. Sie hat schon seinem Offizier kostenlos die Karla reingeschickt, damit er länger braucht, aber nun ist er doch fertig, und der Erstling muss sich anziehen und auf ihn warten.«

Sven saß gerade wieder an seinem Platz, als Mr Margot hochgemut durch den Vorhang kam.

»Komm, mein Lieber. Es hat ein bisschen gedauert. Hoffentlich ist es dir nicht zu langweilig geworden?«

Sven konnte mit Überzeugung verneinen, und der Untersteuermann beklagte sich, dass er heute Wachdienst habe und nicht mehr an Land könne. Und morgen laufe die *Victoria* aus.

Sven hatte das auch Rosita gesagt, und sie hatte geklagt. Aber vielleicht heute Abend? Sie hatte ihm ja gesagt, er solle seine Freunde mitbringen. Sie hätte nette Mädchen für sie. Nur drei Pfund brauchten sie zu zahlen. Aber wie sollte er Adam beibringen, dass er im Bordell war?

Aber das ergab sich ganz natürlich. Mr Margot hatte dem Bootsmann gegenüber geschwärmt, was für ein gepflegtes und nettes Bordell er entdeckt hätte. Und sie hätten ihm noch ein Mädchen kostenlos als Zugabe gegeben, weil er so gut war. Ob er heute Abend mit ihm die Wache tauschen könne.

Der Bootsmann konnte nicht, aber er ließ sich nachher von Sven die Adresse nennen und den Weg genau beschreiben. Und damit konnte Sven ganz unauffällig die Fragen beantworten, wohin er Mr Margot denn begleitet hätte.

Er schwärmte, wie gepflegt und sauber schon die Eingangsräume gewesen wären und wie schön die Mädchen waren, die er gesehen hätte.

Adam machte sehnsüchtige Augen und knurrte dann: »Das können wir uns bestimmt nicht leisten.«

Sven berichtete ganz unschuldig, dass er ein Gespräch belauscht habe, in dem von drei Pfund die Rede war.

»Hm«, meinte Adam. »Ganz schön, aber das würde ich springen lassen. Und dich könnten sie auch so einführen, dass du Spaß daran hast und dich nicht ekelst.«

Nein, das tue ich wirklich nicht, dachte Sven und schmunzelte. Aber dann sagte er: »Und der Bootsmann?«

»Der kann uns das nicht verbieten. Außerdem geht der immer erst spät an Land. Da können wir vorher hin.«

Die Freunde waren mitten in den Vorbereitungen, sich landfein zu machen, da kam der Obersteuermann und ordnete an, dass Sven heute Abend Hafendienst habe. »Du warst heute Nachmittag mit Mr Margot an Land, als die anderen bei der Ladung halfen. Da ist es nur gerecht, wenn du jetzt mit Mr Margot an Bord bleibst.«

Sven wollte protestieren, dass er nur dienstlich an Land war, aber der Obersteuermann wehrte ihn ab: »Keine Widerrede! Du brauchst ja hier nicht zu arbeiten, nur zu wachen. Ich möchte keine Widerrede mehr hören!«

Sven konnte seine Wut und seinen Ärger kaum beherrschen. »Der will mich doch nur schikanieren, weil ich ihm nicht in den Arsch krieche, dieser eingebildete Fatzke!«

»Du tust mir leid, Sven, aber so ganz unrecht hat er ja nicht«, beruhigte ihn Karl. »Ein anderer kann nun etwas von der Stadt sehen, der heute für dich an Bord gearbeitet hast. Wir gehen noch oft in anderen schönen Städten mit dir aus.«

»Ach, die Stadt ist mir scheißegal. Ich wollte ins Bordell. Aber viel Spaß!« Er wandte sich ab und ging.

Als sie beschwingt zurückkamen, schlief er schon, abgelöst von einem anderen. Als die Pfeifen sie am Morgen rausholten, war er munterer als die anderen und schien den Ärger vergessen zu haben.

Während sie Seite an Seite das Deck scheuerten, schwärmte ihm Karl vor, wie schön es gewesen sei. Die Mädchen seien klasse, jung, schön und leidenschaftlich. Mit den drei Pfund habe es erst Ärger gegeben. Die Mädchen hätten gesagt, dass wir da noch drauflegen müssten. Wir haben berichtet, unser Kumpel Sven sprach von drei Pfund. Die Madam kam hinzu und fragte, warum du nicht mit uns kämst. Wir sagten es ihr.

»Schade!«, hat sie gemeint und die Mädchen angewiesen, unser Geld zu akzeptieren. Die Differenz übernähme sie. »Und grüßen Sie den armen Sven. Wenn er wieder in Lissabon ist, soll er mich besuchen.«

»Sag mal, Sven, eins der Mädchen hat sich ein wenig verplappert. Es hörte sich so an, als seiest du der Liebhaber der Madam gewesen. Dann wollte sie das wieder vertuschen und erklärte, die Madam hätte nur Gefallen an dir gefunden, wie einem andere Menschen sympathisch sind.«

»So war es. Ich erinnerte sie wohl an jemanden. Sie war freundlich und wollte mit mir plaudern.«

»Hm!«, brummte Adam. »Das ist eine fantastische Frau. Wer möchte mit der nicht plaudern.«

Aber Sven wurde wortkarg. Denkt doch, was ihr wollt. Ihr hattet euer Vergnügen, da braucht ihr nicht noch an meiner Leidenschaft teilnehmen.

Sven sprach auch in den nächsten Tagen nicht über das Thema, und so versank es in der Erinnerung. Der Dienst hatte seine Normalität zurück. Mit der kleinen Ausnahme vielleicht, dass der Obersteuermann zwei Tage nach dem Auslaufen zu Sven gekommen war und beiläufig erwähnt hatte: »Sven, du hast schon ganz gut Seemannschaft gelernt. Du kannst mir jetzt schon hin und wieder bei der Navigation helfen. Ich werde dich entsprechend im Dienstplan einteilen.«

Einerseits war Sven glücklich. Damit würde er den Weg zum Steuermannsgehilfen einige Monate abkürzen können. Andererseits mochte er den Obersteuermann nicht gut leiden. Mr Walker wirkte überheblich, kalt und zynisch. Man hatte nicht den Eindruck, dass ihn das Schicksal seiner Untergebenen wirklich interessierte.

Sven hatte in seiner Schule in Philadelphia neben Mathematik auch einige Stunden Navigation gehabt. Auch der Opa hatte mit ihm darüber gesprochen und ihm seinen Sextanten gezeigt. Er versuchte sich zu erinnern, damit er dem Obersteuermann, der auch ungeduldig war, nicht gleich Grund zum Ärger gab.

Aber Mr Walker behandelte ihn, als er ihn während der Nachmittagswache zu sich rief, wie einen Anfänger, der noch nie ein Schiff gesehen hatte.

»Was für Geräte zur Navigation hast du denn schon in der Hand gehabt, Sven?«

»Mein Großvater hat mir seinen Oktanten oder Quadranten nach Hadley gezeigt, Mr Walker.«

»Und hier an Bord?«

»Hier durfte ich noch kein Navigationsgerät anfassen, Mr Walker.«

»Dann hast du geschlafen, Sven. Du hast schon ein Lot in der Hand gehabt und sicher auch einen Kompass. Und ich glaube auch, dass ich dich schon mit einem Log gesehen habe. Das sind auch Navigationsinstrumente. Erklär mir mal, was du über sie weißt!«

»Das Handlot besteht aus Bleigewicht und Leine. Das Bleigewicht ist meist keil- oder birnenförmig und hat am unteren Ende eine Auskerbung und hängt an einer knapp vierzig Meter langen Leine.«

Mr Walker nickte. »Nun sag mir mal, wozu die Aushöhlung ist und wie du die Wassertiefe in der Nacht misst!«

Sven brauchte nicht lange zu überlegen. »Wenn ich die Aushöhlung etwas mit Wachs bestreiche, dann bleibt ein wenig vom Grund kleben. Ich sehe dann, ob es Sandboden oder Felsen ist. Und die Tiefe erkenne ich an den Markierungen, die in Abständen angebracht sind.«

Mr Walker grinste. »So! Und wie tief ist es, wenn du ein Lederstück mit einem Loch fühlst?«

»Zehn Faden, also achtzehn Meter.«

»Und wenn danach ein Stück Tuch kommt?«

»Fünfzehn Faden, Mr Walker.«

»Nun gut. Du wirst es noch oft genug betasten können. Und bei mir besteht niemand die Gehilfenprüfung, der nicht mit verbundenen Augen jede Tiefe erkennt. Und dann kriegst du sie nicht nacheinander angeboten, sondern durcheinander. Aber nun erkläre mir erst, was ein Log ist!«

»Mit dem Log misst man die Geschwindigkeit, mit der das Schiff durchs Wasser gleitet. Das Log hat eine Holzscheibe, die an einer Seite mit Blei beschwert ist und daher senkrecht im Wasser steht. Wenn ich die Scheibe ins Wasser werfe, bleibt sie an dem Ort liegen. Das Schiff segelt weiter, und mit einer dünnen Leine messe ich, wie viel in einer bestimmten Zeit durchläuft.«

»Das ist mir zu unbestimmt, Sven. Wie misst du die Zeit, und welche Bedeutung hat es, wenn ein bestimmtes Stück Leine durch deine Hand gerutscht ist?«

»Ich messe die Zeit mit der Sanduhr, die auf achtundzwanzig Sekunden eingestellt ist, Mr Walker. Und wenn in dieser Zeit sechs Knoten in der Leine durch meine Hand gelaufen sind, dann segeln wir mit sechs Meilen je Stunde, also mit sechs Knoten.«

»Hast du schon einmal mit dem Log gearbeitet?«

»Der Bootsmannmaat hat es mich einmal probieren lassen, Sir.«

»Dann hast du vielleicht gemerkt, was die Messung verfälschen kann.«

»Ja, Mr Walker. Das Holzscheit wird doch etwas mitgezogen, und zwar umso mehr, je fester ich die Leine fasse.«

Mr Walker war bis dahin zufrieden, wollte aber nun sehen, wie sich Sven in der Praxis anstellte. Er ließ ihn Sanduhr und Log holen, und dann musste er messen. Sven kam auf sieben Knoten, während Mr Walkers Kontrolle sechseinhalb ergab.

»Du hast die Leine locker laufen lassen, Sven. Warum hab ich dennoch einen halben Knoten weniger?«

Sven wusste es nicht.

»Du hast vergessen, dass wir immer einen halben Meter von der Länge der durchgelaufenen Leine abziehen, weil das Holzscheit nie fest stehen bleibt, sondern immer etwas mitgezogen wird. Nun sag mir noch, wann das Loggen besonders wichtig ist.«

»Wenn wir dichte Wolken haben und weder Sonne noch Sterne sehen können.«

Mr Walker schien mit Svens Vorkenntnissen zufrieden zu sein. Er sprach mit ihm noch über die Einteilung von Längen- und Breitengraden und empfahl ihm, im Kartenraum diese Dinge nachzulesen. »Dort findest du ›An universal dictionary of the marine‹ von William Falconer, das beste Buch über Navigation und Seemannschaft, das es gibt. Du darfst es nur dort lesen, denn es ist zu wertvoll, um irgendwo im Logis beschmutzt zu werden. Studiere es fleißig, dann weißt du, was wichtig ist.«

»Wisst ihr, er ist gar nicht so schlecht, wie ich dachte«, erzählte Sven seinen Kameraden. »Nun ja, er ist ernst und genau, aber nicht gemein.«

»Na ja«, meinte Adam. »Du sollst ihm ja dann auch Arbeit abnehmen. Warum sollte er dich dann gleich schikanieren?«

»Er hat auch gesagt, dass wir morgen Madeira erreichen und dass ich dann wieder mit euch gemeinsam Landgang habe.«

Karl winkte ab. »Funchal bietet nicht die Hälfte von dem, was Lissabon hat. Und so ein duftes Bordell findest du da nicht.«

»Da hat unser Sven keine Madam zum Unterhalten«, fügte Adam hinzu und griente vieldeutig.

»Ich hätte sowieso kein Geld fürs Bordell«, mischte sich Joshua ein. »Der Bootsmann sagt, ich müsse für meine Kleidung noch drei Pfund von der Heuer abbezahlen. Ich hatte doch nichts, als ich zu euch kam.«

»Da werden die Nutten aber weinen«, scherzte Karl. »Ich erinnere mich noch, wie scharf die junge Blonde auf schwarze Männer war.«

»Ja, die war gut«, nickte Joshua und genoss die Erinnerung.

»Deck! Segel backbord querab!«, rief der Ausguck.

Der wachhabende Untersteuermann rief: »Adam, nimm dir ein Teleskop und entere auf. Ich will wissen, wer sich da rumtreibt!«

Adam verzog sein Gesicht, holte das Teleskop vom Ruderhaus und stieg die Wanten empor. Nach einer Weile meldete er: »Schebecke auf konvergierendem Kurs.«

Die älteren Matrosen sahen sich bedeutungsvoll an, und der Untersteuermann ließ den Kapitän holen. Der befragte Adam, ob er mehr erkennen konnte.

»Nein, Mr Preston. Die Schebecke ist noch mindestens sieben Meilen entfernt.«

Der Kapitän grübelte und massierte sein Kinn. »Lassen Sie alle Segel setzen, Mr Margot, und steuern Sie so hart am Wind wie möglich. Wir wollen sehen, dass wir dem Segel bis zur Nacht davonlaufen. Morgen früh sollten wir dicht vor Madeira stehen. Da wird sich auch ein verdammter Korsar zurückhalten.«

Sie brassten die Segel, so gut es ging, um möglichst viel Fahrt herauszuholen. Als es dem Kapitän noch nicht genügte, holten sie mit den Eimern Wasser aus dem Meer und feuchteten die unteren Segel an. Das war eine Arbeit, die mit vielen Güssen und Spritzern verbunden war.

»Ich weiß nicht, wer dabei mehr nass wird, das Segel oder ich«, schimpfte Adam, als er wieder einen Schwall über die Hose bekommen hatte.

Aber die Schebecke konnte den Abstand nicht weiter verkürzen, und das beruhigte Mr Preston.

»Er hat vermutet, das könnte womöglich ein Berberpirat aus Algier sein, nicht wahr?«, fragte Sven.

»Ja«, antwortete Adam. »Sie kommen manchmal aus der Straße von Gibraltar heraus und kreuzen ein Stück im Atlantik. Es sind Dreimaster mit Lateinersegeln. Die größten haben bis zu vierzig Kanonen. Da können wir einpacken. Und wenn sie dein Schiff kapern, dann kannst du froh sein, wenn sie dich als Sklave verkaufen und dir nicht gleich den Hals durchschneiden.«

Sven wurde etwas mulmig. »Das hört sich aber gar nicht gut an!«

Doch es wurde Nacht, und die Schebecke war nicht näher gekommen. Auf der *Victoria* wurde kein Licht gesetzt. Die ganze Nacht ging eine verstärkte Wache an Deck. Aber als der Morgen graute, war kein Segel mehr zu sehen, und der Ausguck meldete: »Land in Sicht!«

Langsam stieg Madeira mit seinen Bergen aus dem Meer empor. An den höheren Bergen hingen einige Wolken, aber sonst schien es ein schöner Tag zu werden.

Der Bootsmann spähte mit seinem Teleskop voraus. Dann ging er zum Kapitän und sagte: »Vor Funchal scheint ein Konvoi zu liegen, Mr Preston. Ich habe ungewöhnlich viele Segel gesehen.«

»Das wäre seltsam jetzt im Frieden. Oder die Korsaren sind aktiver als zuvor. Da werden wir erst auf Reede ankern müssen und sehen, wo für uns ein Platz zur Übernahme der Ladung frei wird.«

Der Obersteuermann wies die Ankermannschaft an, ein besonders langes Tau bereitzuhalten, denn die Küste war hier tief und felsig. Der Hafen war nicht gut gegen Winde geschützt.

Sven schaute aufmerksam zur Insel mit ihren Felsenküsten hinüber. Sie war reich begrünt. Mr Margot sah, wie Sven interessiert zur Insel blickte. »Eine schöne Insel mit wunderbaren Pflanzen. Sie hat genug Wasser, ein mildes Klima und keine gefährlichen Tiere. Ein guter Platz zum Leben.«

»Aber für Seeleute bietet Funchal, der Haupthafen, außer einigen Restaurants nicht viel. Ach ja, man kann noch Schlitten fahren«, fügte der Bootsmann hinzu.

»Aber es liegt doch kein Schnee, Mr Cliff«, wandte Sven ein.

»Nein, aber sie transportieren auf den steilen Straßen mit Steinpflaster alle möglichen Dinge mit Schlitten, die Eisenkufen haben. Da sausen sie hinunter, dass dir angst und bange wird. Ich fahre da nicht mit.«

Aber bevor ihr Kapitän die *Victoria* verlassen konnte, um mit Behörden und Hafenmeisterei zu verhandeln, waren schon die Boote mit Händlern und Huren da. »Mr Walker, sorgen Sie bitte dafür, dass keiner von diesem Volk an Bord kommt!«

Die Huren ließen sich weiterrudern, nachdem sie vergeblich Brüste und Beine präsentiert hatten, aber die Händler boten ihre Ware an und ließen sich das Geld mit Leinen in kleinen Säckchen hinunterreichen. Dann banden sie die Waren an. Aber nur einige, denen der Tabak ausgegangen war oder die Lust auf ein frisches Stück Brot hatten, handelten mit ihnen. Die anderen wollten lieber bis zum Landgang warten.

Der Kapitän brachte wohl keine so angenehmen Nachrichten, denn er sah sehr ernst aus, als er an Bord zurückkam. Er ließ die Offiziere in seine Kajüte bitten und verkündete ihnen, dass erst am nächsten Tag ein Platz am Kai zum Einladen für sie frei werde.

»Die anderen Schiffe sind nicht ausgelaufen, weil zwei Schebecken in der Nähe der Insel gesichtet sind. Der Gouverneur hat schon vor einer Woche einen schnellen Schoner zum Festland geschickt und um Kriegsschiffe gebeten, aber bis jetzt ist noch keine Hilfe gekommen. Mit zwei Schebecken will sich hier keiner anlegen.«

»Das ist aber eine verdammte Lage, Sir«, bemerkte der Bootsmann. »Allzu lange können wir auch nicht warten. Und wenn sich mehrere Schiffe zusammenschließen?«

»Mr Cliff, gegen eine Schebecke würde ich es mit ein paar Schiffen riskieren. Aber gegen zwei von den Banditen?«, entgegnete der Kapitän. »Warten wir erst einmal bis übermorgen ab. Die Mannschaften können Landgang haben. Sorgen Sie bitte auch für frische Verpflegung. Aber wir müssen nachts auch auf Reede gut Wache halten.«

Am Abend wurden die Matrosen, die keine Wache hatten, an Land gerudert.

»Wir kommen um Mitternacht wieder. Wer dann nicht hier ist, muss an Land bleiben und hat die nächsten zehn Hafentage keinen Landgang. Das hat der Käpt'n angeordnet. Denkt daran!«, gab ihnen der Maat noch mit auf den Weg.

»Da können wir außer gut essen und trinken und ein wenig bummeln nicht viel unternehmen«, meinte Karl.

Sven war es recht. Er wollte ein wenig von der kleinen Stadt sehen. Sie marschierten etwas bergan und hatten einen schönen Blick auf den Hafen und die Schiffe auf der Reede. Auch zur Winterszeit waren erstaunlich viel grüne und sogar bunte Pflanzen zu sehen. Ein Kutscher bot ihnen Fahrten ins Innere der Insel an und pries die Sehenswürdigkeiten. Aber dazu reichte die Zeit heute nicht.

Außerhalb der Hafengegend waren die Frauen sehr zurückhaltend.

»Macht sie nicht an!«, warnte Adam. »Das mögen die Männer gar nicht. Einmal ist ein Kumpel von uns ins Gefängnis gekommen, weil er eine Frau umfassen wollte. Er hat noch Glück gehabt, dass ihn die Männer nicht gelyncht haben.«

Sven hatte auch nicht die Absicht, sich mit Frauen zu befassen. Er dachte so oft an Rosita und wollte diese Erinnerung nicht verdrängen.

Am nächsten Morgen machte ein Schiff ihnen den Platz am Kai frei, und die Wagen mit den Weinfässern rollten an. Die Männer der *Victoria* arbeiteten hart an den Taljen und beim Verstauen unten im Laderaum. Der Bootsmann passte genau auf, dass Fass dicht an Fass stand und dann noch mit Seilen gesichert wurde.

Während der Arbeit riefen ihnen die Matrosen vom Deck aus zu, dass eine spanische Fregatte den Hafen anlaufe.

»Na, die werden die Piraten schon vertreiben«, freute sich Sven.

Aber der Kapitän war noch nicht beruhigt.

»Die Fregatte geleitet die Schiffe, die zum Festland wollen. Wer über den Atlantik segelt, ist ohne Schutz.«

»Aber so weit stoßen die Berberpiraten doch sonst auch nicht vor«, gab der Obersteuermann zu bedenken.

»Und wenn sie eine Ausnahme machen, sind wir unser Schiff los. Wenn die anderen abgesegelt sind, werde ich mit ein paar Kapitänen aus den Kolonien sprechen, ob wir uns zusammentun.«

Mr Margot fragte nach dem Beladen unter den Matrosen nach, wer Lust hätte, mit einem Mietwagen etwas von der Insel zu sehen. Karl,

Sven und ein anderer Matrose, waren interessiert. Adam und Joshua wollten sich lieber in den Kneipen amüsieren.

Mr Margot wurde mit einem Kutscher handelseinig, und sie bestiegen zu viert das stabile Gefährt. Der Kutscher fuhr in Richtung Westen über das Weinbaugebiet bei Câmara de Lobos nach Kap Girão. Hier hielten sie an, stiegen aus ihrer Kutsche und traten staunend an den Felsrand, der hier über 500 Meter hoch über das Meer hinausragte. Tief unter ihnen schäumte die Brandung. Möwen flogen mit ihren krächzenden Schreien hin und her. Schaumkronen bedeckten die Wellen.

»Na, was sagt ihr nun?«, fragte Mr Margot. »Das sieht man nicht alle Tage!«

Sie waren beeindruckt. So eine gigantische Felsenküste hatten sie in ihrer Heimat noch nie gesehen. Weit in der Ferne waren zwei Segel zu erblicken.

»Ob das die Schebecken sind?«, fragte Karl.

»Nun macht euch man nicht verrückt. Wenn die gemerkt haben, dass jetzt eine Fregatte hier ist, sind sie längst verschwunden. Wenn ihr euch satt gesehen habt, fahren wir in ein Dorfrestaurant. Dort gibt es unverfälschte madeirische Küche.«

Sie bewunderten auf ihrer Fahrt zerklüftete Täler, tiefe Krater und immer wieder blühende Vegetation. Schließlich hielten sie auf Empfehlung ihres Kutschers in einem kleinen Fischerdorf vor einer Herberge. Dort bot man ihnen ein einfaches, aber köstliches Essen. Zunächst wurde Fischsuppe Caldeirada mit frischem Weißbrot serviert. Danach gab es das mit Muscheln geschmorte Schweinefleisch Porco á alentejano. Es schmeckte köstlich, und sie aßen, bis ihnen der Magen wehtat.

»Nun trinken wir einen Tequila zur Verdauung«, empfahl Mr Margot.

Die anderen Gäste in der Wirtschaft blickten freundlich zu ihnen herüber und nickten ihnen beim Abschied zu.

»Die Leute hier scheinen uns zu mögen«, sagte Sven zu Mr Margot.

»Ja, wir haben in den letzten Kriegen auf der gleichen Seite gekämpft, und unser Handel belebt hier die Wirtschaft. Ich fand die Menschen hier immer bescheiden, fleißig und ehrlich.«

Es war ein trüber, regnerischer Morgen, als die *Victoria* den Delaware aufwärts segelte. Sven, der beim Obersteuermann stand und mit dem Sextanten die Entfernungen zu den Markierungspunkten am Ufer maß, schien der Kontrast zum schönen, milden Madeira unüberbrückbar groß. Er würde den Lieben daheim von dieser lieblichen Insel erzählen.

Als er dann aber, bepackt mit zwei Seesäcken, das Haus erreichte, ging plötzlich die Tür auf, und seine Mutter und seine Schwester wollten in Trauerkleidung das Haus verlassen. Sie erschraken, als er so unvermutet vor ihnen stand.

»Was ist denn? Warum tragt ihr Trauer?«, fragte er besorgt.

»Die Oma ist vor einer Woche verstorben, mein lieber Junge. Aber komm herein, damit wir dich begrüßen und dir von ihren letzten Stunden erzählen können. Sie hat noch von dir gesprochen.«

Sven wurde es eng ums Herz. Die Oma tot! Sie gehörte zu dem Haus, in dem er nach der Vertreibung aus Einars Tal Zuflucht gefunden hatte. Sie war Teil seiner Jugend, immer wieder geheimnisvoll abwesend und dann doch so liebevoll präsent.

Sven sah seine Schwester an, die immer den Zugang zur Oma gefunden und sie in die Realität zurückgeholt hatte. Sie sah unnatürlich blass aus.

»Sie hat nicht gelitten. Sie schwand eigentlich dahin, vor Schwäche wohl. Sie wusste es, hat uns alle noch umarmt, dich gegrüßt und sich Opas Bild geben lassen. Wenn ein Tod wohltuend sein kann, dann hatte sie ihn. Aber wir und vor allem deine Schwester vermissen sie sehr.«

Sven umarmte seine Mutter und musste schluchzen. Ingrid sagte leise: »Sie spricht noch mit mir.«

Sven und seine Mutter sahen Ingrid erstaunt an. »Gestern hat sie gesagt, dass du kommen würdest und jetzt ein richtiger Mann seist. Sie freute sich über dich, Sven.«

Die Mutter wollte beruhigen: »Du wirst von ihr träumen, Ingrid. Es ist natürlich, dass du viel an sie denkst. Aber du musst dich auch von ihr lösen. Sie wollte, dass du dein Leben fröhlich lebst.«

Ingrid nickte und legte einen Arm um ihren Bruder.

»So, jetzt trinken wir mit Sven noch eine Tasse Tee, und dann kann er uns auf unserem Weg zu Omas Grab begleiten. Danach muss er dann alles von seiner langen Reise erzählen.«

Die Mutter ging aus dem Zimmer, um frischen Tee zu holen. Ingrid sagte unvermittelt: »Oma hat auch gesagt, dass du eine Frau kennen gelernt hast.«

Sven zuckte zusammen, antwortete aber dann: »Da hast du etwas falsch verstanden, Ingrid. Auf dem Schiff und im Hafen lernt man keine Frau kennen.«

Als die Mutter zurückkam, fragte sie, ob Sven schon wisse, wohin die nächste Reise ginge.

»Der Obersteuermann sprach von Barbados, aber sicher ist das noch nicht. Ich muss auch Mr Bradwick einmal besuchen. Vielleicht ist es bis dahin bekannt.«

Mr Bradwick bestätigte, dass sie nach Barbados segeln würden. Er war sehr freundlich zu Sven und lobte ihn, weil er sich schon gut als Steuermannsgehilfe eingearbeitet habe.

»Mr Margot ist sehr zufrieden mit dir. Dein Opa wäre stolz auf dich.«

Sven nickte ergeben. Er dachte liebevoll an seinen Opa, aber dass andere ihn dauernd erwähnten, um seine eigenen Fortschritte zu betonen, war ihm lästig.

Aber Mr Bradwick hatte bereits wieder auf sein altes Thema umgeschwenkt: die Unterdrückung der Kolonien durch England. Er konnte fast alle Artikel der patriotischen Wortführer zitieren, die die Arroganz der britischen Beamten und die Unterdrückung der kolonialen Selbstbestimmung anprangerten. Bradwick klagte, dass die Kolonien bald nur noch den Tee der Ostindischen Kompanie kaufen sollten, weil die britische Regierung der Handelskompanie finanziell verpflichtet war.

Und dann sagte er etwas, was Sven hellhörig machte.

»Es wird zum Konflikt kommen, Sven, da bin ich sicher. Und dann wird England unsere Handelsschiffe kapern und uns blockieren. Sie sind schon lange eifersüchtig auf unseren Handel. Und dann brauchen wir schnelle Schiffe, die ihre Blockade durchbrechen können. Wir lassen im Sommer zwei Schoner bauen. Vielleicht kannst du eines Tages auf einem dienen.«

Sven fragte sich, warum in Lissabon und Funchal die Stimmung so gelöst und friedlich war. Niemand hatte die Regierung als Feind gesehen, und Madeira gehörte doch auch nicht zum Mutterland. Auch mit britischen Matrosen hatten sie sich in den Häfen verstanden.

Aber dann erlebte Sven den britischen Beamten der Zollbehörde, der die *Victoria* vor dem Auslaufen kontrollierte, ob alle Waren richtig angegeben waren. Er war so arrogant und überheblich, behandelte auch den Kapitän wie einen dummen Jungen, dass die Matrosen vor Wut schäumten. Karl, der gerade Bretter am Niedergang strich, warf ihm – scheinbar aus Ungeschick – den Farbtopf so vor die Beine, dass seine Schuhe und Strümpfe bespritzt wurden.

Der Beamte tobte über diese tölpelhaften Hinterwäldler. Der Kapitän tat so, als ob Karl die Peitsche spüren müsste, aber alle freuten sich insgeheim. Als der Beamte fort war, klopfte der Kapitän Karl anerkennend auf die Schulter, und die anderen lobten ihn.

Auf seinem letzten Landgang erzählte Sven seiner Mutter von dem Vorfall. Sie fand ihn nicht so lustig. »Es ist, wie Dr. Wilbur jüngst sagte: Sie schaukeln sich gegenseitig auf. Ich bin fast froh, dass du nicht hier an Land bist, denn die Anhänger des Königs sowie die Rotröcke stehen den Patrioten immer feindseliger gegenüber. Wir sind nicht mehr wie früher eine Gesellschaft, Sven. Da lebten Deutsche, Schweden, Schotten, Holländer, Iren und andere harmonisch miteinander. Jetzt geht ein Riss durch das Land.«

Als die *Victoria* nach Barbados segelte, war Sven schon voll zu den Wachen von Mr Walker eingeteilt und ging ihm bei allen navigatorischen Arbeiten zur Hand. Er koppelte mit, das heißt, er trug ihren vermeintlichen Kurs nach Kompass und den Messwerten des Logs in die Karte ein, wenn sie die Gestirne nicht sehen konnten. Wenn der Himmel klar war, bediente er tagsüber den Sextanten und maß nachts die Monddistanz und schlug in den Tabellen nach, um Längen- und Breitengrad zu bestimmen.

Der Kontakt zu seinen alten Freunden verringerte sich dadurch etwas, aber er schlief und aß nach wie vor bei ihnen und war bemüht, keine Distanz aufkommen zu lassen. Karl ließ sich von ihm erklären, was er in der Navigation tun musste, Joshua hatte gut Englisch gelernt und war als Seemann fast perfekt. Adam war wie immer ihr respektierter Anführer.

Die Reise war fast Routine. Barbados war im Vergleich zu Jamaika eine flache Insel. Aber auch sie zeigte schöne weiße Strände, über denen sich Palmwipfel neigten. Auch schützten Forts den Hafen. Mr Walker wies Sven auf St. Ann's Fort, Fort Charles und die Beckwith Batterie hin.

Als sie die flache Halbinsel von Needham Point passiert hatten, lag die Carlisle Bay vor ihnen.

»Ich freue mich auf Bridgetown«, bemerkte Mr Margot neben Sven. »Die Stadt bietet einiges.«

Sven wurde ein wenig unruhig. Sollte er versuchen, so etwas wie mit Rosita zu erleben? Er musste oft daran denken.

Aber Mr Walker nahm ihm die Entscheidung ab. Er musste für ihn Papiere zur Hafenmeisterei und zu den Zollbehörden bringen. Als er zurückkehrte, sollte er die Beladung mit Rum und Melasse überwachen, und dann waren auch seine Freunde bereit zum Landgang und ließen erkennen, dass sie fest mit seiner Begleitung rechneten.

Er bereute es nicht. Sie amüsierten sich köstlich, tranken und aßen vorzüglich. Aber dann verließen sie das Lokal ziemlich schnell, als die Matrosen einer britischen Fregatte mit den Seesoldaten von St. Ann's Fort eine Schlägerei begannen.

Sie drückten dem Kellner das Geld in die Hand und liefen davon, bevor auch ihnen die Stühle auf dem Kopf zerschlagen wurden und bevor die Streife der britischen Seesoldaten erschien.

»Sie würden uns unweigerlich einsperren, ob wir nun mitgeprügelt hätten oder nicht«, erklärte Adam. »Und wenn du in dem verwanzten Gefängnis nicht auch noch Dresche kriegst, hast du großes Glück.«

Sven rechnete, als sie Barbados verließen, mit einer schnellen Rückkehr. Aber als sie St. Kitts passiert hatten, wies ihn Mr Walker an, einen Kurs auf St. Eustatius festzulegen.

»Das ist doch niederländisch, Mr Walker.«

»Ja und? Wir werden abends einlaufen und morgens absegeln. Du wirst den Aufenthalt dann ganz schnell vergessen, Sven.«

Nun wusste Sven Bescheid. Wieder einmal Schmuggelware. Seine älteren Gefährten sagten ihm auch, worum es ging: holländischer Tee.

»Der wird nicht gekauft, weil er billiger oder besser ist, sondern weil sie dann keinen Zoll für den englischen Tee bezahlen müssen. So geht das«, erklärte ihm Adam.

Als sie im letzten Abendlicht in den Hafen von Oranjestadt einliefen, führten sie auch keine Reedereiflagge. Sven bestaunte die Stadt zwischen den beiden hohen Felsen. So viele mehrstöckige Häuser und große Speicher auf einer recht kleinen Insel, das war schon ungewöhnlich.

Mr Margot bemerkte Svens Verwunderung und erklärte lächelnd: »Ja, wenn eine Insel so günstig für den Schmuggel zwischen den Kolonien und den britischen Zuckerinseln liegt, dann kann sie viel Geld verdienen.«

Es war auch alles gut vorbereitet. Die *Victoria* hatte ihren Platz am Kai. Eine Kette von Arbeitern transportierte die großen Ballen an, und die Mannschaft der *Victoria* hievte sie in den Laderaum.

»Bin ich froh, dass die nicht so schwer sind wie die Melassefässer«, kommentierte Joshua.

»Du mit deinen Riesenkräften musst gerade stöhnen. Was sollen wir denn sagen«, scherzte Karl mit ihm.

»Ich kann dir ja heute Abend ein Brot kaufen, damit du stärker wirst«, gab Joshua zurück.

»Du hast wohl deine Bekleidung bezahlt.«

»Ja, sie ziehen mir nichts mehr von der Heuer ab.«

Und so aßen und tranken Sven und seine Kameraden noch spät am Abend in den Kneipen von Oranjestadt.

Die nächsten Reisen nach Madeira, Halifax und Charleston hatten für Sven nicht viel Neues zu bieten. Er kannte Stürme, und er hatte in Flauten ausgeharrt. Er hatte gefroren und Eis von den Tauen abgeklopft. Und er hatte in der Hitze der Karibik die Planken mit Wasser befeuchten müssen, damit sie nicht ausdorrten. Ja, die Häfen waren anders, aber andererseits ähnelten sie sich doch auch wieder. Städte im Landesinneren hatten mit Hafenstädten wenig gemeinsam, erinnerte er sich aus seiner Jugend.

Lissabon hatten sie in der ganzen Zeit nicht angesteuert. Sven hatte oft sehnsüchtig an Rosita gedacht. Aber dann ergab sich in Charleston zufällig die Gelegenheit, wieder ein gepflegtes Bordell zu finden. Und dort war Conchita, eine rassige Mulattin. Sie war froh, dass Sven sich ihr zärtlich näherte und auch sie glücklich machen wollte. Sie revanchierte sich mit wilder Leidenschaft, sodass Sven erfüllt und erschöpft Rosita über Conchita vergaß. Aber diesmal hatte er zahlen müssen. Und seine Freunde hatten gemerkt, dass er bei einer Frau gewesen war.

Sie zogen ihn freundschaftlich auf, als sie wieder auf See waren. Mr Walker hatte etwas von ihrem Spott mitbekommen und scherzte, nun müsse er wohl bald befördert werden, damit er sich solche Vergnügen leisten könne.

Aus dem Scherz wurde schneller Ernst, als Sven es zu träumen gewagt hatte. In Philadelphia bestellte ihn der junge Mr Bradwick ins Büro und eröffnete ihm, dass er Mr Margot auf ein anderes Schiff als Obersteuermann versetzen müsse. Ob er sich zutraue, als diensttuender Untersteuermann auf der *Victoria* mit seinen alten Gefährten zu segeln.

»Ihre Vorgesetzten sind sehr zufrieden mit Ihnen, Mr Larsson, aber es ist natürlich eine besondere Sache, nun Vorgesetzter der alten Gefährten zu sein.«

»Das macht mir nichts aus, Mr Bradwick. Es sind alles anständige Kerle, die mir das Leben nicht schwer machen werden. Ich danke für das Vertrauen.«

»Gut! Bei der nächsten Reise werden Sie dann auch planmäßig Untersteuermann.«

»Er hat mich sogar mit ›Sie‹ angeredet«, erzählte Sven seiner Mutter.

»Du bist nun auch kein Jüngling mehr, und wenn du Dienst als Untersteuermann tun und die Verantwortung tragen sollst, dann müssen sie dich auch respektieren. Anders geht es nicht. Aber was werden deine Freunde machen?«

»Das hat er mich auch gefragt. Sie werden meine Freunde bleiben. Im Dienst werden sie ›Mr Larsson‹ und ›Sie ‹ sagen, und wenn wir allein sind, bin ich ihr Freund Sven. Es sind anständige Kerle. Sie freuen sich für mich.«

»Dann werden wir sie auch wieder einladen.«

Ingrid war mit ihren fünfzehn Jahren eine richtige junge Dame geworden. Sie hatte den Tod der Oma überwunden und lebte fröhlich und selbstbewusst, ohne ihr Ziel aus den Augen zu verlieren. Sie wollte Lehrerin werden wie ihre Mutter.

»Es gibt jetzt auch Colleges für Mädchen, und Sabrina Wilbur und ich werden uns im nächsten Jahr für eines einschreiben.« Dann blickten ihre Augen auf einmal sehr ernst. »Aber ich glaube nicht, dass Sabrina dort ihr Studium abschließen wird.«

»Aber warum denn nicht, Ingrid? Sie ist doch auch ein kluges Mädchen.«

»Ja, aber ihr Vater wird so angefeindet, dass er daran denkt, nach Kanada zu ziehen. Er ist Anhänger der britischen Regierung und des Königshauses und empfindet die Reden vieler Patrioten als Landesverrat und Hetze. Das verübeln ihm manche sehr.«

»Aber er ist doch ein guter Arzt, ein hilfsbereiter Mensch, der viel Gutes getan hat.«

»Das zählt für manche nicht mehr. Er verliert Patienten und wird verleumdet, er sei geldgierig.«

Sven war empört. »Das ist gemein! Er hat viele arme Leute kostenlos behandelt. Das kann doch niemand bestreiten.«

Die Mutter kam hinzu. »Man kann es leider doch, Sven. Wenn politische Auffassungen hart aufeinanderprallen, kommen Vernunft und Fairness leider oft zu kurz. Aber das sind Männersachen. Ich wollte dich schon immer fragen, ob du denn auch mal eine Frau kennen lernst, die dir gefällt.«

»Aber Mutti, wie soll ich auf See eine Frau kennen lernen?«

»Das stimmt, mein Sohn. Und die in den Hafenstädten solltest du besser nicht kennen lernen. Da müssen wir uns hier wohl einmal für deinen Bruder umsehen, nicht wahr, Ingrid?«

Sven protestierte, aber seine Mutter dachte schon an bestimmte Kaffeeeinladungen für einige Damen.

Aber es war für Sven doch eine neue Erfahrung, mit jungen Damen aus der Gesellschaft am Tisch zu sitzen und zu plaudern. Natürlich waren seine Mutter und die Mutter der jungen Dame mit am Tisch, denn es war ja eine höchst schickliche Kaffeegesellschaft.

Er musterte die junge Dame, von der er wusste, dass sie achtzehn Jahre alt war, mehr oder weniger verstohlen. Natürlich war sie anders gekleidet als die »Damen«, die er aus Hafenschenken kannte. Ihre Bluse war hochgeschlossen, ihr Rock von züchtiger Länge. Aber ihre Taille war nach der Mode eng geschnürt, und das Jäckchen ließ ahnen, dass sie einen stattlichen Busen hatte. Auch das Gesicht war recht ansprechend, und als sie dann nicht mehr verlegen zu Boden schaute, sah er strahlend blaue Augen.

Sven wurde nicht weniger genau gemustert. Sehr ungeniert registrierte die Mutter der jungen Dame, dass er ein stattlicher junger Mann war, der sich bei Tisch zu benehmen wusste. Wenn er mit nun zwanzig Jahren als diensttuender Steuermann fuhr, überdies aus einer respektablen Familie stammte, dann musste man ihn als Partie schon ernst nehmen.

Verstohlen musterte ihn auch die Tochter. Sie fand, dass er gut aussah und sich auch geschickt bewegte. Seine Mimik war angenehm. Er lachte ganz unbefangen und hatte eine sympathische Stimme.

Svens Gedanken gingen weiter. Wie näherte man sich einer jungen Dame aus gutem Hause? Man konnte sie doch nicht einfach in den Arm nehmen, ihr an den Busen fassen oder sie fest an sich drücken. Hatte er überhaupt Lust, mit einer jungen Dame gewählte Worte zu wechseln, um dann schließlich mal ihre Hand halten zu dürfen? Seine Gedanken gingen eigentlich mehr in die Richtung, bald wieder eine

Frau nackt zu sehen und mit ihr das zu erleben, was ihm Rosita und Conchita geschenkt hatten.

Jedenfalls erregte keines der beiden jungen Mädchen, die seine Mutter nacheinander zum Kaffee eingeladen hatte, sein nachhaltiges Interesse.

»Das waren doch beides hübsche und wohlerzogene junge Damen aus gutem Hause. Und du zeigst kein bisschen Interesse, obwohl du ihnen gut gefallen hast«, tadelte seine Mutter.

»Woher willst du wissen, wie ich ihnen gefallen habe, liebe Mutter?«

»Das merkt man als Mutter, Sven.«

Aber Ingrid war mehr auf Svens Seite. »Das sind alberne Dinger«, vertraute sie ihm an. »Die haben nur Mode im Kopf, wollen bald heiraten und dann Kinder haben und mit anderen Frauen klatschen.«

»Und du willst etwas anderes?«, fragte Sven.

»Ja, ich will zeigen, dass ich selbst mein Leben gestalten und mir meinen Mann selbst aussuchen kann und mich nicht ihm vorführen lassen muss wie ein Stück Vieh.« Ingrid hatte sich richtig erregt.

»Denkt Sabrina auch so wie du?«, fragte Sven.

»Natürlich, sonst wären wir nicht so eng befreundet. Aber nicht viele denken wie wir. Die meisten haben auch kein Interesse, aufs College zu gehen. Aber du hast doch auch das getan, was du wolltest. Mutti wollte etwas anderes. Erinnerst du dich nicht mehr?«

»Doch«, gab Sven zu. »Ich bin auch glücklich, wie es gekommen ist. Aber ich muss mich erst daran gewöhnen, dass auch Mädchen so denken.«

Ingrid drohte ihm mit dem Finger. »Brüderchen! Werde bloß nicht so ein eingebildetes Mannsbild, das die Frauen nur als Betthäschen oder Dienstmagd sieht.«

Sven war schockiert. »Sag einmal, Ingrid. Was hast du für Ausdrücke? Wir sind doch nicht in einer Hafenkneipe!«

»Nein, da dürfen ja nur die jungen Herren hin«, gab Ingrid schnippisch zurück und drehte ihm eine lange Nase, ehe sie verschwand.

Sven musste über diese Szene lächeln, als er in Boston in einer Hafenkneipe saß und die aufreizend gekleideten Frauen betrachtete, die dort mit den Matrosen tranken. Nein, das waren auch keine Frauen, die man heiraten konnte. Aber wie sollte er eine Frau kennen lernen, die klug war, gut erzogen, anständig und doch kein albernes Plappermäulchen?

»He, Herr Untersteuermann, wir haben Euer Gnaden etwas gefragt!«, pflaumte ihn Karl an.

»Tut mir leid. Ich musste gerade an meine Schwester denken.«

»Wie kannst du in der Kneipe an dieses nette Mädchen denken?«, fragte Adam dazwischen. »Wir wollten wissen, was denn heute von der Agentur für eine dringende Nachricht kam.«

»Ach, wir sollen auf dem Rückweg in New York kurz Fracht aufnehmen, das ist alles.«

Adam brummte. »Das Nest mag ich nicht. Na ja, viel Zeit werden sie uns dort auch nicht gönnen. Wann gehen wir an Bord?«

»Möglichst bald«, antwortete Sven. »Ich hab die Morgenwache, und hier ist ja doch nichts los.«

Die *Victoria* hatte diesmal an »Gray's Wharf« festgemacht, etwas abgelegen. Sie hatten schon geladen und würden am nächsten Tag auslaufen. Das Wetter war kalt und ungemütlich, und daher waren nicht viele Leute unterwegs.

Sie gingen auch eher schweigend die wenigen Schritte von Belchers Lane zu ihrem Kai. Als sie gerade an Bord gingen, hielt Joshua die anderen an. »Seht mal, was ist denn da los?«

Er zeigte mit der Hand zum gegenüberliegenden Kai, Griffin's Wharf. Mehrere Gestalten sprangen da auf dem Schiff herum. Jetzt platschte es im Hafenbecken. »He, was werfen denn die da ins Wasser?«

Sie traten näher an die Reling und spähten hinüber. Packen auf Packen flog ins Wasser. Die Männer sahen eigentümlich aus im Schein der Laternen.

»Das sind Indianer!«, rief Sven überrascht.

»Wie kommen die hierher?«, fragte Joshua.

»Da haben sich welche als Indianer *verkleidet*«, berichtigte sich Sven. »Aber warum? Wer weiß, was die da drüben geladen haben?«

»Tee, die sind von der Ostindischen Kompanie. Ich hab mit einem von der Besatzung gesprochen«, erzählte Karl.

Da wusste Sven, was dort geschah. Er hatte doch gerade gestern in einer Zeitung gelesen, wie sehr sich die Patrioten ärgerten, dass die Ostindische Handelskompanie, die in finanziellen Schwierigkeiten steckte, durch die englische Regierung praktisch ein Teemonopol für die Kolonien erhalten hatte. Sie konnte ihren Tee jetzt billiger verkaufen, als der geschmuggelte holländische Tee zu erhalten war. Welche der Regierung nahe stehende Handelskompanie würde als nächste ein Monopol erhalten, um die Kolonien auszubeuten?, hatte der Journalist empört gefragt.

Das war es also. Dort warfen Patrioten den Tee als Zeichen des Protestes ins Wasser. Sven erklärte es den anderen.

»Da helfen wir mit!«, rief Karl.

»Willst du im Gefängnis stecken, wenn wir auslaufen?«, fragte Sven. »Die haben sich nicht umsonst als Indianer verkleidet. Bevor die Rotröcke alarmiert sind, verschwinden sie. Niemand hat sie erkannt. Aber wenn du dann dort bist, dann hängen sie dir alles an. Los! Unter Deck mit euch!«

Sven weckte den Kapitän und erzählte, was er beobachtet habe.

»Das gibt Ärger!«, bestätigte der. »Niemand darf mehr von Bord. Lassen Sie sofort die Gangway einholen. Wenn ein Fremder an Bord will, soll man mich holen.«

Sven merkte sich den Tag, weil es genau drei Monate nach seinem zwanzigsten Geburtstag war. Es war der 16. Dezember 1773. Ob sie Weihnachten schon zu Hause waren?

Als sie New York anliefen, redete alle Welt von der »Bostoner Teeparty«. Als der Agent ihrer Reederei erfuhr, dass sie praktisch nebenan gelegen hätten, wollte er einen Augenzeugenbericht hören. Er war sehr enttäuscht, als ihm Sven erzählte, dass die als Indianer verkleideten Patrioten nur schattenhaft zu sehen gewesen wären, dass alles schnell gegangen wäre und sie eigentlich nur durch das Platschen im Wasser aufmerksam geworden seien. Aber der Agent wusste, dass für knapp zehntausend Pfund Tee vernichtet worden war.

Da könnte meine Mutter lange von trinken, dachte Sven, wurde dann aber abgelenkt, weil Mr Cliff ihn bat, ihm bei der Aufsicht über die Ladearbeiten zu helfen.

Sven spielte mit dem Gedanken, sich ein gutes Bordell empfehlen zu lassen, aber Karl verriet ihm, dass Adam ein Restaurant kenne, in dem Zauberkünstler aufträten. Sie wollten sich das gern ansehen und bäten ihn, dass er mitkomme.

Sven sagte zu. Als er sich dann abends am Kai zu den anderen gesellte, verriet Adam, dass sie ein Weilchen zu gehen hätten. »Aber wir können schon unterwegs ein Bier trinken. Ich spendiere auch!«

Da lachten die anderen erwartungsvoll und klopften ihm auf die Schulter. Karl hatte auch bald die nächste Kneipe ausgemacht. Sven schien sie nicht sehr einladend zu sein, aber der Wirt bot ihnen einen heißen Grog auf Kosten des Hauses an. Das war nach der Kälte eine gute Idee, und sie prosteten sich bald genüsslich zu.

Der Grog schmeckte. Sie pusteten in die Becher, weil er etwas heiß war, und tranken wieder. Sven sah sich um. Bis auf ein halbes Dutzend Matrosen der britischen Flotte war die Kneipe leer. Lachten die sie an?

Er sah noch einmal zu den Briten hin, aber deren Gesichter verschwammen so seltsam.

»Adam«, wollte er sagen, aber er stammelte mehr. Adam blickte ihn erstaunt an, doch dann sank sein Kopf nach vorn.

Karl saß auch ganz vornübergebeugt da. Kamen die britischen Matrosen an ihren Tisch?

Sven schloss die Augen und sackte zusammen.

Wer stößt mich denn da? Und was stinkt denn hier so? Dann hörte Sven eine Stimme: »Nun wach doch endlich auf!« Er blinzelte. Das war doch Joshua. Dahinter hockten Karl und Adam und rieben sich die Augen. Aber sie lagen ja auf nassen, stinkenden, dicken Tauen.

»Mein Gott!«, stieß Sven hervor.

»Ja, Sven. Man hat uns schanghait.« Adam sprach mit schwerer Zunge. »Ich wette, wir sind auf der britischen Fregatte, die gestern neben uns lag. Das Schwein von Wirt hat uns Tropfen in den Grog getan und uns verkauft.«

»Wir müssen hier raus«, keuchte Karl. »Die Flotte ist die Hölle!«

Adam winkte ab. »Langsam! So schlimm ist es auch nicht. Hört her!« Seine Stimme wurde fester. »Bei nächster Gelegenheit flüchten wir. Aber ihr wisst, dass die Flotte jeden Deserteur jagt, bis sie ihn hat. Wir dürfen nicht unsere wahren Namen angeben. Wir verändern sie etwas. Sven Larsson wird Ben Larsberg, Karl Bauer wird Kurt Berger, Joshua Petrus wird Joseph Paulus und ich werde Alfred Berg. Merkt euch das schnell. Karl, wiederhole die Namen!«

Er tat es und dann noch Joshua.

»Wir müssen uns dann auch untereinander so anreden«, forderte Sven. »Nicht wahr, Alfred?«

Der schaute erst dumm, dann lachte er. »Du hast recht, Ben. Und du bist Untersteuermann, nichts mit ›diensttuend‹. Dann könntest du hier Maat werden und uns helfen.«

Und dann öffnete sich die Tür zum Kabelgatt. Für sie war es das Tor in eine neue Welt.

Im Dienst des Tyrannen
(Dezember 1773–
Dezember 1774)

Ein Matrose blickte grinsend in das Halbdunkel des Kabelgatts.

»Raus, ihr faulen Säcke! Aber schnell!«

Sven und seine Freunde krochen durch die niedrige Tür. Auf sie warteten mehrere Matrosen. Ein Maat klopfte sich mit einem Knüppel auf die Handfläche.

»Nun bewegt euch, ihr Lahmärsche! An Deck! Meint ihr, der Erste Leutnant wartet ewig auf euch?«

Sven und die anderen gingen noch etwas schwankend den engen Gang entlang. Was hat uns der Wirt nur in den Grog getan, dass mir immer noch schwindlig ist?, dachte Sven. Dann mussten sie den Niedergang emporsteigen und standen blinzelnd in der Helle des Decks. Ein kalter Wind durchfuhr ihre Kleider. Um das Schiff herum war nur Meer.

»Los, zum Achterdeck!«, schimpfte der Maat. »Mr Norman, der Erste, hat nicht ewig Zeit.«

Ein Offizier in blauer Alltagsuniform ging auf und ab. Als er sie kommen sah, blieb er stehen.

»Sind das die blinden Passagiere?«

»Aye, Sir«, antwortete der Maat.

»Wir sind keine …«, protestierte Karl, aber der Maat hieb ihm den Knüppel über die Schulter.

»Rede nur, wenn du gefragt wirst!«

Mr Norman achtete nicht weiter auf dieses Ereignis. Er musterte die vier Kolonisten.

»Scheinen ja wenigstens Seemänner zu sein«, sagte er zum Maat. Er fixierte Sven, der am besten gekleidet war. »Name, Dienstbezeichnung!«, stieß er hervor.

»Ben Larsberg, Untersteuermann«, antwortete Sven.

Mr Norman lachte kurz auf. »Warum nicht Kapitän? Dann sag mir doch mal, wer hat die Mondbewegungen tabelliert?«

»Der Göttinger Professor Mayer, und der britische Hofastronom hat sie erweitert, Sir.«

Mr Norman stutzte. »Er weiß ja etwas. Na, soll sich der Master drum kümmern.« Er wollte sich zum Nächsten wenden, aber Sven fragte: »Darf ich etwas sagen, Sir?«

»Was denn noch?«

»Wir sind keine blinden Passagiere, Sir. Wir sind Seeleute der *Victoria* aus Philadelphia und wurden schanghait. Wir protestieren gegen die widerrechtliche Gefangennahme.«

Mr Norman ballte die Fäuste. »Will er die Katze spüren, Kerl? Er kann ja eine Eingabe an die Admiralität oder den Gouverneur von New York schreiben. Wir segeln nach Portsmouth. Dort kann er sie aufgeben. Bis die Antwort eintrifft, tut er hier seinen Dienst wie jeder Untertan des Königs!« Er grinste noch höhnisch und bellte dann Adam an: »Name, Dienststellung.«

»Alfred Berg, Vollmatrose, Sir.«

Der Erste Leutnant nickte und ließ sich die anderen Namen sagen. Dann wandte er sich an den Maat. »Bringen Sie sie zum Schreiber. Er soll die Namen im Bordbuch notieren. Sie werden zur Division von Leutnant Aires eingeteilt. Der Zahlmeister soll ihnen Sachen geben. Der Schiffsarzt muss sie noch untersuchen.«

Dann wandte er sich an Sven und seine Freunde: »Ihr seid nun Matrosen der königlichen Flotte und untersteht den Kriegsartikeln. Tut eure Pflicht, dann geht es euch gut. Widersetzt ihr euch und seid ungehorsam, dann werdet ihr glauben, in der Hölle zu sein. Es liegt an euch!«

»Mitkommen!«, sagte der Maat und ging voran in die Kammer des Schreibers. Dort sagten sie einzeln Namen und Geburtsdatum sowie Dienststellung an. Sven wurde belehrt, dass er als Matrose geführt werde. Über alles Weitere werde der Kapitän nach Konsultation des Masters entscheiden. Sie erfuhren bei der Gelegenheit, dass die Fregatte »Zeus« hieß und zur Southampton-Klasse mit 26 Zwölfpfündern und sechs Sechspfündern gehörte.

Der Zahlmeister musterte ihre Kleidung und gab jedem eine Hängematte, Decken und Alltags- sowie Schlechtwetterkleidung.

»Die Kosten werden euch von der Heuer abgezogen. Passt gut auf eure Sachen auf. Hier müsst ihr unterschreiben!«

Sie legten ihre Sachen im Unterdeck ab und wurden zum Schiffsarzt geführt. Der schaute ihnen nur in den Hals, befühlte die Armmuskeln und befand alle als gesund und tauglich.

Sven und seine Freunde wurden auf verschiedene Wachen und Backschaften, also Essgemeinschaften, aufgeteilt. Man wollte anscheinend nicht, dass sie als Gruppe beisammen blieben. Ansonsten zeigten sich die meisten ihnen gegenüber neutral.

Einige Matrosen ließen eine gewisse Schadenfreude erkennen, dass man sie so übertölpelt und zum Dienst gepresst hatte.

»Ja«, murmelte ein recht alter Matrose, der kaum noch Zähne hatte, zu Adam. »Uns sind zehn junge Kerle weggelaufen. Man sagt, die Patrioten bieten ihnen Land im Westen an. Da hat unser Alter wohl den Wirten Prämien für jeden Mann versprochen, den er fangen kann.« Und er kicherte in sich hinein.

»Mann, das ist doch Quatsch! Einen Seemann kannst du doch nicht ködern, indem du ihm Land versprichst. Was soll er damit? Vielleicht habt ihr hier solche Menschenschinder an Bord, dass sie euch bei erster Gelegenheit weglaufen.«

Der alte Matrose schüttelte den Kopf. »Nee, das kann es nicht sein. Der Erste ist zwar ein scharfer Hund, aber der Alte, die Leutnants und der Bootsmann sind ganz in Ordnung. Bei uns tanzt die Katze nicht mehr als sonst auch. Und mit den Kumpels kannst du leben.«

Die vier Kolonisten fanden sich in der Takelage schnell zurecht. Da gab es nicht viel Unterschiede zur *Victoria*. Auch Deckscheuern, Säubern und Ausbessern verliefen ähnlich. Aber es wurde mehr geschrien. Die Maate glaubten dauernd, sie müssten mit Geschrei und Hieben mit Tauenden die Männer zu noch mehr Eile antreiben.

»Alles Theater, Ben«, flüsterte Adam Sven zu. »Bei uns ging es ohne Geschrei genauso schnell, wenn es nötig war.«

Aber an den Kanonen mussten sich die Freunde umstellen. Da waren neun Mann an einer Kanone, und hier wurde der Dienst schneller und perfekter gehandhabt als auf ihrer *Victoria*.

Jeder Handgriff war genormt. Praktisch jeden Tag wurde geübt. Man musste nicht nur einen Posten ausfüllen können, nein, die Positionen wurden auch gewechselt. Sven war an einem Tag als Ladekanonier tätig, am nächsten Tag musste er mithelfen, die Kanone auszurennen, und am dritten Tag sollte er sie richten. Aber da erlöste ihn ein Midshipman.

»Ben Larsberg soll zum Master kommen!«

Der Master war mindestens vierzig Jahre alt, recht klein, korpulent und hatte graue Schläfen. Er sah Sven prüfend an, als der die Knöchel des rechten Zeige- und Mittelfingers an die Schläfe legte und sich bei ihm meldete.

»Du warst Untersteuermann, Ben?«, fragte der Master mit auffallend hoher Stimme.

»Ja, Sir.«

»Dann nimm dir den Sextanten dort und simuliere einmal, wie du mittags die Sonne schießt.«

Sven handhabe den Sextanten so, wie er es bei den täglichen Messungen gewohnt war, visierte, stellte Schrauben und las die Winkeleinteilung ab.

Der Master nickte. »Du kannst anscheinend damit umgehen. Komm einmal mit zur Karte. Dort zeige ich dir unsere Position, und du setzt den Kurs für die Bermudas ab.«

»Kurs auf St. George's Town, Sir?«

»Kannst du nehmen.«

Sven strich die Karte glatt, griff zum Lineal, das in der Nähe lag, nahm den Winkelmesser, richtete ihn aus und las den Winkel an der Linie ab, die ihren Standort mit St. George's Town verband. Er richtete sich auf und sagte dem Master den Kurs an.

Der brummte vor sich hin, beugte sich vorwärts, prüfte die Linie auf der Karte und kontrollierte den Winkel. »Wie heißt du?«

Sven wiederholte: »Ben Larsberg, Sir.«

»Mir fehlt ein Steuermannsmaat, den wir in Charleston im Lazarett zurücklassen mussten. Du kannst probeweise seinen Dienst übernehmen. Aber zunächst begleitest du mich zwei Wochen bei meinen Wachen. Dabei lernst du das Schiff und seine Aufgaben kennen, und ich sehe, was du selbstständig übernehmen kannst. Ich sage Mr Norman und Mr Aires Bescheid.«

»Na, da hast du aber Glück, Ben«, meinte der Backschaftsälteste. »Da wirst du uns wohl auch bald anschreien und mit dem Tauende antreiben.«

»Red doch keinen Unsinn, Sam! Du kannst ja die von meinem alten Schiff fragen. Die habe ich als Untersteuermann auch nicht schikaniert. Und warum sollte ich verschweigen, was ich gelernt habe? Du würdest dich doch auch nicht als Landmann einstufen lassen.«

Die anderen nickten.

»Ben hat ja recht. Warum sollte er auf die Paar Schilling mehr Heuer und auf den angenehmeren Dienst verzichten? Wenn er uns nicht quält, kann es uns egal sein.«

Sven aß auch weiter mit seiner Backschaft und durfte seine Hängematte noch nicht an die Seite hängen, wo die Maate bessere Luft und mehr Platz hatten. So schlief er weiter in dem großen Gewühl von Hängematten, dicht an dicht, kaum ohne einen Hauch frischer Luft, inmitten des Geschnarches, der Furze, des Stöhnens und Schnaufens.

Das Menschengedränge an Bord der Fregatte empfanden die vier Kolonisten als größten und störendsten Unterschied zum Leben auf ihrem Handelsschiff. Die Fregatte hatte eine Sollstärke von 200 Mann und Offizieren und war nicht so viel größer als die *Victoria*. Gewiss, der *Zeus* fehlten immer noch 13 Mann an der Sollstärke, aber das war nicht ungewöhnlich. Die Schiffe der Kriegsflotte waren fast immer unterbemannt, in Kriegszeiten noch mehr als im Frieden.

Und die 187 Männer mussten sich im Unterdeck zusammendrängen. Je Hängematte stand ihnen eine Raumbreite von knapp 36 Zentimetern zu. Das reichte natürlich nur, weil sie nicht zur gleichen Zeit schliefen, sondern ein Teil immer Wache hatte. Nur der Kapitän hatte über die ganze Schiffsbreite im oberen Deck seine Kajüte, den Speise- und den Schlafraum.

Als Sven die Räume zum ersten Mal gesehen hatte, staunte er über den Unterschied zu dem Quartier des Kapitäns der *Victoria*. Mr Preston hatte zwei enge Kammern, aber Mr Egg hatte eine ganze Wohnung für sich und Tag und Nacht einen Seesoldaten als Wache.

Und noch andere Unterschiede fielen den vier Freunden auf: Auf der *Victoria* galten Untersteuermann und Bootsmann zwar als Offiziere und wurden so angeredet, aber auch sie versahen Dienst in der Takelage, wenn es das Wetter erforderte. Die drei Leutnants der *Zeus* dagegen würden nie Segel setzen oder bergen.

Und dann waren da noch die Midshipmen. Acht junge Burschen zwischen 13 und 19 Jahren alt. Die jüngeren waren auf jeden Fall Anfänger, Lehrlinge gewissermaßen. Aber sie galten als »junge Gentlemen« und mussten wie Offiziere angesprochen und respektiert werden. Sven kam es lächerlich vor, wie ein junger Lausebengel einen älteren, erfahrenen Seemann, der fast sein Großvater sein konnte, mit piepsender Stimme zurechtwies. Die Midshipmen wurden auch in der Takelage angelernt, aber sie taten das nicht im Rahmen des normalen Dienstes, sondern in eigenen Trainingseinheiten. Die Kluft zwischen Offizieren und Mannschaften schien Sven riesengroß.

Sven war von den seemännischen Fähigkeiten der Offiziere und Midshipmen noch nicht sehr überzeugt. Aber da waren auch noch die Deckoffiziere, ein Bindeglied zwischen Offizieren und Mannschaften. Ein Teil von ihnen hatte Zugang zur Offiziersmesse.

Das galt vor allem für den Master. Er war nicht nur für die Navigation des Schiffes verantwortlich, sondern auch für die Besegelung, die Verstauung der Ladung und damit den Trimm des Schiffes. Ihm wurden auch die Berichte über den Wasser- und Alkoholvorrat vorgelegt. Er unterstand nur dem Kapitän.

Ähnlich unabhängig war der Schiffsarzt, der von einem eigenen Amt und nicht von der Admiralität berufen wurde. Er war gleichzeitig auch Apotheker für das Schiff. Auf der *Zeus* galt der beleibte, glatzköpfige Henry Sage als Säufer.

»Das sind doch alle diese Knochensäger«, sagte Sam zu Sven.

Wenig beliebt waren in der Flotte die Zahlmeister, eigentlich Ziviloffiziere, die auf eigene Rechnung Proviant und Kleiderkammer verwalteten. Sie konnten einen Anteil von allem, was sie ausgeben mussten, einbehalten. Das war als Ausgleich für Schwund durch Eintrocknen, Schimmeln oder Rattenfraß gedacht, konnte aber auch als Gewinn ausgenutzt werden. Schon nach wenigen Tagen waren die vier Neuen in das Schiffsgerede eingeweiht, dass der Zahlmeister immer zu wenig ausgebe, um sich die Taschen zu füllen.

Auch der Bootsmann, der den seemännischen Betrieb überwachte, der Stückmeister, für Waffen und Munition verantwortlich, und der Zimmermann, für alle Reparaturen zuständig, waren für das Schiff unentbehrlich. Aber sie hatten keinen Zugang zur Offiziersmesse.

Sven merkte sehr schnell, dass die *Zeus* ohne diese erfahrenen Deckoffiziere gar nicht zu führen war. Die Offiziere mochten Fachleute für den Kampf sein, vom seemännischen Handwerk, das auch die Reparaturen am Rumpf und in der Takelage einschloss, verstanden sie weniger als die Offiziere der Handelsflotte.

Noch eine Besonderheit an Bord des Kriegsschiffes fiel auf: die Seesoldaten. Natürlich waren sie Experten für den Kampf mit allen Waffen, aber sie schienen auch die Machtstellung der Offiziere sichern zu müssen. Sie hatten ihren Leutnant, einen rotgesichtigen Choleriker, einen Sergeanten, zwei Korporale und vierzig Mann, die volle Sollstärke. Sie wurden anders rekrutiert als die Seeleute, taten keinen Dienst in der Takelage und schliefen auch zwischen den Seeleuten und dem Quartier der Offiziere. Es gab eine Distanz zwischen den Seeleuten und den Seesoldaten, den »Hummern«, wie sie wegen ihrer roten Röcke genannt wurden.

Die Seesoldaten wurden vom Sergeanten und den Korporalen täglich gedrillt, dass ihre Uniformen untadelig auszusehen hatten und dass sie ihre Waffen im Gleichtakt mit den exakt gleichen Griffen beherrschen mussten. Auf die Seeleute wirkten sie wie Marionetten.

Der Master beobachtete Sven sehr genau bei der Ausübung seines Dienstes. Er ließ ihn die Geschwindigkeit mit dem Log messen und fragte ihn dann aus, ob die Ladung des Schiffes richtig getrimmt sei.

Sven schaute Mr Berger prüfend an und merkte, dass dieser seine Urteilsfähigkeit erproben wollte. Er entschloss sich zu einer offenen Antwort. »Um das richtig zu beurteilen, müsste ich die *Zeus* länger kennen, Sir. Auf den ersten Blick ist sie etwas zu vorlastig getrimmt, um ihre beste Fahrt zu erreichen.«

Der Master nickte. »Das haben wir in Kauf genommen, weil dort die Wasserfässer gelagert sind, die zuerst verbraucht werden. In ein paar Tagen wird sich das ausgleichen. Wir hätten sonst dauernd umtrimmen müssen.«

Mr Berger ließ sich auch von Svens Reisen mit der *Victoria* berichten.

»Dann warst du also noch nie in England?«

»Nein, Sir. Aber eine der nächsten Reisen sollte nach Plymouth führen.«

Der Master ließ erkennen, dass er mit Svens Arbeit zufrieden war, aber er blieb Sven gegenüber reserviert. Bis Mr Berger sich eines Tages über eine flapsige Bemerkung von Mr Hunter, dem dritten Leutnant, ärgerte.

»Dummer Schnösel«, knurrte der Master auf Deutsch, kaum dass der Dritte einige Schritte entfernt war.

»Sir, ich muss Ihnen sagen, dass ich Deutsch verstehe«, betonte Sven leise.

»Wieso das?«

»Meine Mutter ist Deutsche, Sir, und spricht manchmal mit mir und meiner Schwester in ihrer Muttersprache.«

»Ich bin Hannoveraner. Dann könnten wir uns ja insgeheim verständigen. Aber eben hast du nichts gehört! Klar?«

»Aye, aye, Sir«, antwortete Sven und musste sich ein Schmunzeln verkneifen.

Mr Berger gab seine Reserviertheit Sven gegenüber auf. Er machte nun schon hin und wieder ein Späßchen, denn er war ein humorvoller Mann, wie Sven vom anderen Steuermannsmaat gehört hatte. Er gab Sven Tipps, wie er schneller Probleme bei der optimalen Segelstellung erkennen könne. Vor allem aber ließ er Sven an seinem Lieblingsgebiet, der Wettervorhersage, teilnehmen.

Mr Berger sprach mit ihm über die Wolkenformationen und was sie dem Kenner andeuteten. Er ließ ihn das Barometer beobachten, die Luftfeuchtigkeit in Betracht ziehen, die Richtung und Stärke des Windes, und dann musste Sven Prognosen wagen.

Der Master stimmte mitunter zu, mitunter korrigierte er und wies auf Faktoren hin, die wie Mondstellung oder Jahreszeit ebenfalls zu berücksichtigen seien. Sie gaben dann jeder ihre Prognosen für den nächsten Tag ab, schrieben sie auf und verglichen sie dann mit der Realität.

Sven musste neidlos zugeben, dass der Master fast immer ins Schwarze traf, während er sich nur langsam verbesserte. Aber Mr Berger war mit ihm zufrieden und sagte: »Ich werde dem Kapitän Ihre Ernennung zum diensttuenden Steuermannsmaat vorschlagen, Mr Larsberg, und hoffe, dass Sie mein Vertrauen nicht enttäuschen werden.«

Sven hatte den Kapitän bisher nicht persönlich kennen gelernt. Er hatte ihn auf dem Achterdeck gesehen, und er hatte ihn sonntags die Kriegsartikel verlesen hören. Das war ihr Ersatz für einen Gottesdienst, da sie keinen Pfarrer hatten. Mr Egg, der Kapitän, war ein mittelgroßer, hagerer Mann mit eingefallenem, ja krankem Gesicht.

Er hatte sehr wachsame Augen, sprach wenig, traf aber mit den wenigen Worten immer den Kern der Sache. Er schien viel von der Navigation zu verstehen, und Sven hatte einmal erlebt, wie er mit dem Zimmermann über Details einer Reparatur gesprochen hatte. Ohne große Worte übte Mr Egg starke Autorität aus.

Bald nachdem der Master es ihm angekündigt hatte, wurde Sven zum Kapitän gerufen. Er zog schnell sein bestes Hemd, viel Auswahl hatte er nicht, und seine einzige Jacke an und meldete sich bei dem wachhabenden Seesoldaten, der an die Kajütentür klopfte und laut rief: »Matrose Ben Larsberg zur Meldung befohlen!«

Der Schreiber des Kapitäns öffnete und sagte leise: »Komm! Der Kapitän ist gleich fertig.«

Der Kapitän saß am Schreibtisch, las Schriftstücke durch und unterzeichnete sie. Dann gab er sie dem Schreiber und blickte Sven an. Der hob die Hand zum Kopf und meldete: »Matrose Ben Larsberg zur Stelle.«

Der Kapitän winkte. »Stehen Sie bequem, Mr Larsberg. Mr Berger ist mit Ihrer Arbeit zufrieden. Ich befördere Sie zum diensttuenden Steuermannsmaat. Es ist bereits ins Bordbuch eingetragen worden.«

»Ergebensten Dank, Sir.«

Der Kapitän sah ihn prüfend an. »Haben Sie nicht behauptet, schanghait worden zu sein.«

»Jawohl, Sir.«

Sven glaubte nicht recht zu hören, als der Kapitän ganz ruhig zugab: »Es stimmt. Sie wurden schanghait. Ich hatte keine Wahl. Leute waren desertiert, deren Posten ich nicht anderweitig besetzen konnte. Ich brauchte erfahrene Seeleute. Sie alle haben sich als solche bewährt. Persönlich tut mir Ihr Schicksal leid, aber ich werde immer das Interesse des Schiffs vor alles andere stellen. Wenn Sie das akzeptieren, wird es Ihnen an Bord gut gehen.«

»Aye, aye, Sir«, antwortete Sven und sah an den Augen des Kapitäns, dass dieser das Gespräch für beendet hielt. Er nahm die Knöchel an die Schläfe, drehte sich um und verschwand.

Es war eine langsame, kalte Überfahrt. Die Fregatte musste oft gegen widrige Winde ankreuzen. Nach vier Wochen in dem kalten und stickigen Unterdeck schien es Sven und seinen Freunden, als wären sie schon ewig der Routine auf einem britischen Kriegsschiff ausgeliefert.

Nur an die Monotonie der Verpflegung gewöhnten sie sich schwer.

»Wir hätten dem Abraham öfter sagen müssen, dass er uns gut verpflegt hat«, brummte Adam zu Joshua. »Hier merkst du schon an dem Fraß, den du bekommst, welcher Wochentag ist.«

»Ja«, seufzte Joshua. »Sonntag und Donnerstag Schweinefleisch, Dienstag und Samstag Rindfleisch. Vier Tage Erbsen, drei Tage Hafermehl. Und das Brot voller Maden, das Fleisch voller Fett und Sehnen. Nur der Rum hält einen aufrecht.«

Jeder Mann erhielt mittags mehr als einen Achtelliter Rum mit Wasser verdünnt und abends noch einmal die gleiche Portion. Es war üblich, einige Rationen aufzusparen und sich dann ordentlich zu besaufen. Das wäre den vier Freunden beinahe zum Verhängnis geworden.

Joshua hatte sich einen halben Liter Rum am Abend einverleibt und dann nach »Sven« gerufen, der nun als diensttuender Maat seine Hängematte am Rande des Raumes hatte. Das war einem Matrosen aus London aufgefallen, der sich gern bei den Offizieren anschmierte.

»Sir«, meldete er dem Ersten Leutnant. »Mit den Kolonisten stimmt was nicht. Die haben falsche Namen angegeben. Der Nigger rief den Steuermannsmaat im Suff ›Sven‹ und nicht ›Ben‹.«

Der Erste nahm sich vor, der Sache nachzugehen. Aber dann geriet die *Zeus* in einen schlimmen Sturm.

Der Master hatte schon am Morgen dem Kapitän gemeldet, dass ein schwerer Sturm bevorstehe. Sie hatten das Schiff sturmklar gemacht. Die Segel waren bis auf den Sturmklüver eingeholt und fest vertäut. Die Bramstengen waren gefiert und an Deck festgelascht worden. Die Kanonen waren dreifach festgezurrt. Alle Luken waren verschalt. Was getan werden konnte, war getan, als die ersten Böen das Schiff ansprangen.

Stunde um Stunde kämpfte sich die Fregatte durch Wellen und stiebende Gischt. In den fest verschlossenen Räumen des Unterdecks konnte man kaum noch atmen. Nasse Kleidung sollte trocknen und erhöhte die Luftfeuchtigkeit. Erschöpfte Menschen hatten den Sauerstoff nahezu verbraucht, Ausdünstungen ließen bei jedem Atemzug Ekel aufkommen.

Die Wachen wurden alle Stunde abgelöst und konnten sich doch vor Erschöpfung kaum noch halten. Am zweiten Tag duckte sich Sven wieder einmal vor einer gewaltigen Welle und hielt sich am Tau fest. Er hatte Wache mit dem Ersten Leutnant. Sven ahnte mehr als er es sah, dass sich die Vertäuung der dritten Kanone an Steuerbord gelockert hatte.

»Sir!«, schrie er dem Ersten ins Ohr. »Dritte Kanone steuerbord reißt sich los! Darf ich mit einem Trupp nach vorn?«

Der Erste nickte Zustimmung. Sven machte sich vom Tau los, legte die Hände an den Mund und schrie: »Alfred, Joseph, Kurt! Handspaken und Taue! Vor zur dritten Kanone! Kommt!«

Die drei hatten sich hinter der Hütte hingekauert und hangelten sich nun auf Svens Ruf hin mit ihm nach vorn. Der Erste Leutnant beobachtete sie aufmerksam, und dann fiel ihm ein, dass der Maat Larsberg sie ja bei ihrem eingetragenen Namen gerufen hatte. Da muss der Ron aus London sich verhört haben, dachte er bei sich.

Sven und seine Freunde mussten sich immer wieder in den Wogen ducken und an den Tauen festklammern. Dann waren sie bei den Kanonen. Adam deutete wortlos auf ein Tau, das fast ganz durchgescheuert war.

Joshua und Adam stützten mit Handspaken die Kanone, und Karl und Sven ersetzten das Tau durch ein neues. Der Erste beobachtete die Gruppe, wie sie die Reparatur durchführte, ohne sich durch das Stampfen des Schiffes oder den Sturm und die Wellen stören zu lassen.

»Tüchtige Seeleute«, meinte er für sich und vergaß die Meldung von dem falschen Namen.

Am dritten Tag beruhigte sich der Sturm. Die Sonne war wieder zu erkennen, und Sven konnte seine Messung mit dem Sextanten durchführen.

»In acht Tagen machen wir in Portsmouth fest, da verwette ich meine Heuer«, sagte der Master. »Das Schiff geht ins Trockendock, und Sie müssen auf die Quartierhulk.«

»Dann erhalten wir keinen Urlaub, Sir?«, fragte Sven.

Der Master blickte ihn mitfühlend an. »Jeden dritten Tag Landgang in die Stadt und Huren an Bord, aber Urlaub gibt es nur für Freiwillige ohne Strafen. Haben Sie vergessen, dass Sie nicht ganz freiwillig an Bord sind, Mr Larsberg?«

Sven presste enttäuscht die Lippen zusammen. »Können wir denn wenigstens unsere Familien benachrichtigen, Sir?«

»Vertrauen Sir mir Ihre Briefe an. Ich werde sie aufgeben. Es ist jetzt auf den Quartierhulks auch nicht so schlimm wie im Krieg. Sie sind selten voll belegt. Aber es wird langweilig sein. Viel Saufen und Spielen.«

»Könnte ich dann wenigstens lesen? Und der Kurt will auch etwas lernen, Sir.«

»Ich werde sehen, dass ich Ihnen helfen kann, Mr Larsberg.«

Die *Zeus* erreichte Portsmouth an einem trüben und noch immer kalten Februartag. Mr Berger, der Master, stand mit Sven neben dem Rudergänger und deutete auf die Küstenlinie, die an Backbord lag. »Das ist die Insel Wight, die wir jetzt passieren. Dort sehen Sie die Sandown Bay, der folgende Steilhang heißt Culver Cliff.«

Sven fragte nach den Schiffen, die er in einem Kriegshafen erwartete.

»Nur Geduld! Sie werden Sie noch sehen. Dort die Gebäude, das ist St. Helens. Danach weicht die Küste zurück. Wir ändern jetzt den Kurs und segeln in die Bucht vor Portsmouth ein. Backbord voraus liegt der Ankergrund der Flotte: Spithead. Er wird backbord von der Küste bei Ryde begrenzt, dem Hafen für den Verkehr von Wight nach Portsmouth. Steuerbord liegt die Halbinsel von Gosport. Dort liegt auch das Marinehospital, von dem Sie vielleicht gehört haben.«

Sven blickte voraus zum Ankergrund der Flotte. Dort wuchsen viele Masten empor. Schiffsrümpfe wurden erkennbar.

»Von den großen Dreideckern und den Fregatten sind einige aber außer Dienst, Sir.«

»Ja, Mr Larsberg. Von der großen Flotte sind nicht mehr viele Schiffe aktiv. Die dort führen zum Teil nur Ankerwachen. Weiter drinnen werden Sie Schiffe sehen, die ›eingemottet‹ sind. Bei ihnen hat man alle Masten niedergelegt, Segel und Kanonen entfernt und die Luken vernagelt. Mir tut der Anblick weh.«

Sven war aber mehr an der Stadt interessiert, der sie sich langsam näherten.

»Halt das Ruder stetig, Mann!«, fuhr der Master den Rudergänger grimmig an.

»Wir segeln jetzt im so genannten Kanal«, erklärte er Sven. »Steuerbord zur Stadt hin und backbord zum ›Black House Fort‹ wird die Fahrrinne eng. Halten Sie sich immer gut in der Mitte. Nach dem Hafenviertel, dem ›Point‹ ...«, er wies mit der Hand rechts voraus, »... haben wir noch gut zwei Meilen zur Werft. Wir werden aber vorher am Kanonenkai anlegen, um unsere Kanonen für das Magazin zu entladen.«

Sven sah interessiert zur Stadt hinüber. Man sah, dass Portsmouth älter war als Philadelphia. Die Straßen schienen enger, gekrümmter und weniger planvoll. Und die Stadtmauern! Jetzt kamen sie an einem freien Platz vorbei, auf dem Soldaten exerzierten.

»Der Paradeplatz«, kommentierte der Master. »Danach der Rundturm.«

Und dann erblickte Sven das halbrund vorgewölbte Hafenviertel mit dem Gewirr seiner Gassen, den Kneipen und Läden. Frauen winkten am Ufer. Boote mit Händlern und Huren ruderten ihnen entgegen. Immer mehr Seeleute kamen an Deck und schauten sehnsüchtig zur Stadt hinüber.

Die Seesoldaten marschierten an der Reling auf, um unerwünschte Kontakte mit Händlern und Huren zu unterbinden.

»Wartet doch ab!«, brüllte der Sergeant zu den Booten hinüber. »Wir gehen ja ins Dock. Da haben wir noch genug Zeit für euch.«

Adam stand mit Karl und Joshua bereit, die Segel zu bergen. Sie blickten auch zu den Booten hinüber.

»Ach, du lieber Gott«, stöhnte Karl in spaßhafter Übertreibung. »Was sind da für fette, alte Weiber dabei. Die müssten für uns zahlen, nicht wir für sie.«

Adam lachte. »Hinterher zahlst du auf jeden Fall, wenn der Schiffsarzt dein eitriges Puströhrchen kurieren soll. Die Weiber sind Pestbeulen. Das sieht man doch.«

Joshua schüttelte den Kopf. »Ihr haltet uns Schwarze ja für halbe Wilde. Aber die Angst, die ihr vor euren Weibern habt, mussten wir in unseren Bergen vor unseren Frauen nicht haben. Die waren gesund und anständig.«

»Aber Joseph, so sind auch nicht alle weißen Frauen. Das sind hier Hafendirnen. Auf dem Land sind die Frauen auch hier ehrbar und gesund. Nur wo Kerle wie wir dauernd Weiber zum Vögeln bezahlen, da werden sie verdorben und krank«, belehrte ihn Adam.

»Dann sind wir und die anderen Seeleute schuld und sollten uns nicht beklagen.«

Die Befehle des Bootsmanns unterbrachen ihr Gespräch und hetzten sie in die Takelage.

Es war eine harte Arbeit, die Kanonen, die Munition und das Pulver am Kanonenkai zu entladen. Sven war froh, dass er nicht mehr mit anpacken musste, sondern nur alles zu überwachen und zu zählen hatte. Er gab dem Master seine Listen. Der verglich sie mit seinen Aufzeichnungen und denen des anderen Steuermannsmaats. Als alles übereinstimmte, informierte er den Ersten Leutnant, dass er das Übergabeprotokoll mit dem Arsenal unterzeichnen könne.

Dann pfiff auch schon der Bootsmann, dass sich alle Männer für die Quartierhulk mit ihren Sachen an der Backbordreling bereithalten sollten.

»Ich werde Sie bald besuchen, Mr Larsberg«, sagte der Master. »Ich verabrede für Sie auch noch einen Termin für die Prüfung zum Steuermannmaat mit dem Master des Kommandierenden Admirals. Alles Gute bis zum Wiedersehen!«

Sven schüttelte ihm die Hand und bedankte sich bei ihm. Sie haben mich schanghait und an Bord dieses Schiffes gezwungen, dachte Sven, aber unter diesen verdammten Briten gibt es doch auch wunderbare Menschen wie diesen Mr Berger, den ich vermissen werde.

Sven hatte nicht viel zu packen, aber einige der anderen Matrosen hatten richtig pralle Seesäcke, als sie sich an der Reling aufstellten.

Die vier Freunde fanden sich schnell zusammen.

»Schläfst du bei uns oder bei den Maaten, Ben?«, fragte Karl.

»Na, bei euch, sonst vergammelt ihr ja völlig«, scherzte Sven.

Die Quartierhulk war ein ausgemustertes 80-Kanonen-Schiff. Sven hatte noch nie ein so riesiges Schiff bestiegen und sah sich neugierig um. Alle Kanonen waren entfernt. Nur die unteren Masten standen noch kahl an Deck. Dafür waren Verschläge an Deck errichtet worden, um die Zahl der Quartiere zu erhöhen.

Ein älterer, grauhaariger Marineleutnant erwartete sie mit Seesoldaten. Von der *Zeus* waren knapp hundert Matrosen zur Hulk übergesetzt.

»Ruhe!«, brüllte der Leutnant, um sich in dem Gemurmel Gehör zu verschaffen. »Männer! Diese Hulk, einst das ruhmreiche Linienschiff *Alexander,* ist für die nächste Zeit euer Quartier. Mr Blank, der Bootsmann, weist euch ein. Befolgt seine Befehle und haltet Ordnung. Dann habt ihr eine gute Zeit. Jeden dritten Tag ist Landgang bis Mitternacht. Jeden zweiten Tag dürfen Frauen an Bord. Wer sich Befehlen widersetzt, dem wird alles gestrichen.«

Sven und seine Kameraden fanden in der nur halb gefüllten Quartierhulk einen Platz, an dem sie ein wenig Abstand zu anderen hatten.

»Habt ihr gesehen? Im Handelshafen liegen amerikanische Schiffe«, flüsterte Joshua, nachdem sie ihre Sachen verstaut hatten.

»Kommt an Deck, da reden wir weiter«, unterbrach ihn Sven.

Sie fanden einen Platz auf dem Vordeck, an dem sie sich außerhalb der Hörweite anderer besprechen konnten.

»Was ist? Wollen wir versuchen zu fliehen?«, fragte Joshua.

»Aber doch nicht in England!«, widersprach Adam. »Hier passt die Bevölkerung auf, sobald einer abhaut, und will sich die Belohnung für das Einfangen von Deserteuren verdienen. Die amerikanischen Schiffe werden streng überwacht und auch noch im Kanal angehalten. Hier hast du schlechte Chancen. Wir müssen warten, bis wir im Ausland sind.«

Sven stimmte zu. »Wir müssen uns vorläufig anpassen und unseren Dienst gut machen, damit sie uns trauen. Aber manchmal fällt mir die Täuschung schwer. Es sind doch auch richtig gute Leute unter den Briten.«

Adam schaute ihn verwundert an. »Aber Ben, gute und schlechte Menschen gibt es doch überall. Nicht die Briten sind schlecht. Ihre Politik ist schlecht für uns.«

Karl dachte pragmatischer. »Erhalten wir nun morgen unsere Heuer und endlich etwas Geld auf die Hand?«

»Ja, Mr Berger hat es mir versichert«, bestätigte Sven. »Aber wir sollten es eisern sparen, damit wir etwas haben, wenn wir im Ausland fliehen wollen. Und jetzt sollte jeder zwei Briefe schreiben. Einen geben wir über Schiffsagenten auf, den anderen über die Post. Aber schreibt nichts von Fluchtplänen.«

Am Tag, als Frauen an Bord durften, schien alle Ordnung vergessen. Die Dirnen hatten Alkohol an Bord geschmuggelt und suchten in allen Decks Männer, denen sie das Geld abnehmen konnten. Die vier Freunde saßen standhaft an ihrem Tisch, spielten Karten und wiesen alle Angebote ab.

Es dauerte nicht lange, da war um sie herum die Hölle los. Betrunkene grölten. Weiber rissen sich die Kleider vom Leib und paarten sich mit Kerlen, ob andere zuschauten oder nicht. Je mehr Zuschauer sie hatten, desto lauter stöhnten sie. Sven konnte kaum noch auf seine Karten achten.

»Mann, da sind aber auch dufte Weiber darunter. Schau mal, die Blonde mit den Titten. Mann, ich krieg vielleicht 'nen Ständer!«

Adam wurde ärgerlich. »Habt ihr schon vergessen, was wir verabredet haben? Wir wollen in die Heimat und müssen unser Geld zusammenhalten. Also keine Weiber und kein Besäufnis! Du kannst dir ja einen runterholen, Joshua, wenn ich nicht zusehen muss.«

Am nächsten Tag bummelten sie durch die Straßen von Portsmouth Point und tranken auch am späten Abend noch ein Bier. Aber Adam lotste sie an dem Hotel vorbei, in das Sven eigentlich gehen wollte.

»Du fühlst dich wohl schon wie ein Flaggoffizier, Sven. Im ›George‹ verkehren nur Offiziere von Rang. Ich werde dir noch das ›Star und Garter‹ zeigen, für das du auch noch zu wenig Gold auf deinem Rock hast. Für uns gibt es noch genug Kneipen, und billiger sind sie auch.«

Als sie an Bord zurückkehrten, hatten sie viel vom Hafenviertel und wenig von der Stadt gesehen. Aber sie waren wenigstens ihre Nachrichten in die Heimat losgeworden. Eine Sendung bei einem Agenten, der auch die Reederei Bradwick in Philadelphia vertrat, und eine Sendung bei der königlichen Post. Nun würde man daheim endlich wissen, was ihnen widerfahren war.

Am nächsten Morgen rief ein Maat nach Ben Larsberg. Sven meldete sich. »Pünktlich um vier Glasen der Vormittagswache in der Hafenadmiralität beim Master des Flaggschiffs melden!«

Sven fragte zurück: »Wie heißt der Master denn?«

»Roderick Anson, ein kleines, schmales Kerlchen, aber scharf wie ein Rasiermesser.«

Der Master des Flaggschiffs, zu dem ein Schreiber Sven geführt hatte, war in der Tat außergewöhnlich klein und dünn. Aber er antwortete freundlich auf Svens Meldung. »Mr Berger hat lobend über Sie gesprochen. Ich gebe was auf sein Urteil, denn er hat bei mir gelernt und sich zu einem guten Navigator weitergebildet.«

Auf dem Tisch standen verschiedene nautische Geräte und einige Logbücher. Mr Anson gab Sven ein Blatt Papier, auf dem einige Kurse verzeichnet waren.

»An einer Stelle sind hier auch Längen- und Breitengrad vermerkt, Mr Larsberg. Schauen Sie sich alles in Ruhe an. Dann sagen Sie mir, wo das Schiff segelt und was möglicherweise zu diesen Kursänderungen geführt hat.«

Sven hatte Glück bei dieser ersten Frage. Die Position kannte er. Der Ort lag zwischen Jamaika und Swan Island. Aber warum war erst ein Kurs Ost-Süd-Ost vermerkt, dann West-Süd-West und dann strikt Süd-Ost? Plötzlich fiel ihm eine nahe liegende Erklärung ein.

»Das Schiff ist zunächst gegen einen östlichen Wind angekreuzt und wollte anscheinend die Meerenge zwischen Swan Island und Grand Cayman passieren, Sir. Dann könnte es voraus eine mögliche Gefahr, einen Piraten, bemerkt haben und vor dem Wind zurück nach Jamaika geflohen sein.«

Mr Anson sah ihn ohne erkennbare Zeichen der Zustimmung oder Ablehnung an und sagte: »Sie kennen das Seegebiet. Ihre Interpretation trifft zu. Ich hätte sagen müssen, dass die Aufzeichnung aus dem letzten Krieg stammt und dass das Schiff vor einem französischen Kaper floh. Meine nächste Frage lautet: ›Welche Vor- und Nachteile hat eine Seekarte in der Mercator-Projektion?‹«

Sven musste überlegen.

»Der Vorteil ist, dass die Längengrade parallel eingetragen sind. Dadurch können wir den Kurs zwischen zwei Orten als gerade Linie eintragen und leichter bestimmen.« Sven stockte.

»Und der Nachteil?«, mahnte Mr Anson.

»Da die Erde eine Kugel ist, werden durch die Parallelisierung die Maßstäbe verzerrt, je näher wir den Polen kommen. Das müssen wir bei Entfernungsberechnungen korrigieren.«

Mr Anson nickte. »Sehr gut, Mr Larsberg! Nun beschreiben Sie mir doch einmal, was Sie tun, wenn Sie mit Sturmfock in einem schweren Sturm vor dem Wind laufen und ihr Heck ausbricht!«

»Ich lasse eine dicke Trosse etwa fünfzig Meter nach achteraus, Sir. Dadurch brechen sich die Wellen früher. Und das Schiff hält besser Kurs.«

Mr Anson schien zufrieden. Er formulierte gar keine Fragen mehr, sondern unterhielt sich mit Sven noch ein Weilchen, was man auf See so erlebe und wie man das Beste für das Schiff herausholen könne. Sven verging die Zeit wie im Fluge. Er war sehr überrascht, als ihm Mr Anson zur bestandenen Prüfung gratulierte und ihn aufforderte, seinen Namen und Geburtstag beim Schreiber anzugeben, damit die Urkunde ausgestellt werden könne.

Als Sven die Hafenadmiralität verließ, wartete Mr Berger auf ihn. »Ich hatte erfahren, dass Sie heute Prüfung haben. Da wollte ich Ihnen als Erster gratulieren, Mr Larsberg.«

»Danke, Sir. Aber ich hätte doch durchfallen können.«

Mr Berger lächelte ihn nur an und schüttelte den Kopf.

»Kommen Sie«, sagte der Master dann. »Gehen wir noch ein paar Schritte. Ich habe einige Neuigkeiten.«

Er erzählte David, dass die *Zeus* nach der Reparatur wahrscheinlich nach Ostindien segle. Das sei ein Auftrag, der im Allgemeinen drei Jahre dauere. Aber Mr Norman, der Erste, sei zum Commander befördert worden und übernehme eine Sloop, die nach Westindien segle. Er brauche noch Mannschaften.

»Sie und Ihre Kameraden, Mr Larsberg, müssen nun überlegen, was Sie lieber wollen. Drei Jahre der Zauber Indiens oder die Karibik mit der Nähe zur Heimat. Wie Ihre Entscheidung auch ausfällt, ich werde sie respektieren und Ihnen immer alles Gute wünschen.«

Sven berichtete seinen Kameraden die Neuigkeiten. Darüber trat die Freude über seine bestandene Prüfung ein wenig zurück.

Für Adam war die Sache ganz klar. »Mensch, da melden wir uns doch für die Karibik. Da sind wir dann schnell zu Hause.«

Karl war sich nicht so sicher. »Indien soll aber wunderschön sein. Und viele sind dort steinreich geworden.«

Sven schüttelte den Kopf. »Aber wohl kaum als Seeleute vor dem Mast, Kurt. Wir wollen doch wieder in unsere Heimat.«

Karl ließ sich überzeugen und wollte sich mit ihnen melden, wenn Mr Norman nach Freiwilligen fragte. Aber zunächst einmal, so entschieden sie ebenfalls, musste Sven ein Glas zur bestandenen Prüfung spendieren.

»Sparsamkeit hin, Sparsamkeit her«, betonte Adam. »Wenn eine Prüfung nicht begossen wird, bringt sie kein Glück.«

Da es bei einem Glas geblieben war, störte es die Freunde nicht, dass die Besatzung der Quartierhulk früh am Morgen an Deck gepfiffen wurde. Sie waren auch nicht erstaunt, als sie Mr Norman neben dem Kommandanten auf dem Achterdeck stehen sahen. Mr Norman trug die Uniform eines Masters und Commanders mit blauen Revers und Goldeinfassung.

Er sah weniger streng aus als meist auf dem Deck der *Zeus*. Nun ja, ein Kommandant konnte die Dinge etwas großzügiger angehen. Für die Kleinigkeiten und die strikte Disziplin hatte er ja seinen Ersten Leutnant.

Mr Norman trat vor und sagte mit lauter Stimme: »Seeleute der britischen Flotte! Seine Majestät haben geruht, mir das Kommando über die Sloop *Eagle* zu übertragen. Sie wird gegenwärtig proviantiert und läuft in sechs Tagen nach Westindien aus, um Piraten und Schmuggler zu jagen. Ich brauche noch vierzig gute Seeleute zur vollen Sollstärke.

Die Admiralität gewährt jedem Freiwilligen Freistellung von seinem bisherigen Schiff. Keinem geht Heuer verloren. Sie wird verrechnet. Wer die Inseln Westindiens mit all ihren Schönheiten, auch den weiblichen, sehen will, soll sich jetzt melden. Zuerst treten die Maate vor!«

Mit Sven traten drei andere Seeleute vor. Mr Norman wandte sich zunächst den anderen zu und befragte sie nach ihrer bisherigen Dienstzeit. Es waren ein Bootsmannsmaat, ein Stückmeistermaat und ein Zimmermannsmaat. Mr Norman akzeptierte ihre Meldung und entließ sie, um ihre Sachen zu holen. Dann wandte er sich Sven zu.

»Gratuliere zur bestandenen Prüfung, Mr Larsberg.«

»Ergebensten Dank, Sir, und Glückwunsch zum Kommando, Sir.«

Mr Norman nickte lächelnd. »Ich akzeptiere Ihre Meldung gern.«

»Darf ich noch eine Bitte äußern, Sir?«

Mr Norman nickte.

»Alfred Berg wird sich auch melden, Sir. Würden Sie bitte erwägen, Sir, ob er zum Bootsmannsmaat ernannt werden kann? Er ist ein sehr erfahrener und kompetenter Seemann, Sir. Und Kurt Berger würde gern als Gehilfe eines Steuermannsmaats dienen, Sir.«

»In der Handelsmarine gibt es ja Vermittler für Schiffsbesatzungen. Sind Sie jetzt auch auf dem Gebiet tätig?« Er wehrte Svens Versuch einer Antwort mit einem Lächeln ab. »Schon gut. Ich kenne Ihre Freunde und berücksichtige Ihre Bitten. Sie können Ihre Sachen holen.«

Dann rief er freiwillige Mannschaftsdienstgrade auf und wählte gemeinsam mit einem Leutnant die aus, die ihm geeignet erschienen.

Die *Eagle* war eine Dreimastsloop mit Vor- und Achterdeck und trug 16 Sechspfünder. »Eine richtige kleine Fregatte«, meinte Joshua, als sich ihr Kutter der Sloop näherte.

Adam brummte zustimmend. »Scheint ein guter Segler zu sein.«

An der Reling standen Seeleute und starrten den Neuen entgegen. Eine barsche Stimme rief sie an ihre Pflicht zurück. Als Sven das Deck betrat, sah er, dass die Mannschaft eifrig beschäftigt war, Proviant zu verstauen.

Der Bootsmann sah den Neuen entgegen und rief: »Wir können euch gut als Hilfe gebrauchen! Johnny, Albert und Will werden euch eure Quartiere zeigen. Dann kommt wieder her und packt mit an.«

Sven dachte sich, dass der Ton familiärer sei als auf der *Zeus*. Aber die Sloop *Eagle* war ja mit ihren 300 Tonnen und 125 Mann Besatzung auch kleiner als eine Fregatte. Neben dem Commander hatte sie einen Leutnant und einen Zweiten Leutnant der Seesoldaten. Es war also alles ein wenig überschaubarer.

Die Neuankömmlinge stolperten den Niedergang hinunter, legten ihre Sachen ab und gingen wieder an Deck. Inzwischen waren auch Commander Norman und der Erste Leutnant, Mr Oscar Duncan, an Bord gekommen und teilten die Neuen ein. Mr Norman rief Sven und stellte ihn Mr Allen, dem Master, vor.

»Das ist Mr Ben Larsberg, Mr Allen. Weisen Sie ihn ein.«

Als die *Eagle* eine knappe Woche später den Hafen von Portsmouth verließ, war schon etwas wie Routine im Bordleben eingekehrt. Alte und neue Mannschaft hatten sich vermischt. Freundschaften und Ablehnungen gingen hin und her. Der strenge Segel- und Kanonendrill des neuen Kommandanten hatte schon im Hafen begonnen und gezeigt, dass die Mannschaft aus erfahrenen Seeleuten bestand. Da musste niemand mehr angelernt werden.

Sven war nun planmäßiger Steuermannsmaat. Adam war als amtierender Bootsmannmaat eingesetzt, Joshua hatte das Kommando am Fockmast, und Karl half dem Master. So waren die vier Freunde gut in die Schiffshierarchie eingegliedert.

Sie hatten auch von Anfang an das Gefühl, dies sei ein harmonisches Schiff. Mr Norman war gewohnt streng, aber er zeigte nicht mehr die harsche Schärfe wie an Bord der *Zeus*. Der Erste Leutnant war ein erfahrener Offizier, dem niemand etwas vormachen konnte. Er war groß und muskulös und imponierte durch seine Figur und seine Kompetenz gleichermaßen.

Zur guten Stimmung an Bord trug auch der Schiffsarzt wesentlich bei. Mr McGull widersprach allem, was sonst über Schiffsärzte gesagt wurde. Er trank allenfalls in Gesellschaft ein Glas Alkohol, untersuchte die Seeleute sorgfältig und half ihnen mit Medikamenten oder Freistellungen, wenn sie durch Krankheit auffielen. Er war auch sehr erfolgreich, wenn er Leuten riet, bestimmte Speisen zu meiden oder bestimmte Gewohnheiten aufzugeben. Für Kranke und Verletzte war er jederzeit da. Und wenn er nicht gebraucht wurde, studierte er die Natur und machte Notizen. An fremden Küsten sammle er immer Pflanzen und presse und trockne sie, erzählten die Männer der alten Besatzung.

John Allen, der ja eigentlich ein Master zweiter Klasse war, da der Commander selbst noch den Titel »Master« trug, verfügte nicht über die Kompetenz eines Richard Berger, aber er war ein ruhiger, solider Navigator, der Sven oft nach seiner Meinung fragte und gern Rat annahm.

Die Arroganz an Bord repräsentierte Mr William, Zweiter Leutnant der Seesoldaten. Er war jung und ohne Kampferfahrung. Da seine Überheblichkeit an den anderen Offizieren abprallte, konzentrierte er sie auf seinen Sergeanten, seinen Korporal und die 25 Seesoldaten. Er kommandierte sie mit seiner hohen, näselnden Stimme unaufhörlich an Deck herum und ließ Paradegriffe üben, bis der Commander ihm auftrug, er möge den Sergeanten mit den Leuten Bajonettkampf üben lassen und morgen wolle er Scharfschießen beobachten.

Es war für Sven überraschend, dass Mr Norman, nun selbst Kommandant, viel weniger Wert auf Drill legte als auf der *Zeus.* Jetzt setzte er oft Schießen auf die Scheibe an. Als er Adam gegenüber seine Verwunderung äußerte, belehrte ihn dieser, dass die Admiralität dafür sehr wenig Pulver zur Verfügung stelle. Der Kommandant müsse das aus eigener Tasche bezahlen, und Mr Egg sei darin sehr sparsam gewesen, habe er vom damaligen Zahlmeister gehört.

Bei den Schießübungen erwies sich Joshua als wahrer Meisterschütze. Die lange Sechspfünderkanone wog etwa zwanzig Zentner, aber Joshua mit seiner Riesenkraft trieb mit wenigen Hieben die Keile so unter und neben das Kanonenrohr, dass er das Ziel genau im Visier hatte und auch traf.

Svens Gefechtsposition war auf dem Achterdeck, wo auf der *Eagle* acht Drehbassen verfügbar waren, jene kurzen, kleinen Steckkanönchen, die etwa ein Pfund schwere Kugeln oder Kartätschen abfeuern konnten.

Sie lagen Sven wenig. Er hatte schon auf der *Victoria* seine Liebe zur Rifle entdeckt, jenem langen Gewehr, das auch sein Vater immer bei sich getragen hatte. Auf der *Zeus* und der *Eagle* waren nur die kürzeren Musketen vorhanden, aber auch mit ihnen erwies sich Sven als Meisterschütze. Als Mr Norman das bemerkte, löste er ihn an der Drehbasse ab und wies ihm den Posten eines Scharfschützen auf dem Achterdeck zu.

Im Kanal begegneten ihnen häufig Schiffe. In der Biskaya trafen sie nur hin und wieder ein Segel, und vor der spanischen Küste sahen meist nur Fischerboote, wie die Mannschaften der *Eagle* an Segeln und Kanonen gedrillt wurden.

Alte Matrosen bestätigten Sven, dass die *Eagle* über eine außergewöhnlich gut geführte und kompetente Crew verfüge. Als sie am Sonntagnachmittag Freizeit hatten und sich an Deck im milden Sonnenschein unterhielten, sprach Sven mit seinen Kameraden darüber, wie seine Wut auf die Briten sich verändert habe.

»Ich habe vor allem ihre Offiziere anfangs nur als arrogante Schnösel gesehen, aber jetzt merke ich, dass sie in ihrer Mehrheit kompetente Seeleute sind, zwar streng, aber gerecht.«

Adam bestätigte: »Wir hatten auch Glück, Ben. Früher war ich mal auf einer richtigen schwimmenden Hölle, auf der sich die Sadisten austobten. Aber gegen die *Zeus* und noch mehr die *Eagle* kann niemand etwas sagen. Nun ja, die Heuer könnte besser sein.«

Karl schaute sie verwundert an. »Sagt mal: Spinnt ihr? Seid ihr Briten oder Kolonisten? Wisst ihr nicht mehr, dass wir in die Heimat wollen? Ihr quatscht, als ob die britische Flotte eure Heimat wäre.«

Sven legte den Finger auf den Mund. »Sei leiser, Kurt. Wir haben unser Ziel nicht vergessen. Aber wir können unsere gegenwärtige Situation auch so sehen, wie sie ist. Wir haben ein gutes Schiff erwischt. Und es geht uns gut!«

Als sich am nächsten Tag ein Unwetter ankündigte, meinte Karl scherzend zu Sven, er habe gestern ihr Glück beschrien. Auch Mr Allen sah Sven sorgenvoll an. »Da kommt einiges auf uns zu. Welche Windrichtung erwarten Sie?«

»Erst Nord, dann dreht er auf Nord-West, eher noch westlicher. Er könnte uns an die Küste drücken.«

Der Commander hatte sie gehört. »Das fehlte uns noch. Wir setzen die Sturmfock und halten so hart vom Land ab, wie es die *Eagle* aushält. Freien Seeraum haben wir ja. Aber aus einem Aufenthalt in Lissabon wird nun nichts!«

Na prima, dachte Sven. Ich hatte mich so auf Rosita gefreut. Aber die Gedanken vergingen ihm bald. Schnell und sehr gründlich wurde das Schiff sturmklar gemacht. Die oberen Stengen wurden an Deck geholt. Alle Segel wurden so festgezurrt und eingebunden, dass kein Sturm sie aufreißen konnte. Der Stückmeister inspizierte jedes Geschütz, ob es dreifach vertäut war. Der Bootsmann schnüffelte überall unter Deck herum, ob alles fest vertäut und sicher sei. Der Zimmermann dichtete alle Fenster und Luken ab.

Als Mr Norman die Meldungen erhielt, murmelte er: »Na, vorbereitet sind wir wenigstens.«

Laut fügte er hinzu: »Wachwechsel zunächst einmal alle zwei Stunden. Mr Allen und Mr Duncan haben die erste Wache, Mr Larsberg und ich lösen sie dann ab.«

Zwei Tage und Nächte rüttelte und schüttelte der Sturm ihr Schiff durch. Sven taumelte am Schluss mehr, als dass er ging. Und wenn er Mr Norman ansah, der mit Stoppelbart, dunklen Augenhöhlen und rotem Augenhintergrund in die Morgendämmerung blinzelte, dann fragte er sich erschrocken, ob er auch so aussehe.

Dabei hatte es Mr Norman viel besser gehabt als er. Wenn er nach der Wache in seine Kajüte kam, lagen trockene Tücher bereit. Er hatte immer Kleidung zum Wechseln, und sein Diener hatte es immer geschafft, den Kaffee zu wärmen, obwohl das Kombüsenfeuer gelöscht war.

Wenn Sven ins Unterdeck kam, dann nahmen die Seeleute und Handwerker, die keine Wachen gingen, auch Rücksicht. Nur die Wachgänger durften ihre Kleidung zum Trocknen aufhängen. Die anderen halfen ihnen mit Decken und hielten auch kalten Kaffee und Brot bereit. Aber Sven hatte nach einem Tag voller Brecher und Gischt nur noch feuchte Sachen zum Wechseln.

Mr Norman musste zugeben, das sei einer der härtesten Stürme, die er erlebt habe. Die turmhohen Wellen überspülten das gesamte Deck der *Eagle*. Alles, was nicht sicher festgezurrt war, wurde weggerissen. Mindestens ein Mann war über Bord gefegt worden, als er meinte, er könne noch seinen Ölhut fester auf den Kopf drücken, bevor die Welle heran war.

Wachwechsel war ein tödliches Risiko, weil man sich losbinden musste. Tat man es zu früh, dann erwischte einen die Welle vielleicht, ehe die Luke zum Niedergang hinter einem geschlossen wurde. Wer sich dann nicht mit Händen und Beinen in eines der über Deck gespannten Taue verkrampfen konnte, den riss es unbarmherzig über Bord.

Sie mussten eine dicke Trosse vom Heck in die See lassen, um das Schiff ruhiger zu halten. Sie mussten die Sturmfock wechseln, weil selbst dieses dicke Segel vom Sturm zerfetzt war. Adam leitete das Manöver. Joshua und drei der kräftigsten Seeleute halfen.

»Gut gemacht!«, schrie der Commander gegen den Sturm an. »Zwei Tage Sonderurlaub, wenn wir in Antigua sind!«

Niemand wusste mehr, wo sie waren. Wenn Mr Allen Sven ablöste, dann fragte er oft sorgenvoll: »Ob wir noch genug Seeraum haben?«

Sven hatte immer wieder zum Kompass geschaut und abzuschätzen versucht, wohin der Wind sie trieb. Er beruhigte Mr Allen. Sie hätten genug Abstand zur spanischen Küste. Aber wenn der Sturm sie noch weiter so durch die See schleudere, dann seien sie bald querab von Gibraltar.

Doch in der Morgendämmerung des dritten Tages ließ der Sturm fast so schnell nach, wie er gekommen war. Mr Norman ließ Sven das Barometer prüfen und die Wolkenformationen studieren. Aber Sven konnte ihn beruhigen.

»Keine Gefahr für den nächsten Tag und die nächste Nacht. Mäßiger Wind aus Nordost.«

»Land ist auch nicht in Sicht. Wenn Sie mir jetzt noch sagen, wo wir stehen, dann spendiere ich Ihnen in Antigua eine Flasche des besten Rums, Mr Larsberg.«

»Das kann ich Ihnen erst heute Mittag melden, Sir. Aber wenn wir südwestlichen Kurs steuern, dann sollten wir in die Nähe von Madeira kommen.«

Der Commander nickte. Er winkte dem Bootsmann und befahl: »Die Leute, die Wache gegangen sind, haben vier Stunden dienstfrei. Die Freigänger sollen alles wieder aufklaren und notfalls ausbessern.«

»Auch die Stengen einsetzen, Sir?«, fragte der Bootsmann.

»Ja! Sie haben ja auch einmal in der Takelage gearbeitet und werden nicht alles verlernt haben.«

»Aye, aye, Sir!«

Als ein Seesoldat Sven wachrüttelte, schimpfte der: »Verdammt! Ich habe doch dienstfrei.«

»Sieben Glasen der Vormittagswache, Sir. Mr Allen erwartet Sie, um das Besteck zu nehmen.«

Sven schüttelte den Kopf. Dann hatte er erst vier Stunden geschlafen und war immer noch so müde. Kurz kam ihm in den Sinn, wie mitfühlend seine Mutter ihn nun umsorgt hätte. Aber hier galt nur die Pflicht!

Er wischte sich das Gesicht mit Wasser ab. Zum Rasieren blieb keine Zeit. Wenigstens die Sachen waren jetzt trocken. Dann ging er an Deck.

Mr Allen versuchte ein Lächeln. »Bis wir wieder richtig wach sind, brauchen wir noch ein Weilchen, nicht wahr?«

»Ja, Mr Allen, aber wenn wir wissen, auf welchem Breitengrad wir stehen, wird uns hoffentlich ein wenig wohler sein.«

»Na, dann holen Sie mal den Sextanten. Es sind gleich acht Glasen.«

»Donnerwetter!«, murmelte Mr Allen, als sie ihre Ergebnisse verglichen. »Hätten Sie gedacht, dass wir so weit nach Süden getrieben wurden?«

»Siebenunddreißig Grad, vier Minuten, Sir«, meldete er dem Kapitän. »Wir stehen westlich von Kap San Vincente, Sir. Wie weit im Atlantik, wird erst heute Nacht die Monddistanz ergeben. Ich empfehle Kurs Süd-West zu Süd, Sir.«

»Danke, Mr Allen«, sagte der Commander und wandte sich dem Ersten zu. »Mr Duncan, nach der Mittagspause sollen alle Männer ihre Posten an den Kanonen und in der Takelage einnehmen und kontrollieren, ob alles in Ordnung ist. Wir können noch auf Drill verzichten, aber alle notwendigen Reparaturen sollen sofort ausgeführt werden.«

Sven kontrollierte Ruderhaus und Kompass, prüfte, ob Lotleinen und Log an ihren Plätzen waren, und sah dann noch nach den Waffen, die für das Achterdeck bereit sein mussten. Seine Muskete war trocken und sauber. Feuersteine, Pulver, Munition, alles war in Ordnung. Wenn er nur erst wieder eine Rifle hätte.

Er kontrollierte routinemäßig die Stellung der Segel. Die Eintragung auf der Schiefertafel am Ruderhaus zeigte stetigen Wind und gute Fahrt. Der Schiffsarzt kam an Deck, um ein wenig die Sonne und das ruhige Wetter zu genießen.

»Drei Armbrüche, zwei Rippen, also nichts Besonderes«, teilte er Sven mit. »Und wie haben Sie alles überstanden?«

»Gut, Mr McGull. Aber müde bin ich immer noch.«

»Da werden Sie zwei Tage brauchen, bis der Körper alles verarbeitet hat. Aber vorher werden wir wohl auch nicht in Madeira sei, wo sie wieder ganz wach sein wollen.«

Sven lachte. »Madeira stellt in der Hinsicht nicht so hohe Anforderungen. Aber wir könnten eine Kutschfahrt unternehmen, und Sie erklären uns die wunderbaren Pflanzen dort.«

»Ein guter Vorschlag, Mr Larsberg. Gehen Sie auch bald zum Abendbrot in die Messe?«

Der Abend senkte sich, als der Ausguck zwei Segel vier Meilen westwärts meldete. Dann war auch Kanonendonner zu hören. Der Commander erschien an Deck, ließ die Ausgucke verstärken und sandte Sven mit dem Teleskop auf den Mast.

Sven hatte sich schon auf einige Stunden Schlaf gefreut und enterte recht lustlos auf. Oben saß sein Freund Joshua als Ausguck.

»Schön, dich zu sehen, großer Massa. Schau dort. Die Schebecke hat die Brigg angegriffen. Aber jetzt scheint alles vorbei.«

Sven blickte angestrengt durchs Teleskop. Die Sonne ging im Westen unter und spendete gerade noch ein wenig Licht, um eine mittelgroße Schebecke zu erkennen, die an einer Handelsbrigg festgemacht hatte. Ihre Sloop war gegen den dunkleren Nachthimmel wohl nicht bemerkt worden.

»Jetzt löst sich die Schebecke wieder von der Brigg. Der Brigg fehlt auch der vordere Mast. Das muss ein Sturmschaden sein«, meldete Joshua.

Sven kam zum gleichen Ergebnis. Er meldete dem Kapitän, dass eine Schebecke eine havarierte Brigg gekapert habe und sich nun wieder entferne.

»Warum bleibt sie nicht neben der Brigg liegen, bis alle Reparaturen ausgeführt sind?«, fragte Mr Norman mehr sich selbst als die anderen.

»Es könnte sein, Sir, dass sie noch ein anderes Segel verfolgen, das außerhalb unserer Sicht ist.«

Der Commander nickte. »Wie dem auch sei. Wir müssen in der Nacht die Brigg zurückerobern und am Tag dann die Schebecke finden und unschädlich machen. Ich habe wenig Zweifel, dass es sich um Berberpiraten handelt. Mr Duncan, stellen Sie bitte ein Enterkommando von vierzig Mann zusammen. Unser Schiff muss auch ohne das Enterkommando voll kampffähig sein. Verteilen sie also bitte die restlichen Leute entsprechend. Dann kommen Sie bitte mit vier Führern der Entertrupps in meine Kajüte. Natürlich kein Licht!«

Sven war im vorderen der beiden Kutter, die sich langsam auf die Brigg zurückfallen ließen. Die *Eagle* hatte die beiden Kutter im Dunkel der Nacht vor der Brigg ausgesetzt, damit sie ihr nicht durch kräftiges Rudern folgen mussten und dadurch leichter aufgefallen wären. So konnten sie sich nun mit leisen Schlägen vorsichtig dem Kurs der Brigg nähern.

In den beiden Kuttern saßen die kräftigsten Männer der *Eagle*. Jeder hatte ein weißes Tuch um die Stirn gebunden, damit sie sich gegenseitig in der Dunkelheit erkennen konnten. Mr Duncan leitete das Enterkommando. Sven war dem Kutter zugeteilt, den Mr William von den Seesoldaten kommandierte.

Leutnant William war nervös, das merkte jeder. Ständig fragte er irgendetwas. Ob der Mann mit den Enterdraggen bereitstehe, ob alle ihre Waffen bereithielten, ob die Matrosen eingewiesen seien?

Sven zischte schließlich. »Mr William! Alles ist geregelt. Wir sehen schon Lichter an der Brigg. Jetzt müssen wir nur schweigen, um uns nicht zu verraten.«

Der Sergeant beugte sich vor und starrte Sven an, aber sein Leutnant schwieg. Der Bug der Brigg wuchs vor ihnen aus der Nacht. Die Ruderer brachten sie mit wenigen Schlägen unter den Bugspriet. Enterdraggen flogen und krallten sich fest. Nun wurde ihr Kutter von der Brigg mitgezogen, und sie stützten mit den Händen den Anprall am Rumpf der Brigg ab.

Einige zogen sich schon an den Leinen empor und verharrten unterhalb des Bugspriets. Wann kam endlich das Signal?

Dann ertönte von achtern ein Möwenschrei. Als Erster kletterte Joshua an Deck. Seine Hautfarbe war jetzt die ideale Tarnung. Vor ihm war das Deck leer. Erst am Vormast arbeiteten einige Gestalten.

Jetzt war auch Sven an Deck. Vorsichtig schlichen sie sich an der Reling nach achtern. Da hörten sie Schreie und Wimmern vom Unterdeck. Dort wurden Menschen gequält. Dicht vor Sven beleuchtete eine Lampe die Szene am Vormast. Vier Mann arbeiteten am Maststumpf. Drei andere standen mit Turbanen und Waffen einige Schritte entfernt.

Die Arbeiter fluchten, als sie die Schreie hörten. Die Wachen lachten. Sven zeigte auf eine Wache, deutete auf Joshua, zeigte die nächste Wache, deutete auf Karl und zeigte dann nacheinander drei Finger. Beim dritten Finger sprangen alle drei auf die Wachen und stachen sie nieder oder schnitten ihnen mit dem Entermesser die Kehle durch.

Die Arbeiter warfen ihre Werkzeuge hin und wollten schreien. Sven wandte sich ihnen zu, deutete mit dem Finger auf den Mund und zischte auf Englisch und Französisch: »Britische Flotte! Pssst!« Er deutete ihnen an, sie sollten weitermachen. Dann schlichen er und die anderen weiter.

Vom Achterdeck hörten sie dumpfe Schläge und dann einen hellen Schrei. Dort schaltete Mr Duncan mit seinen Leuten die Wachen aus.

Aus dem Unterdeck wurde gerufen. Die Seesoldaten stellten sich neben dem Niedergang auf. Als ein Mann mit Turban die Treppe emporstieg, stach ihm Leutnant William den Säbel in die Brust.

Der Mann sank mit dumpfem Stöhnen die Treppe hinunter.

Dussel!, dachte Sven. Erst hochkommen lassen, dann den Mund zuhalten und die Kehle durchschneiden. Nun haben wir den Salat! Er drängte Seesoldaten zur Seite und stürmte mit Joshua und anderen die Treppe hinunter. Dort hatte der stöhnende Mann ein halbes Dutzend Piraten aufgeschreckt, die gerade gegessen hatten. Sie griffen nach ihren Waffen.

Joshua stieß dem Nächsten sein Entermesser direkt ins Herz. Sven schlug einem anderen halb den Kopf ab, und Adam sprang vor, um einen weiteren zu erreichen. Da kam aus dem Gang noch ein Pirat, hob seinen Säbel und wollte Adam den Schädel spalten. Sven riss seine schwere Pistole aus dem Hosenbund, spannte sie und schoss dem Piraten in die Brust. Adam stutzte kurz und durchbohrte nun seinen Gegner. Der letzte Pirat sprang schnell in einen Raum.

Die Briten hasteten hinterher. In dem Raum waren zwei weitere Piraten. Sie hatten einen Mann und eine Frau auf Stühlen festgebunden und folterten sie anscheinend. Daher die Schreie!

Die Piraten sahen auf und begriffen sofort. Einer setzte dem Mann das Messer an die Kehle. Der andere stellte sich neben den geflüchteten Piraten, rief ihm etwas zu und wollte sich mit erhobenem Säbel auf die Briten stürzen.

Da krachte ein Pistolenschuss. Dem Piraten, der dem Mann das Messer an die Kehle hielt, platzte förmlich der Kopf. Mr William hatte von der Tür aus geschossen. Er war ein guter Pistolenschütze. Das musste man ihm lassen.

Die beiden anderen Piraten verwundeten einen Briten, ehe sie unter den Hieben und Stichen tot zusammensanken. Von achtern hörten sie Kampfgeschrei. Dort kämpfte Mr Duncan mit seinen Leuten.

Mr William hatte sich gefangen und befahl: »Ihr durchsucht hier hinten die Räume und sichert die Pulverkammer. Ihr anderen kommt mit mir nach achtern. Wir helfen Mr Duncan!«

Sie fanden zwei schlafende Piraten und drei eingeschlossene und verwundete Handelsmatrosen der Brigg. Insgesamt hatten sie fünf Piraten gefangen und siebzehn getötet.

Mr Duncan gab das vereinbarte Leuchtzeichen zur *Eagle*. Dann ordnete er an, dass die vier Sechspfünder der Brigg für alle Fälle geladen werden sollten. Ein Kutter sollte mit den Gefangenen zurück zur *Eagle*. Er würde mit dem Rest versuchen, die Brigg mit einem Notsegel zu versehen.

»Sagen Sie Mr Norman, ein genauer Bericht kommt später«, bat er Mr William.

Die Brigg war die portugiesische *Sankt Helena* auf dem Weg von Lissabon nach Teneriffa. Acht der fünfzehn Seeleute hatten überlebt, drei davon leicht verwundet. Auch die Frau des Kapitäns war mit Quetschungen durch die Folterung davongekommen. Die Piraten hatten einen Goldschatz an Bord vermutet, aber das war eine Fehlinformation, die auch durch Folter nicht zu korrigieren war.

Der Kapitän konnte Mr Duncan berichten, dass mit der *Sankt Helena* ein weiteres Schiff gesegelt sei, das zu den Kanaren wollte. Sie hätten auch im Sturm, der ihren Vormast brach, noch Kontakt gehabt. Als der Sturm vorbei war, hätte das zweite Schiff ihnen bei der Reparatur helfen wollen, sei dann aber geflohen, als der Pirat angriff.

Aus den Piraten brachten sie nichts heraus, aber die Portugiesen schätzten, dass die Schebecke 14 Kanonen hatte.

Die *Eagle* näherte sich in der Nacht auf Rufweite. Commander Norman ordnete an, dass Sven mit sieben Briten, die er auswählen könne, an Bord bleiben und die Reparaturen unterstützen solle. Mr Duncan möge mit den anderen Briten zurück zur *Eagle* übersetzen.

Mr Allen rief Sven noch zu, dass er in einer Wolkenlücke die Monddistanz gemessen habe. Sie seien etwa 100 Kilometer westlich vor Kap San Vincente.

Sven musste gar nichts sagen. Adam, Karl und Joshua stellten sich sofort an seine Seite, als Mr Duncan fragte, wer an Bord bleiben wolle. Vier andere Briten wurden nach ihren handwerklichen Fertigkeiten ausgewählt.

Sven war hundemüde. Aber zunächst musste er einteilen, wer die Portugiesen beim Aufbau des Notmastes unterstütze, wer die Waffen überprüfe und wer Wache hielt.

Der Kapitän der Portugiesen war nach der Folter noch nicht dienstfähig. Aber ein Leichtverletzter und drei andere Seeleute sollten mit vier Briten den Notmast bis zum Morgen aufgerichtet haben. Sven konnte zwei Stunden schlafen.

Schon bevor die Dämmerung kam, war Sven wieder an Deck. Nun schliefen Joshua und Adam. Der Notmast war fertig. Jetzt konnten sie einige Segel an ihm anbringen und damit wieder das Schiff segeln. Die *Eagle* war in der Nähe. Im Morgengrauen würde Sven Befehle erhalten.

Ein Portugiese kletterte auf den Hauptmast, um Ausschau zu halten, sobald sich die Dämmerung gelichtet hatte. Wenig später meldete er sich, und einer seiner Kameraden übersetzte Sven, dass die britische Sloop eine halbe Meile backbord von ihnen liege. Kurz darauf konnte er sie selbst sehen.

Aber dann kam schon erneut der Ruf des Ausgucks. »Zwei Segel aus Süden!«

Die *Eagle* schloss zur *Sankt Helena* auf und legte sich dicht neben sie, Bord an Bord.

»Wir verstecken uns jetzt hinter Ihnen, Mr Larsberg!«, rief ihm Commander Norman zu. »Wir hoffen, dass die Piraten nur sehen, was sie erwarten, nämlich ihre Prise. Wenn sie nahe genug sind, setzen wir Segel und kämpfen sie nieder. Können Sie sich eine Weile verteidigen, falls wir die Schebecke nicht immer unter Kontrolle halten können?«

»Ja, Sir. Aber bitte geben Sie uns noch zwei Musketen und eine Blunderbüchse an Bord. Sollen wir uns nur in Ihrer Nähe halten oder einen bestimmten Kurs segeln?«

»Bleiben Sie nur in unserer Nähe!«

Die Schebecke hatte eine weitere Brigg im Gefolge. Der sah man an, dass sie sich gewehrt hatte. Die Segel hatten Löcher, und das Deck war teilweise zerfetzt.

An Bord der *Sankt Helena* hatten einige Matrosen Turbane aufgesetzt und winkten der Schebecke zu. Die anderen verbargen sich hinter den Aufbauten. Die Kanonen waren feuerbereit.

Dann ging alles sehr schnell. Die Schebecke änderte den Kurs. Die *Eagle* setzte Segel und stieß hinter der *Sankt Helena* vor. Sobald sie freies Schussfeld hatte, feuerte sie auf die Schebecke, die etwa vierhundert Meter entfernt war.

Die andere Brigg konnte den Kurs nicht so schnell ändern und hielt weiter Kurs auf die *Sankt Helena.*

»Kanonen ausrennen! Zielt auf ihr Bugspriet!«, befahl Sven.

Die Schebecke beschoss sich mit der *Eagle,* aber auf zwei Schüsse der *Eagle* kam höchstens einer der Schebecke. Den Piraten fehlte der Drill. Ihnen fehlte auch die Treffsicherheit. Ihr vorderer Mast neigte sich jetzt und ging über Bord. Er hemmte die Fahrt der Schebecke, und sie drehte ungewollt einen Halbkreis. Dadurch bot sie der *Eagle* ihr Heck dar, und die feuerte Schuss um Schuss in die Schebecke.

»Das halten die nicht lange aus!«, rief Adam.

Aber dann mussten sie auf die andere Brigg achten. Dort riefen ihnen Piraten etwas zu. Als sie merkten, dass nicht die erwarteten Antworten kamen, liefen sie zu den Kanonen. Auch die fremde Brigg hatte anscheinend vier Sechspfünder.

»Feuer frei nach Zielauffassung!«, rief Sven, und nahm seine Muskete in die Hand.

Joshua feuerte als Erster und traf das Bugspriet. Es fetzte weg. Die Stage rissen, Segel fielen zusammen.

»Bravo!«, rief Sven und sah, wie die zweite Kanone mit ihrem Schuss den Bug der anderen Brigg traf.

Aber die andere Brigg hatte noch genügend Fahrt und würde sie passieren. An ihrem Deck sah Sven die Piraten an den Kanonen hantieren. Ein Anführer trieb sie an. Sven hob die Muskete und zielte sorgfältig. Jetzt waren sie nahe genug. Er schoss und traf.

Doch nun heulten zwei Kugeln der Piraten dicht über ihre Köpfe.

Unwillkürlich duckte sich Sven. Das war ein schreckliches Geräusch, wenn eine Kanonenkugel über dem Kopf durch Segel und Tauwerk fetzte.

»Zielt auf ihr Ruder!«, rief Sven und hob wieder seine Muskete, um den Rudergänger zu treffen.

Joshua traf das Ruder, Sven verwundete den Rudergänger. Die fremde Brigg lief aus dem Ruder, drehte sich und lag hilflos im Wind.

Und wo war die *Eagle?*

Die *Eagle* hatte die Schebecke längsseits gerammt. Commander Norman und Mr Duncan waren an der Spitze der Enterer auf das Deck der Schebecke gesprungen und stachen und schlugen auf die Piraten ein. Die Scharfschützen in ihrem Masttopp unterstützten sie und streckten die Anführer der Piraten nieder.

Aber keiner dieser bärtigen Turbanträger wollte Gnade. Sie kämpften nicht um ihr Leben. Sie kämpften, um möglichst viele Gegner mit in den Tod zu nehmen. Die Briten drückten sie Meter um Meter zurück. Seesoldaten stachen mit ihren Bajonetten auf die Piraten ein. Matrosen schlugen mit den Entermessern.

Dann krachte es hinter der Reihe der Piraten. Seesoldaten hatten zwei Handgranaten so geworfen, dass Druck und Splitter die Piraten in den Rücken trafen. Es war eine gewagte Operation, aber sie brach den Widerstand der Piraten. Ein Teil ließ sich abschlachten. Andere sprangen ins Meer.

Mr Norman schickte einen Trupp, um die Pulverkammer zu sichern. Er befahl Mr Allen, mit der *Eagle* abzulegen und Abstand zu halten. Dann durchkämmten die Briten alle Decks und Räume. Sie fanden vier Piraten, die sich versteckt hatten, und einen gefesselten, abgemagerten älteren Mann, einen Spanier.

Commander Norman befahl der *Eagle,* wieder längsseits anzulegen. Er stieg mit seiner Besatzung, den gefangenen Piraten und dem ohnmächtigen Mann zurück auf die Sloop. Nur zwanzig Mann blieben mit Leutnant Duncan an Bord der Schebecke. Sie sollten versuchen, ob die Prise wieder segelfertig zu machen war.

»Mr Allen, setzen Sie bitte einen Kurs auf die *Sankt Helena* ab. Sie braucht unsere Hilfe. Mr McGull, bitte nehmen Sie sich des hilflosen Mannes besonders an. Er war als Geisel an Bord des Piraten. Einer dieser Räuber sagte, er sei ein spanischer Marquis.«

Sven hatte bemerkt, dass die Schebecke erobert war. Dann würde bald Hilfe kommen. Es wurde auch Zeit, denn die andere Brigg feuerte immer noch auf sie. Aber Joshua und seine Kameraden hatten die besseren Treffer erzielt. Sorgen bereitete ihm nur, dass die fremde Brigg immer näher auf sie zu trieb. Wer konnte wissen, wie viele Piraten sich dort noch an Bug versteckten?

Karl stand auf ihrer Brigg am Steuer. Sven rief ihm zu, er möge von der anderen Brigg abhalten. Aber deren Segel nahmen ihnen jetzt den Wind. Leinen mit Enterdraggen flogen zu ihnen herüber. Ein Trupp Piraten zog die fremde Brigg an ihr Schiff heran.

»Gebt mir die Blunderbüchse!«, rief Sven. Er ließ sich das großkalibrige Kurzgewehr geben, prüfte kurz die Zündpfanne, legte an und schoss das grobe Schrot mitten in den Haufen der Piraten. Mehrere fielen zur Seite und erhoben sich nicht mehr. Andere schwangen blutbefleckt ihre krummen Säbel. Eine Musketenkugel schrammte an Svens Oberarm vorbei und ließ ihn vor Schmerz in die Knie sinken.

Aber dann sah er, wie die Segel der *Eagle* hinter der fremden Brigg auftauchten und eine Salve der Seesoldaten die noch lebenden Piraten vom Deck vertrieb. Und nun enterten ihre Matrosen das fremde Schiff und durchsuchten es. Jubelnd kamen Portugiesen an Deck, die eingesperrt gewesen waren. Der Spuk war vorbei.

Commander Norman hatte eine kurze Besprechung auf der *Eagle* einberufen. Er begrüßte auch die Kapitäne der zurückeroberten Schiffe. Vor allem aber dankte er den Mitgliedern seiner Besatzung, die sich tapfer und umsichtig geschlagen habe. Ein Maat übersetzte seine Worte ins Portugiesische, und die fremden Kapitäne schlossen sich seinem Dank wortreich an.

»Ich freue mich, dass alle Schiffe segelfähig sind. Wir müssen nach Gibraltar segeln, weil dort die nächsten britischen Gerichte sind, die über die Piraten, ihr Schiff und die Beute befinden können. Wir haben«, so fuhr Mr Norman fort, »auf der Schebecke etwa zwanzigtausend Pfund in Geld oder Schmuck gefunden, die die Piraten auf ihren Raubzügen erbeutet haben. Vierzehn Piraten wurden gefangen genommen. Vier Tote und zehn Verwundete sind der Preis, den wir zahlen mussten. Ein spanischer Marquis, mit dem ich noch nicht sprechen konnte, wurde aus der Gefangenschaft der Piraten befreit. Wir werden unsere Toten in einer Stunde bestatten. Ich erwarte, dass auch auf den anderen Schiffen dann die Arbeiten ruhen. Danach segeln wir ab. Die Schebecke segelt an der Spitze, dann folgt die *Sankt Helena* und als Letzte die Brigg *Rosa*. Die *Eagle* wird sie windwärts geleiten. Morgen sollten wir Gibraltar erreichen.«

Sie erreichten Gibraltar am frühen Vormittag. Sven spähte und suchte den Felsen, von dem alle erzählten, wenn der Name Gibraltar fiel. Aber er konnte keinen auffallenden Felsen entdecken.

Adam, der Gibraltar kannte, klärte ihn auf. »Der Felsen fällt zum Mittelmeer hin ab. Wenn du von dort kommst, siehst du ihn. Vom Atlantik aus gesehen, steigt der Berg langsam an.«

Ihr kleiner Konvoi erregte Aufmerksamkeit, als sie sich der Hafenmole näherten. Während die *Eagle* mit der Hafenbatterie den Salut austauschte, legten viele Boote am Land ab.

Es waren nicht nur die üblichen Händler- und Hurenboote, nein auch ganze Familien normaler Bürger trieb die Neugier hinaus. Sven ordnete an, dass noch niemand an Bord gelassen werden dürfe, und schaute zur *Eagle,* welche Anweisungen zum Anlegen von dort kommen würden.

Mr Allen rief ihm dann zu, er solle neben der *Rosa* am Kai festmachen.

Der Kai war inzwischen von Soldaten abgesperrt worden. Ein Trupp Soldaten marschierte zu dem Platz, an dem die Sloop lag, um Gefangene zu übernehmen. Eine Kutsche kam mit Zollbeamten, Ärzten der Gesundheitsbehörde und Vertretern des Hafenkapitäns.

Die Matrosen wollten Kontakte mit Händlern, Huren und auch mit den Bürgern. Sie hatten viel zu erzählen. Sven aber musste mit dem portugiesischen Kapitän Ladungs- und Schiffspapiere vorlegen, ein Kurzprotokoll unterzeichnen, damit alles seine Ordnung habe. Jetzt kam er mit dem Amtsschimmel in Berührung, über den er frühere Kapitäne oft hatte klagen hören.

Commander Norman stieg in eine Kutsche. Zwei Seesoldaten hoben eine Kiste hinein und stiegen auf den Bock. »Kriegen wir da einen Anteil von?«, fragte Karl.

Sven zuckte mit den Schultern und sah fragend Adam an. »Ich war noch nie in so einer Lage«, sagte der. »Die müssen ja erst sehen, ob sich frühere Eigentümer melden. Wenn das Prisenrecht Anwendung findet, dann teilt sich die Besatzung zwei Achtel der verbleibenden Summe.«

»Kannst du das mal ausrechnen, Sven?«, bat Joshua.

Sven seufzte und schloss die Augen. »Nehmen wir an, es blieben zehntausend Pfund zur Verteilung. Zwei Achtel wären zweieinhalbtausend, verteilt auf hundert Matrosen wären das fünfundzwanzig Pfund für jeden.«

Joshua riss die Augen auf. »Das wär ja so viel, wie ich in fast zwei Jahren als Heuer bekomme!«

Aber als sie in Gibraltar an Land gingen, war noch nicht entschieden, ob und wie viel Geld an sie verteilt werden würde. Doch ein unerwartetes Geschenk erhielten sie. Der spanische Marquis, den die Piraten gefangen hatten, um Lösegeld zu erpressen, schenkte jedem Matrosen zwei Pfund als Zeichen seiner Dankbarkeit.

»Dann dürfen wir bei aller Sparsamkeit aber auch eine Flasche Wein trinken«, entschied Adam.

Erst jedoch mussten sie zurück an Bord der *Eagle*. Der portugiesische Kapitän dankte ihnen beim Abschied und versprach, dass er sich bei seiner Reederei für eine Bonuszahlung für die Besatzung der *Eagle* einsetzen wolle.

»Dann werden wir noch reich!«, freute sich Karl. »Nun brauchen wir nur noch Landgang.«

Den gewährte ihnen der Commander wie den meisten anderen auch und dankte ihnen noch einmal für ihre Tapferkeit und Umsicht.

»Nun können wir uns die Affen ansehen«, schlug Sven vor. »Man sagt doch, solange Affen auf dem Fels leben, bleibt Gibraltar britisch.«

»Bist du wahnsinnig?«, schimpfte Adam. »Soll ich den ganzen Weg da hochklettern?«

»Alter Mann!«, scherzte Sven. »Mir hat ein Portugiese erzählt, man könne auf Eseln hinaufreiten.«

Sie fanden die Esel und mieteten sie für ein paar Pence mit Führer. Der Weg war bereits ein Vergnügen. Die Esel hatten ihren Kopf für sich. Mal blieben sie unvermittelt stehen. Mal trabten sie los. Und Karls Esel scheuerte an jeder Mauer entlang, sodass Karl immer sein Bein wegziehen musste.

Dann waren sie oben und staunten über den Ausblick.

»Ist doch was anderes, wenn man das Meer mal von so hoch oben sieht«, murmelte Adam.

Sie schauten weit über das Mittelmeer und sahen ferne Segel. Sie bestaunten die Felsmassive an der Küste Nordafrikas und suchten dann ihr Schiff in der Fülle der Schiffe im Hafen.

Sven sah einen Postkutter in den Hafen einlaufen und erinnerte sich, dass er auch von Gibraltar aus Nachrichten an seine Familie und an die Reederei schicken wollte. Sie schauten landeinwärts nach Spanien und suchten die Grenze.

Aber dann gingen sie zu den Affen. Die waren possierlich, aber auch verwöhnt. Das trockene Brot, das ihnen andere Seeleute reichten, verschmähten sie. Sie wollten Nüsse und Obst, das einige fliegende Händler verkauften. Sven erstand ein Beutelchen und verteilte es.

»Ich bin gar nicht dafür, dass die Briten hier noch länger bleiben«, murrte Adam. »Sie sollen sich überall heimscheren! Lasst uns jetzt eine Kneipe suchen!«

Sie gingen zu Fuß den Berg hinunter und schlenderten durch die Gassen. Hier konnte man wieder alles kaufen. Lebensmittel, Kleidung, Waffen, Seemannsausrüstungen, Andenken und vieles andere mehr.

Sven befühlte mit Interesse eine schöne doppelläufige Pistole, die so viel besser in der Hand lag als die klobigen Navypistolen. Geld müsste man haben, dachte er und legte die Pistole bedauernd zurück.

Adam liebäugelte mit einem Taschenteleskop.

»Willst du damit die Fettaugen in der Brühe suchen?«, fragte Karl. »Wenn an Deck was zu sehen ist, hast du doch keine Zeit dafür. Da musst du entweder an die Kanonen oder in die Segel. Wollten wir nicht auch einmal etwas trinken?«

Sven lächelte. »Seht mal! Da vorn ist eine Kneipe. Ich geh noch schnell hier in die Seitengasse. Da habe ich einen Buchladen mit Zeitungen gesehen. Ich komme gleich nach.«

Er ging die wenigen Schritte zum Buchladen, fand aus den Kolonien eine Bostoner Zeitung sowie eine aus Gibraltar, kaufte beide und wollte seinen Kameraden nachgehen.

Als er aus der Tür trat, lief ihm förmlich eine junge Frau in die Seite und schrie sofort: »Betatschen Sie mich nicht, Sie Wüstling. Hilfe! Ich werde belästigt!«

Wie aus dem Boden gewachsen standen auch schon zwei junge Kerle mit Messern und Knüppeln vor ihm.

»Denkst du, du kannst unsere Mädchen begrapschen? Reich mal dein Geld rüber, damit wir deine Untat vergessen!«

Sven schrie sofort laut: »Eagles! Zu Hilfe! Adam! Schnell!«

Er riss sein Messer heraus und warf den Burschen die Zeitungen ins Gesicht. Die stutzten einen Moment, hoben ihre Knüppel und griffen ihn an.

Sven sprang zur Seite, um ihren Knüppeln auszuweichen, und rief wieder um Hilfe. Die Burschen stießen mit den Knüppeln nach ihm. Sven schlug sie zur Seite und versuchte, einem in den Arm zu stechen. Da sah er, wie seine Kameraden um die Ecke rannten und ihre Messer in der Hand hielten. Die junge Frau rief eine Warnung. Die Burschen sahen sich um und rannten sofort in den nächsten Toreingang.

Die junge Frau stand zitternd vor Sven. Der hielt die anderen zurück. »Danke für eure Hilfe. Die Burschen kriegen wir nicht mehr. Und was machen wir mit der?«

Joshua rollte mit seinen Augen. »Die nehmen wir mit an Bord. Wenn hundert Mann ihr jeden Tag einen stoßen, dann wird sie sich das schon merken.«

Adam entgegnete: »Dazu ist die doch viel zu hässlich. Ich schneide ihr die Haare ab. Das ist eine Strafe für eine Frau.« Und im Nu hatte er ihr ein paar lange Strähnen abgeschnitten, sodass sie aussah wie ein gerupftes Huhn.

Die Freunde gingen weiter, suchten sich aber nun eine Kneipe, die etwas mehr entfernt von diesem Ort war.

»Du solltest aufhören, dir Zeitungen zu kaufen, Sven«, scherzte Karl. »Das ist zu gefährlich. Schon als du in Charleston eine kauftest, bist du überfallen worden, und wir mussten dir helfen.« Adam lachte schallend.

Sven hatte ihre Sprüche nur nebenbei wahrgenommen. Die Schlagzeilen der Bostoner Zeitung fesselten ihn.

»Hört doch mal her! Die Engländer schließen als Strafe für die Teeparty und andere Ausschreitungen den Hafen von Boston für den Handel. Boston wird von über 3000 britischen Soldaten besetzt. General Thomas Gage wird zum zeitweiligen Gouverneur von Massachusetts ernannt. Freunde, das gibt einen Aufstand! Was passiert als Nächstes in der Heimat? Und wir sitzen hier in Gibraltar.«

Die anderen hatte die Nachricht betroffen gemacht. »Gibt es dann Krieg in Pennsylvanien?«, fragte Karl bedrückt.

»Mensch, so weit ist es lange noch nicht. Wir sind doch auf dem Weg nach Amerika. Und in der Karibik finden wir schon eine Möglichkeit, in die Heimat zu kommen. Ich trinke jetzt. Ich habe mich schon ein Weilchen darauf gefreut.«

Sven betrat in Georgetown auf Barbados das Büro von »Hammerton, Wilbert und Smith«. Er wusste von seinem ersten Aufenthalt hier, das war die Agentur, die für die Reederei Bradwick Schiffsladungen vermittelte.

»Sie haben Glück, Mr Larsberg, Mr Runner hat gerade etwas Zeit für Sie«, informierte ihn der Schreiber.

Mr Runner war ein junger Mann, nur wenig älter als Sven. Als er

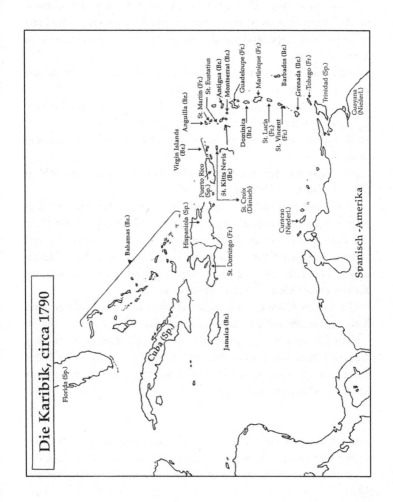

Die Karibik, circa 1790

Florida (Sp.)

Bahamas (Br.)

Cuba (Sp.)

Jamaica (Br.)

Hispaniola (Sp.)

St. Domingo (Fr.)

Puerto Rico (Sp.)

Virgin Islands (Br.)

St. Croix (Dänisch)

St. Kitts Nevis (Br.)

Anguilla (Br.)

St. Martin (Fr.)

St. Eustatius

Antigua (Br.)

Montserrat (Br.)

Guadeloupe (Fr.)

Dominica (Br.)

Martinique (Fr.)

St. Lucia (Fr.)

St. Vincent (Fr.)

Barbados (Br.)

Grenada (Br.)

Tobago (Fr.)

Trinidad (Sp.)

Curacao (Niederl.)

Guayana (Niederl.)

Spanisch-Amerika

hörte, dass Sven mit der *Eagle* eingelaufen war, erkundigte er sich höflich, ob er eine gute Überfahrt hatte.

Sven dankte, erzählte, dass sie kurz nach dem Auslaufen aus Madeira einen kurzen Sturm abwettern mussten, danach aber eine schnelle und unkomplizierte Überfahrt hatten.

»Ich war zuletzt mit der *Victoria* der Reederei Bradwick in Georgetown, Mr Runner. Durch meinen Großvater, einen Freund des alten Herrn Bradwick, bin ich der Reederei auch persönlich verbunden. Wäre es möglich, dass Sie einem zuverlässigen Kapitän einen Brief für Mr Bradwick mitgeben?«

Mr Runner sah betreten aus. »Ich fürchte, ich habe eine unangenehme Nachricht für Sie, Mr Larsberg. Mit der letzten Post erfuhr ich, dass der alte Herr Bradwick vor jetzt zwei Monaten friedlich entschlafen sei.«

Sven war betroffen. Nun war auch dieser unverwechselbare Charakter nicht mehr am Leben.

»Was ich schrieb, Mr Runner, wird seinen Sohn nicht weniger interessieren. Hätten Sie vielleicht etwas Papier und einen Umschlag für mich? Dann schreibe ich dem Sohn ein paar Zeilen des Beileids und lege den Brief an seinen verstorbenen Vater bei.«

Mr Runner half gerne aus und nahm den Umschlag, der nun auch den Brief an den alten Herrn enthielt, in Empfang und versprach zuverlässige Lieferung.

»Ein Freund des alten Herrn Bradwick, besser gesagt, einer seiner ehemaligen Maate, vertritt übrigens unsere Agentur auf Antigua. Er heißt William Solberg, falls Sie mal vorbeikommen.«

Das war eine gute Nachricht, dachte Sven, als er das Haus verließ. Im Brief an Mr Bradwick hatte er um Hilfe bei der Flucht in die Heimat gebeten. Und jetzt wusste er, mit wem er Einzelheiten auf Antigua besprechen konnte. Die *Eagle* würde bald dort einlaufen.

Er bog in die Hauptstraße von Georgetown ein. Sein Blick fiel auf einen Buchladen mit Zeitungen. Er lächelte. Wäre nun wieder ein Überfall fällig? Aber dann nahm ihn die Überschrift gefangen. »Der Erste Kontinentalkongress tritt in der nächsten Woche in Philadelphia zusammen!«

Er kaufte sich die Zeitung, setzte sich in das nächste Kaffee und las. Außer Georgia entsandten alle Kolonien Abgeordnete zum Kongress. Sie sollten beraten, wie man sich am besten gegen die unerträglichen Gesetze des Mutterlandes wehren solle.

Sven sorgte sich um die Zukunft. Der Wunsch, bald in die Heimat zurückzukehren, wurde immer stärker.

Seine Freunde stimmten ihm zu.

»Wir müssen möglichst bald ein Schiff aus den Kolonien finden, das uns mitnimmt«, betonte Karl.

Sven mahnte: »Wir müssen erst Papiere haben. Und dann ist fraglich, ob wir alle auf das gleiche Schiff sollten. Überlegt doch! Die Briten geben sofort Suchmeldungen nach jedem Deserteur heraus. Und ihre Schiffe durchsuchen jedes Schiff auf Deserteure. Vier fallen da eher auf als zwei. Ich habe heute an den Reeder geschrieben und um Hilfe gebeten. Ich bin sicher, er schickt gute Papiere an seine Agenten hier. Auf Antigua leitet ein Freund des Reeders die Agentur. Da segeln wir doch hin.«

»Sven hat recht«, stimmte Adam zu. »Wir dürfen nichts überhasten, sondern müssen alles gut überlegen.«

»Ich gehe mit Sven«, betonte Joshua, und Sven legte dem treuen Freund die Hand auf die Schulter.

Die *Eagle* rollte sanft in der Dünung vor St. Lucia. Sie hatte gerade einen amerikanischen Schoner zur Untersuchung angehalten. Ihr Kutter war unterwegs zum Schoner.

Sven saß am Ruder des Kutters und schaute missmutig auf das Schiff, dem sie sich näherten. Diese Durchsuchungen waren kein Vergnügen. Die amerikanische Besatzung empfing die Kontrolleure meist mit unverhülltem Hass. Nicht nur die vier Seesoldaten, die die Kutterbesatzung begleiteten, hielten die geladenen Musketen bereit. Auch die Matrosen waren bis an die Zähne bewaffnet. Sven hatte sein Entermesser umgeschnallt und die Pistole im Gürtel stecken.

Aber es waren doch seine Landsleute, die er untersuchte. Er wusste aus eigener Erfahrung, dass Schmuggel gegen die britischen Gesetze allenfalls als Kavaliersdelikt galt. Und jetzt musste er immer die Logbücher und die Ladepapiere prüfen und das Musterbuch mit den Papieren der Besatzung vergleichen.

Er schämte sich oft für seine Landsleute. Es war eine Sache, Melasse von französischen oder spanischen Plantagen als englische zu deklarieren, um Abgaben zu sparen. Aber es war etwas anderes, verdorbene oder minderwertige Ware als erstklassig zu erklären. Und es war mit seinem Gewissen nicht vereinbar, farbige Kinder gefesselt unter Deck zu verstecken, um sie an Kinderschänder zu verkaufen.

Manchmal sagte ihm ein Kapitän seiner Aussprache wegen auf den Kopf zu, dass er selbst aus den Kolonien stamme, und nannte ihn einen Verräter. Das erste Mal hatte er wütend geantwortet, dass er zum Dienst gepresst wurde und lieber ein Verräter als ein Verbrecher sei. Später schwieg er dann einfach.

Der große Schoner, den sie heute untersuchten, hatte Philadelphia als Heimathafen. Als Sven das erst feindselige, dann überraschte Gesicht des Kapitäns sah, wusste er, dass er ihn kannte. Es war ein Freund des jungen Mr Bradwick, und der hatte ihn mehrmals mit seinem Großvater beim alten Bradwick gesehen.

Bevor der Kapitän etwas sagen konnte, stellte er sich als »Ben Larsberg, Steuermannsmaat auf seiner Majestät Sloop *Eagle* vor und bat den Kapitän, ihn in seine Kajüte zu führen. Während sie gingen, flüsterte er ihm zu, dass er zum Dienst gepresst sei und fliehen wolle. »In welchem Raum darf kein Brite suchen?«

»Vorn hinter dem Kattegatt«, flüsterte der Kapitän zurück. Der Seesoldat, der Sven immer begleitete, hatte nichts bemerkt.

Sven nahm die Ladepapiere und teilte Joshua und Karl zur Untersuchung des genannten Raumes ein. Er zwinkerte ihnen zu.

Mit dem Kapitän ging er die Logbücher durch. Den Büchern nach war der Schoner auf dem Weg von Grenada direkt über Antigua nach Philadelphia. Sven befahl dem Seesoldaten, ihm die Tafel vom Ruderhaus zu bringen.

Kaum war er aus dem Raum, sagte er leise zum Kapitän: »Sie haben sicher gehört, dass ich in New York schanghait wurde. Ich versuche, bald mit meinen Freunden zu fliehen. Ich decke kein gewöhnliches

Verbrechen, aber wenn Sie etwas verbergen, was bei uns üblich war, dann sagen Sie es mir.«

»Wir schmuggeln Waffen für die Patrioten.«

Sven sah ihn nachdenklich an. »Hoffentlich hilft das unserer Heimat. Sagen Sie nie, dass ich es wusste. Grüßen Sie Bradwick!«

Der Seesoldat polterte mit der Schiefertafel in die Kajüte. Sven verglich die Eintragungen.

»In Ordnung«, bestätigte er. »Ich muss jetzt noch die Mannschaft anhand des Musterbuchs überprüfen.«

Die Matrosen des Schoners standen finster und ablehnend da. Joshua und Karl kamen von der Untersuchung der Räume und meldeten: »Keine Schmuggelware, Sir.«

Sven dankte und rief die Matrosen auf.

»Wo kommst du her?«, fragte er den ersten.

»Welches Arschloch will das wissen?«, gab der aggressiv zurück.

Zum Erstaunen aller mischte sich der Kapitän ein. »Antworte anständig, Michael!«

»Aus Germantown«, antwortete der Matrose nun.

»Kannst du Deutsch?«, erkundigte sich Sven.

»Ein wenig.«

»Na, dann gute Fahrt!«, wünschte Sven auf Deutsch.

Als Sven mit Joshua allein an der Reling stand, fragte er ihn leise: »Hast du Waffen gefunden?«

»Ja, vierzig Musketen und Bajonette.«

Sven legte den Finger auf die Lippen.

Als sie den Schoner wieder verließen, lüftete der Kapitän seinen Hut.

Bei den Saintes sichteten sie morgens einen kleinen Schoner. Er reagierte auf kein Signal und keinen Warnschuss, sondern suchte Zuflucht im Inselgewirr.

Mr Allen trat auf den Commander zu. »Sir, ich bin hier schon gesegelt. Der Schoner wird zwischen diesen Inseln durch flache Gewässer segeln und sich dann in Terre-de Bass verstecken. Wenn wir hier vor den Inseln segeln, können wir ihm bei diesem Wind den Weg abschneiden.«

»Ausgezeichnet, Mr Allen. Geben Sie den Kurs an. Ich lasse Klarschiff vorbereiten.«

Sie segelten mit allem, was ihre Masten trugen, hart vor dem Wind. Als sie die kleinen Inseln passiert hatten und Kurs auf Terre-de Bass nahmen, segelte der Schoner gerade aus einem engen Kanal hinaus und lag nun vor ihrer Breitseite. Commander Norman ließ die Segel backbrassen und einen Warnschuss feuern.

Der Schoner wollte halsen und fliehen. »Feuer frei!«, befahl der Commander.

Ihre Kanonen hatten zur Hälfte Kettenkugeln geladen und zerfetzten die Segel des Schoners. Er konnte nicht mehr fliehen. Aber es waren Piraten, die kein Pardon erwarteten. Sie richteten ihre Kanonen und beschossen die *Eagle*. Sie trafen auch. Rahen wurden zerfetzt und Splitter bohrten sich in Fleisch. Verwundete wurden schreiend unter Deck geschleppt.

»Traubengeschosse laden!«, befahl der Commander. »Fegt ihr Deck frei! Enterkommando fertig machen, Mr Duncan!«

Die Traubengeschosse waren gebündelte Rundkugeln, die wie Schrotkugeln eine Streuwirkung hatten, nur viel massiver. Da konnte sich kein Pirat an den Kanonen halten. Sie rannten zu zwei Booten, die sie hinter dem Schoner geschleppt hatten. Mr Duncan trieb ihr eigenes Enterkommando an. Sven saß mit Mr Duncan im ersten Kutter, Mr Allen mit Leutnant William im zweiten.

Mr Duncan sah, dass nur wenige Piraten auf dem Schoner geblieben waren. Sie ruderten seitwärts auf ihn zu, sodass die *Eagle* weiter auf den Schoner feuern konnte.

»Entern Sie den Schoner!«, rief Mr Duncan dem Leutnant der Seesoldaten zu. »Wir verfolgen die Boote!«

Sie hatten am Bug des Kutters eine Zweipfünder-Drehbasse, die Joshua bediente. Hinter ihm stand Sven mit seiner Muskete. Sie feuerten abwechselnd auf die beiden Kutter. Als Sven einen der Ruderer traf, gerieten alle kurz aus dem Takt und kamen vom Kurs ab.

Joshua traf das Steuer des anderen Bootes, und es taumelte jetzt förmlich durch das Wasser. Als sie nahe an diesem Boot waren, lud Joshua eine Kartätsche. Jetzt war die Hälfte aller Ruderer getroffen, lag auf den Bänken und brachte das Boot fast zum Stillstand.

Der Kutter war heran.

»Ergebt euch! Werft die Waffen ins Wasser!«, brüllte Mr Duncan. Ein Matrose wiederholte es auf Französisch, ein anderer auf Spanisch. Zur Antwort feuerte ein Pirat seine Pistole auf sie ab.

»Schießt die Bande zusammen!«, befahl Mr Duncan wütend.

Pistolen und Musketen krachten, und alle Piraten sanken zusammen.

»Weiter zum nächsten Boot!«, rief Mr Duncan.

Joshua hatte in der Zwischenzeit weiter auf das andere Boot geschossen und es zweimal getroffen. Es nahm Wasser über und wurde immer langsamer. Auch Sven schoss wieder.

»Geben die nie auf?«, wunderte sich Mr Duncan.

Sie haben doch nur den Galgen zu erwarten, dachte Sven und schoss wieder. Diesmal hatte er wohl einen Anführer getroffen. Nun gaben sie doch auf. Die Riemen schleiften durchs Wasser. Die Ruderer hoben die Hände.

»Werft die Waffen ins Wasser!«, befahl Mr Duncan erneut.

Sie warfen Messer und Pistolen ins Wasser.

»Vier Mann gehen rüber!«, ordnete der Zweite an. »Setzt euch in den Bug, und lasst sie zum Schoner rudern. Aber passt auf!«

Sie ruderten zum ersten Boot zurück. Zwei Mann hatten sich aus dem Haufen der Verletzten befreit, saßen auf den Ruderbänken und sahen ihnen entgegen.

»Alle Waffen ins Wasser!« Sie nahmen das Boot in Schlepp und ruderten zum Schoner.

Mr Duncan brauchte den Erfolg seiner Mission gar nicht zu melden. Der Commander hatte alles gesehen.

»Wir haben drei Gefangene. Mit Ihren sechs Gefangenen geben wir dem Henker wieder Arbeit. Es sollen vorwiegend Spanier auf dem Schoner gewesen sein. Aber der Kommandant war ein Ire. Verbrecherpack aus aller Welt eben. Haben Sie Verletzte?«

Mr Duncan hatte nur einen Streifschuss zu melden, aber Mr Mc-

Gull kam schon auf sie zu und nahm Briten und Gefangene gleichermaßen unter seine Fittiche.

»Wir sind doch bald in Antigua. Warum bemüht sich der Schiffsarzt da so um die Gefangenen? Er macht sie doch nur für den Henker schön«, wunderte sich Karl.

»Du kennst ihn doch. Wenn jemand krank oder verwundet ist, kennt er keine Unterschiede zwischen Briten und Piraten. Dann sind alles nur hilfsbedürftige Menschen. Ich bewundere ihn«, gab Sven zu.

Der Piratenschoner war nicht so schwer beschädigt, wie es zunächst ausgesehen hatte. Ihre Handwerker würden ihn nach einem Tag harter Arbeit wieder so weit instand gesetzt haben, dass er nach Antigua segeln konnte. Dann müsste man abwarten, was der Admiral entschied.

Sie hatten in der Nacht mit Süd-Ost-Kurs Antigua an Backbord passiert und näherten sich jetzt English Harbour, dem Kriegshafen, aus nördlicher Richtung. Sven hatte die Insel noch nie angelaufen und stand neben Mr Allen an Deck, der ihm bereitwillig alles erklärte. Sie passierten am nördlichen Inselrand eine flachere Landzunge, der eine größere Bucht folgte. Danach ragte ein bewachsener Berg auf, verlief etwa zwei Meilen auf gleicher Höhe und fiel dann ziemlich stark ab.

»Sehen Sie am südlichen Rand des Berges die Steilküste, Mr Larsberg? Wenn wir uns nähern, werden Sie zwei schmalere Einfahrten erkennen. Die nördliche, auf die wir zusteuern werden, führt nach English Harbour, die südliche nach Falmouth Harbour, beides ganz ausgezeichnete Ankerplätze, sicher vor jedem Hurrikan.«

In der schmalen Einfahrt nach English Harbour wies er Sven auf die Mauern und Kasernen von Fort Berkeley hin, das die Einfahrt nach English Harbour schützte. Der Hafen hatte ein kleineres Dock und war für die Flotte der wichtigste Stützpunkt auf den Leeward-Inseln.

Auf Fort Berkeley begannen Geschütze Salut zu schießen, und die *Eagle* antwortete. Gefolgt von dem erbeuteten Piratenschoner segelten sie in eine Bucht, die sich etwa zweihundert Meter weit öffnete und in zwei Armen ungefähr siebenhundert Meter weit in das Land hineinragte. Steuerbord querab überragte sie der große Berg, den sie als Landmarke von der See aus bestimmt hatten.

Die *Eagle* ließ den Anker fallen. Vom Ufer näherten sich Boote von der Werft, dem Postamt, dem Hafenkapitän, um die vielen Formalitäten, die mit der Ankunft eines Schiffes und zusätzlich einer Prise verbunden waren, zu erledigen. Und dann kamen auch die Boote mit Händlern und Huren.

Die Seeleute lachten und winkten, wenn ihnen ihre Arbeit etwas Zeit ließ. Aber Commander Norman und der Bootsmann schimpften. Die Seesoldaten bezogen Position, um Schmuggel mit Alkohol zu unterbinden.

Sven hoffte, dass er am nächsten Tag Gelegenheit hätte, mit Mr Solberg von der Agentur »Hammerton, Wilbert und Smith« zu sprechen. Davon würde für ihre Zukunft viel abhängen. Aber erst mussten die Gefangenen übergeben und die Prise für die Besichtigung durch das Gericht vorbereitet werden.

Die vier Freunde hatten am nächsten Tag nach der Vormittagswache Landgang. Sie ließen sich mit einem Wagen den kurzen Weg nach Falmouth fahren, da dort am Handelshafen die Schiffsagenturen ihre Büros hatten und auch mehr an Unterhaltung geboten wurde. Sven fragte nach »Hammerton, Wilbert und Smith« und erklärte seinen Freunden, dass er allein mit Mr Solberg sprechen müsse.

»Immerhin erwarten wir von ihm, dass er uns zur Desertion hilft und damit gegen das Gesetz verstößt. Da kann man nicht gleich mit drei möglichen Zeugen kommen.«

Die anderen sahen das ein und wollten in einer Kneipe warten, von der aus man die Agentur noch sehen konnte.

Mr Solberg war ein älterer, dicker Mann mit Glatze. Sven führte sich als ehemaliger Untersteuermann der Reederei Bradwick mit seinem richtigen Namen ein. »Vielleicht kennen Sie auch meinen Großvater, der mit dem jüngst verstorbenen Mr Bradwick befreundet war.«

»War er nicht Kapitän? Wie hieß er gleich mit dem Vornamen?«

»Ingmar, Mr Solberg«, antwortete Sven.

»Ach ja, der Kap Hoorner. Und warum kommen Sie jetzt als Maat in die britische Flotte, Mr Larsson?«

»Ich wurde mit drei Freunden in New York schanghait. Ich war erst auf der Fregatte *Zeus* auf dem Weg nach England und bin jetzt mit der Sloop *Eagle* auf Patrouille in der Karibik.«

»Und was wollen Sie von mir?«

»Ich bitte um Ihre Unterstützung bei unserem Versuch, in die Heimat zurückzukehren. Ich habe Mr Bradwick schon informiert. Er wird uns Papiere mit unseren richtigen Namen ausfertigen. Wenn Sie ihn benachrichtigen, kann er die Papiere bei Ihnen deponieren. Wir hätten dann gern noch Hilfe, um ein geeignetes Schiff zu finden.«

Mr Solberg sah Sven nachdenklich an. »Werden Sie denn in der britischen Flotte unter falschen Namen geführt?«

»Ja, Sir. Wir wollten verhindern, dass wir bei Desertion zu schnell entdeckt werden.«

»Nun, Sie scheinen vorsichtig zu planen. Sie wissen, dass auch auf Unterstützung der Desertion hohe Strafen stehen?«

»Ja, Mr Solberg. Wir bitten Sie dennoch sehr herzlich. Niemand wird von uns je Ihren Namen erfahren.«

»Gut! Wenn die Papiere kommen, werde ich mich um ein Schiff bemühen, das sofort absegelt. Wenn Sie wie üblich bis Mitternacht Ausgang haben, sollten Sie schon unterwegs sein, ehe Ihre Abwesenheit auffällt. Wenn Sie wieder Antigua anlaufen, nehmen sie alle Ihre wichtigsten Dinge mit. Sie allein kommen vorsichtig zu mir und fragen, ob ein Schiff bereitliegt. Schreiben Sie Ihre Bitte an Mr Bradwick jetzt gleich hier. Sie geht noch heute mit einem Schiff ab.«

»Vielen Dank, Mr Solberg. Ich werde über alles schweigen.«

Sven erzählte auch seinen Freunden keine Einzelheiten, sondern sagte nur: »Er wird uns helfen. Wenn wir das nächste Mal Antigua anlaufen, soll es klappen.«

Joshua fragte: »Aber ob wir wieder hierher kommen?«

Adam beruhigte ihn. »Das ist hier der Hauptstützpunkt der Flotte in der Karibik. Hier kommen wir bestimmt wieder her.«

Sie verlebten einen recht ruhigen Abend, da sie ihr Geld zusammenhielten, aber es reichte zu einem schmackhaften Orangentrunk mit weißem Rum und zu einem guten Abendessen. Als sie sich an Bord zurückmeldeten, erfuhren sie dann, dass das Admiralitätsgericht in Gibraltar ihnen aus der Beute einen Anteil von 10 000 Pfund zugesprochen habe, sodass auf jeden Matrosen 25 Pfund entfielen.

»Verdammt!«, schimpfte Karl. »Hätten sie uns das nicht vorher sagen können. Dann hätte es doch mal wieder für einen Puff gereicht.«

Adam lachte. »Du armer Kerl! Wenn du es so nötig hast, dann hau doch mit dem Tauende drauf. Das soll sehr gut tun.«

»Haha«, gab Karl zurück. »Du hast gut reden. Deinen Kleinen kannst du ja mit einem Tauende gar nicht treffen.«

Sven unterdrückte sein Lachen. »Hört auf mit euren Ferkeleien! Wir müssen mit unseren Anrechtscheinen noch vor dem Auslaufen auf eine hiesige Bank. Einen Teil des Geldes lassen wir uns bar auszahlen, den anderen Teil lassen wir nach Philadelphia überweisen. Ich schlage vor, dass wir es auf Mr Bradwicks Namen und sein Konto tun. Unsere richtigen Namen sollten wir hier nicht angeben. Man weiß nie.«

Seine Freunde vertrauten in solchen Dingen Svens Sachverstand und waren einverstanden, mit ihm beim nächsten Ausgang zur Bank zu marschieren.

Als sie drei Tage später wieder ausliefen, war Sven zuversichtlich, dass nun alles für eine baldige Rückkehr in die Heimat in die Wege geleitet war. Gleichzeitig war er enttäuscht, dass English Harbour und Falmouth wenig Unterhaltung geboten hatten. Das sollte nun der wichtigste Stützpunkt Englands in der Karibik sein?

»Ja, für die Flotte sind die Häfen wichtig, aber die Hauptstadt der Insel ist St. John's«, belehrte ihn Mr Allen. »Dort ist auch der gesellschaftliche Mittelpunkt des Lebens mit Sklavenmärkten und den Festen der reichen Plantagenbesitzer. Aber der Hafen von St. John's ist nicht so gut gegen Stürme geschützt. Er wird daher seltener angelaufen.«

Sie segelten an den Inseln über dem Winde sowie an Puerto Rico und Haiti vorbei nach Kingston. Sie untersuchten mehrere Handelsschiffe. Eines Tages war es eine Dreimastbark aus Savannah. Mr Duncan hatte sich angewöhnt, immer Sven in seinem Team mitzunehmen.

Sie wurden wie immer unfreundlich empfangen. Mr Duncan befragte den Kapitän. Sven studierte das Bordbuch. Adam und Joshua prüften die Deckslast. Ein Matrose sah ihnen zu und zog geringschätzig die Mundwinkel herab.

»Dreckiger Nigger«, knurrte er, sodass sie es hören mussten.

Adam richtete sich auf. »Du verdammter Hundesohn von einem Sklavenhalter. Noch eine solche Bemerkung, und ich zerschmettere dir die Fresse, dass du nie mehr etwas sagen kannst.«

Joshua stand drohend hinter ihm, und angesichts dieser beiden Kraftpakete verzog sich der Matrose still.

Mr Duncan hatte das beobachtet, schmunzelte und rief: »Ihr beiden! Schaut jetzt einmal im vorderen Laderaum nach!«

Als sie den Niedergang hinuntergeklettert waren, flüsterte Joshua zu Adam: »Du, das untere Vordeck ist wesentlich kürzer als das Oberdeck.«

»Schreite doch noch mal das Oberdeck ab. Dann zählen wir hier unten die Schritte.« Es waren unten sieben Schritte weniger.

Sie riefen Sven und räumten eine Wand aus Zuckersäcken beiseite, die den Weg bugwärts versperrte. Ein furchtbarer Gestank schlug ihnen entgegen. Sie schlugen eine Tür ein und sahen Sklaven, die buchstäblich in zwei Reihen übereinander gestapelt waren. Sie trugen Ketten an den Beinen, kamen nie an Deck, um ihre Notdurft zu verrichten, hatten nur ein Fass Wasser im Raum und seit zwei Tagen nichts gegessen. Sie sollten von Haiti nach Karolina geschmuggelt werden.

Sven war so wütend, dass er dem Kapitän beim Übersetzen auf die *Eagle* scheinbar versehentlich mit dem Fuß in den Magen trat, Commander Norman die brutale Schinderei sehr anschaulich schilderte und ihn bat, den Kapitän und seine Maate unter gleichen Bedingungen auf der *Eagle* gefangen zu halten.

»Seien Sie nicht kindisch, Mr Larsberg! Ich bin Offizier des Königs und kein Menschenschinder. Die Leute werden unter Arrest gehalten und dem Gericht übergeben, aber nicht gequält. Ich stelle mich doch nicht auf eine Stufe mit diesem Pack. Jetzt schicke ich Leutnant William und den Schiffsarzt auf die Prise. Denken Sie künftig daran: Man muss bei der Befreiung gequälter Gefangener immer Fürsorge mit Vorsicht verbinden, sonst kommt es zu Rachemorden.«

Sven musste erfahren, dass Mr Norman recht hatte. Mr McGull erlebte die Dankbarkeit der Befreiten für seine ärztliche Hilfe und Fürsorge, aber wenn Mr Williams Seesoldaten nicht aufgepasst hätten, wären die amerikanischen Matrosen der Prise wohl einer Racheorgie zum Opfer gefallen.

»Wäre auch nicht schade gewesen«, knurrte Joshua.

Das ärgerte Adam. »Wie kannst du so etwas sagen? Die Matrosen haben keine Mitsprache bei der Auswahl der Fracht.«

»Ich habe mehr Mitleid mit den Sklaven als mit den Matrosen. Die Sklaven haben wir nicht befreit. Sie kommen jetzt nur auf einen britischen Sklavenmarkt, wo sie teurer verkauft werden als in Haiti. Aber davon haben sie nichts. Sie müssen auf den Plantagen schuften und sind abhängig von der Gnade des Besitzers.«

In Kingston erlebte Sven eine Überraschung. Bei der Agentur »Hammerton, Wilbert und Smith« lagen Briefe für ihn, Adam und Karl. Er eilte zu seinen Freunden, die in einer Bar auf ihn warteten, und gab ihnen die Briefe. Joshua war an Bord geblieben, weil er an Land die Rache seiner Feinde fürchtete.

»Mein lieber Sohn!«, schrieb seine Mutter. »Du kannst dir unsere Freude nicht vorstellen, als uns nach monatelanger Ungewissheit dein Lebenszeichen aus England erreichte. Als du und deine Freunde unter geheimnisvollen Umständen in New York verschwunden waren, hatten uns dein Kapitän und Mr Bradwick immer versichert, dass ihr wahrscheinlich auf ein Schiff der Flotte entführt wäret. Aber sicher konnten wir nicht sein. Es gibt ja auch immer wieder entsetzliche Morde. Nun wissen wir, dass du lebst und in relativer Sicherheit bist. Mr Bradwick und wir haben einen Anwalt eingeschaltet, der eine Eingabe bei der Admiralität unterbreitet hat. Mr Bradwick sichert euch auch sonst seine volle Unterstützung zu.«

Svens Mutter berichtete, dass aus der Familie alle gesund seien. In Philadelphia spreche jetzt jeder über den Kontinentalkongress, der mit 56 Delegierten seit einem Monat tage. Mr James Galloway aus Philadelphia, den er sicher auch vom Sehen kenne, sei Führer der Konservativen und trete für den Ausgleich mit England ein. Aber die Mehrheit werde sich wohl für einen Warenboykott gegen England entscheiden. Dr. Wilbur meinte, das sei der erste Schritt auf dem Weg zum Krieg mit England.

»Und nun muss ich dir etwas schreiben, mein lieber Sohn, was ich dir lieber von Angesicht zu Angesicht gesagt und erklärt hätte. Du hast sicher noch erfahren, dass Dr. Wilburs Frau im Juni vergangenen Jahres gestorben ist. Du weißt, wie nahe er uns immer stand. Deine Schwester Ingrid war dort im Haus wie eine Tochter. Wir alle haben ihn als Arzt und Mensch geschätzt. Für Dr. Wilbur war das Führen eines Arzthaushalts ohne Frau sehr schwer. Er hat mich ein Jahr nach dem Tod seiner Frau gebeten, ihn zu heiraten. Ich habe zugesagt. Ich liebe ihn nicht, wie ich deinen Vater geliebt habe. Aber ich achte und schätze ihn, und er ist mir sehr sympathisch. Es war auch für mich nicht einfach, allein zwei Kinder großzuziehen. Ich bin glücklich, wieder jemanden an meiner Seite zu haben, der mich behütet und umsorgt. Deine Schwester ist glücklich, wieder einen Vater zu haben. Ich weiß, dass auch du Dr. Wilbur respektierst. Daher hoffe ich, dass du mich verstehst. Sorgen macht mir nur, dass mein neuer Ehemann politisch die Ansichten der Minderheit teilt. Das wird ihm Schwierigkeiten bereiten. Aber sein Gründe sind ehrenhaft und auch einleuchtend.«

Sven ließ den Brief nachdenklich sinken. War seine Mutter seinem Vater untreu geworden? Hatte Sie die Jahre in Einars Tal vergessen? Aber dann besann sich Sven. Wie konnte er von seiner Mutter verlangen, dass sie ihr Leben einem Toten weihte? Sie hatte lange genug getrauert und nur für die Kinder gelebt. Jeder Tag mit einem liebenden und fürsorglichen Menschen an ihrer Seite war ihr zu gönnen. Und Dr. Wilbur war ein Mann, den man achten und respektieren musste, auch wenn man politisch anderer Meinung war.

Seinen Kameraden sagte Sven nur, dass Mr Bradwick, ihr Reeder, von ihrem Schicksal wisse und ihnen jede Unterstützung zusage. »Wenn wir wieder Antigua anlaufen, ist unsere Zeit gekommen.«

»Ja, wenn«, klagte Karl.

»Bald!«, korrigierte Sven. »Wir laufen durch die Windward Passage in den Atlantik und patrouillieren östlich der Spanischen Inseln und der Inseln über dem Winde. Dann laufen wir wieder English Harbour an.«

Östlich von Puerto Rico übergab Mr Allen die Nachmittagswache an Sven. Er schaute sehr skeptisch drein.

»Die Wolken dort im Südwesten gefallen mir gar nicht, Mr Larsberg. Und das Barometer ist auch gesunken. Ich fürchte, Sie müssen bald die Segel kürzen lassen. Ich habe so ein Gefühl, dass wir gegen Ende der Saison noch einen Hurrikan erleben werden.«

Um zwei Glasen seiner Wache sagte Sven Mr Duncan, dass er empfehle, die Segel zu kürzen und die Bramstengen einzuholen.

Mr Duncan ging zum Barometer.

»Fast auf siebenundzwanzig runter! Und diese Wolken! Alle Segel bis auf die Sturmfock bergen. Alle Luken dicht und so weiter. Sie wissen schon.«

Auch die Freiwache kam an Deck. Die Matrosen rannten umher, sicherten die Kanonen dreifach mit zusätzlichen Tauen, verschlossen alle Niedergänge und Luken mit Brettern und spannten Taue über das Deck. Dann trieb der Bootsmann die Geschicktesten unter ihnen an, das Fieren der Bramstengen vorzubereiten.

Das war für alle immer eine schwere Arbeit. Bevor die oberen Mastteile aus ihren Verankerungen gehoben und mit Flaschenzügen heruntergelassen werden konnten, mussten die obersten Rahen gelöst und an Deck gebracht werden. Wenn das geschehen war, lag der Schwerpunkt des Schiffes tiefer, und der Sturm konnte die Masten nicht unter Wasser drücken. Aber der kommende Sturm stieß immer wieder gegen die Masten. Dadurch wurde alles zu einem sehr gefährlichen Manöver, das nur erfahrene und geschickte Matrosen durchführen konnten.

Mr Duncan befahl: »Oberbramstengegasten aufentern! Fiert die Oberbramstengerahen!« Die Matrosen stiegen in die Wanten. Keiner sauste wie sonst empor. Alle wussten, dass jetzt jeder Griff sitzen musste.

Am Fockmast ließ Adam die oberste Rah vorsichtig herunter. Aber er konnte nicht verhindern, dass sie im Wind hin und her schwang.

»Halt fest!«, rief einer voller Schreck. Seile wurden gestrafft, und schließlich lag die Rah an Deck. Adam atmete erleichtert durch. Matrosen stürzten sich auf die Rah und zurrten sie fest.

Sven starrte nach oben, um zu erkennen, wie weit die Gasten waren. Die obersten Rahen lagen an Deck. Aber jetzt wurde es erst richtig gefährlich. Die mächtigen Stengen mussten aus den Schuhen gehoben und langsam an Deck gelassen werden. Der Wind warf das Schiff immer mehr hin und her und ließ die Männer taumeln.

Die Bramstenge vom Großmast kam herunter, und Sven trat an die Reling, um die Arbeiten nicht zu behindern. Joshua hielt die Stenge fest, damit sie nicht umherschlug. Auch die anderen Masten meldeten, dass die Stengen gesichert waren. Commander Norman ließ Sturmfock und Sturmklüver setzen und schickte die Freiwache unter Deck.

Der Sturm nahm schnell zu und erreichte eine Stärke, die niemand für möglich gehalten hätte. Sie hatten den Sturmklüver eingeholt und segelten nur mit der betttuchgroßen Sturmfock durch die tosende Nacht, die weiter im Süden von Blitzen erhellt wurde. Wer noch an Deck war, hatte sich doppelt und dreifach festgebunden, um nicht über Bord gerissen zu werden.

Die Wellen türmten sich zehn und mehr Meter vor ihnen auf und schlugen mit donnerähnlichem Krachen auf das Deck. Einem Matrosen wurde der Arm ausgekugelt, als er sich an einem Stag festklammerte. Sie brachten den vor Schmerz Schreienden unter Deck.

Regen und Gischt peitschten in ihre Gesichter. Längst waren sie am ganzen Körper nass. Die Ölmäntel konnten das Wasser bei diesem Sturm nicht mehr abhalten. Die anderen Matrosen, die sich am Mast neben Sven festgebunden hatten, waren in der Dunkelheit kaum zu erkennen. Verständigen konnte man sich bei dem heulenden und kreischenden Sturm auch nicht.

Gestalten tasteten sich zu ihnen heran. Mr Allen beugte sich zu Sven.

»Ablösung! Ruhen Sie sich ein wenig aus! Im Augenblick ist unter Deck noch alles ohne Schaden!«

Unter Deck war dieses furchtbare Heulen und Pfeifen gemildert. Sven tastete sich zu seiner Hängematte. Seinem Seesack entnahm er eine trockene Hose und ein trockenes Hemd. Auf dem Tisch seiner Backschaft stand eine Kanne mit kaltem Kaffee. Er stopfte noch etwas Zwieback in sich hinein. Dann kroch er in die Hängematte. Nur ein wenig Ruhe!

Jemand rüttelte ihn wach. Also war er doch eingeschlafen.

»Wachwechsel!«

Alle zwei Stunden lösten sie sich ab.

An Deck war es noch furchtbarer als vorher. Die Wellen schienen noch höher, der Sturm noch stärker. Er suchte nach Mr Allen. Dort hing er mehr im Seil als er stand. Sven tippte ihn an. Mr Allen beugte sich zu seinem Ohr: »Luftdruck bei 26,5! Wir steuern auf den Atlantik hinaus! Bis nachher!«

Am Ruder hielten vier Mann das Schiff mit aller Kraft auf Kurs und mussten immer wieder abgelöst werden.

Pausenlos schlugen riesige Wellenberge über das Deck. Die Boote, die mittschiffs ineinandergeschachtelt festgezurrt waren, hatten die Wellen schon zerschmettert. Matrosen warfen lose Teile über Bord, damit sie die Wache nicht verletzten.

Auf einmal knallte es oben laut in der Takelage. Sven blickte erschrocken nach oben. Er konnte kaum glauben, was er sah. Der Wind blähte das fest um die Großrah gewickelte und festgezurrte Segel auf. Dann platzte das Segel in tausend Fetzen. Das setzte sich an den anderen Rahen fort. Die Segel wurden einfach aus den Ösen gerissen und in die Nacht geworfen. Wenn sie diesen Sturm überlebten, würden sie überall neue Segel anschlagen müssen.

Das einzige Glück in diesem Toben von Wind und Wasser war, dass es nicht kalt wurde. Luft und Wasser waren warm. Niemand musste vor Unterkühlung sterben.

Auf einmal musste Sven an seine Mutter denken. Wenn er den

Sturm nicht überlebte, war sie wenigstens nicht ohne Schutz. Dr. Wilbur konnte mehr für sie tun als er, der er in der Welt umhersegelte.

Er war noch in diesen Gedanken versunken, als ein furchtbares Krachen ihn erschreckte. Der Vormast war vier Meter über dem Deck einfach weggebrochen und wurde von den Tauen und Stagen gehalten und backbords mitgeschleift.

»Wache!«, brüllte Leutnant Duncan und gestikulierte wild.

Sven löste die Taue, die ihn an den Mast banden, duckte sich, wartete ein Wellental ab, griff sich eine Axt und rannte nach vorn. Ein halbes Dutzend Matrosen, die auch ohne Befehle wussten, was zu tun war, folgte ihm.

Sie krallten sich an die über Deck gespannten Taue, duckten sich hinter Aufbauten und hackten auf die Taue, die den Vormast hielten, wenn das Wasser rauschend über Deck ablief. Einer hatte nicht auf die nächste Welle geachtet und wurde zur Reling gespült. Ein anderer, der sich mit einem Tau gesichert hatte, sprang zu ihm, warf sich über ihn und deckte ihn mit seinem Körper gegen den Sog des Wassers ab. Dann hackten sie weiter. Ein letztes Tau schlug Sven gegen den Oberschenkel, als es riss und der Mast frei war. Er konnte das Bein minutenlang nicht bewegen.

Sie hasteten zurück und banden sich wieder fest. Commander Norman und andere sprangen aus den Niedergängen.

»Ablösung!«, brüllte ihm Mr Allen ins Ohr.

Sven nickte und deutete auf den Maststumpf, der im fahlen Licht der Blitze zu sehen war. Mr Allen neigte sich zu ihm.

»Jetzt sollten wir anfangen zu beten!«, rief er in das Tosen des Sturms.

Sven erschrak. War es so ernst?

Unter Deck wollte Sven nur die nassen Sachen loswerden. Aber die andere Hose war noch nicht trocken, und mehr Sachen hatte er nicht. Egal! Er trocknete sich ab, so gut es ging, und hüllte sich in eine Decke. Nur ausruhen!

Als er wieder wachgerüttelt wurde, lag das Schiff erstaunlich ruhig.

»Was ist los?«, fragte er verwundert.

»Das Auge!«, antwortete der Matrose lakonisch.

Sven sprang aus der Hängematte. Dann musste er sich beeilen. Nach der Ruhe im Auge des Hurrikans blies der Wind aus der anderen Richtung. Sie durften ihm dann nicht die Breitseite darbieten.

Er zog sich an und hastete an Deck. Der Wind wehte schwach, sogar etwas blauer Himmel leuchtete durch die Wolken. Aber in der Ferne rings um sie herum brauste der Sturm. Das Auge würde weiterziehen und der Wind dann aus der anderen Richtung blasen.

Mein Gott, er würde sie breitseits treffen. Sie mussten das Schiff herumbringen. Aber der Vormast war über Bord gegangen. Wenn der Wind den Bug herumdrückte, konnten sie den Wind halb achterlich nehmen. Das war die einzige Möglichkeit. Er berichtete Leutnant Duncan.

Der nickte und rief einen Maat. »Nehmen Sie sich ein paar Leute und bringen Sie zwischen dem Maststumpf und dem Bugspriet eine Art Stagsegel an. Wir müssen den Bug schnell etwas herumkriegen!«

Der Maat deutete auf ein paar Leute und rannte mit ihnen davon. Duncan rief einen anderen und befahl, eine Trosse vorzubereiten, die sie achteraus lassen konnten, um die auflaufenden Wellen zu dämpfen und das Schiff ruhiger liegen zu lassen.

Überall an Deck reparierten Matrosen und räumten auf. Niemand wusste, wo sie waren. Sie hatten Kurs hinaus auf den Atlantik genommen. Aber wenn der Sturm jetzt aus nordöstlicher Richtung losbrach, würde er sie gegen die Inseln über dem Winde treiben.

Der Bug kam langsam herum. Noch vierzig Grad, dann wäre es gut. Duncan beauftragte drei Matrosen, ein winziges Sturmsegel am Vorschiff anzubringen. Das würde ihnen helfen, das Schiff vor dem Querschlagen zu bewahren.

Was für eine Erholung, wenn die Wellen nicht dauernd über einem zusammenschlugen. Sogar der Schiffsarzt kam an Deck und erzählte: »Die Mannschaften unter Deck haben Kaffee und Brot erhalten. Wir haben fünf Knochenbrüche, nicht einmal viel für einen Hurrikan.«

Sven warnte: »Der Hurrikan ist in spätestens zehn Minuten wieder bei uns. Sehen Sie nur!«

Der Bootsmann rief die Matrosen an und deutete auf die Wand, die sich näherte. Sie waren an den Rand des Auges gerückt. Die Matrosen liefen an geschützte Plätze und seilten sich an. Sven zog den Ölmantel fester um sich und überprüfte die Knoten. Dann traf sie der große Schlag.

Nach einer halben Stunde war allen, als seien sie schon wieder tagelang in diesen heulenden, kreischenden und donnernden Wassermassen, die ihnen immer wieder die Luft aus den Lungen drückten und an den Tauen rissen, dass die Rippen schmerzten.

Sven war froh, dass die Wellen sie nicht breitseits trafen, sondern schräg von achtern. Auch so neigte sich das Schiff so stark zur Seite, dass der Mast fast die See berührte. Es war wie ein Ringkampf mit einem übermächtigen Gegner. Wenn man sich ein wenig aus der Umklammerung befreit hatte, musste man schnell um sich blicken, ob irgendwo Hilfe gebraucht wurde. Aber noch hielten die Taue, die die Kanonen an die Reling banden.

Hustend spuckte Sven das Salzwasser aus, das ihm bei einem unbedachten Atemzug in den Hals geraten war. Nun würde er noch lange würgen müssen, bis er das Kratzen los war.

Während des Hurrikans hätte niemand sagen können, wie lange es gedauert hatte. An den Eintragungen sahen sie später, dass es zwei Tage waren. Sven merkte, wie der Sturm nachließ. Bald war er nur noch ein »Stürmchen«, und sie konnten ihre Umgebung sehen. Nichts unterbrach die Eintönigkeit des wild schäumenden Wassers.

Die Sonne wärmte sie wieder. Überall an Deck wurden Leinen gespannt, um Sachen zu trocknen. Maate trieben die müden Matrosen an, damit die Reparaturen begonnen wurden. Sie errichteten am Stumpf des Fockmastes einen Notmast.

»Nun müssen wir noch unseren Standort bestimmen und dann Kurs auf Antigua nehmen, damit uns die Werft wieder zurechtflickt«, sagte der Commander zu Leutnant Duncan.

Sven hörte es. Hoffentlich war in Antigua alles bereit für die Flucht.

»Deck!«, meldete der Ausguck. »Wrack drei Meilen steuerbord drei Strich!«

Der Commander nahm das Teleskop und spähte voraus. »Ein Topp-segelschoner, entmastet und mit Schlagseite. Und unsere Boote sind zerschlagen. Mr Duncan, lassen Sie bitte ein Floß anfertigen.«

Eine Stunde später waren sie am Wrack. Sie legten sich windwärts vom Schoner und ließen das Floß mit Sven und seinen Freunden auf den Schoner zutreiben.

Die Schiffbrüchigen winkten ihnen entgegen.

»Gott sei Dank«, sagte der Kapitän, »dass ihr uns zu Hilfe kommt. Wenn wir das Leck abdichten und einen Notmast aufrichten, können wir segeln. Aber ihr könnt unsere zwei Passagiere nach Antigua brin-gen und uns noch ein wenig unterstützen.«

»Woher kommen Sie?«, fragte Sven.

»Von Antigua, gerade einen Tag unterwegs nach Salem, Massachu-setts.«

Sie befestigten ein Tau als ständige Verbindung zur *Eagle*, an dem sie das Floß hin- und herziehen konnten. Adam und Sven blieben an Bord des Schoners, um sich ein Bild von den Schäden zu machen. Karl und Joshua nahmen die beiden Passagiere aufs Floß und setzten sie über zur *Eagle*.

Zimmerleute und Werkzeug kamen zurück. Sie halfen, das Leck ab-zudichten, und bald hämmerten alle am Notmast.

»In zwei Stunden können wir segeln«, sagte der Kapitän.

»Vergessen Sie nicht, ich muss noch Ihr Logbuch kontrollieren und einen Blick auf die Ladung werfen«, mahnte Sven.

Nun blickte der Kapitän weniger freundlich, aber er zeigte Sven, was der sehen wollte. Karl brachte noch einen Zettel, auf dem Mr Al-len ihre vermutliche Position eingetragen hatte.

Mr Norman rief mit dem Sprachrohr hinüber, dass die *Eagle* bis zum nächsten Morgen beim Schoner bleiben würde, da sie erst in der Nacht ihre genaue Position und damit den Kurs bestimmen könnten. »Wir wol-len auch sicher sein, dass der Schoner es aus eigener Kraft schafft.«

Nun war der Kapitän wieder versöhnt und bedankte sich vielmals, als Sven mit dem Floß zur *Eagle* zurückkehrte.

»Wissen Sie, wen Sie uns an Bord geschickt haben?«, fragte Mr Allen.

»Nein, um die Personalien konnte ich mich nicht kümmern«, antwortete Sven.

»Mr Jonathan Smith, einen der Wortführer der ›Patrioten‹ in Massachusetts. Er schreibt manchmal im ›Massachusetts Spy‹. Ein ziemlich Radikaler.«

»Schiffbrüchig ist doch schiffbrüchig, Mr Allen. Da schauen wir doch nicht auf die politische Einstellung.«

»Natürlich nicht, Mr Larsberg. Aber wenn einer immer so auf die Briten schimpft, dann ist es schon komisch, wenn er sich von Briten helfen lassen muss. Seitdem der Käptn weiß, wer das ist, begegnet er ihm mit eisiger Höflichkeit. Und Mr Smith kommt mir reserviert und verlegen vor.«

Als sie am Morgen dem Schoner die genaue Position übermittelt – 100 Seemeilen nördlich der Virgin Islands – und den Kurs mitgeteilt und sich überzeugt hatten, dass der Schoner aus eigener Kraft segeln konnte, traf Sven Mr Smith an Deck.

Sven hatte gerade dem Rudergänger den Kurs und Adam einen Gruß zugerufen, da trat Mr Smith auf ihn zu und sagte: »Entschuldigen Sie. Sind Sie aus den Kolonien?«

»Ja, mein Herr, ich bin Steuermannsmaat Larsberg aus Gloucester, New Jersey.«

»Und dann dienen Sie auf einem britischen Schiff?«

»Sie sind doch auch auf einem britischen Schiff, Sir.«

»Aber ich bin doch nicht freiwillig hier!«

»Wer sagt Ihnen, dass ich das bin?«

Commander Norman rief: »Mr Larsberg, einen Moment bitte!«

»Entschuldigen Sie, Sir«, verabschiedete sich Sven von Mr Smith.

Als Antigua in Sicht kam und viele auf die Einfahrt nach English Harbour blickten, war Mr Smith wieder in Svens Nähe und sprach ihn an.

»Entschuldigen Sie bitte meine Unhöflichkeit gestern Morgen. Ich habe mich nicht einmal vorgestellt. Ich bin Jonathan Smith. Ich bin dankbar, dass Ihr Schiff uns gerettet hat, und versichere Ihnen, dass ich mir kein Urteil über Ihr Handeln und Ihre Motive anmaßen wollte.«

»Schon gut, Mr Smith. Ich wollte, ich könnte Ihnen alles erklären, aber jetzt muss ich für die Ankerkommandos zum Bug.«

Bereits am ersten Ausgang am Abend gingen die vier Freunde erwartungsvoll an Land. Sven suchte allein die Agentur »Hammerton, Wilbert und Smith« auf. Die anderen warteten in einem Lokal.

Sven traf Mr Solberg an.

»Als ich hörte, dass die *Eagle* havariert eingelaufen ist, habe ich Sie schon erwartet. Ich habe in drei Tagen ein Schiff, das Sie nach Philadelphia bringen kann. Es läuft aus St John's am Abend aus. Sobald sie von Bord gehen können, bringt sie ein Pferdewagen nach St John's. Bevor Ihr Ausbleiben bemerkt wird, sollten Sie schon auf hoher See sein.«

Mr Solberg händigte Sven einen Brief von Mr Bradwick aus und sagte, dass er die Papiere für die vier Freunde noch verwahre. Der Fahrer des Pferdewagens, der sie am Gasthaus »Sailor's Heaven« an der Straße nach Falmouth erwarte, werde sie bei sich haben.

»Kommen Sie einzeln zum Treffpunkt. Nehmen Sie nicht mehr von Bord mit als sonst auch beim Landgang. Wir sehen uns nicht mehr. Ich wünsche Ihnen alles Gute!«

Sven bedankte sich herzlich und ging zu seinen Freunden zurück. Als sie allein auf der Straße waren, erzählte er ihnen, was er erfahren hatte.

»Die drei Tage werden mir lang vorkommen«, meinte Karl.

»Warte nur ab«, meinte Adam. »Es gibt viel Arbeit, wenn wir den Kahn in die Werft bringen.«

Es war ein komisches Gefühl, als sie drei Tage später von Bord gingen. Die *Eagle* war ihnen doch auch Heimat geworden. Sie waren anständig behandelt worden und hatten Freunde gefunden. Sven war bedrückt, dass er Mr Norman, Mr Duncan und Mr Allen nicht die Wahrheit sagen und sich verabschieden konnte. Sie würden enttäuscht von seinem Verhalten sein. Aber er konnte nicht anders.

Sie fanden das Fuhrwerk und den Fahrer vor dem schäbigen Gasthof mit dem unpassenden Namen.

»Hier sind eure Papiere. Wenn wir aus dem Ort raus sind, kraucht ihr unter die Plane. Es ist besser, wenn euch keiner sieht.«

Als sie in St John's am Dock ankamen, fuhr ihr Kutscher geradewegs in ein Lagerhaus. »Ihr drei zieht die Jacken aus und nehmt euch einen Zuckersack. Du kannst die Jacken in dieser Kiste an Bord tragen. Stellt die Säcke ab und geht geradewegs in die Mannschaftsquartiere. Man wartet auf euch.«

»Ja, wie heißt das Schiff denn?«, begehrte Adam auf.

»Hat man euch das nicht gesagt? Die *Victoria* der Reederei Bradwick mit Zielhafen Philadelphia.«

Sie sahen sich fassungslos an. Dann füllte die Freude ihre Gesichter. Sie stotterten ihren Dank heraus und gingen schnellen Schrittes an Bord.

Der Kampf beginnt
(Januar bis Juni 1775)

Es war Ende Januar, und man konnte noch keinen Hauch des Frühlings ahnen. Der Schornstein des zweistöckigen Hauses am Ufer des Delaware sandte dichte Rauchwolken in den kalten Himmel. Der Fluss war bis auf eine schmale Fahrrinne vom Eis eingeschlossen.

Das Haus lag in einem größeren und gepflegten Grundstück mit Ställen für Pferde und Kutsche und Gesindehaus für das Personal. Eine junge Frau trat aus der Tür und zog sich den Pelzschal noch einmal fest um den Hals, ehe sie mit ihren gefütterten Stiefeln den Weg zur Straße antrat.

Doch dann stutzte sie und sah zur Straße hin, wo ein kräftiger junger Mann suchend auf das Haus zukam. Er hatte die weiten Hosen und das blaue Jackett eines Seemanns an und schulterte einen Sack. Die junge Frau schlug die Hand vor den Mund, drehte sich um, öffnete die Haustür wieder und jubelte: »Mutter, Mutter! Der Sven kommt!«

Der junge Mann stutzte, als er den Ruf hörte. Doch dann lief er auf das Haus zu und rief im Laufen: »Ingrid! Schwesterherz, bist du es?«

An der Tür warf er den Seesack auf die Stufen, fasste die junge Frau um, hob sie hoch in die Luft und küsste sie. Dann erschien eine ältere

Dame in der Haustür. Die Tränen liefen ihr die Wangen hinab, als sie »Sven! Mein lieber Sohn!«, sagte und die Arme ausbreitete.

Sven ließ die Schwester sinken, beugte sich zur Mutter hinab und flüsterte mit tränenerstickter Stimme: »Mutter, ich bin endlich wieder daheim!«

Sie blieben nicht lange in der Kälte. Die Frauen zogen ihn in einen Salon. Die Mutter ließ ein Mädchen Kaffee bringen und nahm ihrem Sohn die Jacke und den Seesack ab. »Georg bringt alles an seinen Platz. Lass dich nur erst anschauen, Sven, mein Junge.«

»Es ist alles noch dran: Mund, Nase, Augen, zwei Beine, zwei Hände, liebe Mutter.« Er lächelte sie an. »Gut seht ihr beiden aus. Du wirkst erholter, Mutter, und mein Schwesterlein ist eine wunderschöne junge Dame geworden. Und ihr wohnt richtig vornehm jetzt.«

Die Mutter nahm Svens Hand und führte ihn zu der kleinen Sitzgruppe. »Über die Wohnung, das Haus und diese Dinge können wir später reden. Jetzt will ich nur wissen, wie du es geschafft hast, den Briten zu entkommen und zu uns zu gelangen?«

»Ich bin mit meinen drei Kameraden in Antigua desertiert und mit der guten alten *Victoria* nach Philadelphia gesegelt.«

»Werden sie dich jetzt hier suchen und verhaften, Sven?«

»Wenn es hier keiner erzählt, dass ich desertiert bin, können sie mich nicht finden. Wir haben in der britischen Flotte alle falsche Namen angegeben. Sie suchen nach einem Ben Larsberg.«

Ingrid mischte sich ein. »Von uns erfährt es niemand. Aber vorsichtig solltest du doch sein. Wir sollten deine Rückkehr nicht überall herumerzählen und es als ganz normalen Aufenthalt zwischen deinen Touren darstellen. Vater weiß sicher auch noch Rat.«

Die Mutter merkte, wie Sven ein wenig zuckte.

»Dein Stiefvater ist zu Hausbesuchen unterwegs. Er hat so sehr gehofft, dass du bald kommst. Er ist ein guter Ratgeber. Das wirst du bald merken.«

Sie tranken nun erst einmal einen Schluck. Sven aß ein Stück Kuchen, während die Frauen von ihrem Leben erzählten. Aber dann musste er berichten: von seiner Verschleppung auf die Fregatte, von der Fahrt nach England, von seinen Erlebnissen in der Karibik und von seiner Flucht.

Als er gerade erzählte, wie er als Ladearbeiter die *Victoria* betrat, unterbrach ihn seine Mutter: »Die haben doch sicher alle gejubelt!«

»Aber nein! Es waren noch britische Zollbeamte an Bord. Der Bootsmann stand an der Gangway und legte den Finger an den Mund. Der Kapitän sah uns flüchtig an und zog eine Augenbraue hoch. Wir trotteten mit unseren Lasten in den Laderaum, und dann haben uns unsere Kameraden versteckt, bis wir auf hoher See waren.«

»Waren nur alte Besatzungsmitglieder an Bord?«, fragte die Schwester.

»Nein, auch ein Passagier, der vor Erstaunen fast umfiel, als er uns am nächsten Tag sah. Wir hatten ihn mit der britischen Sloop einige Tage vorher aus Seenot gerettet. Und nun sah er uns auf einmal an Bord eines Handelsschiffes aus Philadelphia.«

»Aber Sven! Er kann euch doch verraten«, klagte die Mutter.

»Er nicht, Mutti. Es war Mr Jonathan Smith aus Massachusetts, ein Wortführer der Patrioten. Er hatte sich vorher mokiert, dass wir als Kolonisten an Bord der Briten dienen. Ich habe dann lange Gespräche mit ihm geführt.«

Die Tür zum Salon wurde geöffnet, und eine sehr hübsche junge Dame trat ein.

»Ich habe gehört, dass mein Bruder gekommen ist«, sagte sie lächelnd.

Sven war aufgestanden und schaute ein wenig dümmlich drein.

»Du bist Sabrina«, sagte er schließlich.

»Ja, deine neue Schwester Sabrina«, warf Ingrid ein. »Nun umarme sie endlich. Sie freut sich schon lange auf den großen und starken Bruder.«

Sven schüttelte den Kopf, als er auf Sabrina zutrat.

»Bist du erwachsen und hübsch geworden, Sabrina. Dich umarme ich gern.« Er fasste sie um und gab ihr einen Kuss auf die Wange.

Die Mutter und Ingrid lächelten sich an. Sabrina war rot geworden.

»Wir haben uns ein Weilchen nicht gesehen, Sven. Willkommen daheim! Bleibst du nun bei uns?«

Sven sah seine Mutter an.

»Ein Weilchen schon. Ich weiß noch nicht, wie es jetzt weitergeht.

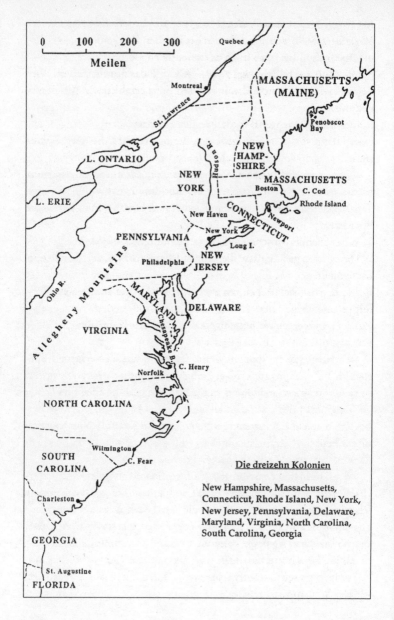

Die dreizehn Kolonien

New Hampshire, Massachusetts,
Connecticut, Rhode Island, New York,
New Jersey, Pennsylvania, Delaware,
Maryland, Virginia, North Carolina,
South Carolina, Georgia

Mr Smith sprach vom Widerstand gegen die Briten. Der Kapitän der *Victoria* erzählte von schnellen Schonern der Reederei, die jetzt bemannt werden. Ich muss mich erst orientieren.«

Die Mutter schüttelte den Kopf. »Was sind das nur für Zeiten. Aber ich will mich noch nicht damit befassen. Jetzt erzählen wir erst einmal von uns.«

Es wurde ein langer Bericht von der Hochzeit, dem Umzug in das neue Heim, von dem Collegebesuch der Schwestern, die beide Lehrerinnen werden wollten und bald ihre Ausbildung beenden würden.

»Gibt es da vielleicht auch junge Männer, die meinen Schwestern hinterherlaufen und vor denen ich sie beschützen muss?«

Sabrina und Ingrid lachten und wehrten ab, dass sie ihn dafür nicht brauchten.

»Das schaffen wir schon allein«, betonte Ingrid.

Die Mutter gab zu, dass die jungen Männer schon den Schwestern nachschauten.

»Aber, Sven, sie machen fast alles gemeinsam, und an zwei so schlagfertige und kluge junge Damen trauen sich die meisten nicht heran. Eines Tages werden sie hoffentlich den richtigen kennen lernen. Aber was ist denn mit dir, mein lieber Sohn?«

Sven überlegte ein wenig. »Wenn ich meine beiden Schwestern hier so sehe, hübsch und gut erzogen, klug und sittsam, dann wird mir erst so richtig bewusst, wie schwer es für Seeleute ist, eine Frau fürs Leben zu finden. Auf See trifft man keine Frauen, und in den Hafenstädten begegnen einem nur Frauen fürs Vergnügen, aber nicht für ein gemeinsames Leben.«

Seine Mutter blickte ein wenig irritiert.

»Was ihr Männer mit Vergnügen meint, wollen wir jetzt nicht vertiefen. Aber ich sehe ein, dass es für Seeleute schwer ist, die geeignete Frau kennen zu lernen. Doch deinem Großvater ist es ja auch gelungen. Aber nun würde ich dir gerne dein Zimmer zeigen. Dabei kannst du mir erzählen, wo deine guten Kameraden jetzt sind.«

Als sie dann hörte, dass Kurt und Adam zu Familien oder Verwandten unterwegs seien, während Joshua in einem Lagerhaus der Reederei übernachtete, protestierte sie.

»Wir können doch deinen Freund nicht im Schuppen vegetieren lassen! Oben ist ein Dachzimmer frei. Er kann bei uns wohnen, denn er hängt doch so sehr an dir.«

»Das wird ihn freuen. Morgen können wir ihn holen.«

Als Sven seine Sachen weggeräumt hatte und wieder die Treppe hinunterging, wurde die Haustür geöffnet. Ein älterer Herr trat ein, klopfte sich die Schuhe ab und atmete tief, als er den Mantel auszog. Georg, der Hausdiener, eilte hinzu und half ihm.

»Wir haben Besuch, Herr Doktor«, sagte er und deutete zur Treppe, wo Sven auf halber Höhe stand.

Dr. Wilbur rückte seinen Kneifer zurecht und erkannte Sven.

»Welche Freude, lieber Sven, dass du wieder daheim bist. Komm, lass dich umarmen.«

Dr. Wilbur war ein mittelgroßer Mann mit Bauchansatz, und Sven musste sich hinunterbeugen, um ihn zu umfassen. »Was bist du für ein großer, kräftiger Mann geworden! Und ausgerechnet heute hatte ich so viele Hausbesuche. Deine Mutter ist doch sicher ganz außer sich vor Freude. Wo steckt sie denn?«

Er öffnete die Tür zum Salon, in dem gerade Svens Mutter auftauchte. Er umarmte sie herzlich, und Sven entging nicht, wie seine Mutter ihn anlachte.

»Ist es nicht wunderbar, dass Sven behütet wurde und zu uns heimkehren konnte? Wie schade, dass wir ihm kein Fest ausrichten können, weil die Umstände der Heimkehr nicht so öffentlich werden sollten. Er hat in der britischen Flotte einen anderen Namen benutzt, Edgar.«

»Sehr klug, mein Junge!«

Sie saßen in großer Runde beim Abendbrot und erzählten, was die Familie daheim und was Sven auf See erlebt hatte.

Es gab Erstaunen auf beiden Seiten, was sich bei den anderen so alles ereignet hatte.

»Deine Cousine Lisbeth, die Tochter von Onkel Björn, hat vor drei Wochen geheiratet. Wärst du früher gekommen, hättest du mitfeiern und tanzen können«, erzählte Ingrid.

»Aber sie ist doch auch nur ein Jahr älter als du?«, staunte Sven.

»Viele Frauen heiraten so jung. Wir sind eben reifer als Männer«, warf Sabrina lachend ein.

»Wartet lieber noch ein wenig, ihr beiden«, schaltete sich die Mutter ein und wechselte das Thema, indem sie von Svens Schulfreunden erzählte.

Einige hatten sich bei den Patrioten engagiert, andere standen in den Diensten der britischen Regierung, aber die meisten verhielten sich politisch neutral.

Als die Diskussion auf Fragen der Politik wechselte, verabschiedeten sich die Schwestern bald.

»Wir müssen morgen früh raus, um zum College nach Philadelphia zu fahren. Zum Wochenende sehen wir dich dann wieder, lieber Bruder, und dann kannst du uns zum Tanz ausführen«, sagte Ingrid.

Aber er könne doch gar nicht tanzen, wehrte Sven ab.

»Das musst du aber schnell lernen, und du hast ja nun *zwei* Schwestern, die es dir beibringen können«, belehrte ihn Sabrina.

»Es sind reizende junge Damen«, sinnierte Dr. Wilbur, als sie gegangen waren. »Ich hätte ihnen eine sorgenfreiere Zeit für dieses schöne Alter gewünscht. Aber nun zu dir, Sven. Du solltest wissen, dass in unserer Familie die feste Regel gilt, dass wir ganz offen auch über unterschiedliche politische Auffassungen reden, aber nie zu anderen etwas sagen, wer welche Ansicht vertritt.«

»Das ist eine gute Regel, Vater«, sagte Sven, und die Augen seiner Mutter leuchteten auf, als sie die Anrede hörte.

Dr. Wilbur fuhr fort: »Ich weiß nicht, mein Sohn, wie weit du über die jüngsten politischen Geschehnisse orientiert bist. Du hast noch von der ›Bostoner Teaparty‹ gehört?«

Sven nickte.

»Aber du weißt vielleicht nicht, dass auch in anderen Häfen Tee der Ostindischen Kompanie vernichtet wurde, wie zum Beispiel in Annapolis. Du wirst auch informiert sein, dass in Philadelphia Anfang September der ›Erste Kontinentalkongress‹ zusammengetreten ist. Aber weißt du auch, dass er eine Vereinbarung über das Ende des Exports und Imports mit England beschlossen hat?«

Sven verneinte und bat um Erklärung, was das bedeute.

»Ab 1. Dezember vorigen Jahres beziehen die Kolonien keine Waren mehr aus England. Ab 10. September dieses Jahres soll auch nichts mehr nach England ausgeführt werden. Das bedeutet die wirtschaftliche Isolation von England.«

»Halten das die Kolonien überhaupt durch?«, fragte Sven.

»Nicht, wenn sie weiterhin die englischen Handelsgesetze beachten. Aber wenn sie sie nun auch offen übertreten und mit allen Ländern frei handeln, dann könnten sie es überleben. Doch wird die britische Regierung die Verletzung so wichtiger Gesetze hinnehmen?«

Sven schüttelte den Kopf und betonte: »Das führt zum offenen Kampf!«

Dr. Wilbur nickte. »So sieht es die britische Regierung anscheinend auch. Wir haben Anfang Dezember erfahren, dass sie den Export von Munition in die Kolonien verboten und Admiral Graves angewiesen hat, das Verbot durchzusetzen.«

Sven lachte auf. »Jetzt verstehe ich erst, warum Mr Bradwick sagte, ich solle einen der neuen Schoner nach Kanada segeln und dort mit Kanonen und Munition ausrüsten.«

»Und welche Aufgaben soll der Schoner dann erhalten?«, fragte Dr. Wilbur.

»Er hat sich nicht offen dazu geäußert, aber da der Schoner eine außergewöhnlich große Besatzung erhält, die ich auf der Rückreise an Kanonen und Handwaffen drillen soll, nehme ich an, er will ihn als Kaperschiff segeln lassen.«

Seine Mutter sah ihn erschrocken an, und Dr. Wilbur legte ihr beruhigend die Hand auf die Schulter.

»Sven, deine Mutter und ich haben ein neues Glück gefunden. Meine Tochter ist ihr so nahe wie Ingrid, und ihre Kinder sind mir so nahe wie Sabrina. Versteh bitte darum, wenn ich dir rate: Nimm einen solchen Auftrag nie an ohne amtlichen Kaperbrief, sei er nun vom Kontinentalkongress oder dem Gouverneur einer Kolonie ausgestellt.

Es würde uns das Herz brechen, wenn sie dich wie einen Piraten jagen und hängen würden. Und das würden die Briten tun.«

»Ich werde daran denken und nie ein Kommando ohne amtliche Legitimation übernehmen. Aber nach meinen Gesprächen mit Mr Jonathan Smith auf der Rückreise von der Karibik gehen meine Pläne eigentlich auch in eine andere Richtung.«

»Ist das der Jonathan Smith aus Massachusetts, der in den Zeitungen der Patrioten schreibt?«, fragte Dr. Wilbur.

Sven bestätigte, und Dr. Wilbur sagte, dass er die Meinungen des Herrn Smith zwar nicht teile, ihn aber als scharfsinnigen Argumentierer anerkenne.

»Und zu welcher Einsicht haben dich diese Gespräche nun geführt, Sven?«

Sven atmete tief und sah Dr. Wilbur fest in die Augen.

»Die Trennung zwischen Mutterland und Kolonien ist unausweichlich geworden, weil die Interessengegensätze zwischen beiden zu groß geworden sind.«

»Das glaube ich auch, Sven. Aber welche Argumente haben dich zu dieser Überzeugung gebracht?«

»England ist an den Rohstoffen der Kolonien interessiert, aber nicht an seinen Industrieprodukten. Die Kolonien haben inzwischen aber einen Entwicklungsstand erreicht, in dem sie selbst viele Rohstoffe verarbeiten und auch exportieren wollen. Der Gegensatz wird immer größer. England hat dem zu wenig Beachtung geschenkt. Politisch waren der Regierung die westindischen Inseln und Ostindien immer wichtiger als Nordamerika. In den Kolonien lebt aber eine immer mehr anwachsende Bevölkerung, die zu einem erheblichen Teil nie probritisch gefühlt hat, sondern eher nach Amerika kam, weil sie mit den Zuständen in der alten Heimat nicht zufrieden war. Diese Menschen wollen hier frei leben und sich entfalten können und werden nicht nur wirtschaftlich von England eingeengt, sondern jetzt auch in dem Drang nach Westen, wo nicht mehr die Franzosen unserem Siedlungswunsch einen Riegel vorschieben, sondern jetzt der britische König. Das und mancher andere Interessengegensatz sind unüberbrückbar. Wenn England die Unabhängigkeit nicht gewährt, wird sie erkämpft werden.«

Sie schwiegen alle. Svens Mutter sah ihren Mann an und bat: »Sag du es Sven jetzt.«

Der nickte und seufzte.

»Es ist nicht leicht, mit jemandem darüber zu sprechen, auf den man sich als künftigen Sohn so freute und zu dem ich jetzt von Trennung sprechen muss. Deine Mutter und ich sind zu denselben Schlussfolgerungen gelangt wie du. Aber ich kann den Weg der Kolonien nicht gutheißen. Ich bin in England in Loyalität zum Königshaus groß geworden, ich habe mit einem königlichen Stipendium Medizin studiert und ich bin überzeugt, dass nur die liberale parlamentarische Monarchie den Kolonien den Wunsch nach Selbstständigkeit ermöglicht. In absoluten Monarchien hätten wir gar nicht die jetzigen Freiheiten und würden geknebelt und geknechtet werden wie die spanischen Kolonien. Aber wie du sagst: Die Trennung ist unausweichlich, ob ich sie billige oder nicht. Und der kommende Kampf wird die Bevölkerung spalten. Rebellen müssen radikal sein, das war immer so. Die Anhänger des Königs werden verfolgt werden. Deine Mutter und ich wollen das nicht abwarten. Wir beide wollen uns nicht mehr trennen. Wir haben alles vorbereitet, um dieses Haus und das Land sofort an unsere drei Kinder zu überschreiben. Wir wandern im Sommer nach Toronto am Ontario-See aus. Ein Studienfreund von mir leitet dort eine Klinik und hat mir eine Arztpraxis verschafft. Dort in Kanada werde ich wohl britischer Untertan bleiben können. Es ist auch nicht so weit. In acht Tagen kann man von einem Ort zum anderen. Deine Schwestern wissen das noch nicht so genau, obwohl wir es andeuteten. Sie werden wohl hier bleiben. Sie legen im Frühjahr ihr Examen ab und haben schon eine Schule im Blick, an der sie unterrichten möchten. Und wenn du als größerer Bruder wenigstens zeitweilig bei ihnen bist, werden sie den Haushalt mit dem bewährten Personal hier halten können.«

Astrid hatte während dieser Rede Svens Hand ergriffen und blickte ihn an, um Verständnis bittend. Sven drückte ihre Hand, konnte aber noch nichts sagen.

»Ist das nicht alles zu früh? Ihr seid doch hier anerkannt und geachtet. Warum wartet ihr nicht ab?«, fragte er schließlich.

Dr. Wilbur sah ihn traurig an.

»Weil wir in Frieden scheiden wollen, Sven, bevor man uns vertreibt. Auch die Geschichte Englands zeigt uns, wie furchtbar Bürgerkriege sich entwickeln. Wenn es dann um Sieg oder Niederlage geht, wird der Andersdenkende nicht toleriert. Er wird vertrieben und enteignet. Wir wollen gehen, solange man uns achtet. Du hast in der britischen Flotte bestimmt auch Menschen gefunden, die du achtest. Aber wenn es zum Kampf kommt, wirst du sie bis zum Tod bekämpfen müssen.«

Sven blickte zu Boden.

»Das sind furchtbare Gedanken, aber ihr habt recht. Ich habe gute und kompetente Menschen in der Flotte kennen gelernt. Es ist mir schwer gefallen, ihr Vertrauen zu enttäuschen und heimlich zu fliehen. Aber hier sind meine Familie und meine Heimat.«

»Dann schreib ihnen, Sven«, forderte seine Mutter. »Erklär ihnen deine Motive, und bitte sie um Verständnis. Es kommt auf jede kleine Geste der Menschlichkeit in dieser schlimmen Zeit an.«

»Deine Mutter hat recht, Sven. Aber ich bin jetzt nach diesem harten Tag zu müde, um noch weiter zu diskutieren. Doch erlaube mir noch eine Frage, bevor ich mich zurückziehe: Du hast vorhin gesagt, die Gespräche mit Mr Smith hätten dir einen anderen Weg gezeigt als die Kaperei. Was meinst du damit?«

»Er hat gesagt, dass die Kolonien jetzt aus dem Nichts Armeen und Flotten schaffen müssten. Es wäre angesichts meiner Erfahrungen eine Pflicht, sich für die Bildung einer Flotte zur Verfügung zu stellen. Ich halte es eigentlich auch für wichtiger als die Kaperschifffahrt.«

Dr. Wilbur nickte und sah seine Frau an.

»Es ist eine Freude, einen Sohn mit so klugen Gedanken und so ehrenhafter Gesinnung zu gewinnen, und es ist traurig, so bald von ihm scheiden zu müssen.«

»Wir werden uns nur räumlich trennen, Vater, nie in unseren Gedanken. Und wir werden uns wiedersehen.«

Es war schön, dieses Einleben in eine neue Familie und das Wiederfinden der alten Heimat. Sven plauderte gern mit seinen Schwestern, und wenn die Wintersonne schien, dann ging er mit ihnen am Delaware entlang legte seine Arme um ihre Schultern und drückte sie an sich.

»Es ist so schön, mit der Familie daheim zu sein. Man fühlt sich so geborgen«, bekannte er.

Ingrid blickte skeptisch zu ihm herüber.

»Das sagt er jetzt, liebe Sabrina, weil ihm die britische Flotte noch in den Knochen steckt. Aber warte nur drei oder vier Wochen ab. Dann merkst du, wie die Unruhe in ihm hochkriecht, wie er immer zappeliger wird, auslaufenden Schiffen immer sehnsüchtiger hinterherschaut. Dann hört er dir gar nicht mehr richtig zu. Das Fernweh hat ihn im Griff. Er wird immer die Menschen verlassen, die er am meisten liebt. Das ist wie bei Oma und Opa. Und doch hätte es die Oma nicht anders haben wollen. Für mich wäre das nichts.«

Sabrina schaute fragend zu Sven hinüber. Ihr Blick machte ihn unsicher. Was sollte er sagen? Sabrina bedeutete ihm von Tag zu Tag mehr. Sie war nicht nur eine gute Freundin seiner Schwester, nicht nur ein guter Kamerad, da war noch mehr. Sie war hübsch, sie war klug, sie hatte Gemüt, sie hatte so unendlich viel, was Sven gern besser kennen gelernt hätte, von dem er sich Freude, Erfüllung und Glück versprach. Aber er war unsicher. Sabrina war nicht weniger schön und reizvoll als die Frauen, die er besessen hatte. Aber sie war völlig anders. Auf so etwas konnte man sie nicht ansprechen. Man konnte es nicht andeuten, ja, eigentlich auch nicht denken.

»Nun, Sven, willst du gar nichts sagen zu Ingrids Behauptung?«, fragte Sabrina und riss ihn aus seinen Gedanken.

»Was soll ich sagen, Sabrina? Ja, ich liebe die Seefahrt. Ich möchte meinen Beruf ausüben. Muss ich deswegen auf die Liebe einer Frau, auf Kinder und ein Heim verzichten? Es gibt doch auch an Land Menschen, die ihr Beruf immer wieder von ihrer Familie fortführt. Und wenn man sich dann wieder sieht, dann fühlt man die Vereinigung doppelt so stark. Meine Oma und mein Opa waren doch auch ein glückliches Ehepaar.«

»Ich verstehe dich, Sven«, sagte Sabrina und lächelte ihn an. »Aber es muss schon eine innige Liebe sein, die diesen Trennungen gewachsen ist. Ja, ich kann es mir vorstellen.«

»Du kannst dir vorstellen, dass dein Ehemann nur von Zeit zu Zeit bei dir ist, Sabrina?«, fragte Ingrid ungläubig.

Sabrina nickte.

Sven sah es. Wärme und Zuneigung erfüllten ihn, die er so noch nicht gekannt hatte.

Im zweiten Stock des Gebäudes der Hafenverwaltung in Philadelphias Front Street ließ sich der Schreiber auch von dem gequälten Blick seines Chefs nicht abhalten, sondern brachte sein Anliegen vor: »Sir, der Mann lässt sich nicht mehr abweisen. Er sagt, Sie hätten ihn schon einmal empfangen. Er sei vom Arzt in Gloucester und habe eine wichtige Nachricht.«

Der Leiter der Hafenverwaltung, ein etwas älterer Herr mit gepuderter Perücke, stutzte bei der Erwähnung »Arzt in Gloucester«, überlegte einen Moment und sagte dann: »Lass er ihn rein!«

Der untersetzte und kräftige Mann, der bald darauf das Zimmer betrat, verneigte sich und sagte: »Sir, mein Name ist William Costin. Ich brachte Ihnen einmal ein Schriftstück von Dr. Wilbur. Ich bin sein Kutscher.«

»Ja, ich erinnere mich. Dr. Wilbur sandte mir eine Denkschrift zur Seuchenkontrolle bei einlaufenden Schiffen. Was bringt er heute?«

Der Kutscher überraschte ihn mit der Mitteilung, dass Dr. Wilbur nichts von seinem Hiersein wisse. Er wolle einen Deserteur der britischen Flotte anzeigen.

»Wer ist es?«

»Sven Larsson aus Gloucester. Er ist von einer Sloop in Antigua desertiert und mit dem Schiff *Victoria* nach Philadelphia gesegelt.«

Der Chef klingelte mit einer kleinen Glocke und befahl seinem Schreiber, ihm die Liste der Deserteure des letzten Jahres zu bringen.

»Hier steht nichts von einem Sven Larsson!«

»Er hat einen falschen Namen benutzt, Sir.«

»Und woher weiß er das?«

»Er ist der Stiefsohn von Dr. Wilbur und hat es ihm erzählt. Ich hörte es zufällig. Dr. Wilbur ist zu gutherzig, um dieses Verbrechen anzuzeigen. Er glaubt auch, dass sein Stiefsohn schanghait wurde. Er hat zuletzt auf der Sloop *Eagle* als Steuermannsmaat gedient, Sir.«

Der Leiter des Hafenamtes studierte noch einmal seine Liste. »Hier sind vier Deserteure dieser Sloop angeführt. Einer ist der Steuermannsmaat Ben Larsberg.«

»Das muss er sein, Sir«, beteuerte der Kutscher.

»Und warum zeigt er ihn an?«

»Es ist doch meine Pflicht als Untertan des Königs. Und eine Belohnung soll es auch geben, wenn Sie ihn ergreifen.«

»Gut! Ich notiere ihn als Informanten. Sobald der Kerl ergriffen ist, erhält er die Belohnung.«

Als er später mit seinem Sekretär beriet, war der Leiter nicht mehr so zuversichtlich. »Wir können mit unseren Beamten keine Verhaftung durchführen lassen. Die Bevölkerung würde ihn sofort wieder befreien und unsere Leute verprügeln. Wir müssen warten, bis in etwa zehn Tagen die Fregatte *Ajax* einläuft. Dann können wir einen Trupp Seesoldaten schicken.«

»Eine ausgezeichnete Idee, Sir. Ich werde alles notieren. Der Informant hieß William Costin, nicht wahr Sir?«

Der Chef nickte.

»Es wird alles notiert und veranlasst, Sir.«

Spät am Abend meldete der Diener dem Reeder Bradwick noch einen Besucher. »Nanu, was will denn Mr Harlow noch so spät?«

Mr Harlow berichtete dem Reeder, nachdem der Diener die Tür geschlossen hatte, dass er im Hafenamt auf eine interessante Meldung gestoßen sei. »Der Kutscher eines Dr. Wilbur aus Gloucester hat ein Gespräch belauscht, wonach ein Sven Larsson, Stiefsohn des Doktors, aus der britischen Flotte desertiert sei. Sobald die Seesoldaten der *Ajax* verfügbar sind, soll er verhaftet werden.«

Mr Bradwick zuckte zusammen.

»Verdammt! Es war doch alles so verschwiegen geplant! Und nun kommt ein verräterischer Lauscher und bringt uns alle in Gefahr. Ein Glück, dass wir Patrioten unsere Leute überall haben.«

»Sie kennen den Mann also?«, fragte Mr Harlow erstaunt.

»Und ich habe ihm bei der Flucht geholfen. Sven wird mich nie verraten, aber Sie sehen ja, wie so etwas aus dem Ruder laufen kann. Der Deserteur wird verschwinden, und Ihnen gebührt mein Dank, Mr Harlow.«

Dr. Wilbur kam aus einem Haus in Gloucester und wollte in die Kutsche steigen, vor der schon sein Kutscher stand, um ihm die Tasche abzunehmen, als sein Schwiegersohn Sven rief: »Vater! Einen Augenblick bitte!«

»Nanu, Sven. Was machst du hier?«

»Ich hörte, dass du hier einen Besuch machst und wollte dir noch etwas erzählen. Können wir ein paar Schritte zu Fuß gehen?«

»Natürlich!«, antwortete Dr. Wilbur und wies den Kutscher an, zur Praxis vorzufahren.

»Ich wollte nicht, dass er uns hören kann«, erzählte Sven seinem Vater. »Dein Kutscher hat den britischen Behörden verraten, dass ich der Deserteur Ben Larsberg bin. Er hatte uns belauscht. Sobald eine Fregatte einläuft, werden sie Seesoldaten schicken, um mich zu arretieren.«

Dr. Wilbur war stehen geblieben und starrte Sven an.

»William hat dich verraten?«

Sven nickte. »Bitte lass dir nichts anmerken. Wenn ihn jemand zur Rede stellen würde, könnte das dazu führen, dass man den Patrioten entdeckt, der in der Behörde spitzelt.«

»Was ist das für eine Welt?« Dr. Wilbur atmete schwer. »Einer spioniert den anderen aus. Es wird getäuscht, gelogen und verraten!« Er fasste Svens Hand. »Siehst du: Schon sind wir mittendrin, ob wir wollen oder nicht. O Gott! Was hat deine Mutter gesagt?«

»Ich habe es ihr nicht erzählt. Für sie reise ich auf Bitten meines Reeders nun schon zwei Tage früher ab als erwartet. So etwas kommt vor. Es macht sie traurig, aber nicht ängstlich. Sag du ihr bitte auch nichts. Ich treffe nun den neuen Schoner in New York und bringe zehn zusätzliche Seeleute für Kapitän Rickes. Er wäre sonst nach Philadelphia gesegelt und hätte uns abgeholt.«

»Und wohin segelst du dann?«

»Nach Kanada. Es ist keine Kaperfahrt. Wir bringen Waren und holen Ausrüstung. Aber ich soll die Besatzung drillen.«

Joshua war seit ein paar Tagen bei den Wilburs, wurde wie ein willkommener Gast behandelt und war wieder sehr dankbar. Sven hatte ihm nichts von ihrer Entdeckung berichtet, schickte ihn aber zur Reederei, um nach Adam und Karl zu fragen. Doch Adam und Karl waren von ihrem Familienbesuch noch nicht zurück.

»Dann müssen wir sie auf der Rückfahrt aufnehmen. Schade, sie wären eine große Hilfe beim Drillen der Besatzung gewesen. Wir müssen morgen mit Wagen nach New York, wo der neue Schoner durch Kapitän Rickes von der Werft schon übernommen wurde. Wir nehmen Fracht und segeln nach Kanada.«

»Das wird deiner Mutter wehtun. Sie hätte dich noch gern länger gehabt. Das merkt man.«

»Ja, Joshua. So ist das Leben der Seeleute.«

Die Straße von Philadelphia nach New York war schon vor fast hundert Jahren ausgebaut und kurz darauf als »King's Highway« eingestuft worden. Sie wurde regelmäßig unterhalten und war ein belebter Handelsweg zwischen beiden Städten für schnellen Personen- und Frachtverkehr, wenn die Fracht nicht durch Größe und Gewicht kostengünstiger über See transportiert wurde.

Sven in seiner neuen Kleidung als Obersteuermann saß neben dem Kutscher des vorderen Wagens, während es sich die Matrosen mit ihrem Gepäck auf der Ladefläche von zwei mittleren Frachtwagen gemütlich machten. Sie hatten alle ihre Entermesser. Ein paar Musketen waren auch dabei, denn nicht immer waren die Straßen sicher.

Sie waren um drei Uhr früh auf der Ostseite des Delaware losgefahren, denn bis zu ihrem Ziel an der Newark Bay waren es fast 190 Kilometer. Die ersten Stunden schliefen alle in ihren Decken, so gut sie konnten. Dann, als die Sonne über den Horizont stieg, machten sie

Rast in einem Gasthof in der Nähe von Burlington. Der Becher Kaffee, den alle erhielten, weckte sie auf, und von nun an schauten sie hin und wieder auf das vorübergleitende Land, spielten Karten oder klönten. Dreimal sollten auf der Reise die Pferde gewechselt werden und die Kutscher dazu.

Die Matrosen waren allesamt junge Burschen, aber mit mindestens drei Jahren Seeerfahrung. Mr Bradwicks Vertraute hatten sich überzeugt, dass jeder in der heranziehenden Auseinandersetzung eine antibritische Haltung einnahm.

Svens Gedanken waren seit der Abfahrt seltsam gespalten. Ja, er war froh, dass er den Häschern entkommen war. Er war auch nicht unglücklich, dass er wieder aufs Meer hinausmusste. Aber er hing auch sehr an denen, die er verlassen hatte.

Seine Mutter hatte er immer innig geliebt. Er war ja seit dem Tod seines Vaters der Mann in der Familie gewesen. Immer hatte er sie auch beschützen wollen. Und nun hatte sie einen neuen Mann, zuverlässig, klug und liebevoll. War er seinem Vater untreu, wenn er den neuen Mann an der Seite seiner Mutter achtete und mochte?

Und die neue Schwester Sabrina! Sie ging ihm nicht aus dem Kopf. Der vorgezogene Abschied vor dem College in Philadelphia gab wenig Raum für persönliche Gefühle. Aber hatte sie nicht persönliche Betroffenheit, Sorge und Schmerz gezeigt? Das war doch anders als bei seiner leiblichen Schwester Ingrid, die wie immer sehr burschikos zu ihm war. Was berührte ihn so bei Sabrina?

War es ihre Schönheit? Ihre Klugheit, ihre offene Herzlichkeit? Es war wohl eher diese eigenartige Kombination aus allem. Ja, sie war einzigartig und ganz anders, als er bisher Mädchen und Frauen kennen gelernt hatte. Nun ja, so viele kannte er ja auch nicht.

Sven wurde aus seinen Gedanken gerissen, als die Seeleute laut johlten. Auf der Ladefläche eines Conestoga-Wagens, den sie gerade überholten, paarten sich ein junger Bursche und ein Mädchen. Die hintere Plane war zur Seite geweht, und man konnte sehen, wie sie sich vornüber über die Säcke beugte und er sie von hinten mit heruntergelassener Hose stieß.

Sie hatten wohl nicht damit gerechnet, dass ein Wagen so schnell von hinten aufkam. Als sie das Gegröle hörten, glitten sie von den Säcken zur Seite und versuchten sich zu verbergen.

Sven war unangenehm berührt. Das war doch ekelhaft und primitiv, sich auf der Ladefläche eines schüttelnden Lastwagens zu paaren. Aber reagierten nicht auch die grölenden Matrosen primitiv? Doch nicht alle johlten vor Begeisterung und Sensationslust. Es gab auch einige, die eher peinlich berührt oder ablehnend schauten. Vielleicht dachten auch sie an ein Mädchen wie Sabrina.

In der Höhe von Princeton machten sie Mittagsrast. Sie erhielten eine kräftige Brühsuppe mit Fleisch und Gemüse und ein Stück Brot.

»Es schmeckt anders als auf dem Schiff«, urteilte Joshua und langte kräftig zu.

Sven schaute sich um. Erstaunlich, wer alles auf der Straße unterwegs war. Familien, die wahrscheinlich erst vor Kurzem ein Auswandererschiff in New York verlassen hatten und nun nach Pennsylvania wollten. Vertreter, die ihre Waren im Land abzusetzen versuchten. Fuhrleute, die tagaus, tagein Frachten hin und zurück transportierten. Vornehm gekleidete Reisende, die abseits ein gepflegtes Mahl einnahmen. Und auch Menschen, die zu Fuß ihrem Ziel zustrebten.

Es war, wie seine Mutter immer gesagt hatte, ein junges, vielfältiges und ungebärdiges Land. Kaum ein Landstrich glich dem anderen.

Spät am Abend erreichten sie den Liegeplatz ihres Schoners auf einem Werftgelände am Zugang zur Newark Bay. Sven rief die Schiffswache an und wurde zum Kapitän geführt, während die Matrosen an Deck warteten.

Jonathan Rickes war ein älterer Mann, dessen Kopf ringsum von grauen Haaren eingerahmt war. Er empfing Sven reserviert, wenn nicht gar unfreundlich. Aber Mr Bradwick hatte schon angedeutet, dass der Kapitän ein etwas schwieriger Kauz war, den man aber für diese Aufgabe unbedingt brauche.

»Sie sind also der Erste Maat, den mir der Reeder schickt. Er schrieb mir, dass Sie vor allem den Drill an den Waffen betreiben sollen.«

»Ja, Sir. Ich bringe außerdem zehn zusätzliche Matrosen. Dürfen sie ihre Quartiere beziehen? Sie warten an Deck.«

»Warten Sie, Mr Larsson. Ich schicke meinen Diener zum Bootsmann«, sagte Mr Rickes und erteilte die Befehle.

Sven wusste, dass Mr Rickes ein Mann der alten Schule war, der sich selbst als »Master« und nicht als Kapitän bezeichnete, wie es die jüngeren Leute taten. Mr Rickes hatte viele und auch verwandtschaftliche Beziehungen zu den Werften und Gießereien in Neu-Braunschweig und Neuschottland, wo sie jetzt ihre Achtpfünder-Kanonen abholen sollten.

Warum sie deswegen bis nach Kanada segeln müssten, hatte Sven Mr Bradwick gefragt.

»Sie haben doch gehört, dass in die Kolonien keine Waffen mehr importiert werden dürfen, Mr Larsson. Die Kanadier sind erst seit zwölf Jahren britische Untertanen und haben sich noch nicht alle daran gewöhnt. Da sind die Waffen leichter zu beschaffen.«

Mr Bradwick hatte je drei Achtpfünder für jede Breitseite und je einen langen Neunpfünder für Bug und Heck vorgesehen. Sven konnte ihn überzeugen, dass der geringe Vorteil an Reichweite und Durchschlagskraft der Neunpfünder den Nachteil nicht aufwiegen konnte, dass man verschiedene Munition für zwei Kaliber vorrätig halten musste. So würden sie jetzt sechs kurze und zwei lange Achtpfünder übernehmen.

Sven hatte auch Mr Rickes von dieser Änderung informiert, und der fragte nach, wie groß der Unterschied denn überhaupt sei.

»Maximal hundert Meter maximale Reichweite, Sir, und bei der effektiven Reichweite spielt es gar keine Rolle.«

»Na schön! Morgen früh laufen wir wieder zu Übungen aus. Für uns ist es der vierte Tag, für die neuen Leute der erste. Sie müssen sie dann einteilen. In vier Tagen übernehmen wir Ladung und laufen aus.«

»Aye, aye, Sir.«

Sven hatte sich um zwei Glasen der Morgenwache (fünf Uhr früh) wecken lassen und sah sich dann in der Morgendämmerung in Ruhe das Schiff an.

Das war ein großer Schoner von etwas über 150 Tonnen. Zwei Masten ragten nach hinten geneigt in den Himmel. Die Rahen zeigten, dass sie im unteren Bereich Gaffel- oder Längssegel führten und oben Rahsegel. Topsegelschoner sagte man heute dazu.

Sven kraulte sich den Kopf. Welcher britische Kapitän würde ihnen glauben, dass sie ein Frachtsegler seien, wo sie knapp fünfzig Mann an Bord hatten? So viel Mann brauchte doch nur ein Kaperschiff. Nun, eine Ausrede war immer möglich. Man könnte eine Mannschaft zur Übernahme eines anderen Schiffes transportieren.

Andererseits, dachte Sven, sieht der Schoner so aus, als ob er jedem britischen Kriegsschiff davonsegeln könne. Er war sehr schmal und scharf gebaut. Vom vorderen Mast zum Bugspriet würden sie vier Vorsegel führen. Der Kiel ragte tief ins Wasser und verlieh ihnen eine besondere Stabilität. Sie würden sehr hart am Wind segeln können.

Inzwischen war auch die Mannschaft geweckt worden und strömte an Deck. Joshua trat zu Sven und sagte: »Der Käpt'n will noch etwas sagen, Sir. Danach soll ich an Land und mit ein paar Mann die Kanonen holen. Wir haben fürs Auslaufen hölzerne Imitationen. Sie wissen, wie sie manchmal an Deck mitgenommen wurden, um Piraten abzuschrecken.«

Kapitän Rickes begrüßte mit kargen Worten Sven und die neuen Besatzungsmitglieder. Dann befahl er alle Mann auf ihre Stationen und machte sich mit Sven auf den Rundgang, um ihn mit allen und allem bekannt zu machen und um die neuen Leute einzufügen.

Das war eine junge, abenteuerlustige und doch erfahrene Mannschaft, wie Sven feststellen konnte. Mit denen würde man ein schlagkräftiges Schiff formen können. Während er die Mannschaft des vorderen Mastes inspizierte, entstand Unruhe. Er sah, wie die Leute an Land zeigten.

Sven blickte sich um und sah, wie Joshua auf beiden Armen ein Kanonenrohr trug und so tat, als würde er fast zusammenbrechen.

Sven hörte, wie ein Matrose sich wunderte: »Mann, wie kann der Neger das schleppen? So eine Kanone wiegt doch mehr als zehn Zentner!«

Die anderen murmelten ungläubig.

»Ein Achtpfünder wiegt sechzehn Zentner«, sagte Sven. Die Männer stießen Rufe der Verwunderung aus. »Aber dieses Kanonenrohr ist aus Holz und wiegt weniger als einen Zentner. Joshua ist ein Spaßvogel und will euch verulken«, fügte er hinzu.

»Na warte, du schwatter Deibel!«, murmelte einer. Andere lachten.

Die Männer legten die mit Teerfarbe gestrichenen Holzimitationen auf die Lafetten. Niemand würde aus einiger Entfernung erkennen können, dass die *Freedom* noch keine Kanonen hatte.

Sven ließ den Bootsmann pfeifen: »Klar zum Auslaufen!«

Sie segelten von Brighton aus in die Upper Bay und dann ostwärts durch die Enge in das offene Meer. Svens erster Eindruck hatte nicht getrogen. Der Schoner war ein ausgezeichneter Segler. Den sollte erst einmal ein Schiff einholen.

Kapitän Rickes stand neben Sven und sagte ihm, er solle die *Freedom* vor Long Island einige Wenden und Halsen segeln lassen.

Sven gab die Kommandos und merkte, dass die Seeleute zwar wussten, was zu tun war, dass aber ihr Zusammenwirken noch längst nicht perfekt wirkte. Das ging alles zu langsam. Da würde man noch viel trainieren müssen.

Er bat Kapitän Rickes, die Manöver wiederholen zu dürfen. Der blickte ihn forschend an und brummte Zustimmung.

Sven ging zum vorderen Mast und sagte den Männern, dass es zu lange dauere, bis die Segel gesetzt und neu getrimmt seien. »Wenn uns ein Brite auf den Fersen ist, müssen wir schneller sein. Und das werden wir noch üben!«

Er gab die Kommandos, hob die Sprechtrompete an die Lippen und feuerte die einzelnen Matrosen an. Er monierte, wenn Handgriffe nicht gut klappten, und ließ sie immer wieder wiederholen.

Einige fluchten über den neuen Leuteschinder. Andere widersprachen: »Wir müssen schneller sein und besser schießen als die Briten. Sonst haben wir gegen ihre größeren Schiffe keine Chance. Wer das nicht kapiert, gehört nicht auf dieses Schiff!«

Sven lobte auch, wenn er Fortschritte erkannte. Allmählich gaben die Meckerer auf und erkannten an, dass es mit Drill besser ging.

Als sie zu ihrem Ankerplatz zurücksegelten, sagte der Kapitän so laut, dass es die Umstehenden hörten: »Mr Larsson. Wir haben heute gute Fortschritte gemacht. Wenn es so weitergeht, wird die *Freedom* zum besten Schiff, das ich je kommandierte. Teilen Sie heute während der Nachmittagswache die Leute für die Kanonen ein und üben Sie an den Handwaffen!«

Sven antwortete: »Aye, aye, Mr Rickes!«, und freute sich, dass der alte Brummbär so anerkennende Worte zur rechten Zeit fand.

Am Nachmittag übten zwei Maate mit einem Teil der Mannschaften an Musketen und Entermessern. Sven teilte den Rest für die Kanonen auf. Er fragte die Männer aus, welche Erfahrungen sie mit Kanonen hatten, welche Funktionen und Positionen sie bisher innehatten. Dann nahm er eine vorläufige Einteilung vor.

Ein Achtpfünder brauchte sieben Mann zur Bedienung. Bei acht Kanonen hätte die Besatzung der *Freedom* nicht ausgereicht, ganz abgesehen davon, dass ja auch im Gefecht noch Männer zum Segeln, Rudern und für andere Tätigkeiten gebraucht wurden. Also mussten auch hier, wie auf allen Kriegsschiffen, die Geschützmannschaften der einen Seite, die nicht im Gefecht war, denen aushelfen, die feuerten. Es kam ja selten vor, dass Backbord- und Steuerbordseite gleichzeitig schießen mussten.

Sven erklärte den Seeleuten, dass er nun für jede Kanone zuerst den Geschützführer, zugleich Richtkanonier, und den Wischermann rechts von der Mündung einteilen werde.

»Diese zwei Männer bleiben immer bei der Kanone, sofern es nicht ausdrücklich anders befohlen wird. Sie halten die Kanone feuerbereit. Die anderen drei sind jeweils auf der Seite tätig, die im Gefecht ist. Es sind der Ladekanonier rechts von der Mündung, der Kartuschenmann und der Mann mit der Lunte. Wir bräuchten noch zwei Mann für die Taljen, aber so viele Leute haben wir nicht. Wer ausgewischt oder die Kartusche eingerammt hat, muss daher an die Taljen springen und auf Kommando ziehen. Stellt euch jetzt einmal auf.«

Als alle auf ihren Plätzen standen, simulierten sie einige Male die

Handgriffe, aber das diente mehr dazu, dass sie sich etwas an ihre Positionen gewöhnten. Geschützdrill ohne richtige Kanonen war unmöglich.

Dann wechselten die Mannschaften. Wer an Handwaffen geübt hatte, ließ sich jetzt an den Kanonen einteilen. Während Sven die Männer gruppierte, kam der Kapitän, sah eine Weile zu und sagte dann: »Suchen Sie doch auch noch die Leute mit der besten Nachtsicht aus.«

»Wie meinen Sie das, Sir?«, fragte Sven.

Der alte Rickes sah ihn etwas belustigt an. »Na, dann lernen Sie wohl auch noch was. Die Menschen unterscheiden sich nicht nur in Größe und Haarfarbe, sondern auch in ihrer Fähigkeit, ihr Auge schnell an die Dunkelheit anzupassen und scharf zu sehen. Einer meiner Kapitäne hat mich mal darauf hingewiesen. Suchen Sie nicht nur die Leute mit der besten Sehschärfe für den Ausguck am Tage, sondern auch die mit der besten Nachtsicht für die Nachtwache und die mit dem besten Gehör. Es kann sich auszahlen.«

Das leuchtete Sven ein, und so stand er, als es dunkel geworden war, am Heck des Schiffes und ließ Joshua auf Pfiffe auf dem Vordeck verschieden abgedunkelte Kerzen zeigen. Es war wirklich erstaunlich, wie sehr sich Seeleute danach unterschieden, wie lange ihre Augen brauchten, sich an die Dunkelheit zu gewöhnen und dann gut zu erkennen. Unter den acht Besten war auch ein Zimmermann, der ja keine Wachen übernahm.

»Macht nichts«, sagte Mr Rickes. »Dann holen wir ihn im Notfall.«

Dann kam der Tag, an dem sie ihre Laderäume mit Teerfässern und Roheisen beluden. Das war übliche Fracht für diesen Teil Kanadas, aber die Menge war für ein normales Handelsschiff zu gering. Als Sven zu Mr Rickes einmal andeutete, dass ihnen bei einer Kontrolle durch britische Schiffe wohl niemand ihre Rolle als normales Handelsschiff glauben würde, antwortete der Kapitän nur: »Ich will mich nicht kontrollieren lassen. Wir laufen allen davon. Für die starke Mannschaft habe ich außerdem eine Bescheinigung, dass wir eine neue Mannschaft zu einem Schiff transportieren.«

Am zweiten Tag sichteten sie in der Morgendämmerung eine britische Fregatte. Der Ausguck meldete, dass die Fregatte Kurs auf sie nehme.

»Laufen Sie ihr davon! Hart am Wind! Kurs auf den Atlantik!«, befahl der Kapitän.

Die *Freedom* setzte alle Segel, brasste scharf an, ignorierte alle Befehle der Briten und segelte davon. Die Fregatte sandte ihr zwei Schüsse nach, die weit hinter dem Schoner ins Wasser schlugen, und verfolgte sie noch eine Weile. Sven und die Matrosen an Deck genossen es, ihr Schiff zu erleben.

»Die schneidet durchs Wasser wie ein Messer durch Butter!«, rief der Rudergänger dem Bootsmann jubelnd zu. Das Wasser rauschte an den Planken vorbei und murmelte am Heck ohne große Wirbel. Niemand zeigte auch nur das geringste Anzeichen von Sorge, dass die Briten ihnen näher kommen könnten.

»Fregatte dreht ab!«, meldete der Ausguck, und die Mannschaft jubelte.

Mr Rickes zog trotzdem ein saures Gesicht. »Sie waren zu dicht dran, als sie uns sichteten. Jetzt erhält jede Hafenbehörde unsere Beschreibung. Wir müssen den Anstrich ändern.«

Sven merkte wieder einmal, dass er von diesem alten Mann, der zunächst so bärbeißig wirkte, noch eine Menge lernen könne.

Die *Freedom* lief am Abend in die Bay of Fundy ein, ließ die Grand-Manan-Insel backbord liegen und machte in der Dunkelheit am Rande des Hafens von Saint John an einer Werft in Richtung Mispec fest. Kapitän Rickes musste das Gelände wie seine Westentasche kennen. Er hatte vor dem Anlegen Lichtsignale geben lassen und ging nun gleich an Land. Vorher ordnete er noch an, dass nur ein Hecklicht brennen und alle Mannschaften unter Deck bleiben sollten.

Die Seeleute meuterten. Sven beruhigte sie und wies darauf hin, dass Kapitän Rickes sich hier besser auskenne als sie alle.

»Wenn hier die Gefahr besteht, dass man uns als illegalen Kaper der Kolonien verdächtigt und uns überprüft, vielleicht Männer für die britische Flotte presst, dann sind wir schlimm dran. Also wollen wir erst vorsichtig sein und nicht auffallen!«

Kapitän Rickes kam am Morgen zurück und ließ Sven in seine Kajüte rufen.

»Die Kanonen sind aus dem Hinterland gebracht worden und warten in der Kennebecasis Bay auf uns. Sie werden heute Vormittag hierher transportiert. Wir verlegen heute Vormittag in den Haupthafen, löschen unsere Fracht und übernehmen neue. Die Mannschaften haben bis Mitternacht Ausgang. Noch in der Nacht bringen wir die *Freedom* wieder hier zur Werft, laden ein und stechen sofort in See. Wer den Ausgang überschreitet, wird von den Briten verhaftet. Es liegt eine Einheit Rotröcke in der Stadt. Ich möchte keinen Augenblick länger bleiben als nötig.«

Sie luden getrockneten Fisch, jene Sklavennahrung, die dann weiter in die Karibik transportiert werden würde. Die Seeleute fieberten dem Landgang entgegen, obwohl das Hafenviertel nicht sehr einladend wirkte.

»Das sieht so aufregend aus wie ein Topf Erbsensuppe«, murmelte Joshua enttäuscht.

»Ich werde doch an Land gehen, um wieder einmal gut zu essen. Unser Smutje trifft meinen Geschmack nicht so sehr«, entgegnete Sven.

Als Sven dann schließlich an Land konnte, nachdem er vorher die Ladung überprüft hatte, kam ihm Joshua entgegen. Sie trafen sich allein, und Joshua konnte frei sprechen: »Sven, im Gasthaus ›King Edward‹ sitzt Mr Henry Sage, der frühere Schiffsarzt der *Zeus*. Geh da nicht rein.«

Sven war überrascht. »Wie kommt der hierher? Es lag doch kein britisches Kriegsschiff im Hafen. Vielleicht haben sie den Saufkopf in ein Hospital abgeschoben. Hat er dich nicht erkannt?«

»Nein. Für Weiße sehen Neger doch einer wie der andere aus«, antwortete Joshua.

»Nicht für alle. Kommst du mit? Ich lade dich in ein anderes Gasthaus zum Essen ein.«

Joshua aß zu gern, um abzulehnen. Aber Sven merkte, wie er zuerst alle Gäste musterte und auch danach immer den Eingang im Auge behielt.

»Du bist ein wachsamer Gefährte, Joshua«, lächelte er ihm zu.

»Das lernt man als Maroon, Sven.«

Aber sie blieben nicht sitzen, als sie ihre Mahlzeit genossen hatten. Im Hafenviertel war noch Betrieb. Joshua stieß Sven an und zeigte auf eine Gruppe Betrunkener an der nächsten Ecke. Sie umarmten sich lallend und klopften sich immer wieder auf die Schultern.

»Der mit der braunen Jacke ist der Henry Sage!«, sagte Joshua.

Sven drehte sich sofort um und ging zur nächsten Querstraße zurück, um auf Nebenwegen zum Kai zu kommen. Aber hinter sich hörte er noch die lallende Stimme des Schiffsarztes.

»He, du Deserteur! Kolonistenpack!«

Aber über diesen verbalen Kraftakt kam der Betrunkene nicht hinaus. Ein schneller Blick zeigte Sven, dass er noch an der Ecke stand und mit seinen Saufkumpanen grölte.

»Sie sollten sich einen Bart wachsen lassen, damit man Sie nicht so schnell erkennt«, empfahl Kapitän Rickes, als er ihm den Zwischenfall berichtete. Sonst war Mr Rickes nicht beunruhigt. »Bis der nüchtern ist, sind wir längst auf und davon.«

Aber vor dem Auslaufen lagen noch Stunden harter Arbeit. Sie verholten nach Mitternacht an ihren alten Liegeplatz am Rande von Saint John. Die Auswahl der Leute mit der guten Nachtsicht bewährte sich. Nur ihre Aufmerksamkeit bewahrte sie vor dem Zusammenstoß mit einem unbeleuchteten Kutter, der ohne jedes Licht im Hafen segelte.

»Verdammtes Schmugglerpack!«, knurrte Kapitän Rickes.

Sven musste schmunzeln. Und was sind wir?, dachte er.

Die acht Kanonenrohre lagen schon am Kai. Ein Ladebaum stand bereit. Sie zogen ein Rohr nach dem anderen mit Taljen empor, brachten es an Bord und ließen es auf die Lafetten herunter. Es war eine langwierige und schwere Arbeit, die nicht ohne Quetschungen ablief. Aber schließlich waren alle Kanonenrohre an ihren Positionen und sicher vertäut.

Nun mussten sie noch die Pulverfässer und die Netze mit den Kugeln, Kettengeschossen, Traubenkugeln und Schrapnells laden. Das war einfacher, da die einzelnen Güter nicht so schwer waren, aber es kostete Kraft und Zeit. Als Sven endlich die letzte Position abhaken konnte, taten selbst dem bärenstarken Joshua die Muskeln weh.

»Lassen Sie ablegen und Segel setzen, Mr Larsson. Kurs auf die offene See und genügend Abstand vom Festland!«

Sie steuerten in die Morgendämmerung hinein. Die Freiwache schlief, als sie auf der Höhe von Yarmouth eine britische Sloop sichteten. Aber Sven ließ Kapitän Rickes nicht wecken.

»Wir ändern den Kurs. Die sind sieben Meilen entfernt. Da sind wir bald außer Sicht«, erklärte er dem Bootsmann, und der nickte.

Es war ein herrliches Gefühl, so ein schnelles Schiff zu segeln. Die Wache erledigte ihre Tätigkeiten an Bord. Die Nähe eines britischen Schiffes schien keinen zu beunruhigen. Und nach drei Stunden gab die Sloop auf.

Die Besatzung der *Freedom* konnte sich darüber nicht freuen, da alle Mann den Kanonendrill über sich ergehen lassen mussten. Und das war nun kein Scheinexerzieren mit Holzkanonen mehr, nein, jetzt mussten wirklich die Rohre ausgekratzt, gewischt und mit Kartuschen und Kugeln geladen werden. Die viele Zentner schweren Kanonen mussten an Deck vor- und zurückgezogen werden. Und immer wieder rief Sven, dass sei alles viel zu langsam.

»So eine Schinderei habe ich noch auf keinem Schiff erlebt«, maulte ein junger Matrose.

Ein anderer lachte ihn aus. »Wenn du für die Unabhängigkeit bist und Prisengeld haben willst, dann musst du dich schon mehr schinden.«

Der Drill setzte sich am dritten Tag fort. Am nächsten Tag wollte Sven Scharfschießen üben. Als er das Mr Rickes vortrug, fügte er hinzu: »Vorher müssten wir die Kanonen aber noch überprüfen, ob die Rohre nicht schadhaft sind. Wenn ein Rohr explodiert, trauen sich die Leute für lange Zeit kaum noch an die Kanonen, und die Feuergeschwindigkeit sinkt dramatisch, erzählte mir der britische Feuerwerker immer wieder.«

Der Kapitän blickte ihn unfreundlich an. »Mr Larsson, ich kenne den Meister in der Gießerei persönlich. Der dreht mir keinen Ausschuss an.«

»Das glaube ich gern, Sir. Aber Haarrisse kann man nicht sehen, und ich habe gehört, dass die Rohre nicht auf dem Schießplatz erprobt wurden, weil sie ein wenig neben der offiziellen Produktion gefertigt wurden. Dann kann niemand garantieren.«

»Na gut! Dann erproben Sie«, knurrte der Kapitän.

Sven ließ immer nur ein Rohr mit der anderthalbfachen Pulverladung füllen und einen Wollpfropf einrammen. Die Kanone wurde hinten und an den Seiten mit Weizensäcken eingerahmt. Dann zündete Sven eine Lunte mit drei Minuten Brennzeit, und alle Matrosen zogen sich so weit zurück, wie das Deck es zuließ.

Kanone um Kanone bestand die Probe. Sven meldete dem Kapitän: »Alle Rohre sind sicher, Sir. Heute Nachmittag können wir auf ein Ziel schießen. Ich werde es vorbereiten lassen.«

Die Zimmerleute hatten aus Holzfässern, Balken und Leinwand ein Gerüst gezimmert, das ein etwa drei mal vier Meter großes Ziel bot. Sie setzten es in der ruhigen See aus und kreuzten zurück.

»Wir laufen mit geringer Fahrt am Ziel vorbei. Die Steuerbordkanonen feuern nacheinander. Dann kreuzen wir zurück, und die Backbordkanonen feuern auf das, was vom Ziel übrig ist. Jede Mannschaft, die das Ziel trifft, erhält eine Extraration Grog«, gab Sven bekannt.

Die Kanoniere sahen sich freudig an und klopften sich auf die Schultern. Aber nach dem ersten Vorbeilauf sah man nur noch enttäuschte Gesichter an Steuerbord. Keine Kanone hatte getroffen. Die Einschläge waren zwei bis zwanzig Meter neben dem Ziel. Die Backbordseite spottete.

Wartet man ab, dachte Sven.

Tatsächlich feuerte auch die Backbordseite nur ein Loch in die Leinwand am Ziel. Die beiden anderen Einschläge lagen weit daneben. Der Kapitän fluchte.

Nun kamen die Mannschaften der Bug- und Heckkanone mit zwei Steuerbordkanonen an die Reihe. Sven und Joshua zwinkerten sich zu.

Und tatsächlich. Die Heckkanone traf fast. Ein Meter daneben. Aber Joshua von der Bugkanone traf mitten ins Ziel.

»Donnerwetter«, entfuhr es dem Kapitän. »Ein Meisterschuss!«

»Ja, Sir. Joshua ist ein Meisterschütze. Er trifft fast immer mitten ins Ziel.«

Sie brauchten noch zwei Vorbeiläufe, um die Zielscheibe zu zerfetzen. Vor dem letzten Schuss blickte Sven zufällig achteraus und sah ein Segel zwei Meilen hinter ihnen.

»Ausguck!«, rief er. »Was kommt da achtern auf?«

Der Ausguck antwortete nach kurzer Pause: »Zweimastbrigg, wahrscheinlich britisch, zwei Meilen achteraus!«

»Du verpennter Hundesohn!«, brüllte der Kapitän. »Die hättest du doch schon vor fünf Meilen sehen müssen. Zwei Wochen Latrinendienst und keinen Hafenurlaub! Wechselt den Kerl ab!«

Sie setzten alle Segel und steuerten einen Kurs, der sie hart an den Wind brachte. Die Brigg blieb zurück. Sven ließ noch zwei Stunden die Entfernung messen. Dann war die Gefahr vorbei.

Der Kapitän ließ die Besatzung an Deck antreten und schimpfte, was das Zeug hielt, über die verbrecherische Nachlässigkeit des Ausgucks.

»Wenn das noch einmal vorkommt, bestrafe ich den Ausguck mit vierundzwanzig Peitschenhieben, sofern uns der Feind nicht vorher zusammenschießt. So eine Nachlässigkeit gefährdet uns alle. Und jetzt noch eine Stunde Kanonendrill, damit ihr alle den Penner richtig lieb habt!«

Als Joshua mit Sven allein sprechen konnte, sagte er leise: »Dem Ausguck schlagen sie doch heute Nacht die Hucke voll. Warum hat ihn der Kapitän nicht gleich mit Hieben bestraft?«

»Ich glaube, er war so überrascht, dass er nicht gleich erkannte, was für ein schweres Wachvergehen der Kerl sich geleistet hat.«

»Na, jetzt wird er es nicht mehr vergessen.«

Zum Wachwechsel am nächsten Morgen fehlte der Ausguck. Der Sanitäter musste seine Abschürfungen und Beulen behandeln. Aber die anderen waren nach zwei Stunden Kanonendrill nicht sicher, wer nun das bessere Los gezogen hätte. Joshua musste dann noch mit jedem Richtkanonier üben, wie man Keile und Handspaken am besten zum Ausrichten der Kanone einsetzte.

Der Erfolg blieb nicht aus. Nur eine Kanone feuerte noch am Ziel vorbei, als sie am frühen Nachmittag Scharfschießen übten.

»Der Joshua Petrus hat seine Sache gut gemacht und kriegt eine Extraration Grog. Alle anderen sind erst Durchschnitt. Aber ihr müsst besser werden, sonst pustet uns jeder Brite aus dem Wasser«, verkündete der Kapitän.

»Das braucht noch ein paar Wochen, Sir«, sagte Sven zum Kapitän, als sie allein waren. »Aber sie werden es schaffen. Es sind ja gute Leute.«

Als sie im Morgengrauen bei der Reynolds-Werft in Höhe der Queen Street in Philadelphia anlegten, sahen sie, dass in der Front Street viele Menschen jubelnd stadteinwärts zogen.

»Joshua, geh doch mal hin, und frag, was los ist«, bat Sven seinen Freund.

Er brachte sogar eine Zeitung mit zurück.

»Sieg der Miliz über die Briten bei Lexington«, las Sven erstaunt. Ganz automatisch las er laut vor, als sich die anderen um ihn scharten. »Am 19. April hat der britische General in Boston ein Regiment ausgesandt, um ein Waffenlager der Milizen bei Concorde zu beschlagnahmen. Die Miliz von Massachusetts stellte sich den Briten bei Lexington in den Weg und brachte ihnen schwere Verluste bei, bevor sie sich nach Boston zurückziehen mussten.«

»Das ist Krieg!«, stellte der Kapitän fest.

Einige Seeleute schauten nachdenklich, andere stießen jubelnd die Fäuste in die Luft.

»Es ist höchstens noch eine Frage von Wochen, bis die Feindseligkeiten überall offen ausbrechen. Und die Kolonien sind darauf nicht vorbereitet. Wir haben keine Armee, keine Flotte, keine Befehlshaber, keine Militärverwaltung, keine Nachschublager. Wir haben nur mutige Männer mit Flinten«, erklärte Mr Bradwick, der Reeder, mit Nachdruck.

»Aber Mr Bradwick, sehen Sie da nicht etwas zu schwarz?«, fragte Kapitän Rickes. »Unser Schiff läuft allen britischen Schiffen davon, die stärker sind, und ihren schnellen Schiffen sind wir mit noch etwas mehr Drill gewachsen. Und unsere Milizen haben doch aus vergangenen Kriegen auch erfahrene Offiziere.«

»Das wird nicht reichen, Mr Rickes. Nehmen Sie Lexington! Die Milizen konnten die Briten aus dem Hinterhalt beschießen und ihnen starke Verluste zufügen. Aber die Vernichtung des Munitionslagers in Concorde konnten sie ebenso wenig verhindern wie den Rückmarsch der Briten nach Boston. Mit dieser Taktik können wir die Briten nicht aus Amerika verjagen. Jetzt brauchen wir vor allem Waffen und Munition. Für die Bewaffnung unseres Schoners haben Sie ja schon gesorgt. Nun müssen wir …«

Ein Klopfen an der Tür unterbrach Mr Bradwick.

»Was ist denn los? Herein!«, rief er ärgerlich.

»Mr Smith«, meldete der Schreiber.

»Ach ja, lassen sie ihn herein«, beschied Mr Bradwick und fuhr zu seinen Besuchern fort: »Mr Smith ist Abgeordneter für den Zweiten Kontinentalkongress, der in wenigen Tagen in Philadelphia beginnt. Dieser Kongress wird die Weichen für den Kampf um die Unabhängigkeit stellen, und Mr Smith vertritt besonders die Interessen unserer Schifffahrt.«

Mr Bradwick machte Kapitän Rickes und Mr Smith miteinander bekannt.

»Mr Larsson kennen Sie ja bereits«, fügte er hinzu und beobachtete, wie sich beide lächelnd die Hände schüttelten.

»Mr Smith! Kapitän Rickes ist heute mit einem kampfkräftigen Schoner mit acht Achtpfündern und knapp fünfzig Mann Besatzung eingelaufen. Er wird den Briten Ärger bereiten, wenn es zum Kampf kommt. Vielleicht geben Sie uns aber erst einen Überblick über die politische Situation und über den Vorschlag, den Sie für den Einsatz des Schoners haben«, bat der Reeder.

»Erlauben Sie mir, dass ich mir zunächst die Kehle anfeuchte und mit Ihnen einen Schluck auf die Unabhängigkeit der amerikanischen Kolonien trinke.«

Mr Smith hob sein Glas und trank den anderen zu.

»Meine Herren! Sie kennen die Ereignisse von Lexington und wissen, dass der Kontinentalkongress am 10. Mai zusammentritt. Es gibt zwar noch unterschiedliche Auffassungen, aber ich glaube, am Ende langer Beratung wird eine Erklärung zur Unabhängigkeit stehen. Viele sind noch dagegen. Ich nenne nur Lord Dunmore, den verrückten Gouverneur, der Loyalistentruppen aufstellt und Schiffe ausrüstet, die Virginia gegen Patrioten verteidigen sollen.«

»Hundsfott!«, knurrte Kapitän Rickes.

Mr Smith lächelte und fuhr fort: »Der Kongress wird sich zunächst mit den Landoperationen befassen. Hier sind die britischen Truppen in Boston der Stachel, der die nördlichen Kolonien schmerzt. Ich habe gehört, dass man Oberst Washington, Kommandeur der Milizen in Virginia, als Oberbefehlshaber einer vereinigten Armee vorschlagen will. Mit einer Flotte wird es länger dauern. Im Augenblick höre ich nur von Bestrebungen einzelner Kolonien, für die Verteidigung der eigenen Küsten eigene Flotten aufzubauen. Das wären vor allem Kanonenboote. Einige Freunde wollen sich mit mir aber auch für ein Marinekomitee einsetzen, das eine kontinentale Flotte ins Leben ruft. Doch das ist ein langer Weg.«

»Und wie steht es mit Kaperbriefen?«, warf Kapitän Rickes ein.

»Danach rufen viele, denn Kaperschiffe haben eine Tradition in den Kolonien. Vielleicht werden einzelne Kolonien schon eher Kaperbriefe vergeben, aber für kontinentale Lizenzen wird es wie bei der gemeinsamen Flotte länger dauern.«

»Ich verstehe nicht, warum die Abgeordneten so lange für Dinge brauchen, die unabwendbar sind. Es kann doch keine Einigung mehr mit England geben«, ärgerte sich Kapitän Rickes.

Mr Smith beherrschte seinen Unmut über den Einwand. »Wir müssen aber auch prüfen, ob wir unsere Seeleute nicht zu Handlungen verleiten, die man ihnen als Verbrechen auslegt. Wir müssen erreichen, dass unsere Kaperbriefe international anerkannt werden. Wenn andere

Nationen wie Spanien und Frankreich sie anerkennen, kann auch England unsere Seeleute nicht als Piraten aufhängen. Wenn wir das nicht erreichen, hilft das Stück Papier niemandem.«

Mr Bradwick schaltete sich ein. »Dem kann man nur zustimmen, Mr Smith. Jetzt schildern Sie uns aber bitte ihren Bermuda-Plan!«

Mr Smith wies einleitend noch einmal auf den Mangel an Waffen und Munition hin, der in allen Kolonien bestehe, wenn man nun ein Heer und auch eine Flotte ausrüsten wolle.

»Die Bermudas haben auf Anweisung der Regierung in London alle Waffen- und Munitionslieferungen an amerikanische Kolonien eingestellt. Daraufhin haben diese ihnen kein Salz mehr verkauft, das sie brauchen, um ihre Fischfänge für den Transport und Verkauf einzusalzen. Uns wäre nicht geholfen, wenn wir lange verhandeln und Dokumente austauschen. Wir haben Kontakt mit Sympathisanten der amerikanischen Sache auf den Bermudas aufgenommen. Sie werden uns helfen, die Vorräte des Pulvermagazins in Saint George zu stehlen, wenn wir im Gegenzug dafür Salz liefern. Ich stelle mir folgenden Ablauf vor ...«

Mr Smith trug seinen Plan vor. Kapitän Rickes und Sven hatten Änderungs- und Ergänzungsvorschläge, und am Ende waren sie sich einig, so könnte es ohne Verluste klappen.

Als Kapitän Rickes und Sven gehen wollten, bat Mr Smith Sven noch einen Augenblick zur Seite.

»Mr Larsson, Kaperschiffe bringen den Besatzungen und den Reedern viel Gewinn. Aber die Flotten der Kolonien oder des Kontinents sind wichtiger. Und diese Flotten brauchen Männer mit Flottenerfahrung wie Sie. Bitte vergessen Sie das nicht.«

Svens Mutter rief dem Butler zu: »Ich gehe jetzt in den Garten, um Rosen zu schneiden!«

Dann öffnete sie die Tür und prallte zurück. Vor ihr stand ein bärtiger junger Mann.

»Sven!«, rief sie nach einem Moment des Zögerns. »Du bist wieder daheim!«

Sie fasste ihn um. Dann schaute sie hoch.

»Aber warum trägst du jetzt einen Bart?«

Sven erklärte ihr, dass ihn ein ehemaliger Schiffsarzt in Kanada sofort erkannt habe und dass er sich ein wenig tarnen wolle.

»Aber in Philadelphia haben die britischen Beamten ihre Koffer gepackt, nachdem eine Menge vor dem Hafenamt demonstriert hatte. Vorläufig können sie keinen mehr verhaften.«

Sven nickte. »Ja, die Situation hat sich schnell verändert. Aber ich wollte auch sehen, wie ich euch mit dem Bart gefalle.«

Die Mutter hielt ihn auf Armeslänge vor sich und betrachtete ihn.

»Ungewohnt zunächst, aber es steht dir auch. Doch ich glaube, du bist mir ohne Bart lieber. Wir können ja noch deine Schwestern fragen. Morgen kommen sie wieder. Und wie lange bleibst du?«

Sven erklärte, dass er in drei Tagen für eine gute Woche wieder auslaufen müsse.

Die Mutter seufzte. »Und in drei Wochen siedeln dein Vater und ich nach Kanada um. Haus und Grundstück sind schon auf euch übertragen. Du musst nur noch unterschreiben. Es fällt mir so schwer. Ich habe doch so viele Erinnerungen an dieses Land. Meine Toten liegen hier.«

Sven fasste seine Mutter um und führte sie ins Zimmer.

»Setz dich, liebe Mutter. Ich lasse uns einen Tee bringen, und dann erzählst du mir, wie es der Familie geht.«

Die Mutter erzählte gerade von seiner Cousine und ihrem Kind, als sein Stiefvater heimkam. Er breitete seine Arme aus und drückte ihn herzlich.

»Sven, wie schön, dass du noch kommst, bevor wir das Land verlassen. Du siehst älter aus mit dem Bart. In deinem Alter kannst du dir das noch leisten. Wenn ich älter aussehe, sagt deine Mutter dann Daddy zu mir.«

Als ihr Lachen abklang, fragte Sven: »Wollt ihr nun wirklich umsiedeln, Vater?«

»Wir müssen, Sven. Es fällt uns sehr schwer, besonders, weil unsere

Kinder hier bleiben. Aber wir müssen. Viele werden uns vermissen. Aber manche würden uns wohl bald verjagen. Wie immer gibt es auch hier Menschen, die sich mit ihrer Radikalität profilieren wollen. Sie haben meine Kutsche schon zweimal mit Steinen beworfen. Die besonnenen Bürger haben Schlimmeres verhindert, aber wie lange dauert es, bis solche Besonnenheit als Verrat gilt? Nein, Sven, es ist höchste Zeit. Wir fahren mit unserem Hab und Gut bis New York mit Wagen. Dann wird alles auf ein Flussschiff umgeladen. Wir fahren den Hudson aufwärts und dann wieder ein Stück mit den Wagen.«

Am nächsten Tag kamen Svens Schwestern. Ingrid platzte ins Zimmer, achtete gar nicht weiter auf ihren Bruder, sondern fragte alle: »Nun ratet einmal, was wir heute bringen?«

Sie ließ sie nicht lange raten, sondern verkündete: »Unser Zeugnis über eine bestandene Ausbildung. Wir sind nun Lehrerinnen und unterrichten künftig in Gloucester.«

Die Mutter klatschte in die Hände.

Dr. Wilbur sprang auf und umarmte sie beide.

»Was bin ich froh, dass ihr nun auch beruflich versorgt seid. Wenn Sven hin und wieder vorbeischaut, habt ihr auch männlichen Rückhalt.«

Ingrid schüttelte den Kopf. »Den brauchen wir nicht, vor allem nicht, wenn er nun aussieht wie ein gerupftes Huhn.«

Aber da griff ihre Stiefschwester ein.

»Ingrid, manchmal bist du wirklich zu vorlaut und verletzend. Du liebst deinen Bruder doch von Herzen. Warum sagst du nicht, dass du dich freust, ihn zu sehen, ob nun mit oder ohne Bart? Er steht ihm übrigens nicht schlecht.« Und Sabrina ging auf Sven zu und umarmte ihn.

Ingrid blickte ungewohnt schüchtern drein. »Du hast recht, Sabrina. Warum sage ich nicht einfach, dass ich glücklich und erleichtert bin, dass mein stattlicher Bruder wieder gesund bei uns ist. Und ich werde immer gern seine Hilfe in Anspruch nehmen, denn ich habe großen Respekt vor seinen Leistungen.« Sie nahm die Hand vor die Augen.

»Schwesterchen«, tröstete Sven. »Ich kenn dich doch und weiß, wie du es meinst. Ich gratuliere euch beiden von ganzem Herzen zum bestandenen Examen. Ihr werdet sehr gute Lehrerinnen werden. Da möchte auch ich noch mal zur Schule gehen.«

Und Sven sah Sabrina an, die mit ihrem dunkelbraunen gelockten Haar, ihren braunen Augen und ihrem feinen Gesicht wunderhübsch aussah. Ihr Gesicht rötete sich etwas, als Sven das sagte, aber sie sah ihm ruhig und liebevoll in die Augen. Und nun war es Sven, der verlegen wurde. Er wusste sofort, diesen Gesichtsausdruck würde er nicht mehr vergessen. So hatten sie sich beide noch nie angesehen.

Es war eine dunkle Nacht. Die Ausgucke suchten ihre Sektoren nach einem Licht ab. Sven stand neben Kapitän Rickes an Deck. Von Zeit zu Zeit hoben beide ihre Nachtgläser an die Augen. Sven merkte, dass der Kapitän aufgeregt war. Er räusperte sich dann immer kaum hörbar.

Bisher war ihre Mission gut verlaufen. Sie waren von Westen her in den Castle Harbor hineingesegelt, jene große Bucht, die von der Hauptinsel und der Saint-Davids-Insel gebildet wurde. Sie führten eine Flagge gelb über blau am vorderen Mast. Von einer Fischersiedlung hatte sich ein Boot gelöst und war zu ihnen gerudert.

Ein Mann hatte sich als Sympathisant der Patrioten ausgegeben und gesagt, dass sie heute Nacht das Salz entladen und morgen das Pulver übernehmen könnten. Und nun warteten sie auf das oder die Boote, die ihre Last übernehmen würden.

»Licht backbord querab!«, meldete ein Ausguck. Alle wandten sich in die Richtung und spähten. Ja, da kam ein Boot oder Schiff. Es war ein kleiner Küstenfrachter.

»Er hat wenigstens Einrichtungen, um die Ladung zu übernehmen. Da müssen wir nicht alle Arbeit leisten«, stellte Kapitän Rickes erleichtert fest.

Sven hatte einige Seeleute mit Musketen hinter der Deckshütte postiert und trug selbst eine Pistole. Vorsicht konnte nicht schaden. Aber bald erkannten sie den Mann, mit dem sie am Tag alles verabredet hat-

266

ten. Sie folgten dem Schiff in eine kleine Bucht und ankerten Seite an Seite.

Nun wurden mehr Lampen angezündet, damit sie Licht bei der Arbeit hatten. Die Besatzung des Küstenfrachters bestand etwa zur Hälfte aus Schwarzen. Ihr Gewährsmann stieg an Bord der *Freedom,* und Kapitän Rickes ging mit ihm und Sven in seine Kajüte.

»Haben Sie den Lotsen dabei, der uns morgen Nacht unterhalb des Pulvermagazins ans Ufer bringt?«, fragte Mr Rickes.

Sven wusste, dass er diesen Lotsen auch als eine Art Geisel an Bord haben wollte, um gegen Betrug gesichert zu sein.

Der Mann bejahte und bot an, den Lotsen zu rufen. Mr Rickes war einverstanden. Als der Mann die Kajüte betrat, sagte Mr Rickes zu Sven, er möge mit dem Umladen beginnen. Die beiden anderen sahen sich an, und Sven wusste, dass auch sie den Zusammenhang erkannten.

Der Lotse stand auch neben Sven, als nach drei Stunden das Umladen beendet war und der Küstenfrachter seine Leinen löste, um davonzusegeln. Der Lotse war wie ein einfacher Fischer gekleidet. Er war etwa dreißig Jahre alt und sprach einen Dialekt, den Sven schwer verstand.

»Wir sollten die Bucht mit Ostkurs verlassen und tagsüber außer Sicht des Landes sein«, schlug der Lotse vor. »Ich hoffe, sie haben einen Platz für mich, wo ich mich ein wenig hinpacken kann«, fügte er hinzu.

»Wir haben auch eine weiche Unterlage und eine Decke für Sie. Auch Essen und Trinken, wann immer Sie es wünschen. Hauptsache, Sie bringen uns morgen sicher hin.«

Der Lotse grinste. »Keine Sorge!«

Sven stand wieder neben dem Lotsen, als sie am späten Abend in Saint George's Harbor einliefen, jene insel- und landzungenreiche Bucht zwischen Saint-George's-Insel und Saint-David's-Insel.

»Dort die Lichter auf halber Höhe gehören zu einer Plantage auf der kleinen Insel. Jene dort am Wasser sind die Fischerhütten der großen Insel. Wenn Sie beide im rechten Winkel sehen, haben Sie den richtigen Punkt für Kurs Ost.«

Sven fragte nach: »Die Lichter brennen aber doch nicht die ganze Nacht?«

»Nein«, antwortete der Lotse. »Entweder Sie laufen rechtzeitig ein, bevor die Leute ihre Feuer löschen, oder Sie müssen auf eine mondhelle Nacht warten.«

Steuerbord voraus tauchten die Lichter von Saint George auf, der Hauptstadt.

Das ist ja ein kleines Kaff, dachte Sven. Da kann Seeleuten nicht viel geboten werden. Na ja, wenn die ganze Inselgruppe nur etwa zehntausend Einwohner hatte, konnte man nicht viel erwarten.

Am Bug rief einer eine Warnung. Joshua kam angelaufen.

»Wir hätten beinahe ein Fischerboot gerammt.«

Vom Fischerboot rief sie jemand an. Der Lotse antwortete. Dann beruhigte er Sven.

»Keine Sorge! Die sind von uns.«

»Haben Sie eine britische Garnison auf den Inseln?«, fragte Sven.

Der Lotse verneinte. »Nur die Miliz, aber die sollte auch bald schlafen bei so viel Schlafmittel, wie man in ihren Wein tun wollte.«

Sie ankerten an einer kleinen Landzunge, die wie ein natürlicher Kai geformt war.

»Nun können Sie mit Ihren Leuten das Pulver holen, Mr Larsson«, flüsterte der Kapitän. »Seien Sie vorsichtig!«

Sven stieg mit zehn Leuten an Land. Zwei hatten Musketen, die anderen Entermesser und Pistolen. Der Lotse führte sie. Am Ufer ahmte er einen Eulenschrei nach. Von Land her ertönte Antwort.

Dann huschten zwei Gestalten heran. Joshua hatte schon sein Messer gezogen, aber dann erkannten sie den Mann, der das Salz geholt hatte.

»Alles klar«, raunte er. »Die Wachen schlafen.«

»Wie viel Mann sind es denn?«, fragte Sven.

»Sechs, aber Sorgen machte uns immer nur der Sergeant, ein kampferprobter, bulliger Kerl.«

Sie stapften etwa hundert Meter leicht aufwärts.

»Wie sollen die Fässer transportiert werden?«, erkundigte sich Sven.

»Wir haben zwanzig Männer mit Tragen. Wenn Ihre Leute auch anpacken, sollten wir alles in einer Stunde hinter uns haben.«

Dann sahen sie den umzäunten Schuppen mit einer Hütte an einer Ecke.

»Dort schläft die Wache. Lassen Sie die Hütte bewachen. Wir fangen jetzt mit dem Transport an.«

Sven teilte sechs Mann ein. Joshua war unter ihnen. Er flüsterte: »Ich brauche keine Trage. Ich nehme das Fass auf die Schulter.«

»Lass das!«, entschied Sven. »Es sind genug Tragen da. Du brauchst dir nicht die Knochen zu ruinieren.«

Sven schritt das Gelände ab, während die Männer schleppten. Seine Augen hatten sich an die Dunkelheit gewöhnt. Die Ohren hörten Geräusche, die ihnen auf See unbekannt waren. Dort schrie ein Nachtvogel. Hier huschte eine Maus. Eine Eule rief. Ein Hund bellte.

Sven fiel ein, dass die Wachen mit den Musketen ja mit Trägern tauschen konnten, und er winkte zwei Seeleute heran, die nun die Musketen übernahmen.

»Das hätte ihm auch früher einfallen können. Wir sind ja fast fertig«, tuschelte der eine dem anderen ins Ohr.

Plötzlich krachte die Tür der Hütte auf. Ein kräftiger Kerl schwankte im Eingang und wollte sich mit einem Fidibus eine der Zigarren anzünden, die in der Karibik beliebt waren.

»He, was ist da los?«, lallte er. Endlich brannte seine Zigarre, und er warf den Fidibus auf den Boden.

Er stapfte auf den Pulverschuppen zu und brüllte: »Was macht ihr da? Weg da!«

Mitunter war er nicht zu verstehen, da er lallte. Aber unbeirrt stapfte er mit dem Starrsinn des Betrunkenen auf die Tür des Schuppens los. Sven rannte von der Seite auf ihn zu. Mein Gott, wie sollte er den Bullen stoppen, ohne ihn zu töten? Es war doch verabredet, dass alles ohne Tote abgehen sollte. Aber dann riss er die Pistole aus dem Gürtel, fasste sie am Lauf und schlug den Kolben dem Bullen an die Schläfe.

Der Sergeant stürzte um, als wäre er gegen eine Steinwand gerannt.

Sven bückte sich, nahm die Zigarre, die ihm aus der Hand gefallen war, und drückte sie im Sand aus.

»Das war Hilfe in letzter Minute«, sagte der Maat des Stückmeisters. »Die Milizionäre waren im Schuppen nicht sehr sorgfältig. Eine Zigarre hätte uns in die Luft gejagt.«

Sie schleppten die letzten Fässer ans Ufer und verluden sie. Die Freunde der Patrioten verabschiedeten sich und wünschten gute Heimreise. Der Lotse band ein kleines Boot am Heck fest.

»Ich bringe Sie bis zum offenen Meer.«

Kapitän Rickes klopfte Sven auf die Schulter. »Sehr gut gemacht, Mr Larsson! Das ist genug Pulver, dass zwei Regimenter zwei Monate lang kämpfen können. Unsere Armee wird zufrieden sein. Die Gefechtsbereitschaft wird beibehalten, bis wir auf offener See sind. Dann ist außer der Wache dienstfrei.«

Sie ereichten die offene See. Die Dämmerung lichtete sich, und die Sonne war am Horizont zu ahnen. Sven sah auf einmal wieder Sabrinas Gesicht vor sich. Sie lächelte ihn liebevoll an.

»Ich löse Sie jetzt ab«, meldete sich Kapitän Rickes neben ihm. »Oder wollen Sie noch eine Wache gehen? Sie lächeln so glücklich.«

Heißt Flagge!
(Juni 1775–
April 1776)

Dr. Wilbur hob sein Glas. »Liebe Kinder! Wir sind sehr glücklich, dass ihr alle drei unseren Abschied mit uns feiern könnt. Eure Mutter und ich brechen in ein neues Leben auf und wissen, dass ihr in unserer alten Heimat eine gesicherte Existenz habt. Haltet zusammen und denkt an uns. Wir brauchen eure guten Wünsche und werden immer an euch denken.«

Sie tranken sich zu. Ihre Augen waren feucht. Sie liebten und achteten sich, und niemand konnte ihnen garantieren, dass sie sich wiedersehen würden.

Wir leben in einer schweren Zeit, dachte Ingrid und konnte nicht verstehen, dass viele ihrer Altersgenossen die Veränderungen so begrüßten.

Sven war bedrückt, weil er seine Mutter und seinen Stiefvater so gern bis New York begleitet hätte. Aber er war am übernächsten Tag vor das Sicherheitskomitee von Pennsylvania gebeten worden, um sein Urteil über die Ausbildung der Mannschaften für die Ruderkanonenboote abzugeben, die das Komitee in Auftrag gegeben hatte. Doch John und Adam würden morgen früh die Eltern bis zum Hudson River begleiten und sehen, dass sie sicher auf die Flussschiffe kamen.

Er hatte viel Zuspruch und Anerkennung in den letzten beiden

Tagen nach ihrer Ankunft in Philadelphia erfahren. Alle rühmten die Leistung der *Freedom.* Mr Bradwick hatte ihnen bei der Ankunft gesagt: »Trupps der Miliz haben das Fort Ticonderoga an der kanadischen Grenze überrumpelt und mehr als ein Dutzend schwere Kanonen für Washingtons Armee erbeutet. Nun kommt Ihr Pulver hinzu. Die Briten werden sich warm anziehen müssen.«

Aber alle Anerkennung konnte den Schmerz über die Trennung von seiner Mutter nicht lindern. Er dachte an Einars Tal und ihr Glück fernab jeder Zivilisation. Warum hatte es nicht so bleiben können?

Am nächsten Morgen stand er mit seinen beiden Schwestern am Fuhrhof, wo die beiden Frachtwagen nach New York abfahren sollten. Joshua und Adam waren schon auf den zweiten Wagen gestiegen, um den Abschied Svens und der Schwestern von den Eltern nicht zu stören. Sie lagen sich in den Armen und weinten. Schließlich löste sich Dr. Wilbur und half seiner Frau auf den Wagen.

»Wir werden uns wiedersehen!«, rief er den Zurückbleibenden zu. Die Kutscher knallten mit den Peitschen, und die Wagen setzten sich langsam in Bewegung.

Sven und die Schwestern winkten den Wagen nach. Dann bargen die Schwestern ihre Köpfe an Svens Schulter und weinten sich aus. Er hatte um jede einen Arm geschlungen und sprach ihnen Trost zu.

Ein Fuhrmann ging vorbei und rief: »He, Kumpel! Gib mir eine ab! Ich mache sie schon wieder fröhlich!«

Sven musste ihn so böse angeschaut haben, dass er entschuldigend hinzufügte: »War ja nur ein Scherz!«

»Hier in der Nähe ist eine Teestube«, sagte Sven dann zu den Schwestern. »Dort können wir uns noch einen Augenblick hinsetzen, bis wir etwas ruhiger sind.«

»Werden wir sie wirklich wiedersehen?«, fragte Ingrid, als sie den ersten Schluck Tee getrunken hatte.

»Wenn die Zeiten wieder ruhiger sind, warum nicht? Über den Kings Highway und mit dem Schiff den Hudson aufwärts ist es wirklich keine Weltreise. Dann könnten sie kommen oder wir fahren.«

»Und wann werden die Zeiten wieder ruhiger?«, zweifelte Sabrina.

»Mein Vater wäre doch nicht emigriert, wenn er in ein paar Monaten eine friedliche Lösung erwartet hätte. Nein, er sah einen langen und erbitterten Kampf mit ungewissem Ausgang vor sich. Er hoffte nur, dass wir an unserem Wohnort sicher seien.«

»Wir haben doch bei Ginsterberg das Sommerhaus unseres Vaters. Dort könntet ihr Zuflucht finden, falls der Delaware umkämpft wird. Dort in zehn Meilen Abstand vom Fluss wird euch keine verirrte Kugel treffen.«

»Und wie sollen wir es dort im Winter aushalten, Bruderherz?«, fragte Ingrid schon wieder ein wenig schnippisch.

»Ingrid, im Winter ist der Eisgang auf dem Delaware für Flottenoperationen zu gefährlich. Und die Landtruppen haben auch Winterquartiere bezogen. Gefahr kommt wahrscheinlich nur in den Sommermonaten.«

Fünf Herren saßen ungeduldig im Beratungszimmer und warteten auf den Vorsitzenden des Sicherheitskomitees. Sven kannte nur zwei vom Sehen: die Herren White und Biddle. Sven saß an der schmalen Seite des Tisches und musterte heimlich die Mitglieder. Mr Bradwick, den Reeder, kannte er. Er wusste, dass Mr Wharton ein Schiffsbauer war, und Mr Biddle hatte er auch einmal in der Reederei gesehen. Die anderen waren ihm unbekannt. Wie ein Seemann sah keiner aus.

Plötzlich trat der Vorsitzende ein. Er wirkte sichtlich erregt.

»Meine Herren! Entschuldigen Sie bitte meine Verspätung. Ein Bote aus Boston traf ein. Unsere Armee hat sich mit den Briten am 17. Juni einen heißen Kampf um die Hügel von Breeds und Bunker Hill geliefert. Die Briten wollten die Hügel besetzen, da sie strategisch wichtig über Boston liegen. Unsere Milizen erfuhren davon und errichteten einen Tag vorher auf den Hügeln Erdwerke. Die Briten haben nach heftigem Beschuss durch ihre Kriegsschiffe die Hügel mit zweitausend Mann angegriffen. Unsere Truppen waren zahlenmäßig weit unterlegen, haben aber großartig gekämpft und zwei Angriffe abgeschlagen. Erst beim dritten Angriff konnten die Briten unsere Truppen verdrängen. Aber ihr Blutzoll soll mörderisch gewesen sein. Sie haben fast tausend Mann an Toten und Verwundeten eingebüßt. Unsere Verluste liegen etwa halb so hoch. Die örtliche Armeeführung schätzt diesen Kampf als einen Beweis für die Kampfkraft unserer Truppen ein und wertet ihn als Pyrrhussieg für die Briten, die sich so etwas nicht oft leisten könnten.«

Die Herren am Tisch schauten sich freudig an und applaudierten.

»Mögen die Briten nur noch solche ›Siege‹ erringen, dann sind wir sie bald los«, fügte Mr Biddle hinzu.

Der Vorsitzende meldete sich wieder zu Wort. »Gehen wir nun zu unserer Tagesordnung über. Wir hatten Mr Sven Larsson gebeten, der inzwischen aus dem Schatten seines uns allen bekannten Großvaters hinausgetreten ist. Sie wissen, dass Mr Larsson zwangsweise auf einem britischen Schiff diente und sich nach seiner Flucht zuletzt auf der Fahrt der *Freedom* zu den Bermudas bewährte. Mr Larsson soll uns über seine Empfehlung zur Ausbildung der Kanoniere berichten. Vorher will ich ihm nur kurz sagen, dass wir uns zunächst mit der Verteidigung des Delaware beschäftigen und zu diesem Zweck vor knapp zehn Tagen bei der Werft von Mr Wharton dreizehn Kanonenboote von etwa siebzehn Metern Länge und vier Metern Breite bestellt haben. Sie sollen mit einem Achtzehnpfünder armiert werden und eine Besatzung von fünfunddreißig Mann haben. Wie sollten wir die Mannschaften optimal ausbilden, Mr Larsson?«

Sven war auf diese Frage vorbereitet und hatte sich auch nach den örtlichen Bedingungen erkundigt. Er betonte zunächst, dass er nie auf einem Kanonenboot gedient habe. Aber er kenne die Ausbildung an Kanonen und wisse etwas über die Besonderheiten bei Kanonenbooten.

»Für einen Achtzehnpfünder rechnet man zehn Mann Bedienung. Drei bis vier sollten ausschließlich für die Kanone verfügbar sein. Die anderen können von den Ruderern hinzukommen, wenn das Boot feuert. Wenn die Kanone bei solchen Booten eingesetzt werden soll, wird ja das Rudern eingestellt. Das Boot liegt ruhig, und man zielt mit dem ganzen Boot. Das Laden muss auf dem engen Boot besonders geübt werden. Ich schlage vor, dass die Werft ein Gestell anfertigt, das dem

Bug eines Kanonenbootes nachgebildet ist. Das werden wir an Land aufstellen. Dort wird die Bedienung gedrillt. Das Scharfschießen muss natürlich auf dem Boot stattfinden.«

»Und wo soll das Gestell für den Drill aufgestellt werden?«, forschte Mr Biddle nach.

»Die Gegend sollte unzugänglich für britische Schiffslandungen sein und doch verkehrsgünstig, Sir. Ich schlage ein Quartier am Schuylkill vor, einige Kilometer flussaufwärts. Dort müssten wir Hütten für die Mannschaften errichten, die dort zwei Wochen gedrillt werden.«

Nun mischten sich verschiedene Komiteemitglieder ein und wollten wissen, ob der Drill so intensiv sein müsse, wie viel Mann zur gleichen Zeit dort sein sollten, ob man Munition brauche und so fort.

Sven beantwortete die Fragen geduldig und empfahl, dass man die Mannschaften vorwiegend aus Flussschiffern rekrutieren solle. Salzwassermatrosen seien dafür gar nicht ideal, da sie wenig Erfahrung mit dem Rudern auf Flüssen hätten.

Mr Bradwick sah Sven nachdenklich an, sagte aber nichts. Der Vorsitzende bat Sven, einen Moment vor der Tür zu warten. Das Komitee müsse sich beraten. Es dauerte kaum fünf Minuten, bis er gerufen wurde.

Der Vorsitzende trat mit ausgestreckter Hand auf ihn zu. »Das Komitee war sich schnell einig, dass Sie unsere Kanoniere schulen sollten. Wir zahlen Ihnen die Heuer wie bisher. Bitte schlagen Sie ein.«

Sven drückte die Hand des Vorsitzenden und bedankte sich für das Vertrauen.

»Ich habe es geahnt, Mr Larsson«, flüsterte ihm dann Mr Bradwick zu. »Als sie so kundig berichteten und alle Fragen sicher beantworteten, sah ich es meinen Kollegen an. Vergessen Sie aber nicht, dass Ihnen die Reederei den Weg zu Ihrer jetzigen Position geebnet hat. Denken Sie daran, wenn wir Sie einmal brauchen.«

Sven lächelte: »Die Reederei kommt gleich hinter meinem Land und meiner Familie, Mr Bradwick.«

Sie waren vor einer Woche den Delaware mit einer Pinasse flussabwärts gefahren, in den Schuylkill-Fluss eingebogen und dann dem Lauf des Boons Creek gefolgt, bis sich vor Boons Insel eine Bucht öffnete, die sich aus einem früheren Flussarm gebildet hatte. Sägen und Hämmer schallten herüber. Ein paar Männer bauten zwei Hütten. Weit und breit war keine Ortschaft zu sehen.

»Das ist ja der Arsch der Welt!«, schimpfte Adam mit Nachdruck. »Wo hast du uns bloß hingebracht, Sven?«

»An einen Ort, wo Kanoniere ohne Störung durch die Briten geschult werden können«, antwortete Sven. »Ich habe den Ort nicht ausgesucht. Aber warte doch erst einmal ab.«

Es wurde nicht besser. Ein kleiner Dickwanst von etwa vierzig Jahren stiefelte auf sie zu und stellte sich als Vorsitzender der Patrioten von Hunt und den anderen Siedlungen vor.

»Seid ihr die Kanoniere?«, fragte er sie von oben herab.

»Nein«, antwortete Sven. »Wir sind die Ausbilder.«

»Auch gut«, wehrte der Vorsitzende ab. »Ist sicher nicht viel Unterschied. Ich besitze die nächste Wirtschaft und kann Bier liefern, wenn es gewünscht wird. Das Fass zu drei Pfund.«

»Donnerwetter!«, platzte Karl dazwischen. »Ist das Bier aus Deutschland?«

Der Dicke sah ihn böse an. »Ihr braucht es nicht zu nehmen.«

Sie sahen den Dickwanst noch öfter und mochten ihn immer weniger. Er war ein Angeber und Maulheld, der immer versuchte, den anderen seine vermeintliche Überlegenheit zu demonstrieren.

Adam war dicht davor, ihn zu verdreschen. »Und so etwas will ein Patriot sein.«

»Adam, nun beruhige dich aber«, mahnte Sven. »Du kannst doch nicht im Ernst glauben, dass alle Patrioten gute Menschen sind. Du weißt doch, dass auch nicht alle Briten schlecht sind. Hier wie dort gibt es Gute und Böse, Kluge und Dumme. Kümmere dich nicht weiter um den Kerl. Morgen kommen die Kanoniere, dann haben wir sowieso keine Zeit mehr für so einen Quatsch.«

Mr Wharton brachte außer 22 Kanonieren auch einen ehemaligen Sergeanten der britischen Armee, Billy Chester aus Maryland.

»Er soll den Burschen etwas militärischen Schliff beibringen. Wir wollen ja, dass die Flotte Pennsylvanias ernst genommen wird.«

Mr Wharton lieferte ebenfalls die Nachbildung der Geschützplattform ab. Sie wurde mit Rollen in den Seitenarm gebracht und nach Svens Vorschlag verankert. Sie lag so an einem Steg, dass sie mit zwei Seilen mit der Nachbildung des Bugs nach links oder rechts gezogen werden konnte.

»Wenn wir Schießübungen machen, Mr Wharton, werden wir unser Ziel am anderen Ufer in etwa dreihundert Metern Entfernung aufstellen. Die Richtkanoniere müssen später mit dem Schiff zielen und den Ruderern Kommandos zur Richtungsänderung geben. Hier können sie das trainieren, indem die Seile nach ihren Anweisungen gezogen werden.«

»Gut Idee! Gehen da drüben auch keine Menschen entlang?«

»Nein, Mr Wharton. Hier ist es menschenleer. Sie können den dicken Wirt fragen, der den Zimmerleuten immer etwas verkauft hat.«

Mr Wharton sprach mit dem Wirt und bestellte drei Fass Bier. Der dicke Wirt war nachher zu Sven wie umgewandelt, freundlich, geradezu kriecherisch.

Mr Wharton nahm Sven noch zur Seite.

»Wir haben den Platz ausgesucht, weil er sicher scheint vor britischen Angriffen. Aber ich muss Sie darauf hinweisen, dass Streifzüge aus Maryland nicht auszuschließen sind. Mr Chester kann Ihnen mehr darüber erzählen. Es gibt dort relativ viele Royalisten, die sich um die einflussreichen Familien Dulany, Boucher und Chalmers scharen und über Rückhalt vor allem in der Landbevölkerung, den Beamten und einem Teil der Kaufleute verfügen. Auch der königliche Gouverneur, Mr Robert Eden, ist noch in Amt und Würden, wenn auch seine tatsächliche Macht begrenzt ist. Er hat Kontakt mit den Königstreuen in Delaware. Stellen Sie also Posten aus. Auch darum habe ich Mr Chester mitgebracht. Gewehre und Bajonette liefere ich morgen.«

Mr Chester hatte seine eigenen Ansichten über die Ausbildung. Schon als Sven ihn begrüßte und ihm anbot, er könne Sven sagen, wehrte er ab.

»Wir sollten uns vor den Zivilisten immer mir Nachnamen und ›Sie‹ anreden, Mr Larsson. Es zeigt ihnen gleich, dass das hier ein anderes Leben wird. Sie müssen den Drill in den Kopf reinkriegen, sonst werden sie nie Soldaten. Glauben Sie mir, ich habe das jahrelang mitgemacht.«

»Aber wir sind auch Zivilisten, Mr Chester. Seeleute, die nur ein Jahr zwangsweise in der britischen Flotte dienten.«

»Mr Larsson, wir bilden aber keine Kanoniere für die Fischerboote von League Island aus, sondern für die Flotte von Pennsylvania. Ohne militärische Zucht und Ordnung wird das nie eine Flotte, vor der irgendjemand Respekt hat. Glauben Sie mir!«

Adam räusperte sich. Als Sven ihn fragend ansah, sagte er: »Ich glaube, wir sollten Mr Chesters Rat beherzigen. Die Rekruten selbst erwarten eine straffere Ordnung, als sie bisher gewohnt waren. Wenn wir sie zu lasch anfassen, werden sie enttäuscht sein.«

Sven überlegte kurz. »Na gut! Dann zeigen wir den Burschen gleich, wie sie ihre Sachen ordentlich verstauen sollen. Dann werden wir die Kanone auf das Modell der Plattform bringen. Da werden sie schon ordentlich schwitzen. Morgen früh gibt es Drill in zwei Gruppen: Die eine an der Kanone, die andere an Handwaffen.«

»Sie waren doch tatsächlich irgendwie froh, dass sie scharf angefasst wurden und hart ranmussten«, erzählte Sven seinen Schwestern, als er am Sonntag zu Hause war.

»Da machst du die gleiche Erfahrung wie wir in der Schule«, bestätigte ihm seine Schwester. »Wir sind als Lehrerinnen ja Anfänger, und daher begleitet uns eine ältere Kollegin als Mentorin. Sie ist eine zickige alte Jungfer, aber als Lehrerin hat sie wirklich Erfahrung. Sie warnte uns gleich, uns bei den Schülerinnen einzuschmeicheln. ›Die Mädchen erwarten eine klare Autorität und keine falsche Kameraderie‹, sagte sie uns und hatte recht.«

Sabrina wollte wissen, was die Rekruten denn nun die ganze Woche getan hätten.

Sven erzählte, dass sie abwechselnd Drill an Kanonen oder Musketen, Säbeln, Pistolen und Bajonetten hätten. Mittags werde gewechselt.

»Und was macht ihr an den Kanonen?«, fragte Sabrina nach.

»Wir spielen immer wieder den Vorgang des Ladens, Richtens und Abfeuerns durch, so schnell wie möglich. Dabei tauschen wir die Positionen, damit wir und die Männer erkennen, wer für welche Position am besten geeignet ist.«

»Ist das nicht stumpfsinnig?«

»In gewisser Weise schon, aber wenn die Leute das nicht ganz automatisch können, werden sie unter feindlichem Feuer unsicher und versagen.«

Ingrid wollte wissen, wie das Essen sei und was sie abends unternähmen.

»Das Essen ist nicht schmackhaft. Der Kerl, der es kocht, behauptet, in einem Restaurant gelernt zu haben, aber er kann nur Hähnchen gut braten. Abends gehen manche drei Kilometer zu den nächsten Hütten und essen und saufen dort. Wir vier Freunde sitzen meist beisammen, erzählen und singen. Der Sergeant ist ein patenter Kerl. Wenn die furchtbar vielen Mücken nicht wären, könnte man es gemütlich nennen.«

»Und du hast keine Freundin im nächsten Dorf, Brüderchen?«, forschte Ingrid nach.

»Ingrid, du hast eine schlechte Fantasie. Das nächste Dorf ist weit weg, und die Mädchen sind bestimmt nicht mein Geschmack. Da warte ich, bis ich bei euch bin.«

Ingrid sah ihn kritisch an. »Auf mich wirst du wohl weniger warten. Du himmelst doch lieber Sabrina an.«

Sabrina wurde rot und wies ihre Schwester zurecht. »Ingrid, du solltest nicht so einen Quatsch reden.«

Aber die gab schnippisch zurück: »Schau ihn dir doch an. Er ist richtig verlegen. Warum sagt er nicht, dass er in dich verliebt ist?«

Jetzt war auch Sven ärgerlich: »Ingrid, manchmal bist du wirklich zu vorlaut. Ob ich in Sabrina verliebt bin oder nicht, geht dich doch überhaupt nichts an. Nur Sabrina und mich.«

Ingrid sprang auf. »Dann kann ich ja gehen!« Und sie lief aus dem Zimmer.

»Was ist denn nun los?«, stieß Sven erstaunt hervor.

»Ich glaube, sie ist ein wenig eifersüchtig. Immer hatte sie den bewunderten Bruder allein. Nun muss sie ihn mit mir teilen und merkt, dass wir uns gut verstehen und dass es doch etwas anders ist als mit ihr.«

»Wie denn anders?«, fragte Sven nun in gespielter Ahnungslosigkeit nach.

Sabrina wurde rot. »Wir sind keine leiblichen Geschwister und mögen uns doch«, sagte sie schließlich.

Sven ging zu ihrem Sessel und beugte sich über sie. »Hast du gemerkt, dass du für mich die schönste und liebenswerteste Frau bist, die ich kenne, Sabrina?«

Sie senkte den Kopf, aber er fasste sie zart unter das Kinn und hob ihren Kopf. »Sabrina, ich begehre dich als Frau. Ich liebe dich nicht nur als Schwester. Ich möchte, dass du einmal meine Frau wirst. Könntest du mich lieben?«

Ihre Augen strahlten ihn an. »Aber ich liebe dich doch schon lange, Sven.«

Er atmete tief und fühlte das Gefühl des Glücks in sich aufsteigen. Dann beugte er sich zu ihr und küsste sie.

»Störe ich vielleicht?«, klang Ingrids Stimme von der Tür.

Sven sah sich zu ihr um und lachte sie an. »Im Gegenteil, Ingrid. Du sollst die Erste sein, der wir sagen können, dass wir heiraten wollen, sobald es die Umstände zulassen. Bitte, wünsch uns Glück, und freu dich mit uns.«

Ingrid lachte froh. »Wie schön. Und ich fürchtete schon, du wolltest mit Sabrinas Zuneigung nur spielen. Ich wünsche euch alles Glück der Welt!«

Sabrina und Sven erhielten noch ein Verlobungsgeschenk der besonderen Art am nächsten Vormittag. Ein Bote brachte einen Brief von Svens Mutter und Stiefvater. Sie waren gut in ihrer neuen Heimat angekommen und von Dr. Wilburs Freund herzlich und von den neuen Nachbarn freundlich aufgenommen worden.

»Ich habe eine schöne Praxis in drei gefälligen Räumen. Patienten gibt es genug. Mutti freut sich über unser Haus und den hübschen Garten. Dir, lieber Sven, danken wir für deine Voraussicht, uns Adam und Joshua nach New York mitzugeben. Die Schiffer wollten angesichts der politischen Lage nach Bunker Hill von uns höhere Frachtraten. Es sei ihnen als Patrioten nicht zuzumuten, jemanden nach Kanada zu bringen. Dann kamen Adam und Joshua mit unserem Leibgepäck. Sie sahen unsere bestürzten Gesichter und erfuhren von uns die neuen Forderungen. Adam sagte den Schiffern nur, dass sie sich das noch einmal überlegen sollten. Joshua nahm einen Apfel aus der Tonne und zerdrückte ihn vor aller Augen in seiner Hand, sodass der Saft zwischen den Fingern hervorquoll. Adam sagte: ›So wird er eure Eier zerquetschen, wenn ihr nicht bei den ausgehandelten Bedingungen bleibt. Und wir finden euch überall.‹ Die Kerle wurden ganz klein und haben den Rest der Reise kein böses Wort gesagt. Adam hat sich bei deiner Mutter noch für seine Ausdrucksweise entschuldigt, lieber Sven, aber sie meinte, sie habe schon Schlimmeres mit schlechterer Absicht gehört.«

Als Sven wieder ins Übungslager zurückkehrte, dankte er den Freunden für ihre Hilfe und fragte, warum sie ihm nichts erzählt hätten.

»Das war doch eine unwichtige Kleinigkeit, Sven. Du hättest dir nur Sorgen gemacht. Wir haben die Burschen gesehen und gemerkt, dass sie nicht mehr aufbegehren würden. Wenn es deinem Vater gefallen hat, umso besser.«

Sven war der Meinung, dass er den Drill wie immer durchführe. Aber die Freunde merkten bald, dass sich bei Sven etwas geändert hatte.

»He, du bist gar nicht richtig bei der Sache. Immer redest du nur von deinen Schwestern. Was ist los mit dir?«, fragte ihn Adam.

»Nichts! Was soll denn sein?«

»Also, wenn du deine alten Gefährten, die mit dir durch dick und dünn gegangen sind, nicht ins Vertrauen ziehen kannst, dann ist es etwas ganz Schlimmes oder es ist nicht weit her mit der Freundschaft.« Adam schien ärgerlich.

Sven merkte, dass er den Freunden reinen Wein einschenken musste. Und dann erfuhr er, wie sie sich mit ihm freuten. Eine Bessere als Sabrina hätte er nicht finden können. Adam lobte ihre Schönheit, Karl ihre Klugheit und Joshua ihre Güte. »Sie behandelt auch einen Schwarzen als willkommenen Menschen. Ihre Teilnahme ist nicht herablassend, sondern kommt von Herzen. Du kannst sehr glücklich sein, so eine Frau zu kriegen.«

Und nun erzählten seine Freunde dem Sergeanten, der nicht viel verstanden hatte, was Sabrina für eine wunderbare junge Frau sei und was sie für einen guten Vater habe.

Die Freude an der Liebe zu Sabrina wurde Sven vergällt, als die Nachricht kam, dass sie in der zweiten Ausbildungswoche nur Pulver für fünf scharfe Schüsse pro Gruppe verbrauchen dürften.

Die Freunde fürchteten, Sven treffe der Schlag, so erregt war er. Sein Gesicht wurde puterrot, die Augen traten hervor, und er schrie vor allen Leuten: »Sind diese Stubenhocker wahnsinnig? Dann brauchen sie doch überhaupt keine Kanoniere zu schulen, wenn nur jeder vierte Mann scharf schießen darf. Wie sollen wir da den besten Richtkanonier finden?«

»Beruhigen Sie sich bitte, Mr Larsson«, bat Joshua ganz förmlich, da alle zuhörten. »Es wird zu wenig Pulver vorhanden sein. Wir müssen ja erst die Rohstoffe beschaffen und Pulvermühlen aufbauen. Ich werde die Männer, die als Richtschützen geeignet erscheinen, die Kanone auf das Ziel richten lassen. Dann werde ich es überprüfen und sie auf Korrekturen hinweisen. Auf die Art können wir eine Grobauswahl treffen. Und diese Männer dürfen dann schießen.«

Sven musste tief atmen. Irgendwie war er stolz auf Joshua. Wie hatte der sich entwickelt! Als er ihn im Laderaum fand, trat er in die Welt der Weißen mit Angst, Unsicherheit und schlechten Sprachkenntnissen ein. Und jetzt war er selbstsicher, erfahren und beherrschte die Sprache.

»Sie haben recht, Mr Petrus. Ich habe unbeherrscht reagiert. Wir werden es so machen, wie Sie es vorgeschlagen haben.«

Joshua war vom ersten Moment an von den Kanonieren respektiert worden, weil jeder sah, dass er ungewöhnlich kräftig war. Jetzt kam noch Achtung vor seinem Urteil hinzu. Und als sie am Ende des Scharfschießens merkten, was er für ein begabter Scharfschütze war, da bewunderten sie ihn.

Am Samstagabend erschienen Mr Wharton und Mr Bradwick zum Abschluss des ersten Lehrgangs. Wieder ließ Mr Wharton drei Fass Bier anfahren. Montag früh würde der neue Lehrgang eintreffen.

Es war auch die Stunde der Trennung von Adam. Er sollte eines der Kanonenboote als Kommandant übernehmen. Für das andere hatten sie einen Bootsmann, der auch in der britischen Flotte gedient hatte.

Sven schnitt den beiden gegenüber die Begrenzung der Scharfschüsse auf fünf pro Gruppe an und betonte, wie ungünstig sich das auf die Qualität der Ausbildung auswirke.

»Das haben wir uns schon gedacht, Mr Larsson«, antwortete ihm Mr Bradwick. »Aber wo nichts ist, hat der Kaiser sein Recht verloren. Schießpulver durfte nur aus England eingeführt werden. Wir müssen erst eine eigene Produktion aufbauen. Sonst hätten Sie ja nicht auf den Bermudas das Depot plündern müssen. Und nun lässt dieser verrückte Gouverneur von Virginia, Lord Dunmore, Munitionsdepots unserer Milizen an den Küsten der Chesapeake Bay plündern und zerstören. Und unsere Wachen versagen, weil sie nicht ausreichend gedrillt sind. Überall müssen wir ganz von vorn anfangen. Es ist viel guter Wille auf unserer Seite, aber wenig brauchbare Erfahrung.«

Mr Wharton fiel ein. »Wir sollten Ihnen sagen, Mr Larsson, dass wir auch Ihren Rat zu den Ausarbeitungen des Komitees für die Dienstgrade und Disziplinvorschriften in unserer neuen Landesflotte einholen wollen. Wäre Ihnen morgen Vormittag passend?«

Sven überlegte nicht lange. »Ich bedaure sehr, Mr Wharton. Ich habe mich verlobt und muss den einen freien Tag meiner Braut widmen, meiner Stiefschwester, der Tochter von Dr. Wilbur.«

Mr Wharton verzog das Gesicht, aber Mr Bradwick schaltete sich schnell ein.

»Gratuliere zu dieser ausgezeichneten Wahl, Mr Larsson. Die junge Dame ist eine Schönheit, und wenn sie nur etwas vom Charakter ihres Vaters hat, dann ist sie vollkommen. Wir werden die Fragen auf unserer Rückfahrt besprechen.«

Sven hatte sich so auf Spaziergänge allein mit Sabrina gefreut. Sie würde seine Küsse nicht abwehren können. Aber er hatte nicht mit seiner Schwester Ingrid gerechnet.

»Es gehört sich nicht, dass ihr beiden hier unter einem Dach ohne jede Aufsicht zusammenlebt. Das schadet dem Ruf von Sabrina, deinem, Sven, und dem unserer ganzen Familie. Wir sind doch keine hergelaufenen Wilden. Dein Onkel meint auch, du solltest deine Verlobung in einer Weise öffentlich machen, die der Stellung der Familie angemessen sei.«

Sven musste sich setzen und konnte erst gar nichts sagen. War das seine Schwester, die kesse Ingrid, die sonst auf Konventionen pfiff und immer mit dem Mund vorneweg war?

»Sag mal, bist du noch normal, Ingrid? Was hast du dich sonst über die spießigen Bürger amüsiert, mit ihren Visitenkärtchen, ihren Zeitungsanzeigen, ihren Blumenkränzchen und ihrem albernen Gequatsche. Und nun führst du dich hier wie eine Gouvernante auf. Wir sind doch nicht am britischen Hof. Sabrina und ich sind erwachsene Menschen, müssen unseren Platz im Leben einnehmen und können sehr gut ohne Aufpasser leben.«

Ingrid schüttelte den Kopf. »Ich gebe ja zu, Sven, dass ich oft respektlos dahergeredet habe. Aber wenn es jetzt um das Schicksal der beiden liebsten Menschen geht, die mir geblieben sind, dann muss ich doch weiter denken. Wir leben nicht mehr in Einars Tal! Wir sind keine Kinder mehr. Und unsere Gesellschaft lässt ihre informellen Anfänge immer weiter hinter sich. Wir sind keine Siedlerkolonie mehr. Wir sind auf dem Weg zu einem eigenen Staat. Schau dir doch nur die Sitzungen des Kontinentalkongresses in Philadelphia an. Das sind keine lockeren Bürgerversammlungen, das sind sehr zeremonielle Parlamentssitzungen. Und wenn ihr beide in der kommenden Gesellschaft eine Rolle spielen wollt, dann dürft ihr nicht einfach zueinanderhoppeln wie die Feldhasen. Dann müsst ihr Regeln beachten und an eure künftige Rolle denken.«

Sabrina war hinzugekommen und hatte Ingrids letzte Argumente gehört.

»Liebe Ingrid! Wir werden uns nicht wie die Karnickel benehmen, aber auch nicht so gekünstelt wie die neureichen Wichtigtuer, die überall in den Vordergrund drängen. Wir wollen Sitte und Anstand wahren und in aller Natürlichkeit guten Geschmack beweisen. Sven und ich werden besprechen, wie wir unsere Verlobung anzeigen. Zunächst war uns wichtig, dass wir unseren Eltern ausführlich Nachricht gaben und ihren Segen erbaten. Die anderen können warten. Du solltest bei uns nicht die Lehrerin herauskehren.«

Ingrid hielt sich etwas zurück, aber viel Alleinsein war Sabrina und Sven nicht vergönnt. Es wäre auch unnatürlich gewesen, sich nun von Ingrid und dem Hauspersonal ständig zu isolieren. Nur an drei, vier zärtliche Küsse konnte sich Sven erinnern, als er auf dem Rückweg ins Übungslager war.

Der Sommer ging allmählich in den Herbst über. Rekrutengruppe nach Rekrutengruppe durchlief das Übungslager. Bis Oktober sollten ein Dutzend Kanonenboote in Dienst gestellt werden.

Adams Kanonenboot galt als Muster für alle anderen und hatte an der Mündung des Delaware schon Boote der Royalisten verjagt.

Für Sven war der Drill Routine geworden, der seinem Denken Raum für die widerstrebenden Erwägungen gab. Seine Liebe zu Sabrina beschäftigte ihn, seine persönliche Zukunft, die er nicht als Drillmeister in der Sumpflandschaft am Schuylkill sah, und die politische Gestaltung der amerikanischen Kolonien.

Seine Gefühle für Sabrina waren noch inniger geworden, seit er mit ihr von einer gemeinsamen Zukunft träumte. Die Eltern hatten in ihrem Brief begeistert auf die Verlobung der beiden reagiert und ihnen alles Gute gewünscht. Sabrina war klug und reizvoll. Sie war auch leidenschaftlich, dessen war sich Sven sicher. Aber wenn er sich an die leidenschaftlichen Stunden erinnerte, die er in Bordellen in Lissabon und in der Karibik erlebt hatte, dann fiel es ihm schwer, sich so etwas mit Sabrina vorzustellen.

Es war ja vieles so berauschend gewesen, dass er noch in Erinnerung daran stöhnte. Aber so etwas machten anständige Frauen doch nicht. Oder doch? Musste man ihnen nur Zeit lassen und sie langsam in die Welt dieser Lüste einführen? Und so erfahren war er darin ja auch nicht.

Sabrina hatte angedeutet, dass sie annahm, dass er sexuelle Erfahrungen hatte. Sie schien das eher für selbstverständlich zu halten. Aber wie weit würde sie die Erfahrungen teilen wollen? Er war unsicher. Er begehrte sie und wollte dennoch die Hochzeit abwarten. Er sehnte sich danach, ihre Leidenschaft zu erwecken, und fürchtete, sie dabei abzustoßen. Hätte er mit seiner Mutter darüber sprechen können? Wohl eher mit seinem Stiefvater. Zu seinem Onkel Björn hatte er keinen vertrauten Kontakt. Nein, der kam nicht infrage.

Konnte er überhaupt an eine Hochzeit in absehbarer Zeit denken? Mr Bradwick hatte ihm wieder gesagt, dass er mit ihm rechne, sobald die Voraussetzungen für Kaperschiffe durch den Kongress oder das Parlament von Pennsylvania geschaffen waren. Wann entschied sich der Kongress überhaupt einmal?

Allenthalben wurde jetzt geraunt, dass General Washington, der Oberkommandierende der kontinentalen Armee, Schiffe ausrüsten wolle, die den Nachschub der Briten für Boston stören sollten. Das wäre doch dann praktisch der Beginn einer kontinentalen Flotte. Sollte er dort seine Aufgabe suchen? Warum zögerte der Kongress nur so lange?

Man hörte die unterschiedlichsten Dinge über diesen Zweiten Kontinentalkongress in Philadelphia. Er tagte nun schon über vier Monate. Und außer der Einrichtung einer Armee unter Washington war nicht viel herausgekommen. In den Zeitungen wurde oft das Niveau der politischen Diskussionen gerühmt. Die Leute auf der Straße schimpften aber immer lauter über die Schwätzer, die große Essen veranstalteten, sich wichtig taten und sich nicht auf handfeste Entscheidungen einigen konnten.

Auch Svens Freund Karl klagte: »Dieser Lord Dunmore von Virginia räubert an unseren Küsten herum, und der Kongress ist nicht in der Lage, dagegen eine Flotte aufzustellen!«

Als Sven eingeladen wurde, an einer Parade der Kanonenboote bei Port Island für Mitglieder des Kongresses teilzunehmen, traf er Mr Smith. Er stand inmitten einer Gruppe von Kongressabgeordneten, und Mr Wharton nannte Sven die Namen einiger Herren: Silas Deane, Stephen Hopkins, Richard Henry Lee, Patrick Henry. Andere Namen merkte sich Sven nicht.

Mr Smith winkte Sven zu und erklärte anscheinend auch einigen Herren, wen er begrüßt habe. Ein Milizoffizier trat auf Sven zu, stellte sich vor und sagte ihm, dass er Kommandant der vier Blockhäuser auf Port Island mit je vier Neunpfündern sei.

»Da hätten Sie es gegen ein größeres britisches Kriegsschiff aber nicht leicht«, bemerkte Sven.

»Nein«, gab der Offizier zu. »Aber die müssten sich auch eher mit dem Red Bank Fort auf der anderen Flussseite herumschlagen, das zehn Achtzehnpfünder hat. Wir verteidigen vor allem unseren Hafen gegen Landungsversuche. Ich kenne Ihren Namen übrigens durch die Kanoniere, die Sie ausgebildet haben, und durch Kommandant Adam Borg, einen alten Gefährten von Ihnen. Dort rudert gerade sein Kanonenboot.«

Sven sah mit Interesse zu, wie die Boote ruderten, dann zum Gruß die Ruder aufwärts stellten und danach weiterruderten. Die Kanoniere exerzierten auf der Plattform am Bug, und nun schossen sie auch eine Salve zur Begrüßung.

»Sie sollten das Pulver lieber für unsere Scharfschussübungen sparen«, schimpfte Sven unterdrückt.

Der Milizoffizier hatte es trotzdem verstanden. »Da geht es Ihnen auch nicht besser als uns. Aber von der nächsten Woche ab werden die Rationen für Übungsschüsse erhöht. Sie haben eine neue Pulvermühle in Betrieb genommen. Wenn Sie mich nicht verraten, will ich Ihnen sagen, dass wir einige Male Schüsse auf schattenhafte Schiffe im Frühnebel verbucht haben, wenn wir auf Scheiben schossen.«

Sven lachte. »Die kleinen Schummeleien kenne ich auch. Aber dort, wo ich jetzt bin, kommen höchstens Frösche und Schlangen im Nebel vorbei, aber keine Schiffe.«

Als Sven sich vom Offizier verabschiedet hatte und zum Ufer gehen wollte, kam Mr Smith auf ihn zu.

»Wir haben uns eine ganze Weile nicht gesehen, Mr Larsson. Kommen Sie, holen wir uns dort an dem Stand ein Bier. Dann können wir uns auf die Balken setzen und ein paar Worte austauschen. Ich habe oft an Sie gedacht, wenn wir unsere Vorbereitungen für die Flotte trafen.«

Sven wartete mit der Antwort, bis sie mit ihrem Bierseidel auf dem Balkenstapel saßen.

»Welche Vorbereitungen, Mr Smith? Wir Seeleute erfahren überhaupt nichts davon. Es wird viel über den Kongress geschimpft, der immer nur redet und nichts beschließt. Sagen Sie mir doch bitte, was wirklich geschieht.«

Mr Smith blickte Sven ein wenig irritiert an, erwiderte dann aber ruhig: »Mr Larsson, im Kontinentalkongress sitzen Plantagenbesitzer aus Georgia mit Sklavenbewirtschaftung neben Holzmühlenbesitzern aus dem Norden Massachusetts', Viehwirte aus Pennsylvania neben Küstenreedern aus New York. Dort sitzen Puritaner, denen das tolerante Philadelphia als Sündenbabel erscheint, und Revolutionäre aus Rhode Island neben Königstreuen aus Virginia, Einwanderer aus Schweden sitzen neben Farmern aus Hessen. Ich weiß nicht, was ich noch anführen könnte, um die Vielfalt zu beschreiben. Und alle sollen sich nicht nur auf ein Ziel einigen, sondern auch über die Stationen des Weges und das Fahrzeug. Wir haben keine Gruppierungen wie in London, Mr Larsson! Jeder ist seine eigene Partei, oft nicht mit dem Delegierten aus dem Nachbarkreis einverstanden, und alle müssen überzeugt werden.«

Sven nutzte die Pause. »Aber wollen nicht alle die Unabhängigkeit?«, warf er ein.

»Keineswegs, Mr Larsson! Manche wollen die völlige Unabhängigkeit, andere erstreben die Gesetzgebung über eine Selbstverteidigung, und viele wünschen alle möglichen Zwischenschritte. Es ist ein Wunder, dass wir schon so viel erreicht haben. Wir werden in kurzer Zeit zwei Kriegsschiffe für eine kontinentale Flotte ausschreiben. Wir haben die Ausrüstung der Schiffe für General Washington befürwortet. Wir werden in wenigen Wochen auch ein Marinekomitee einsetzen, das den Aufbau der kontinentalen Flotte steuern soll. Wissen Sie, was das allein an Überzeugungsarbeit gekostet hat? Alle kontinentalen Aufgaben müssen durch Steuern finanziert werden, die nicht von den lokalen Volksvertretern bewilligt werden können. Da schreien doch viele auf, dass wir nur eine neue Londoner Herrschaft einführen.«

»Ich gebe zu, Mr Smith, dass ich an diese Hindernisse nicht genügend gedacht habe.«

»Von welchen Hindernissen spricht der junge Mann?«, fragte jemand neben Sven.

»Mr John Adams, Mr Sven Larsson«, stellte Mr Smith vor. »Ich kenne Mr Larsson aus der Zeit, als er noch Untersteuermann auf einer britischen Sloop war, gezwungenermaßen. Mr Adams ist mein Kollege aus dem Kongress, der Mitglied des Marinekomitees werden wird, von dem ich eben sprach. Ich berichtete gerade Mr Larsson, welche extrem unterschiedlichen Erfahrungen und Ansichten im Kongress repräsentiert sind und wie schwierig es ist, durch geduldige Verhandlungen zur Übereinstimmung zu gelangen.«

Mr Adams nickte. »Ich stand zum Beispiel den Bestrebungen für eine völlige Unabhängigkeit doch sehr viel reservierter gegenüber als Mr Smith. Aber, Mr Larsson, unter Seeleuten gibt es doch nicht weniger unterschiedliche Auffassungen. Ich arbeite für das künftige Marinekomitee Regeln für die Befehlsstrukturen aus. Sie glauben nicht, wie viele unterschiedliche Meinungen ich zur Auspeitschung erfahren habe.«

»Das glaube ich schon, Sir. Ich selbst habe Sadisten erlebt und andere, die die Peitsche hassten. Doch ganz ohne kam niemand aus. Aber, meine Herren, was können wir als Nächstes erwarten?«

Mr Smith lächelte. »Zunächst einmal müssen Sie sich auf eine Erklärung des britischen Königs einrichten, der für die amerikanischen

Kolonien den Zustand offener Rebellion feststellt. Sie wird nach unseren Informationen dieser Tage unterzeichnet. Wir werden zwei Schiffe für die kontinentale Flotte erwerben und das Marinekomitee einrichten. Wir werden die Richtlinien für die Rangordnung von Offizieren verabschieden und wohl auch bald einen Kommandanten der kontinentalen Flotte benennen. Ich hoffe, Mr Larsson, dass auch Sie dafür zur Verfügung stehen.«

»Mr Bradwick erwartet, dass ich auf einem seiner Kaperschiffe Dienst tue, Mr Smith.«

Mr Adams mischte sich ein. »Immer wieder die Kaperei! Man sollte meinen, alle denken mehr an Prisen und Profite als an das Wohl des Landes, so sehr wird der Kongress bedrängt, endlich Kaperbriefe auszugeben und Prisengerichte zu etablieren. Aber, Mr Larsson, so lange ich noch atmen kann, wird die Errichtung der kontinentalen Flotte Vorrang haben.«

»Bei allem Respekt, Mr Adams, für Ihre Betonung des Allgemeinwohls. Die Kaperschiffe sind leichter zu realisieren als eine Kriegsflotte. Wir haben geeignete schnelle Schiffe und Seeleute mit Erfahrung in der Kaperei aus vergangenen Kriegen. Richtige Kriegsschiffe haben wir dagegen nicht und nur wenig Seeleute und Offiziere mit Erfahrung im Flottendienst.«

»Umso dringender brauchen wir solche Leute wie Sie, Mr Larsson«, mischte sich Mr Smith ein. »Und umso mehr müssen wir für die kontinentale Flotte arbeiten. Die Kaperei kommt von allein.«

Sven berichtete Adam von dem Gespräch mit den beiden Abgeordneten, als er ihn nach der Parade am Ufer traf.

»Wie denkst du denn darüber, Adam?«

»Ich bin unentschieden, Sven. Man hört so verschiedene Nachrichten. Ich möchte auch gern auf einem Kaperschiff Prisen machen, Besitz erwerben und eine Familie gründen. Aber ich sehe auch ein, dass wir für die allgemeine Sache alle Opfer bringen müssen. Aber leicht wird es nicht werden, Seeleute für die kontinentale Flotte zu finden, wenn die Kaperei freigegeben wird.«

Sven nickte und sah sich um, wo das Kurierboot anlegen würde, das ihn wieder zu seinem Lager mitnehmen sollte.

»Da mach dir man keine Sorgen, Sven. Ich bringe dich mit unserem Beiboot. Da können wir noch ein wenig erzählen, und meine Leute trainieren mal wieder ihre Muskeln.«

Sven und Adam saßen im Heck des achtrudrigen Bootes, das sie durch die Busch- und Waldlandschaft fuhr. Adam erzählte gerade aus seiner Jugend, und Svens Gedanken wanderten zurück in Einars Tal. Rechts von ihnen säumte in etwa 500 Metern ein Waldstreifen den Boons Creek. Ein Vogelschwarm flog immer wieder aus den Wipfeln empor und setzte sich ein Stück davor wieder in die Bäume. Dann stob er erneut in die Luft und suchte nach einiger Entfernung einen neuen Platz.

Svens Unterwusstsein führte ihn in das Alter von acht Jahren, als er mit dem Vater auf die Quäker vom See wartete, die ihrer Farm Waren bringen wollten. Der Vater hatte ihn auf die Vögel hingewiesen, die so aufflatterten wie diese hier. »Dort kommen die Quäker. Die Vögel zeigen ihren Weg.«

Sven unterbrach Adam. »Wir müssen einen Kilometer voraus am Bach anhalten. Ich kann dort auf einen Baum steigen und beobachten, wer hier in dieser Einöde durch den Wald zieht.«

Adam lachte und fragte, wer in dieser Einöde schon außer einem Stinktier durch den Wald wandere. Sven sagte ihm, dass er vor Royalisten aus Maryland gewarnt worden sei, und bestand auf seinem Vorhaben.

Adam gab dann auch den Befehl zum Anhalten und half Sven beim Ersteigen des Baumes. Sven hatte sein Taschenteleskop dabei und konnte einen Trupp bewaffneter Reiter erkennen, die vorsichtig in Richtung auf sein Lager ritten.

»Das ist keine Delegation aus Philadelphia, über die man mich heute auch unterrichtet hätte. Das ist eine Patrouille, die sicher nichts Gutes will. Wir müssen schnell voraus, damit ich unsere Leute warnen kann!«

Sie erreichten das Lager, als die Männer gerade beim Abendessen saßen. Karl und Joshua wunderten sich, dass Sven es so eilig hatte und sie aufgeregt über den Trupp informierte.

»Wir müssen uns am Rand des Lagers verstecken und sie in eine Falle locken.«

Karl warnte. »Aber sie dürfen nicht an die Kanone gelangen. Wenn sie die vernageln, können wir mit unseren Hilfsmitteln den Schaden nicht beseitigen.«

Sven beruhigte ihn. Sie würden die Vertäuung am Ufer lösen und die Plattform weiter in den See ziehen. Dann könne man mit den Gewehren jeden abschießen, der hinauswolle. Er rief die Leute zusammen, erklärte ihnen, was er vermutete, und teilte sie ein.

Das Lager schlief am Ufer wie immer um Mitternacht. Ein Wachfeuer brannte. Am Feuer lagen in Decken gehüllt zwei Gestalten. Jedenfalls sah so aus, was Svens Männer aus Decken und Zweigen gebastelt hatten. Am Ufer konnte man die Plattform mit der Kanone ahnen. In der Erdgrube neben ihren Hütten war das Pulverlager mit seiner festen Tür. Für Sven war es das Hauptziel eines Angriffs.

Seine Männer lagen mit denen Adams in Bereitschaft, sodass sie das Lager von drei Seiten umfassten. Nicht alle hatten Gewehre. Aber die guten Schützen waren bereit.

Joshua stieß Sven an, als sich zwei Schatten an das Lagerfeuer anschlichen. Sven bekam einen Schreck. Die beiden würden merken, dass dort nur Attrappen lagen, und die anderen warnen. Sein Plan war schlecht. Er war eben kein Landkrieger.

Aber dann fiel ihm ein Stein vom Herzen. Hinter den beiden Schatten wuchs ein größerer Haufen aus dem Dunkel. Die ganze Patrouille kroch schon hinter den Spähern heran. Das waren aber auch keine erfahrenen Krieger!

Die Späher hatten sich dem Feuer bis auf zehn Meter genähert. Die anderen waren bei den Hütten. Sven pfiff wie ein Marder. Drei Raketen wurden gezündet und erhellten den Platz. Mit einem Seil rissen andere einen Pulverbeutel in das Lagerfeuer, das hell verpuffte. Die Patrouille stand im blendenden Licht. Man sah direkt, wie überrascht sie waren.

Sven brüllte, so laut er konnte. »Runter mit den Waffen! Ihr seid umstellt. Runter, oder wir schießen euch zusammen!«

Einer der Späher griff nach seiner Muskete, und Joshuas Schuss warf ihn um.

Wieder rief Sven laut. »Hebt die Hände! Ergebt euch oder wir schießen euch alle ab!«

In der Mitte der Patrouille rief ein etwas dicklicher Mann in einer Art Uniform mit Aufschlägen: »Schießt auf die Verräter!« Dabei verbarg er sich geschickt hinter seinen Leuten.

Joshua hatte wieder geladen und fragte: »Soll ich ihn ausschalten?«

Sven zischte: »Nur wenn er schießen will. Warte noch!« Und er verkündete laut: »Hört nicht auf ihn! Ihr seid doch arme Kerle! Legt die Waffen nieder!«

Da warfen einige die Waffen fort und hoben ihre Hände. Der Anführer brüllte sie an und hob sein Gewehr, um auf sie zu schießen. Joshua traf ihn in die Schulter. Mit lautem Schrei ließ er sein Gewehr sinken, fiel zu Boden und jammerte.

Nun warfen seine Männer alle Waffen fort. Einige von Svens Männern sammelten sie ein. Dann gingen Sven und die anderen auf sie zu.

Sven ließ sie in einer Reihe aufstellen, ihnen die Hände fesseln und sie auf weitere Waffen durchsuchen. Dann mussten sie sich setzen.

Der jammernde Anführer war ein dicklicher Mann, der sich durch die Qualität und die offiziersmäßige Aufmachung seiner Kleidung von den anderen abhob. Er hatte Schmerzen und große Angst. Die anderen wirkten teilnahmslos. Sie sprachen auch wenig Englisch. Sven erfuhr bald, dass der gut gekleidete Mann ein reicher Landbesitzer war, der Aussiedlern aus Böhmen die Überfahrt bezahlt hatte. Die mussten sie nun bei ihm abarbeiten.

Und sie mussten seinen politischen Ambitionen dienen. Er war Anhänger der britischen Regierung und wollte sich bei den Royalisten für einen Posten qualifizieren. Die von ihm abhängigen Vertragseinwanderer hatten keine Wahl. Sie mussten sein Abenteuer mitmachen.

Sven schüttelte den Kopf. Adam musterte ihn kritisch.

»Glaubst du denn, Sven, dass bei den Patrioten alle aus Überzeugung mitwirken? Auch dort gibt es Menschen, die mehr oder weniger unter Zwang handeln.«

Sven entschied, dass Adam den Anführer mitnehmen und dem Befehlshaber vom Red Bank Fort übergeben solle. Die übrigen Männer würde er bewachen, bis eine Entscheidung erfolge. Er sei dafür, sie heimkehren zu lassen.

Als Sven am nächsten Sonntag Sabrina und Ingrid besuchte, freuten sie sich, dass er den Anschlag entdecken und verhindern konnte. Sie lobten ihn dafür, dass er Mitgefühl mit den Gefangenen gezeigt hatte. Aber auch ihnen, so erzählten sie ihm, begegneten im Alltag oft Menschen, die radikale Maßnahmen gegen Sympathisanten der britischen Krone befürworteten.

»Stell dir vor, eine unserer Kolleginnen sagt ihren Kindern, sie sollten es melden, wenn ihre Eltern Gutes über den englischen König und seine Regierung sagen würden. Ist das nicht furchtbar, dass Kinder ihre Eltern denunzieren sollen?«, erzählte Sabrina.

Sven merkte immer wieder, wie sehr Sabrina und er in ihren Ansichten übereinstimmten. Er ahnte auch, dass Sabrina ihre Klugheit nutzte, um ihn unmerklich zu den Zielen zu führen, die ihr wichtig erschienen. Sie interessierte sich für seine Aufgaben und Pläne. Aber seine jetzige Tätigkeit in der Wildnis sah sie nur als Notlösung während einer Phase, in der Entscheidungen vorbereitet wurden.

Sven sah das allmählich auch so und erzählte ihr, dass Mr Bradwick ihn immer wieder dränge, das Kommando des Schoners *Freedom* zu übernehmen, sobald Kaperbriefe ausgestellt würden. Kapitän Rickes sei zu alt und krank für das Kommando. Er fühle sich ja Mr Bradwick verpflichtet, aber Mr Smith appelliere an seine patriotische Pflicht, in der Kontinentalen Marine zu dienen. Das sei doch auch ein Argument, das man beherzigen müsse.

Sabrina wollte wissen, was denn eine amerikanische Marine gegen die große britische Flotte ausrichten würde. Sven gab zu, dass sie keine Seeschlachten gegen die Übermacht ausfechten könne, aber einzelne Überwachungsschiffe könne man schon angreifen und die feindliche Handelsschifffahrt stören.

Das täten doch auch die Kaperschiffe, und mit denen habe man doch Erfahrung. Sven gab zu bedenken, dass Kaperschiffe sich ihre Gegner nach den Gewinnaussichten wählten und nicht nach dem Nutzen für das Land.

»Wenn zum Beispiel ein britischer Kutter eine Flussmündung für amerikanische Fischer und Händler sperrt, dann wird ihn ein Kaperschiff nicht angreifen und vertreiben, denn der Kutter verspricht nur einen verlustreichen Kampf mit ungewissem Ausgang, aber keinen leichten Profit. Ein Schiff der Flotte dagegen würde den Kutter angreifen.«

Sabrina sah ein, dass eine Flotte wichtig und notwendig war, obwohl Gewinn auch nichts Schlechtes sei. »Wir könnten unser Leben besser planen, wenn du Prisengeld heimbringen könntest.«

Sven widersprach ihr. Sie hätten doch genug von ihren Eltern und durch seine Heuer, wenn er nur gesund bleibe. Und wenn er Offizier in der Flotte wäre, hätten sie ein geregeltes Einkommen und könnten bald heiraten.

Das war das Argument, das Sabrina völlig überzeugte, und sie verlegten sich darauf, über Termine zu reden.

Sabrina war aber auch ein leidenschaftlicher Mensch, und diese Leidenschaft hatte sie nicht immer unter Kontrolle, wie Sven manchmal merkte, wenn sie Ingrids Aufsicht entkommen waren. Sie erwiderte seine Küsse dann immer drängender und fordernder und hätte sich ihm wohl auch hingegeben, aber er wusste, dass sie sich das eigentlich für die Hochzeit aufheben wollte.

Der Spätherbst brachte dann Entscheidungen, die ihr Leben nachhaltig beeinflussen sollten. Washingtons kleine Flotte hatte erstaunliche Erfolge gegen den Nachschub der Briten. Sie waren ein starkes Argument für die Befürworter der Kontinentalen Flotte. Am 13. Oktober bewilligte der Kongress die Indienststellung der ersten beiden Flottenschiffe und ernannte drei Mitglieder für das Flottenkomitee. Ende Oktober wurde zwei weitere Schiffe bewilligt und vier weitere Mitglieder für das Flottenkomitee berufen, darunter Mr Smith und John Adams.

Es war zur gleichen Zeit, dass Sven sah, wie sich aufgeregte Menschen um die Zeitungsverkäufer scharten. Er drängelte sich vor und kaufte eine Zeitung. Er konnte kaum glauben, was er las. Kleinere britische Schiffe hatten die Hafenstadt von Falmouth (heute Portland, Maine, damals zu Massachusetts gehörend) angegriffen und einen erheblichen Teil der Stadt in Brand geschossen und zerstört. Auch Frauen und Kinder waren umgekommen.

»Diese Verbrecher!«, schimpfte Sven und ballte die Fäuste. Um ihn herum fluchten die Menschen. Einige weinten. Im Zeitungskommentar las er, dass dies nicht der Willkür eines kleinen Offiziers entsprang, sondern Teil des Plans und der Befehle des britischen Admirals war, der die Häfen der Rebellen zerstören wollte. Die Patrioten und ihre Anhänger waren außer sich vor Wut.

Für Sven war jetzt alles klar. Ein Seemann hatte die Pflicht, die Bevölkerung vor diesen Untaten zu schützen. Er schrieb Mr Smith, dass er sich für den Dienst in der Kontinentalen Flotte bewerbe und um eine angemessene Stellung bitte. Sabrina stimmte ihm zu und sagte, dass sie stolz auf ihn sei.

Auch den Kongress alarmierte die Meldung. Das Flottenkomitee kaufte acht Handelsschiffe und rüstete sie in Philadelphia als Kriegsschiffe aus. Esek Hopkins wurde als Kommodore bestimmt. Und Sven erhielt einen Brief von Mr Smith, der seinen Entschluss begrüßte und ihm eine Stelle als Zweiter Leutnant auf einem Schiff der neuen Flotte versprach.

Der Abschied von dem Ausbildungslager in der Wildnis fiel nicht schwer. Die Flotte der Kanonenboote brauchte keine weiteren Kanoniere. Ob man andere Seeleute hier ausbilden würde, war mehr als fraglich. Karl und Joshua würden Sven zur Kontinentalen Flotte folgen. Das war klar.

»Und auf welches Schiff gehen wir?«, fragte Karl.

»Auf die Brigg *Andrea Doria* mit 14 Kanonen, Kapitän Nicholas Biddle.«

»Kommt Adam auch mit uns?«, wollte Joshua wissen.

»Ich muss ihn noch fragen. Die Stelle als Bootsmann ist noch frei«, antwortete Sven.

Sie waren hoffnungsfroh, dass Adam mit ihnen kommen werde. Auf der *Andrea Doria* gehe es doch hinaus auf See. Das sei doch was anderes, als nur einen Fluss auf und ab zu rudern.

»Und ich bin froh, wenn ich nicht mehr den dicken Rauch einatmen muss, um den Mücken zu entgehen«, freute sich Karl.

Sven warnte ihn. Es werde genug Schwierigkeiten zu überwinden geben, ehe die Flotte einsatzbereit sei.

Er sollte recht behalten. Die Ausrüstung der Flotte wurde zum Albtraum. Der Kongress hatte die Ausrüstung von acht Schiffen bewilligt, aber wo sollte man die Ausrüstung beschaffen? Es gab keine wohl organisierten Arsenale und Flottenwerften wie bei der britischen Flotte. Die Werftarbeiter waren erfahren und willig, Umbauten durchzuführen. Aber wie die Mannschaftsquartiere am besten umzubauen waren, darüber gab es verschiedene Meinungen und wenig Erfahrung.

Svens Kapitän war ein bekannter Mann in Philadelphia. Mr Biddle kannte auch Svens Großvater und beauftragte Sven bevorzugt, wenn es galt, Aufträge in Philadelphia auszuführen. Adam versah seine Arbeit als Bootsmann auf der *Andrea Doria,* als kenne er das Schiff seit Jahren. Nur mit der Besatzung war er noch nicht zufrieden. Es waren zu viele unerfahrene Seeleute dabei.

Den anderen Schiffen erging es nicht besser. Zwei Schiffe waren größer: Das Flaggschiff *Alfred* mit 24 und die *Columbus* mit 20 Kanonen. Die *Cabot* war auch eine Brigg mit 14 Kanonen. Dann gehörte noch die Sloop *Hornet* mit zehn Kanonen zum Geschwader. Zwei Schoner mit je sechs Kanonen sollten noch in Baltimore beschafft werden. Für Sven waren das alles Konkurrenten beim Streit um die Ausrüstung.

Auf der Werft von Mr Wharton, den er von der Ausbildung der Kanoniere kannte, hatte er deswegen auch einen heftigen Zusammenstoß mit dem Offizier eines anderen Schiffes. Sven hatte mit der großen Barkasse ihres Schiffes Reservespieren abgeholt. Er hätte sie ohne die Bekanntschaft mit Mr Wharton nicht so schnell erhalten. Als er der Barkasse den Befehl zur Rückkehr zum Schiff gab und mit Mr Wharton noch eine Tasse Kaffee trinken wollte, stürmte erregt ein anderer Leutnant heran.

»Wieso werden da Reservespieren abtransportiert, und mir wurde gesagt, es seien keine verfügbar?«, rief er zornig.

»Weil Ihr Kamerad sie vor Ihnen bestellt hat. Sie waren also vergeben und wurden jetzt abgeholt«, antwortete Mr Wharton ruhig.

Der Leutnant wollte vor Wut fast zerspringen. »Ich bin John Paul Jones, Erster Leutnant des Flaggschiffs. Sie haben das Flaggschiff zuerst zu bedienen.«

Mr Wharton wurde ärgerlich. »Schreien Sie auf meiner Werft nicht herum, mein Herr. Ich liefere nach der Reihenfolge des Auftragseingangs. Sie haben mir keine Weisungen zu erteilen.«

Sven sah den Leutnant abweisend an. Der warf ihm einen wütenden Blick zu, drehte sich um und verschwand.

»Das ist ein etwas unbeherrschter Herr«, bemerkte Sven nachdenklich zu Mr Wharton.

Der nickte. »Ich weiß auch nicht, warum ihn der Kommodore zum Ersten Leutnant auf dem Flaggschiff erwählte. Er soll ein erfahrener Seemann sein und wurde mit zweiundzwanzig Jahren schon Kapitän, aber als Mensch hat er nicht den besten Ruf. Anno 73 hat er auf Tobago einen seiner Matrosen getötet. Er sagt, der habe gemeutert, aber Jones hat keine Gerichtsverhandlung abgewartet, sondern ist in die Kolonien geflohen.«

»Hm«, brummte Sven. »Bei spanischen Gerichten weiß man nie, woran man ist. Aber das mit der Flucht hört sich wirklich nicht gut an. Na ja, ich werde nicht viel mit ihm zu tun haben.«

Sabrina überraschte Sven am Wochenende mit einer neuen Uniform. »Sie ist genau nach den Vorschriften geschneidert, die das Komitee erlassen hat. Rock und Bundhose blau. Manschetten, Aufschläge und Weste rot. Die Maße hat der Schneider von dem Anzug genommen, den er zuletzt schneiderte. Komm, probier alles an!«

Sven zog sich in seinem Zimmer um. Als er zurückkam, wartete auch Ingrid im Wohnzimmer.

»Schick!«, meinte Sabrina.

»Ja«, stimmte Ingrid zu. »Aber die Manschetten und Kragen in Weiß wie bei den Briten würden mir besser gefallen.«

»Ingrid! Wir können doch nicht die gleichen Uniformen wie die Briten haben. Und Rot ist die Farbe des Aufstandes, der Revolution«, protestierte Sven.

Ingrid verzog ihr Gesicht. »Ihr macht doch sonst manches wie unter den Briten. Euer Kommodore ist der Bruder vom Vorsitzenden des Marinekomitees. Sein Sohn wiederum ist Kapitän eines Schiffes. Nannte man das nicht früher Vetternwirtschaft?«

Sven schüttelte den Kopf. »Sagt einmal, woher wisst ihr das alles? Ich weiß noch gar nicht, welche Kapitäne die anderen Schiffe haben, und ihr kennt sogar die Uniformen.«

Sabrina lächelte. »Der Bruder einer Kollegin ist Sekretär beim Marinekomitee. Uns kannst du nichts vormachen, lieber Sven. Keiner deiner Schritte bleibt uns verborgen.«

Sven hob in gespielter Ergebenheit die Hände. »Und was werde ich als Nächstes tun, meine liebe Braut?«

»Du wirst weiter sehr beschäftigt sein, an Ausbildung und Ausrüstung deines Schiffes mitzuarbeiten. Der Kommodore möchte Mitte Januar auslaufen, aber die meisten glauben nicht, dass ihr da fertig seid. Wir können also eine gemeinsame Weihnachtsfeier planen. Und nach eurer ersten Reise sollten wir dann an die Hochzeit denken. Sonst wird mir die Brautzeit zu lang.«

Ingrid lachte. »Sabrina kann an keinem Laden mehr vorbeigehen, der Brautkleider ausstellt. Jeder Weg durch die Second Street dauert eine halbe Stunde länger als früher. Also, lieber Bruder, gib nun endlich deine Freiheit auf!«

Sven lachte und umarmte beide. Er war von ganzem Herzen glücklich.

Er erzählte seinen Freunden am Montag von seinem Geplänkel mit den Schwestern und lud sie für den nächsten Sonntag zum Mittagessen ein.

»Hast du sonst was über den Kommodore gehört?«, fragte Adam.

Sven erzählte, dass er 57 Jahre alt sein solle, Handelsschiffkapitän war, in den beiden vorangegangenen Kriegen Kaper kommandiert habe und jetzt in Rhode Island zum Brigadegeneral der Miliz ernannt worden sei.

»Die einen halten ihn für einen fähigen Kapitän, die anderen sagen, er verdanke den Posten nur seinen Beziehungen. Es heißt noch, er sei ein wenig cholerisch. Wir werden es schon merken.«

»Wenn er General war, muss er doch militärische Erfahrung haben«, meinte Joshua. »Unser Kapitän ist weniger als halb so alt, aber als ehemaliger Midshipman in der britischen Flotte auch erfahren. Da können wir doch zufrieden sein.«

Die Schiffe vervollständigten Zug um Zug ihre Ausrüstung. Die Männer wurden gedrillt. Seesoldaten erschienen auch eines Tages an Bord. Sven hatte gar nicht mitbekommen, dass der Kongress die Aufstellung von zwei Bataillonen beschlossen hatte. Nun waren sie da, und ein Leutnant mehr beanspruchte seinen Platz in der Messe.

Ihre Ausrüstung war nun fast vollständig, aber in der Pulverkammer war immer noch viel Raum leer.

»Pulver ist unsere Achillesferse, meine Herren«, beklagte sich Kapitän Biddle. »Genauer gesagt, ist es der Salpeter, auf den die Briten beim Handel aus Ostindien fast ein Monopol haben. Auch von den Holländern ist etwas für teures Geld zu erhalten. Die Franzosen erproben Ersatzstoffe mit Mischungen aus Erde, Kalk, pflanzlichen und tierischen Abfällen. Mit Salpeter kann man heute ein Vermögen verdienen.«

An Scharfschießen war unter diesen Umständen nicht zu denken. Sven drillte die Kanoniere. Sie übten auch an den Segeln und lagen doch meist am Kai, denn der Winter war streng, und die Eisschollen trieben dicht auf dem Delaware.

An einem kühlen Dezembermorgen beobachtete Sven, wie einige Kutschen an der Walnut Street bei Meredith's Kai vorfuhren. Offiziere stiegen aus und kletterten in ein Boot des Flaggschiffes *Alfred,* das dort auf sie wartete.

»Sir, ich glaube, der Kommodore wird seine Flagge auf der *Alfred* setzen. Sehen Sie nur!«, meldete Sven seinem Kapitän.

Der schaute sich die Sache an und bestätigte: »In der Tat. Der etwas korpulentere Herr dort ist der Kommodore. Lassen Sie den Flaggensalut vorbereiten!«

Die Bootsmannspfeifen schrillten auf dem Flaggschiff. Eine Ehrenwache salutierte. Am Kai jubelten Zuschauer. Und nun krachten noch einige Salutschüsse. Eine gelbe Flagge stieg empor.

Sven fragte wieder: »Sir, die Flagge hat ein Symbol und eine Inschrift. Aber ich kenne sie nicht. Wissen Sie etwas darüber?«

»Das ist eine Flagge, die irgendein Brigadegeneral eingeführt hat. Sie zeigt eine Schlange und die Inschrift ›Don't tread on me!‹«

Sven war verwirrt. Was hatte die Flotte mit einer Schlange zu schaffen, die nicht zertreten werden sollte? Gab es kein besseres Symbol für die 13 Kolonien, die sich gegen die Willkür der Briten wehrten?

Als sich herumsprach, dass dieser Leutnant John Paul Jones, der die Flagge gehisst hatte, auch nicht mit diesem Symbol einverstanden war, verzieh ihm Sven sein grobes Auftreten.

Sven war in den folgenden Wochen in einem seltsam gespaltenen Gemütszustand. Einerseits war er glücklich, dass er Sabrina zumindest jedes Wochenende sehen konnte. Sein Gefühl für sie wurde immer inniger. Sie war ein wunderbarer Mensch. Und sie hing noch sehr an ihrem Vater. Sven konnte ihr ansehen, wann ein Brief aus Kanada eingetroffen war. Auch er freute sich dann über die guten Nachrichten.

Auf der anderen Seite konnte er seine Ungeduld über die langsame Ausrüstung der Flotte kaum noch zügeln. Jede Beschaffung war mit unendlichem Schriftwechsel verbunden. Niemand hatte Erfahrungen, wie die Lieferungen abgewickelt und bezahlt werden mussten. Der Kongress brauchte Woche um Woche bis zur Entscheidung. Nun hatte er die Regulationen über Befehlsgewalt und Strafen in der Flotte endlich beschlossen. Sie entsprachen weitgehend den britischen Kriegsartikeln.

Auf der anderen Seite verfolgte Sven mit einem gewissen Neid, wie erfolgreich Washingtons Schonerflotte operierte. Sie hatte schon über dreißig Prisen gekapert. Und seitdem der Kongress Ende November die Kolonien aufgefordert hatte, Prisengerichte aufzubauen, und nachdem er das Kapern aller britischen Schiffe, die im Regierungsauftrag segelten, erlaubt hatte, wurde Mr Bradwick zunehmend ungeduldiger zu Sven.

Im Dezember dann ernannte er einen anderen zum Kapitän der *Freedom,* die auslief, um Prisen zu erobern und Geld zu verdienen. Sven musste einsehen, dass die Chance für ihn vorbei war. Und Hopkins' Flotte lag nach wie vor in Philadelphia. Die beiden Schoner waren noch nicht einmal eingetroffen.

Die Schwestern behielten recht. Sven konnte Weihnachten daheim feiern. Es war sehr schön und stimmungsvoll mit den Schwestern. Sven erhielt als Geschenk ein neues Taschenteleskop und eine doppelläufige Pistole. Er schenkte den Schwestern zwei Halsketten, die er mit Sorgfalt ausgesucht hatte und die seine Kasse arg belastet hatten.

Am zweiten Weihnachtstag waren seine Freunde zum Essen eingeladen. Sie waren den Schwestern so vertraut, als ob sie zur Familie gehörten.

»Wie schön, dass ihr alle auf demselben Schiff segelt und einander beistehen könnt«, meinte Sabrina.

Sven war skeptisch, ob sie überhaupt noch segeln würden, so langsam ging alles voran.

»Sei nicht immer so ungeduldig, Sven«, mahnte seine Schwester. »Im Marinekomitee wird gerade der Befehl vorbereitet, dass ihr die Chesapeake-Bucht und die Küsten Virginias von den Kapern dieses Lord Dunmore und von britischen Patrouillenschiffen freikämpfen sollt.«

»Was deine Schwester alles weiß«, staunte Adam.

Der Befehl kam, aber die beiden Schoner waren noch nicht bei der Flotte, und der Delaware führte ungewöhnlich viel Eis. Die Flotte lief aus und ankerte vor Mud Island, das jetzt »Insel der Freiheit« genannt wurde. Und wieder schloss das Eis die Schiffe ein. Sven konnte jetzt auch nicht mehr seine Braut und seine Schwester besuchen. Er ertrug die Warterei kaum noch, war ungeduldig und wurde unbeherrscht zu den Matrosen. Kapitän Biddle bat ihn eines Tages zu einem Gespräch in seine Kajüte.

»Sie wissen, dass ich mit Ihren Leistungen bei der Indienststellung unseres Schiffes sehr zufrieden war, Mr Larsson. Aber jetzt verhalten Sie sich unbeherrscht und sind von Stimmungen abhängig. Das müssen Sie wieder abstellen. Wir alle sehnen das Auslaufen herbei. Wenn der Kommodore den Zeitpunkt noch nicht gekommen sieht, dann haben wir das wie jeden anderen Befehl zu akzeptieren. Also nehmen Sie sich zusammen!«

»Aye, aye, Sir«, antwortete Sven etwas verärgert, aber dann sah er ein, dass er sich besser beherrschen müsse.

Er respektierte seinen Kapitän und erhielt bald Gelegenheit, ihn zu bewundern. Als die Flotte vor Kap Henlopen an der Mündung des Delaware lag und auf Wind wartete, der das Auslaufen gestattete, nutzte eine Gruppe neu angeheuerter Matrosen die Gelegenheit zur Desertion. Sie beschafften sich Waffen und verbarrikadierten sich in einem Haus an Land. Die örtliche Miliz hatte das Haus umstellt. Aber niemand traute sich hinein, denn die Meuterer drohten, jeden zu erschießen.

Kapitän Biddle rief Adam, den Bootsmann, zu sich. »Kennen Sie den Anführer der Meuterer?«

»Aye, Sir«, antwortete Adam. »William Green, aus dem Gefängnis vor einem Monat mit der Verpflichtung entlassen, in der Flotte zu dienen. Eingestuft als Landmann. Ein Schläger und Großmaul, aber im Grunde feige.«

Kapitän Biddle nickte. »Nehmen Sie sich eine Pistole und ein Entermesser, und kommen Sie mit.«

Adam nickte Sven zum Abschied zu, und Sven sah dem Boot hinterher, das sich durch die Eisschollen zum Land durchdrängelte.

Kapitän Biddle sprang auf den kleinen Steg, kaum dass das Boot ihn berührt hatte. Adam musste sich beeilen, um mit ihm Schritt zu halten.

Vor dem Haus standen die Milizsoldaten in Gruppen beisammen. Ein Leutnant eilte herbei und salutierte vor dem Kapitän.

»Die Meuterer haben sich im Haus verschanzt, Sir. Sie sind bewaffnet und drohen, jeden zu erschießen, der in das Haus eindringt.«

Kapitän Biddle verzog nur das Gesicht. »Lassen Sie einen großen Pfahl bringen. Wir werden damit die Tür einrammen.«

»Aber Sir!«, begann der Leutnant.

Biddle schnitt ihm das Wort mit einer Handbewegung ab. »Ich gehe hinein! Es sind Leute von meinem Schiff. Nun lassen Sie schon den Balken bringen!«

Die Milizsoldaten, die den Balken trugen, hielten sich bis zum letzten Moment in Deckung. Dann rannten sie gegen die Tür, fielen hin, als der Balken die Tür zerschmetterte, rafften sich auf und liefen davon.

Kapitän Biddle hatte seine Pistole gezogen, prüfte die Zündpfanne und ging auf die Tür zu. »Ich komme, Green!«

Adam ging drei Schritte hinter ihm und hielt seine Pistole auch schussbereit.

Im Inneren des Hauses stand Green inmitten der anderen Meuterer und zielte mit einer Muskete auf den Kapitän. Biddle richtete die Pistole auf ihn und sagte kalt und nachdrücklich: »Wenn du die Muskete nicht fallen lässt, Green, dann sterbt ihr alle einen furchtbaren Tod!«

»Das war eine verteufelte Situation, sage ich euch«, erzählte Adam später den Freunden, als er wieder an Bord war. »Ich sah genau, wie Green den Kapitän anvisierte. Aber der regte kein Glied, sondern starrte den Kerl nur über den Pistolenlauf an. Und dann zitterten dem Green die Hände. Schließlich konnte er die Muskete nicht mehr halten und warf sie auf den Boden. Mir fiel ein Stein vom Herzen. Der Käpt'n drehte sich nur um und sagte zu mir: ›Abführen, die Kerle!‹, und ging voraus zum Boot. So etwas von Kaltschnäuzigkeit ist mir noch nicht begegnet. Er wischte sich aber dann doch die Hände an der Hose ab. Sie waren wohl schweißnass.«

Hornet und *Wasp* waren zum Geschwader gestoßen, aber es dauerte noch zwei Tage, bis ihnen der Wind das Auslaufen in den Ozean erlaubte. Der Delaware spülte noch immer Eisschollen in das Meer, aber sie wurden immer seltener.

Sven stand an Deck und bewunderte die Schiffe mit ihren prallen Segeln. Das Flaggschiff *Alfred* mit seinen 24 Kanonen segelte voraus. Ihm folgten die *Columbus* mit 20, die *Cabot* mit 14, ihre *Andrea Doria* auch mit 14 Kanonen, die Sloop *Providence* mit zwölf und die Sloop *Hornet* mit zehn sowie die Schoner *Wasp* und *Fly* mit je acht Kanonen.

»Eine ganz schön stattliche Flotte«, sagte Adam zu Sven, aber der brummte nur und verglich die Segelmanöver ihres Schiffes mit denen der anderen.

Es rumpelte am Bug von Eisschollen, und ihr Schiff begann in den Wellen zu stampfen. Ein junger Matrose würgte und hielt sich die Hand vor den Mund.

»Kotz über die Reling, du Landei!«, brüllte Adam. »Aber an der anderen Seite, doch nicht gegen den Wind!«

Ein Melder kam angerannt und bat die Leutnants und den Bootsmann in die Kajüte des Kapitäns. Kapitän Biddle hielt ein Schreiben in der Hand und empfing seine Offiziere mit unbewegter Miene.

»Meine Herren, befehlsgemäß habe ich den versiegelten Befehl nach dem Auslaufen geöffnet. Der Befehl legt fest, dass wir zur Insel New Providence in den Bahamas segeln. Treffpunkt für Schiffe, die die Fühlung zum Geschwader verlieren, ist Abaco.«

Der Erste Leutnant platzte heraus: »Alle redeten doch von der Chesapeake Bay.«

Mr Biddle schaute unwillig auf. »Redereien und Befehle sind zweierlei. Wir haben uns an Befehle zu halten.«

Aber der Machtspruch des Kapitäns konnte die Gerüchte unter Deck nicht stoppen. Die einen meinten, der Kommodore sei ein Angsthase und fürchte den Kampf gegen Dunmores Schiffe, zu denen auch eine Fregatte gehören sollte. Die anderen priesen den Kommodore, weil ein Handstreich gegen die Nachschublager der Briten Aussichten auf Prisengeld eröffnete.

Sven war es gleichgültig, wohin sie segelten, aber er wunderte sich, dass der Kommodore die Freiheit hatte, die Befehle des Marinekomitees so abzuändern.

Dann hatte er keine Zeit mehr, darüber zu grübeln. Ein Sturm kam auf, der erste, den sie mit diesem Schiff zu bestehen hatten. Adam lief herum und rief seine Anweisungen, damit alles fest vertäut und verschalt werde. Die Segel wurden geborgen. Sven sah, dass manche Matrosen in der rauen See ihre Angst kaum beherrschen konnten und sich verzagt festklammerten. Die erfahrenen Seeleute machten ihnen Mut, stützten sie auch hier und da, und schließlich standen nur noch die Sturmsegel. Die wachfreie Mannschaft war unter Deck verschwunden.

Kapitän Biddle wachte im gewachsten Mantel neben dem Rudergänger. »Das Barometer ist ziemlich stark gefallen. Schauen Sie zur Sicherheit noch einmal die Vertäuung der Kanonen nach, Mr Larsson. Wer weiß, ob Sie später dazu kommen.«

Sven prüfte bei jeder Kanone nach, ob sie dreifach gesichert war und ob die Taue richtig stramm saßen. Bei der dritten und vierten Steuerbordkanone musste er nachzurren lassen und nahm sich vor, den Geschützführern ein paar böse Worte zu sagen, sobald der Sturm vorbei war.

Aber dann musste er schnell sehen, dass er festen Halt hatte. Hohe Wellen schlugen über das Heck. Sven klammerte sich an einem der Taue fest. Neben ihm schrie einer. Eine Welle hatte ihn mitgerissen und gegen die Deckhütte geschmettert. Sven hangelte sich Hand über Hand am Tau zu ihm, ließ kurz eine Hand los, um den Mann zu umschlingen und ihn mit seinem Körper gegen das Tau zu pressen.

Der Bursche schrie, bis das Wasser ablief und zwei Matrosen zu ihnen sprangen und den Mann unter Deck schleppten. Wahrscheinlich hatte er die Rippen oder das Schlüsselbein gebrochen.

Es sollten nicht die einzigen Brüche bleiben. Als der Sturm nach zwei Tagen abflaute, meldete der Schiffsarzt sieben Mann, die wegen Arm-, Bein- oder Rippenbrüchen dienstunfähig waren.

Aber sie konnten zufrieden sein. Dem Schiff war außer ein paar zerrissenen Tauen nichts passiert. Die Mannschaft hatte an Selbstvertrauen gewonnen.

Aber von den Schiffen *Hornet* und *Fly* war nichts zu sehen. Karl behauptete, er hätte in einer Nacht ein Krachen wie von einem Zusammenprall gehört. Aber sicher war er auch nicht. Sven meinte, sie müssten abwarten, ob die beiden sich am Treffpunkt melden würden.

Das Wetter entschädigte sie für den Sturm. Fünfzehn Tage hatten sie stetigen Wind und zunehmend warmes Wetter, bis sie am 1. März vor der Insel Abaco eintrafen.

Adam hörte, wie ein Matrose den anderen fragte, ob er wisse, was für ein Wochentag sei. »Freitag«, antwortete der. Der Frager zog die Mundwinkel nach unten. »Das ist ein schlimmes Zeichen! Unglück meldet sich an.«

»Mach lieber das Tau dort richtig fest, du Waschweib, ehe dir deine dummen Sprüche zurück ins Maul fahren«, fuhr ihn Adam an.

Als er auf Sven traf, war Adam immer noch ärgerlich. »Nun hatte die Mannschaft sich endlich gefunden, da kommen diese alten abergläubigen Kerle und bringen wieder Unruhe an Deck!«

Sven wurde aus anderem Grund unruhig. Sie lagen nun schon zwei Tage vor Anker und warteten auf *Hornet* und *Fly*. Sie hatten zwei kleine Schoner abgefangen, aber auch sie waren von Fischerbooten gesichtet worden. Sven fürchtete, dass die Alarm schlagen würden, und ihr Ziel war nur achtzig Kilometer entfernt. Dem Gesicht des Kapitäns sah er an, dass der auch so dachte.

Hornet und *Fly* erschienen nicht, und der Kommodore entschied sich, nicht länger mit dem Angriff auf die Hauptstadt Nassau zu warten. Die beiden erbeuteten Schoner sollten mit Seesoldaten voraussegeln und in den Hafen einlaufen, ohne Verdacht zu erregen. Die Flotte würde erst folgen, wenn die Seesoldaten an Land wären und Signal gaben.

Aber dann segelte das Flaggschiff doch auf die Küste zu und hisste das Signal, dass die anderen Schiffe folgen sollten.

»Was soll das?«, fragte Sven leise Adam.

Der zuckte mit den Schultern.

»Auch der dämlichste Ausguck im Fort muss doch merken, dass wir fremde Schiffe sind. Dann können doch auch die Schoner nicht unbemerkt die Soldaten anlanden«, ergänzte Sven.

Wie zur Bestätigung donnerte von Fort Nassau der erste Schuss. Zwei weitere folgten, und die Wassersäulen lagen recht nah. Das Flaggschiff hisste Signalflaggen.

»Flaggschiff signalisiert: An alle! Rückzug auf Ausgangsposition!«, meldete der Signalgast.

Sven murmelte einen Fluch und eilte, um die Kommandos zu erteilen.

Wenig später wurden die Kapitäne auf das Flaggschiff gerufen. Als Kapitän Biddle zurückkehrte, bat er sogleich die beiden Leutnants und den Master zu sich.

»Wir segeln sofort an die Küste zweieinhalb Meilen östlich von Nassau. Dort werden wir die Seesoldaten unter Hauptmann Nicholas landen. Es ist kaum mit Widerstand zu rechnen.«

»Sir, eine Frage«, meldete sich Sven. »Wer sichert den westlichen Zugang zum Hafen Nassau?«

Kapitän Biddle antwortete mit unbewegter Miene: »Als ich die Frage anschnitt, antwortete mir der Kommodore, eine solche Blockade des westlichen Zugangs sei unnötig. Es lägen keine britischen Kriegsschiffe oder Handelsschiffe von Bedeutung im Hafen. Der Kommodore kennt die Gewässer um New Providence.«

Kapitän Biddle machte eine kurze Pause. Keiner sagte etwas. Dann fuhr er fort: »Dann wollen wir unsere Befehle befolgen.«

Sven hatte nicht den Eindruck, dass er dem Befehl mit Begeisterung nachkam.

Am Tor der Residenz des Gouverneurs von den Bahamas klopfte es laut und nachdrücklich. Der Butler meldete kurz darauf Gouverneur Browne: »Major Grander möchte Eure Exzellenz dringend sprechen.«

Browne verzog das Gesicht. Major Grander gehörte nicht gerade zu seinen Freunden. Der pensionierte Kavalleriemajor lebte nur in seinen Erinnerungen vom letzten Krieg in Europa und kritisierte den Gouverneur ziemlich offen für dessen Inaktivität.

»Bitte er ihn in die Bibliothek, und bringe er einen Ananassaft mit Rum!«

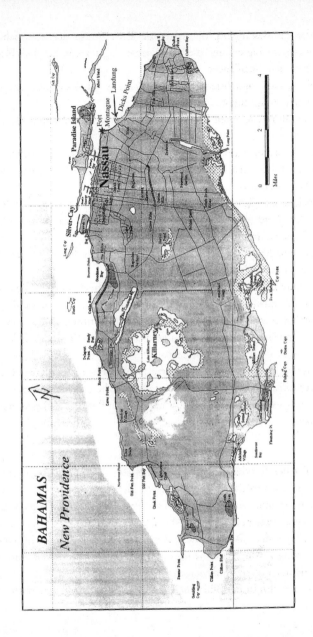

Major Grander hielt sich kaum mit den Begrüßungsfloskeln auf. Er war ein hagerer älterer Mann mit vorgerecktem Kinn, der auch in seiner Kleidung die Erinnerung an den alten Soldaten pflegte.

»Die Flotte der Rebellen steht vor dem Hafen!«, stieß er hervor.

»Ich weiß«, sagte der Gouverneur ruhig.

»Ich habe aber noch nichts von einer Alarmierung der Bevölkerung bemerkt, Exzellenz«, stieß Grander hervor.

»Was hätte das für einen Sinn? Wir haben maximal drei Dutzend Mann, die mit Waffen umgehen und auf die wir uns verlassen können. Reguläre Truppen sind nicht auf den Inseln. Sollen wir eine opéra pour l'honneur aufführen? Darunter leidet doch nur die Bevölkerung.«

»Ich bin anderer Meinung, Exzellenz, aber im Augenblick ist etwas anderes wichtiger. Die Rebellen kommen nicht hierher, um die Inseln zu besetzen. Darin sind wir sicher einig.«

Der Gouverneur nickte.

»Eine Landung kann nur den Sinn haben, dass sie unsere Pulvervorräte und Waffen erobern und wegschleppen wollen.«

Der Gouverneur fragte: »Wie kommen Sie darauf?«

Grander beherrschte seine Überraschung, dass der Gouverneur das nicht selbst erkennen konnte. »Exzellenz, die Londoner Zeitungen haben mehrfach berichtet, dass Seine Majestät die Ausfuhr von Pulver in die Kolonien verboten hat. Die Kolonien haben keine Salpetervorräte und kaum Pulvermühlen. Die Rebellen haben schon einen Raubzug zu den Bermudas unternommen, um an das dringend benötigte Pulver zu kommen. Da braucht man nur zwei und zwei zusammenzuzählen, dann weiß man, dass sie unser Arsenal ausrauben wollen.«

Nachdenklich nickte der Gouverneur. »Das klingt einleuchtend. Was sollen wir tun?«

»Der Schoner *Prince Edward* liegt im Hafen und soll beladen werden. Wir müssen sofort alles Pulver einladen und den Schoner nach Saint Augustine schicken, das in der Hand unserer Truppen ist. Zehn königstreue Bürger mit all ihren Dienern aus West-Nassau stehen bereit. Sie können alle Hafenarbeiter und Arbeiter des Arsenals mobilisieren, dann sollten wir es schnell schaffen. Der Kanal zum Silver Cay wird von den Rebellen nicht bewacht. Nutzen wir es aus!«

Der Gouverneur folgte mit seinen Blicken der Handbewegung des Majors, der die flache Hog-Insel vor Nassau (heute: Paradise Island) nach Westen streifte und dort auf die schmale Meerenge zwischen zwei Inseln deutete.

»Gut! Ich informiere sofort meinen Sekretär, der Arsenal und Hafen unterrichtet. Ich komme selbst zur Überwachung der Arbeiten.« Irgendwie hatte er zu pathetischen Gesten zurückgefunden.

»Ein mutiger Entschluss, Exzellenz«, lobte der Major. Aber der Gouverneur schien die scharfe Ironie nicht zu bemerken.

Hauptmann Nicholas stapfte an der Spitze der Seesoldaten und Matrosen auf Fort Montague zu. Ein Reiter mit weißer Flagge jagte mit seinem Pferd heran. Er hielt vor dem Hauptmann und lüftete seinen Hut.

»Ich bin Rodger Wilson vom Sekretariat des Gouverneurs. Mit wem habe ich die Ehre?«

»Hauptmann Samuel Nicholas vom ersten Bataillon der Seesoldaten der Kolonien.«

»Herr Hauptmann, der Gouverneur und die Bevölkerung der Insel begehren zu wissen, mit welchen Absichten Sie hier mit Soldaten gelandet sind.«

»Wir haben die Absicht, Vorräte, die der Britischen Krone gehören, zu beschlagnahmen. Das Eigentum der Bevölkerung wird von uns nicht angetastet werden. Sagen Sie das bitte allen. Wer sich uns ergibt, dem tun wir nichts zuleide. Wer uns bekämpft, den werden wir vernichten!«

Der Reiter dankte und ritt davon. Die Kolonisten machten eine kurze Pause, dann rückten sie weiter vor. Von Fort Montague wurde eine Kanone abgefeuert. Hauptmann Nicholas drehte sich um und fragte seinen Leutnant: »Wollen die doch den Kampf?«

Aber das Fort feuerte nur noch zwei Schüsse, ehe es die weiße Fahne hisste. Zwei Dutzend Milizsoldaten übergaben ihre Waffen erleichtert den Kolonisten und wurden entlassen, um die Kunde von ihrer glimpflichen Behandlung in Nassau zu verbreiten. Die Kolonisten kampierten im Fort und entfernten die laienhaft in die Zündlöcher getriebenen Nägel.

Am nächsten Morgen marschierte die Truppe weiter. Fort Nassau ergab sich ohne einen Schuss. Die Flotte lief in den Hafen ein. Einige Bewohner winkten den Schiffen zu, aber die Mehrheit stand schweigend und regungslos da.

Ein Leutnant der amerikanischen Seesoldaten lief von Fort Nassau zum Kai und ließ sich auf das Flaggschiff übersetzen. Vor Kommodore Hopkins und den versammelten Kapitänen meldete er stolz, dass man 71 Kanonen und 15 Mörser erobert habe.

»Und wie viel Pulver?«, fragte der Kommodore.

»Etwa 24 Barrel, Sir.«

»Es muss doch viel mehr da sein«, beharrte Hopkins.

»Sir, der Vorarbeiter sagte, sie hätten gestern Abend über 150 Zentner auf ein Schiff gebracht, das sofort nach Saint Augustine abgesegelt sei.«

»Durch den westlichen Kanal?«, fragte Kapitän Biddle unschuldig.

»Ja, Sir, an Silver Cay entlang.«

Der Kommodore sah Biddle böse an und sagte kein Wort.

Die nächsten zwei Wochen lag das Geschwader im Hafen von Nassau. Die Mannschaften waren beschäftigt, die Kanonen in den Forts auszubauen und auf die Schiffe zu schaffen. Dazu kamen viele Kisten mit Kanonenkugeln. Abends gab es meist Landgang, aber Nassau bot den Seeleuten nicht viel. Es war eher ein kleiner Provinzhafen, der auf solchen Ansturm nicht eingerichtet war. Die Bevölkerung war gegenüber den Kolonisten recht reserviert.

Kapitän Biddle hatte bald Befehl erteilt, dass sich nur Gruppen von mindestens vier Mann mit Bewaffnung aus dem engeren Stadtgebiet entfernen dürften.

Sven regte an, man möge auf Hog Island einen Ausguck errichten, um einlaufende britische Schiffe zu erkennen. Kapitän Biddle setzte den Vorschlag durch, und Sven fuhr mit den ersten Posten auf die Insel. Sehr beliebt war die Aufgabe nicht, denn die lange flache Insel hatte außer weiten Sandstränden und Sonne nichts zu bieten. Aber sie meldeten eines Tages den Schoner *Fly,* der wieder zum Geschwader fand. Er war in der Sturmnacht mit der *Hornet* zusammengestoßen. Die *Hornet* konnte noch nicht repariert werden.

Mit seinem anderen Vorschlag, man möge den Schiffen vom erbeuteten Pulver etwas für Scharfschussübungen zur Verfügung stellen, fand Sven beim Kommodore keine Gegenliebe.

Als das Geschwader Nassau am 17. März verließ, trauerte kaum jemand dem Hafen nach. Die Stimmung besserte sich, als die Schiffe vor einer der Inseln noch ein Mörserschiff und ein kleines Prisenschiff kapern konnten.

In der Offiziersmesse der *Andrea Doria* feierten der Erste Leutnant und der Leutnant der Seesoldaten ihren Streifzug als Erfolg. Die vielen erbeuteten Kanonen seien willkommene Waffen im Kampf gegen die Briten.

Sven wandte ein, die wichtigste Beute, das Pulver, hätten sie durch die Nachlässigkeit des Kommodore verpasst. Daher sei ihre Expedition auch kein Erfolg gewesen.

»Du bist ein Perfektionist, Sven«, wies ihn der Erste zurecht. »Es gibt kein Unternehmen ohne Pannen. Und per saldo haben wir gute Beute gemacht.«

Die Rückreise war ähnlich ereignislos wie die Hinfahrt.

»Man wünscht sich fast einen Sturm«, maulte Joshua zu Karl. »Ein Tag wie der andere. Drill und immer wieder Drill. Und wer weiß, ob einer trifft, wenn es ernst wird, wo wir kein Pulver haben, um Scharfschießen zu üben.«

»Na, du wirst doch das Treffen nicht verlernt haben«, scherzte Karl.

Aber das Scherzen verging den meisten, als sie vor der Küste von Rhode Island früh vor der Dämmerung aus den Hängematten geholt wurde.

»Klarschiff!«, pfiffen die Bootsmannmaate.

»Was ist denn los?«, fragten manche, aber da feuerte ihr Schiff *Cabot* schon eine Breitseite. Im Licht der Mündungsfeuer sah Sven vor der

Cabot eine kleine britische Fregatte von etwa 20 Kanonen. Und nun feuerte auch der Brite eine Breitseite. Sie traf die *Cabot* furchtbar. Sie fiel zurück, und Biddle gab schnelle Befehle, damit sein Schiff ausweichen konnte.

Nun schob sich das Flaggschiff an die Stelle der verkrüppelten *Cabot*.

»Ausguck! Welche Signale setzt das Flaggschiff?«, brüllte Kapitän Biddle.

»Kein Signal zu erkennen!«

Biddle murmelte einen Fluch und gab Befehle, um sein Schiff in Schussposition zu bringen. Sven überprüfte die Kanonen und beobachtete, als er über die Rohre visierte, wie sich ihr Flaggschiff *Alfred* mit dem Briten herumschoss. Die *Alfred* feuerte zu hoch und traf nur die Segel des Briten. Aber die Briten trafen. Jetzt lief die *Alfred* sogar aus dem Ruder. Da musste ein Treffer die Ruderseile getroffen haben.

Doch Sven konnte das nicht weiter verfolgen. Jetzt war sein Schiff in Schussposition. Die Geschützführer meldeten: »Ziel aufgefasst!« Kapitän Biddle befahl »Feuer frei!«, und Sven rief laut: »Feuer!«

Die Salve stotterte etwas, aber das musste man bei der allerersten Salve, die die Besatzung im Ernstfall feuerte, tolerieren. Aber was Sven nicht hinnahm, war die Treffergenauigkeit.

»Tiefer halten!«, brüllte er immer wieder und sprang von Kanone zu Kanone, um die Richtschützen anzufeuern. Der Treffer, der auf dem Briten die Aufbauten zerfetzte, stammte von Joshua, dessen war Sven sicher.

Sven war fassungslos. Sie waren dem Briten doch mehrfach überlegen. Aber sie segelten durcheinander wie die wilden Hühner. Vom Kommodore kam weder das Signal, eine Schlachtlinie zu bilden, noch ein anderes Signal. Und alle ihre Kanoniere zielten zu hoch.

Die *Andrea Doria* musste wieder abhalten, um nicht die *Columbus* zu rammen. Sie schossen nun schon über eine Stunde auf den Briten. Bei erfahrenen Mannschaften hätte er nur noch ein Wrack sein dürfen. Aber nein, unerschrocken und routiniert wandte sich die kleine Fregatte einem Gegner nach dem anderen zu und jagte ihm die Treffer in den Rumpf.

Aber dann hatte sie wohl genug. Sie setzte alle Segel und floh. *Alfred, Columbus* und *Andrea Doria* folgten ihr noch eine Weile. Dann drehten sie ab.

Hopkins führte sein Geschwader nach New London, wo sie ankerten.

Die meisten Matrosen der *Andrea Doria* hatten nur für eine Reise angeheuert und verließen nun das Schiff, als sie hörten, was die Kaperschiffe inzwischen an Heuer und Prisenanteil boten.

Sven war verzweifelt. Was sollte er auf einem Schiff, das wegen Mangel an Matrosen nicht mehr auslaufen konnte? Aber dann kam schließlich der Bescheid, dass auch die Offiziere auf Wunsch entlassen werden konnten.

»Ich kann Sie verstehen, Mr Larsson. Auch ich bin unzufrieden, aber ich glaube an die Zukunft der kontinentalen Flotte. Wir brauchen diese Flotte, und wir brauchen Offiziere wie Sie. Auch Sie werden das wieder erkennen. Da bin ich mir sicher«, verabschiedete ihn Kapitän Biddle.

Auf Kaperkurs
(Mai bis Juli 1776)

»Hat einer von euch schon eine Idee, wie wir schnell nach Hause kommen? Ich möchte kurz bei meinen Eltern vorbei, und dann möchte ich ein gutes Schiff finden, das reiche Prisen macht«, sagte Karl entschlossen.

»Bescheiden bist du gar nicht!«, stellte Adam fest. »Sollen wir dir für die Prisen noch eine schriftliche Garantie geben?«

»Ihr solltet keine großen Reden schwingen, sondern euch umhören«, riet ihnen Sven. »Mir hat der Hafenlotse erzählt, dass morgen die *Helena* der Reederei Bradwick an Pier acht anlegt, Stockfisch bunkert und einen Tag später mit einem Stopp in Philadelphia zu den Antillen segelt. Ich werde am Kai stehen, damit ich einen Platz erwische.«

»Und an uns denkst du nicht?«, fragte Karl und sah überall lachende Gesichter.

»Ach, Karl, du bist so ein guter Seemann geworden, aber reinlegen lässt du dich noch immer wie früher«, neckte Adam ihn. »Wir denken alle an dich und du doch immer auch an uns. Entweder segeln wir alle heim oder keiner.«

Sie standen schon früh am Pier, als ob Schiffe nach der Uhr anlegen würden.

»Wenn wir hier warten, ist es immerhin billiger als in der Kneipe«, sagte Adam und lehnte sich an seinen Seesack.

Aber sie hatten Glück. Die *Helena* tauchte bald auf und legte an.

»Was für ein vornehmer Empfang!«, rief Kapitän Martens. »Gehen Sie nur in meine Kajüte. Ich muss schnell etwas beim Hafenmeister erledigen, was keinen Aufschub duldet. In zehn Minuten bin ich zurück.«

Nun, es dauerte eine halbe Stunde, aber die Freunde saßen bequem und hatten ihren Kaffee. Da waren sie Kapitän Martens nicht böse, aber der entschuldigte sich vielmals.

»Meine Angelegenheit war schnell erledigt, aber dann hat der Hafenmeister mich vollgequatscht. Was aber auch alles passiert, wenn man über eine Woche auf See ist. Sie werden wissen, dass die Engländer Boston geräumt haben. War ja schon am 17. März.«

Sven und seine Freunde nickten.

»Aber jetzt wollen die Engländer New York als Land- und Seebasis ausbauen. Da muss man sich beeilen, dass man noch unbehelligt vorbeikommt. Und haben Sie schon gehört, dass die ersten Kapermatrosen schon reich geworden sind, seitdem der Kongress Ende März das Kapern britischer Schiffe erlaubt hat?«

Die Freunde verneinten, und Kapitän Martens erzählte von einem Kaperschiff aus New Bedford, das einen britischen Transporter gekapert habe. Ein Matrose habe den Gegenwert von zehntausend Pfund eingezahlt, will der Hafenmeister von einem Bankier gehört haben.

»Mr Martens, bei allem Respekt. So groß kann der Prisenanteil eines Matrosen nicht einmal sein, wenn sie die britische Kriegskasse erwischt hätten. Nicht einmal auf den Kapitän entfällt ein so großer Anteil«, wandte Sven ein.

»Nun ja! Da hat wohl jemand ein wenig geflunkert. Aber die neueste Nachricht, die gerade hereinkam, wird auch Sie interessieren. Die Brigg *Lexington* der kontinentalen Flotte hat die britische Sloop *Edward* nach einstündigem Kampf gekapert.«

Die Freunde wussten noch nicht einmal, dass eine Brigg *Lexington* zur kontinentalen Flotte hinzugekommen war, und freuten sich, dass sie schon diesen Erfolg hatte.

»Hoffentlich werden bald Neubauten für die Flotte fertig«, sagte Sven. »Mit den umgebauten Handelsschiffen können wir gegen richtige Kriegsschiffe schwer bestehen. Ich fürchte auch, die Schiffe, die jetzt hier eingelaufen sind, werden Schwierigkeiten haben, Mannschaften zu finden.«

Martens nickte. »Ich nehme an, Sie wollen auch nach Philadelphia, um auf einem Kaper anzuheuern.«

»So schnell wie möglich, Sir«, antwortete Karl. »Was macht eigentlich die *Freedom*?«

Martens dachte einen Moment nach. »Sie muss jetzt etwas über fünf Wochen auf See sein, aber von großen Erfolgen habe ich noch nicht gehört. Doch Sie werden es bald selbst erfahren. Kommen Sie! Ich zeige Ihnen Ihre Quartiere. Ich darf doch voraussetzen, dass Sie auch die eine oder andere Wache übernehmen?«

»Wir werden Sie in Gloucester absetzen, Mr Larsson, wenn wir den Ort passieren. Ihre Freunde haben mir gesagt, dass Sie nach dieser Reise mit der Flotte heiraten wollten. Daher wollen sie Ihnen einen ungestörtes Wiedersehen mit Ihrem Fräulein Braut ermöglichen. Ihre Freunde werden bei der Reederei vorsprechen. Joshua wird sich dann morgen bei Ihnen einfinden. Die beiden anderen machen es von den Auskünften abhängig, ob sie Heimaturlaub machen oder nicht.«

Sven bedankte sich bei Kapitän Martens, packte seine Sachen und wartete, dass sein Heimatort in der Ferne auftauche. Aber erst passierten sie noch zwischen Billings Island und Fort Billingsport die erste Reihe und zwischen Hog Island und Fort Mercer die zweite Reihe der Unterwasserbarrieren, die man Chevaux de Frise nannte. Das waren Hindernisse aus schweren Balken mit Stahlspitzen, die auf dem Flussgrund verankert waren und britischen Kriegsschiffen den Rumpf aufreißen sollten, falls sie die Sperren zu durchbrechen suchten. Die Handelsschiffe mussten sich durch mit Bojen abgesteckte Fahrrinne tasten und wurden von den Kanonieren in den Forts und auf den Kanonenbooten argwöhnisch beobachtet. Sven fand die Verteidigungsanlage gut, aber warum die Sperrbalken »Friesische Pferde« genannt wurden, hatte ihm noch keiner erklärt.

Aber dann sah er den Kai von Gloucester. Er umarmte seine Freunde, verabschiedete sich von Kapitän Martens und seinen Maaten und kletterte die Strickleiter zum Boot hinunter.

Es waren nur wenige Ruderschläge zum Kai. Die Matrosen reichten Sven seine Sachen hinauf, er drückte ihnen ein paar Pennys in die Hand und verabschiedete sich.

Dann stand er da und schaute sich um. Wieder einmal war eine Schiffsreise beendet. Aber diesmal lag nicht nur ein Urlaub vor ihm, sondern auch der Schritt in die Ehe. Irgendwie blickte er mit anderen Augen auf seine Umgebung.

Der alte Suffkopp dort stand doch schon seit Jahren an der Ecke und streckte immer seine Hand aus. Jeder wusste, dass er sich Fusel holte, sobald er nur genug Münzen hatte. Aber heute sah Sven die Leere und Hoffnungslosigkeit in diesem Gesicht viel deutlicher. Und auch die Dummheit und Kraftlosigkeit.

Der Hemdenladen ein paar Schritte weiter hatte auch seit Jahren praktisch die gleichen Auslagen. Schwere Wollhemden mit bunten Karos und unmittelbar daneben weiße Seidenhemden mit Rüschen. Svens Augen waren so oft teilnahmslos darübergeschweift. Heute fragte er sich, warum sie ihre Ware nicht einmal gefälliger arrangierten.

Vieles änderte sich, man sah es ja am Zeitungsstand, der seine Auslagefläche in den letzten zwei Jahren verdoppelt hatte. Aber bestimmte Dinge staubten nur vor sich hin.

Die Straßen zum Haus der Wilburs und Larssons waren auch wie eh und je. Nach den städtischen Straßenzügen kamen die großen Gärten mit ihren Villen. Die Sommerblumen blühten. Ob seine Schwestern schon daheim waren? Und vor allem Sabrina?

William, das Faktotum, arbeitete mit einem Mädchen im Garten. Als Sven die Gartentür öffnete, richtete er sich auf und drückte die Hand ins schmerzende Kreuz. Dann erkannte er Sven.

»Der junge Herr! Welche Freude!« Er kam näher und fuhr fort:

»Ihre Schwestern sind noch nicht aus der Schule zurück, aber sie müssten bald eintreffen. Soll ich Ihnen den Seesack abnehmen?«

Als Sven verneinte, schickte er das junge Mädchen voraus, damit sie die Haushälterin informiere.

Sven erhielt seinen Kaffee und erfuhr, dass es allen gut gehe. Dann hörte er die Tür. Aber da schluchzte doch jemand. Er sprang auf und öffnete die Tür zur Diele. Dort standen Sabrina und Ingrid, hielten sich eng umschlungen und weinten.

»Was ist mit euch?«, rief Sven.

Die Schwestern wandten sich ihm zu, rissen die Augen auf und starrten ihn ungläubig an.

»Sven, bist du es wirklich?«, fragte Ingrid ungewohnt ängstlich.

»Ja, wer denn sonst!«, antwortete Sven ungeduldig. Da stürzte Sabrina auf ihn zu, klammerte sich an ihn und weinte. Und Ingrid kam schluchzend näher.

»Was weint ihr denn, wenn ich heimkomme?«, forschte Sven.

»Wir sind doch so glücklich«, stammelte Sabrina. »Vorhin hat uns jemand erzählt, du seiest auf der *Andrea Doria* gefallen. Ach, Sven, dass du lebst!«

»*Was* hat jemand erzählt?« Sven fasste es nicht.

»Jemand hat berichtet, dass du gefallen seist, und wollte nachher vorbeikommen und das Hemd bringen, das du trugst, als dich der Tod ereilte«, erzählte Ingrid nun schon ziemlich gefasst.

»Das kann doch nicht sein!« Nun stammelte Sven.

»Doch! Sven. Wir waren so erschrocken und unglücklich. Warum machen Menschen so etwas?« Sabrina sah ihn liebevoll fragend an.

»Sie wollen bei euch eine Belohnung abstauben für mein letztes Hemd. Einen anderen Grund kann ich mir nicht denken. Aber wartet, diesen Aasgeier werden wir würdig empfangen!«

Es waren zwei junge Männer, die eine Stunde später wie Matrosen gekleidet am Tor standen. William ließ sie ein. Er trug einen Trauerflor und hatte verweinte Augen. Auch am Hauseingang hingen schwarze Bänder.

Die beiden Burschen wurden eingelassen und zu den Schwestern geführt, die sie in schwarzen Kleidern und weinend empfingen.

»Meine Damen«, ergriff einer der beiden das Wort. »Bitte fassen Sie sich. Ihr Bruder starb als Held. Er drückte uns sterbend die Hand und bat uns, Sie seiner ewigen Liebe zu versichern. Wir haben das Hemd im feindlichen Feuer geborgen und dafür gesorgt, dass Ihr Bruder ein christliches Seemannsgrab erhielt. Hier, nehmen Sie das Hemd mit seinem Heldenblut.«

Er reichte den Schwestern ein zusammengelegtes Hemd.

Hinter ihm ertönte auf einmal Svens energische Stimme. »So ein buntes Hemd trägt doch kein Leutnant der Flotte, ihr schäbigen Leichenfledderer. Ihr habt doch nie auf See gedient.«

Die beiden fuhren herum und wollten zu Messern greifen, die sie im Gürtel trugen. Aber sie ließen es und hoben die Hände, denn vor ihnen stand Sven mit gezückter Pistole, und neben ihm hielt noch ein Mann eine Pistole.

»Das ist der Konstabler des Gerichts. Er wird euch hinter Gitter bringen, damit ihr über eure gemeine und widerliche Tat nachdenken könnt.«

Der Konstabler rief noch zwei Mann ins Zimmer, ließ die Burschen fesseln und verließ mit ihnen das Haus. Sabrina starrte auf das Hemd.

»Es ist durchlöchert und mit Blut getränkt, Sven.«

»Vielleicht hat eine Katze oder ein Hund dran glauben müssen. William soll es wegwerfen. Dann hängen wir den schwarzen Plunder ab und feiern endlich meine Heimkehr.«

Ingrid wunderte sich immer noch. »Wenn du nicht zur gleichen Zeit gekommen wärst, hätten wir den Kerlen doch eine Belohnung gegeben. Vielleicht hätten sie noch Essen oder eine Übernachtung herausgeschunden. Was hätten sie alles anstellen können, wenn man ihnen so gutgläubig entgegentritt?«

»Ja, es ist ein ganz perfider Trick, den sie sich da ausgedacht haben. Die Zeitungen müssen darüber berichten, damit nicht andere auf solche Gauner reinfallen.«

Und dann aßen, tranken, lachten und erzählten sie den ganzen Abend, und Sven und Sabrina schauten sich so verliebt an, dass Ingrid sagte: »Ein Glück, dass die Hochzeit nun in einer Woche stattfindet.

Länger haltet ihr es doch nicht aus. Die Luft brennt ja förmlich in eurer Nähe.«

»Sie sorgen aber auch immer für Neuigkeiten, Mr Larsson. Was war denn das für eine Geschichte mit dem Leichenhemd, die da in der Gazette erwähnt wurde?«

»Ganz einfach, Sir. Zwei Gauner hatten bisher in Haushalten, in denen Menschen verstorben waren, angebliche Schulden der Verstorbenen eingetrieben. Wer lässt schon gern einen lieben Toten als säumigen Schuldner unter die Erde bringen. Da ihnen nicht genug Leute starben, kamen sie auf die Idee, Todesnachrichten für Matrosen auf See zu überbringen. Sie lieferten das letzte Hemd ab, wurden belohnt, erbaten etwas Wasser und Brot und räumten an Schmuck und Wertsachen aus, was sie in Abwesenheit der Trauernden erwischen konnten. Alte Menschen haben sie manchmal auch gefesselt und die ganze Wohnung durchsucht. Jetzt werden sie wohl nicht so schnell aus dem Gefängnis kommen.«

»Es sei denn, sie verpflichten sich zum Dienst in der Flotte«, bemerkte Mr Bradwick süffisant. »Die Schiffe der Kontinentalen Flotte finden keine Mannschaften mehr, seitdem wir legal kapern dürfen.«

»Mit solchen Gaunern möchte ich nicht segeln«, bemerkte Sven.

»Verständlich«, bestätigte Mr Bradwick. »Aber ich habe Sie nicht schon am dritten Tag nach Ihrer Ankunft hergebeten, um mit Ihnen über Gauner zu plaudern. Ich biete Ihnen die *Freedom* als Kapitän für zunächst eine Kaperfahrt von etwa zwei Monaten an. Kapitän Berret mag ein guter Mann sein, Glück beim Kapern hatte er nicht. Ich hoffe, Sie haben es. Ich biete Ihnen folgende Aufteilung des Prisengeldes: ein Drittel für die Schiffseigner, der Rest für die Besatzung. Wir teilen immer: zwei Zehntel für den Kapitän, zwei für die Offiziere, zwei für die Maate und die restlichen vier Zehntel für die Mannschaft. Die Zuordnung bei Offizieren und Maaten obliegt Ihnen. Sind Sie einverstanden?«

Sven brauchte nicht lange zu überlegen. Bei der Kontinentalen Flotte ging die Hälfte des Prisenwertes an den Staat. Da war er hier besser dran, hatte keine anderen Aufgaben, sondern sollte nur Prisen kapern. »Einverstanden, Sir!«

Mr Bradwick schüttelte seine Hand zur Bekräftigung. »Und nun kommt die schlechte Nachricht: Sie müssen in neun Tagen auslaufen.«

»Ich heirate in sechs Tagen, Sir.«

»Ich weiß. Aber wir haben vertrauliche Meldungen über einen ungesicherten Konvoi von den Bermudas nach New York. Den können wir uns nicht entgehen lassen.«

Sven presste die Lippen zusammen. Was würde Sabrina sagen? Und er hatte sich doch auch so auf die Tage und Nächte ihrer ersten Liebe gefreut. Aber er fragte nur: »Ist die Mannschaft vollständig, Sir?«

»Im Prinzip, ja, doch wenn Sie Vorschläge haben, können wir austauschen. Es ist übrigens praktisch die Mannschaft, die Sie bereits kennen.«

»Ich habe den Untersteuermann Karl Bauer, den Bootsmann Adam Borg und den Maat Joshua Petrus, meine bewährten Gefährten.«

»Ich kenne sie und habe den Männern bereits gesagt, wann sie wieder hier sein müssen. Der Joshua Petrus wohnt ja wohl bei Ihnen.«

Sven nickte. »Eine treue Seele und ein Meisterschütze mit jeder Kanone.«

»Ich lasse die Papiere ausfertigen. Die Mannschaft sollte in drei Tagen wieder an Bord sein. Obersteuermann ist Mr Selberg. Auf ihn können Sie sich bei der Ausrüstung verlassen.«

»Ein guter Mann! Ich erinnere mich.«

»Dann grüßen Sie Ihr Fräulein Braut. Eine schöne Feier wünsche ich Ihnen. Am Tag vor dem Auslaufen sollten wir uns noch eine Stunde zum Kaffee treffen.«

Sven war sehr unwohl, wenn er daran dachte, wie er das Sabrina beibringen sollte.

Aber sie war erstaunlich gefasst. »Ich hatte es befürchtet, Liebster. Nun wollen wir die verbleibenden Tage genießen.«

Aber seine Schwester empörte sich. »Sven, das kannst du Sabrina doch nicht antun. Sie hat sich so auf die Hochzeit und die Zeit mit dir gefreut. Sie hat sogar gedacht, ihr würdet ein paar Tage irgendwohin fahren, wo ihr ganz allein seid. Und nun lässt du sie allein.«

Sabrina mischte sich ein. »Ingrid, das ist eine Sache, die Sven und ich regeln müssen. Gib uns bitte Gelegenheit dazu.«

Ingrid verließ beleidigt den Raum.

Sabrina lächelte. »Sie meint es gut, schießt aber manchmal übers Ziel hinaus. Aber zu uns: Wie können wir das Beste daraus machen?«

»Sofort wegfahren. Nur wir beide.«

Sabrina sah ihn an. »Willst du dich vor der Hochzeit drücken, mein Lieber?«

»Für den Tag können wir ja wieder auftauchen.«

»Nun sei doch einmal ernsthaft!«

Sven schaute zu Boden. »Es tut mir leid, Sabrina, dass mein Beruf uns so übel mitspielt. Mr Bradwick hat eine Geheimnachricht, die gute Prisen verspricht, wenn wir die Zeit nutzen. Dagegen kann ich nicht viel sagen. Ich werde mich um die Ausrüstung des Schiffes nur eine Stunde pro Tag kümmern. Die übrige Zeit möchte ich mit dir verbringen. Vielleicht fahren wir mit der Kutsche, mit einem Boot, sitzen in Philadelphia in einem Café, aber nur wir beide. Ingrid muss das verstehen. Und nach der Hochzeit sollten wir vielleicht für zwei Tage in das Sommerhaus ziehen.«

Sabrina sah ihn etwas verlegen an.

»So hätten wir am meisten voneinander, nicht wahr? Ich werde mit Ingrid reden.«

Wer könnte eine solche Hochzeit vergessen? Die vielen Menschen, die den beiden eine Woche völlige Freizeit ermöglicht hatten, säumten den Gang in der lutherischen Kirche: Ingrid und die anderen Kolleginnen Sabrinas, Davids Freunde und die anderen Offiziere der *Freedom*.

Sabrina trug ein Brautkleid aus weißer Spitze. Ihr Schleier umgab ihr Haar wie ein Duft. Sven hatte die blaue Uniform eines Flottenleutnants mit den roten Aufschlägen an. Beide schauten ernst drein, aber sie leuchteten vor Glück. Mr Bradwick war auch mit vielen anderen

Honoratioren erschienen, und die Straße vor der Kirche war voll von Schaulustigen.

Sie speisten mit Svens Verwandten und alten Freunden der Wilburs. Und dann, lange bevor der Abend sank, fuhr die Kutsche vor, die das Paar in das Sommerhaus bringen sollte, das Dr. Wilbur früher genutzt hatte. Viele schmunzelten, aber alle verstanden, dass das junge Paar die kurze Zeit nutzen wollte, die ihnen für die liebevolle Vereinigung blieb.

Nach einer knappen Stunde Fahrzeit erreichten sie das Sommerhaus der Wilburs. Alles war für ihren Empfang vorbereitet, aber Diener und Zofe waren jetzt in der Nachbarschaft.

Die Kutsche rollte davon. Sabrina sah Sven an. »Nun sind wir allein.«

Sven küsste sie verlangend, und sie schmiegte sich eng an ihn. Dann hob er sie auf seine Arme und trug sie ins Haus. Das Sommerhaus hatte nur eine Küche, ein Wohn-, ein Schlaf- und ein Kinderzimmer. Sven stieß die Haustür mit dem Fuß hinter ihnen zu und trug Sabrina ins Schlafzimmer, in dem die Bettdecken schon zurückgeschlagen waren.

Vor dem Bett setzte er sie ab, küsste sie und wollte ihr Kleid öffnen.

Aber Sabrina sagte: »Lass mich das tun. Es geht schneller, und ich kann nicht mehr warten.«

Sven stutzte einen Moment, aber er merkte, wie sie vor Leidenschaft bebte, und knöpfte schnell Jacke und Hemd auf. Doch dann sah er, dass sich ihr Busen aus dem Mieder wölbte, und er griff nach ihr und küsste sie auf den Brustansatz. Ihre Finger fuhren über seine Brust, und sie riss ihr Mieder herunter, ehe es ganz aufgeknöpft war.

Er nestelte an seiner Hose. Sie stieg aus dem Unterrock. Jeder Blick auf die Blößen des anderen stachelte ihre Leidenschaft an. Und dann waren sie nackt und lagen nebeneinander auf dem Bett.

Er küsste sie auf den Mund, auf den Hals, auf die Brüste. Sabrina stöhnte und drückte sich mit ihrem Unterleib gegen ihn. Dann fuhr seine Hand zwischen ihre Schenkel. Sie öffnete die Beine, und er schob sich über sie.

Er musste sich sehr beherrschen, dass er langsam in sie eindrang, um ihr nicht unnötig Schmerz zuzufügen. Dann stieß er zu. Sie schrie kurz, und dann merkte er, wie sie keinen Schmerz mehr fühlte, sondern nur noch Lust.

Er bewegte sich erst langsam in ihr. Doch sie rief ihm ins Ohr: »Komm doch, schneller!« Und dann konnte er sich nicht mehr steuern und versank in diesem rasenden Strudel der Lust.

Sie lagen erschöpft nebeneinander und keuchten. Aber ihre Augen waren voller Liebe. »Nun sind wir auf ewig vereint, mein geliebter Mann.«

Sven streichelte und küsste sie. »Ob es hier einen Schluck zu trinken gibt?«, fragte er.

Er stand schnell auf, und sie blickte auf seine schlanke und kräftige Figur und spürte neues Verlangen.

Er fand im Wohnzimmer eine Flasche Champagner, die in einem Eiskühler stand, in dem sogar noch einige Eisstückchen schwammen. Sie fanden den Champagner angenehm kühl. Sie tranken und küssten sich.

»Leg dich wieder zu mir, Sven«, bat Sabrina. Er sah auf ihre Nacktheit, die sie überhaupt nicht versteckte, und bewunderte ihre Schönheit. Er sah, wie sich ihre Brustwarzen aufstellten, und spürte wieder dieses Ziehen in den Lenden. So schnell, dachte er noch. Und dann zog ihn Sabrina wieder in den Wirbel der Lust.

Unwillkürlich tauchte in ihm für den Bruchteil einer Sekunde die Erinnerung an Rosita auf, die Prostituierte, die ihn in die körperliche Liebe eingeführt hatte. Ja, sie war viel routinierter gewesen. Sie hatte gewusst, wie sie sich bewegen musste, um ihn zu stimulieren. Aber Sabrinas ursprüngliche Leidenschaft war unvergleichlich schöner. Sie würde nie so etwas mit einem anderen tun. Sie gab sich nur ihm hin.

Und Sabrina war klug und merkte schnell, was ihm gefiel. Und sie war ja kein naives Mädchen vom Lande. Sie hatte schon französische Romane gelesen und wusste, dass es Männer manchmal liebten, wenn die Frau auf ihnen saß. Und sie fragte ihn mit einer Stimme, die vor Leidenschaft vibrierte.

Als Sven am Morgen neben ihr erwachte, wusste er nicht, ob sie beide sich vier- oder fünfmal zum Höhepunkt getrieben hatten. Es war jedenfalls wundervoll gewesen.

Dann sah er, dass sie ihn schon mit großen Augen ansah.

»Warum hat mir niemand gesagt, dass es so unvergleichlich schön ist, Liebster? Nicht einmal mein Vater, der doch so offen und natürlich mit uns war. Er meinte nur, ich würde glücklich sein, wenn der richtige Mann in der Hochzeitsnacht bei mir wäre. Aber es ist doch viel inniger und tiefer, als nur glücklich sein.«

»Vielleicht haben es die anderen anders erlebt, nicht so aufwühlend und alles mit sich reißend.«

Sabrina blickte ihn ein wenig verlegen an. »Sven, ich möchte es schon wieder erleben.«

Er fühlte sich noch ein wenig erschöpft, aber sie lag da so reizvoll, und wenn sie ihn so begehrte, war das doch auch schmeichelhaft. Er packte ihren Busen ganz fest und küsste sie voller Begierde. Ihre Hände tasteten ihn ab und fanden sein steifes Glied. Sie stöhnte laut. Er legte sich neben sie und führte ihren Körper auf seinen und über sein Glied. Sie war über ihm, öffnete die Augen weit und stöhnte vor Lust. Er presste ihre Brüste mit seinen Händen und steigerte ihren Rhythmus. Schließlich sank sie auf ihm in ihrer Erfüllung zusammen, und er ergoss sich in ihr.

»Jetzt ein wenig schlafen und dann noch einmal«, murmelte sie und küsste seine Finger.

»Willst du deinem Ehemann gar kein Essen bereiten? Willst du ihn nur mit deiner Leidenschaft aussaugen? Dann muss ich wohl sehen, dass wir nicht verhungern.«

Er sprang auf und lief in die Küche. Dort war alles vorbereitet, dass man das Feuer schnell entzünden und Wasser kochen konnte. Kaffeebohnen, die Mühle, die Kanne, Butter, Marmelade, Schinken, alles stand bereit. Und dort lag auch ein Zettel. »Frische Brötchen hängen an der Außenklinke.«

Hoffentlich hatte sie niemand belauscht.

Er setzte Wasser auf, lief zur Tür, nahm den Beutel mit Brötchen und schaute umher. Niemand zu sehen. Da schlüpfte er schnell zur Toilette und band sich ein frisches Handtuch aus dem Waschraum um die Hüfte.

Schließlich trug er ein Tablett mit dem Frühstück zu Sabrina. Doch sie war eingeschlafen. Sie atmete leise, lächelte glücklich und war nur zur Hälfte bedeckt. Ihm wurde schon wieder heiß. Aber er riss sich zusammen, richtete das Frühstück und küsste sie leicht wach. Sie wollte nach ihm greifen, aber er wehrte ab und sagte: »Erst wird gegessen. Du wirst mir sonst zu schwach in deiner Leidenschaft.«

»Na warte«, gab sie lächelnd zurück. »Dir werde ich es noch zeigen.«

Sven war glücklich wie noch nie in seinem Leben. Zwischen Sabrina und ihm gab es eine Harmonie, wie er sie noch nie so stark gespürt hatte. Ob das so bleiben konnte? Ob es nicht verblasste?

In den zweieinhalb Tagen, die ihnen bis zum Auslaufen der *Freedom* verblieben, verblasste nichts. Jede Stunde war mit Leidenschaft, Liebe, Zutrauen und innigem Verstehen angefüllt.

»Hätten wir es auch so intensiv empfunden, wenn uns mehr Zeit geblieben wäre, Liebster?«, fragte Sabrina, als die Kutsche sie abholte.

»Vielleicht nicht«, antwortete Sven. »Ich erinnere mich, dass mein Opa sagte, der Seemann sei kürzer bei seiner Frau, aber intensiver. Und doch, die Trennung fällt mir schwer.«

Sabrina legte die Hand auf seinen Arm. »Auf See wartet so viel auf dich. Du wirst nicht zum Nachdenken kommen. Und auf mich warten Ingrid, die Kolleginnen und die Kinder. Da werde ich zuerst auch keine Ruhe haben. Und du kommst ja bald wieder. Reisen wir dann wieder ins Sommerhaus?«, fragte sie schelmisch.

Sie fuhren zum Haus der Wilburs, das jetzt ihr Heim war. Svens Seegepäck stand schon bereit. Joshua und Ingrid warteten. Sven verabschiedete sich von Ingrid und Sabrina. Er hatte mit Sabrina verabredet, dass sie nicht mit zum Kai käme. Mr Bradwick hatte auf seine Besprechung am Tag vor dem Auslaufen verzichtet, würde ihn aber jetzt kurz in der Kapitänskajüte instruieren. Was sollte Sabrina die Zeit über am Kai warten?

»Niemand kann uns die Tage des Glücks nehmen, die wir erlebt haben, Sven. Segle mit Gott, und komm gesund wieder, damit wir wieder so etwas Wunderbares erleben!«

Sie küssten sich zärtlich, und Sven blickte zurück, bis die Kutsche abbog.

Der Schoner *Freedom* hatte Kap Henlopen passiert und die offene See erreicht. Sven suchte noch einmal mit dem Teleskop den Horizont ab. Nichts! Das Wetter war gut. Der Wind aus Nordost war etwas bockig, aber er würde bald stetiger blasen.

»Mr Bauer, Sie haben jetzt das Kommando. Ich gehe unter Deck«, sagte Sven zu Karl, der als Untersteuermann Wache hatte. Er merkte jetzt, wie müde er war. Wenn er zwölf Stunden schlafen könnte, was würde er darum geben. Aber Martin, sein Bursche, würde ihn in drei Stunden wecken müssen, wenn Wachwechsel war. Das wollte er als Kapitän doch überwachen.

Sven war schon eingeschlafen, bevor er sich die Decke über sein Hängebett ziehen konnte. Martin, ein kräftiger junger Mann von etwa sechzehn Jahren, lächelte und zog die Vorhänge vor das Fenster. Dann richtete er die Sanduhr und ging in die Tageskajüte, wo noch manches aufzuräumen war.

»Sabrina, schon wieder?«, murmelte Sven, als Martin ihn wachrüttelte. Der Bursche hatte ihn nicht verstanden und wiederholte nur: »Wachwechsel in fünfzehn Minuten, Mr Larsson.«

Da wusste Sven wieder, wo er war. Er setzte sich auf, rieb sich die Augen und ging dann zu dem Schrank, in den eine Waschschüssel eingelassen war. Er wischte sich mit einem Lappen das Gesicht ab, trocknete es und nahm sich vor, nach der nächsten Runde Schlaf die Rasur nachzuholen.

Es war eine dunkle Nacht. Der Mond war noch nicht aufgegangen. Nur einzelne Sterne durchbrachen die Wolken. Sven gähnte herzhaft und schaute dann zu den Segeln. Alles war in Ordnung.

Karl Bauer meldete ihm Temperatur, Windstärke und fügte hinzu, dass es keine besonderen Vorkommnisse gegeben habe.

»Haben Sie gute Leute als Ausguck, Mr Bauer?«

»Aye, Sir. Alle wachsam und auf Posten, Sir.«

An Deck entstand Unruhe. Die neue Wache stieg aus den Niedergängen. Sven sah, dass auch der Obersteuermann gähnte, als er an Deck trat. Irgendwie tröstete ihn das etwas über die eigene Müdigkeit hinweg.

Der Obersteuermann meldete sich bei Karl und übernahm die Wache von ihm mit den vertrauten Formeln. Sven hörte zu und fragte dann den neuen Wachhabenden: »Haben Sie die Leute mit der besten Nachtsicht bereits eingeteilt, Mr Selberg?«

»Jawohl, Mr Larsson. Wir haben für die Hundewachen und die erste Morgenwache in diesem Gebiet auch doppelte Ausgucke eingeteilt. Sicher ist sicher, Sir.«

»Ich bin ganz Ihrer Meinung, Mr Selberg. Hoffentlich passen die Burschen auch gut auf.«

»Dafür sorgen wir schon, Sir.«

Sven verabschiedete sich und ging zurück in seine Schlafkammer.

Karl und Adam marschierten auch in ihre Quartiere. Aber Karl hielt Adam noch einen Moment zurück. »Hast du bemerkt, wie ausgelaugt Sven war? Das hätte ich von Sabrina nicht gedacht. Sie ist doch eine junge Frau aus gutem Hause und keine professionelle Beischläferin.«

Im Schein der Ruderlampe konnte Karl sehen, wie Adam den Kopf schüttelte.

»Wir sind nun schon lange befreundet«, flüsterte er Karl zu. »Aber manchmal wundere ich mich immer noch, aus welchem Spießerkaff du kommst. Dürfen bei euch in Germantown die ehrbaren Frauen mit ihren Männern keinen Spaß im Bett haben? Seid ihr prüde und heuchlerisch! Wenn ein Paar frisch und ausgeruht aus den Flitterwochen kommt, dann sind das Langweiler und Liebesmuffel. Gott sei Dank sind Sabrina und Sven wohl anders. Gönn ihnen das doch! Sven kommt schon wieder auf die Beine!«

Karl war ärgerlich.

»Ich gönne es ihm ja«, zischte er zurück. »Unsere Männer und Frauen lieben sich auch mit Leidenschaft. Wir geben nur nicht so damit an wie ihr.« Und damit verschwand er in seine Kajüte.

Sven beobachtete zu Beginn der Vormittagswache sehr genau die Segelmanöver der Mannschaft. Dann fragte er den Obersteuermann: »Haben Sie auf der letzten Fahrt regelmäßig Scharfschießen mit den Kanonen geübt, Mr Selberg?«

»Ja, Sir. Wöchentlich einmal. Auf dreihundert Meter wird eine fünf Meter breite Scheibe durchschnittlich mit jedem zweiten Schuss getroffen. Kein Schuss ist mehr als zehn Meter entfernt.«

Sven nickte zufrieden. »Und wie steht es mit der Feuergeschwindigkeit, Mr Selberg?«

»Drei Salven in knapp sechs Minuten, Mr Larsson.«

»Dann haben Sie mir noch ein wenig zur Verbesserung übrig gelassen«, scherzte Sven. »Heute wollen wir uns mit dem Drill begnügen, damit die Burschen wieder in Gang kommen. Also bitte Drill an Segeln, Kanonen, Handwaffen und Booten. Morgen können wir dann die Scheibe aussetzen.«

Sie kreuzten in weiten Schlägen auf den Atlantik hinaus. Durch die langen Parallelkurse wollten sie vermeiden, dass ihnen Schiffe aus den Bermudas mit Kurs New York entgingen.

Aber Sven setzte neben den erforderlichen Segelmanövern auch Kanonendrill und Scharfschießen an.

»Nun ist Mr Larsson wohl richtig wach?«, fragte der Obersteuermann Selberg den Untersteuermann Karl Bauer.

»Ja«, antwortete der. »Aber ich habe den Eindruck, die Mannschaften hätten ihn lieber ein wenig schläfrig.«

Selberg zuckte mit den Schultern. »Was erwarten Sie? Es sind gute Leute, aber jeder hat es doch lieber ein bisschen bequem.«

Sven erkannte beim Scharfschießen, dass die Leute gut waren. Aber sie waren ihm noch nicht schnell genug. Und so lief er von Kanone zu Kanone, um zu sehen, welche Handgriffe noch zu verbessern waren.

Doch die Stimmung der Mannschaft sank auch aus einem anderen Grund. Sie kreuzten nun zwei Tage und hatten noch keine Prise gesichtet.

Am Morgen des zweiten Tages war ein Segel gemeldet worden, und sie waren ihm entgegengelaufen. Als sie in etwa vier Meilen Entfernung erkannten, dass es sich um eine britische Briggsloop mit wahrscheinlich zehn Sechspfündern handelte, hatte Karl gesagt. »Das wird kein einfacher Brocken für uns.«

Sven antwortete: »Das ist überhaupt nichts für uns, Mr Bauer. Wir sind jetzt auf See, um Prisen zu kapern, nicht um Seekämpfe mit der britischen Flotte zu bestehen. Wir laufen dem Briten davon.«

Die Matrosen hörten es mit Vergnügen. Nun musste der Kapitän nur noch Prisen finden, dann würden sie ihm den Drill verzeihen.

Sven selbst machte sich Sorgen, weil sie noch nichts von dem angekündigten kleinen Konvoi gesichtet hatten. Sie mussten jede Minute die Bermudas erreichen. Wo waren die Schiffe?

Es war schon sehr dunkel, als Sven um vier Glasen der Ersten Wache (22 Uhr) an Deck kam. »Wir passieren die westlichen Ausläufer der Hauptinsel, Sir, an der Gegenküste von Port Royal. Somerset Island wird in etwa einer halben Stunde backbord zu sehen sein. Mondaufgang ist um ein Glasen der Hundewache.«

»Danke, Mr Selberg«, antwortete David. »Ich habe noch einmal die Karte konsultiert. Wir können bis auf eine Meile an Somerset Island herangehen. Aber eigentlich erwarte ich an dieser einsamen Küste nichts, was uns interessieren könnte.«

Doch er sollte sich täuschen. Querab von der Insel meldete der Ausguck Licht in einer Inselbucht.

»Das werden Fischer sein«, murmelte Adam.

Aber für ein Fischerboot war die Silhouette zu groß, die sich in ihren Nachtgläsern zeigte. Und warum sollte ein einzelnes Fischerboot dort mit Licht an Bord liegen? Wohlgemerkt, das war kein Licht am Bug, um Fische anzulocken.

»Mr Bauer, schicken Sie den Kutter hin zum Nachschauen. Informationen werden wir mindestens erhalten. Mr Borg kann das Kommando übernehmen. Er wird sich nichts vormachen lassen.«

Adam hatte auch nicht die Absicht dazu. Er hatte die Drehbasse am Bug des Kutters laden lassen und zwei Scharfschützen postiert. Leise ließ er auf das Licht zuhalten. Dann hörten sie auch Stimmen. Die Burschen sangen.

Die feiern, dachte sich Adam. Er erkannte ein Schiff mit einem großen und einem kleineren Mast. Eine Ketsch also. Die war sicher vom Festland gekommen. Eine Ketsch von den Bermudas würde sich doch nicht hier in eine Bucht legen. Aber wenn es Schmuggler waren, warum machten sie dann Licht und Krach? Mehr als drei Mann waren nicht zu sehen.

Adam ließ das Rudern einstellen und teilte fünf Männer ein, die entern und die Kerle überwältigen sollten. »Ihr drei haltet sie mit Gewehren und Pistolen in Schach. Ihr beiden entwaffnet sie. Dann komme ich mit den anderen drei, und wir sehen unter Deck nach, ob noch welche da sind. Aber kein Geschrei!«

Die Burschen an Deck der Ketsch soffen und grölten. Der Kutter legte leise am Bug an. Die Enterer stiegen an Deck. Einer der drei Trinker sah sie und rief: »He! Was wollt ihr denn?«

Aber dann sahen die drei die Waffen und wurden gestoßen und bedroht. Adam sprang an Deck der Ketsch. »Fesselt und knebelt sie. Ihr drei kommt mit unter Deck!«

Sie nahmen eine Öllampe mit und leuchteten die Ecken aus. In den zwei Kajüten für die Mannschaft war niemand. Dann schauten sie in den Laderäumen nach.

Adam wunderte sich. Vorn war nur noch die Kammer für Segel und Taue. »Ist da niemand?«, fragte er.

Da pochte es vorn gegen die Kammerwand.

»Drei Schritt zurück! Leuchtet die Tür an. Du brichst sie auf. Aber gleich zurück!«

Die Tür brach auf.

»Hände hoch und einzeln raus!«, rief Adam.

Aber niemand kam.

»Leuchte hinein!«, befahl Adam.

Und dann sahen sie, dass fünf Mann übereinander lagen. Sie waren gefesselt und geknebelt. Sie zogen den obersten raus und entfernten seinen Knebel. Er atmete nur tief, keuchte und konnte noch nichts sagen.

»Was ist denn hier los?«, wollte Adam wissen.

»Piraten haben unsere Ankerwache überfallen, als wir in der Bucht lagen. Die anderen haben sie im Schlaf überwältigt. Aber nun holt sie doch raus, und nehmt uns die Fesseln ab! Wer seid ihr denn?«

»Wir sind vom Schoner *Freedom* aus Philadelphia. Wir nehmen euch jetzt Knebel und Fesseln ab. Aber wenn ihr eine Bewegung macht, die uns nicht gefällt, knallen wir euch ab. Ihr seid Gefangene, bis der Kapitän entscheidet. Woher kommt ihr?«

»Von den Bahamas.«

Als die Befreiten an Deck gebracht wurden und die drei Piraten sahen, wollten sie sich vor Wut auf sie stürzen. Aber Adam schlug den Ersten mit der flachen Klinge nieder und hielt dem Zweiten die Pistole unter die Nase.

»Ruhe! Verdammt noch mal! Ihr setzt euch hier am Bug hin. Zwei Mann mit Gewehr bewachen euch und schießen, sobald sich einer erhebt. Der Kapitän kommt zu mir!«

Der Kapitän der Ketsch wurde bald auf die *Freedom* gebracht. Adams Vertreter erstattete Bericht. »Die Ketsch ist voll mit Rumfässern. Nur einige Säcke Mais haben sie noch. Die drei Saufköppe sind wohl mit einem kleinen Boot von Somerset Island gekommen. Es ist noch an der Ketsch festgemacht.«

Sven wandte sich an den Kapitän, nannte seinen Namen, erklärte, dass die *Freedom* einen Kaperbrief des Staates Pennsylvania besitze und seine Ketsch als Prise nehme.

»Sagen Sie mir bitte Ihren Namen, Ihren Heimathafen und Ihr Ziel.«

Der Kapitän der Ketsch stieß hervor: »Ich protestiere gegen diese Piraterie! Ich erkenne keinen Staat Pennsylvania an. Ich bin Bürger der Stadt Nassau auf den Bahamas und handele mit den Bermudas. Ich verlange die sofortige Freilassung!«

»Sie haben gar nichts zu verlangen. Das Prisengericht wird die Kaperung bestätigen. Sie können dort in Philadelphia Ihren Standpunkt vertreten. Im Übrigen weiß ich genauso gut wie Sie, dass Sie Schmuggler sind und hier in der Bucht von Piraten überfallen wurden, als Sie auf den Hehler warteten, der den Rum in der Dunkelheit an Land schaffen sollte.«

Ein Melder unterbrach ihn. »Entschuldigung, Sir. Ein größeres Boot kommt um die Landzunge backbord voraus.«

Sven griff zum Nachtglas. »Das ist der Leichter, der den Rum entladen soll. Abraham, nehmen Sie sich den Kutter und fünf Mann, und bringen Sie den Leichter hierher. Bill, führe den Kapitän hier in die Kabine für Gefangene und schließ ab.« Und zum Kapitän gewandt fuhr er fort: »Ich werde Ihre Sachen holen lassen. Ihre Besatzung wird hier an Land gebracht. Sie bleiben an Bord. Ich will jetzt schnell aus der Bucht.«

Der Kapitän wollte Einwände erheben, aber der Matrose Bill zog ihn am Arm mit sich fort.

Der Leichter konnte viel Fracht laden, hatte aber nur vier Ruder und ein Lateinersegel. Er konnte nur bei ruhiger See in Küstengewässern operieren. So sollte er hier auch eingesetzt werden.

Als er sich im Schlepp des Kutters der *Freedom* näherte, hörte Sven schon Gezeter und Gejammer. Ein dicker Mann mittleren Alters stöhnte, dass man ihn ruiniere. Man solle ihn ziehen lassen. Er tue nichts Unrechtes und wollte nur fragen, ob hier ein Geschäft auf ihn warte.

Als der Mann an Bord der *Freedom* gebracht worden war, hatte Sven schon alles gehört, was der Mann jetzt noch einmal vortragen wollte.

»Ersparen Sie uns Ihre weinerlichen Lügen. Der Kapitän der Ketsch hat schon zugegeben, dass Sie ihm den Rum abnehmen, den er von Kuba aus geschmuggelt hat. Leider sind Ihnen hier ein paar verrückte Piraten dazwischengekommen, die die Ketsch in der Bucht überfallen haben.«

Der Dicke hörte sofort mit seinem Theater auf und sprach ruhig und entschieden. »Der Kapitän ist ein Dummkopf. Ich habe das Geschäft mit ihm noch nicht abgeschlossen. Wenn er sich überfallen lässt, hat er keine Verhandlungsgrundlage mehr. Ich bin friedlicher Kaufmann aus Hamilton und möchte zurück in mein Geschäft.«

»Und ich bin Kapitän dieses Kaperschiffes und möchte diese Bucht verlassen. Sie wissen, dass ich nach den Beschlüssen des Kontinentalkongresses jedes Schiff kapern kann, das britischen Bürgern gehört. Welches Geschäft können Sie mir denn vorschlagen, damit ich Sie mit Ihrem Leichter ziehen lasse?«

Der Mann sah Sven prüfend an. »Ich könnte Ihnen sagen, wann ein kleiner Konvoi für New York die Inseln verlassen hat und welchen Kurs er segelt.«

»Und diese Information könnte Ihr Vertreter auf dem Leichter bestätigen?«

Der Mann nickte, und Sven nahm ihn mit in seine Kajüte. Dort erzählte der Mann ihm, dass der Konvoi von drei Schiffen gestern ausgelaufen sei und etwa auf dem 60. Längengrad nach Norden segele. Querab von Neuengland werde der Konvoi dann Westkurs auf New York nehmen. Man wolle dadurch den Kaperschiffen entgehen, die vorwiegend in Küstennähe operierten. Sven rief einen Matrosen, der auf den Mann aufpassen solle, ging an Deck und rief auf dem Leichter nach dem Maat.

Der Maat wiederholte mit eigenen Worten die Angaben des Kapitäns. Sven ging zurück in seine Kajüte und sagte dem Mann, dass er mit seinem Leichter heimrudern könne. Er müsse aber die Besatzung der Ketsch und die drei Piraten mitnehmen. Was er mit ihnen mache, sei seine Sache.

Die *Freedom* lief mit der Ketsch im Kielwasser aus der Bucht aus und nahm Kurs Nord. David hatte seine Steuerleute und Adam in seine Kajüte gebeten und berichtete von dem kleinen Konvoi.

»Sobald Mr Borg zurück auf der Ketsch ist, setzen wir alle Segel und nehmen einen Kurs, um den Konvoi abzufangen. Wird die Ketsch unser Tempo segeln können, Mr Borg?«

»Ich bin ziemlich sicher, Sir. Sie ist scharf gebaut, damit sie Zollbooten entkommen kann.«

»Gut! Für den Fall, dass Sie den Anschluss verlieren, nenne ich Ihnen zwei Treffpunkte, an denen wir warten werden. Sie geben mir jetzt noch die Papiere der Ketsch und gehen dann zurück. Brauchen Sie noch mehr Leute, um die Ketsch zu segeln?«

»Zwei zusätzliche Matrosen wären gut, damit wir etwas abwechseln können, Sir. Kanonen hat die Ketsch ja nicht.«

»Mr Selberg gibt Ihnen gleich zwei Mann mit. Sie können die Mannschaften über das informieren, was ich Ihnen gesagt habe. Sie sollen sich anstrengen, damit uns die Prisen nicht entwischen. Und sorgen Sie für verstärkten Ausguck!«

Sven beugte sich mit Mr Selberg über den Kartentisch. »Wenn wir annehmen, dass der Konvoi mit sieben Knoten gesegelt ist, dann steht er jetzt ungefähr hier. Wir werden bei diesem Wind elf Knoten schaffen.« Sven schob zwei Lineale hin und her. »Wir könnten ihn etwa hier erreichen, wenn wir einen Kurs von drei Strich steuern.«

Mr Selberg schob das eine Lineal in eine etwas andere Position. »Wenn wir zwei Strich steuern, treffen wir den Konvoi voraussichtlich in den Morgenstunden und nicht schon in der Nacht. Das wäre besser.«

Sven nickte. »Ausgezeichnet, Mr Selberg. Das hätte ich auch berücksichtigen müssen. So machen wir es. Geben Sie bitte die Anweisung.«

Sam, der ältere Rudergänger, musste kräftig nachfassen, weil sein Partner, der junge Albert, nicht aufgepasst hatte, als eine Bö die Segel mehr von steuerbord traf.

»Pennst du, Albert? Du kriegst jetzt zwölf Dollar im Monat, nicht nur acht wie in der Flotte. Und das Prisengeld gibst du in Gedanken auch schon aus.«

»Noch haben wir es nicht, Sam. Denk an die letzte Fahrt! Da dachten wir auch, wir seien dicht dran an der Brigg.«

»Irgendwie hab ich zu Larsson mehr Vertrauen. Weißt du, er kümmert sich verdammt genau um alles. Der andere war mehr Larifari«, tuschelte Sam.

Albert schüttelte den Kopf. »Ich versteh dich nicht. Darum stinkt mir ja der Neue, weil er so pingelig ist und gar nicht genug drillen kann. Lebst du nicht auch gern etwas ruhiger?«

»Ich fahr nicht auf 'nem Kaper, wenn ich es ruhig haben will. Ich bin hier, weil ich Prisengeld machen will. Wir wollen uns ein Zimmer anbauen für die Tochter. Da soll der Käpt'n ruhig scharf sein und kein Schnarchsack.«

Sven hatte sich von Martin, seinem Burschen, früh wecken lassen und stand nun neben Mr Selberg an Deck und starrte voraus nach Nordost, wo sich die Dämmerung allmählich ihnen entgegenschob.

»Wer ist im Ausguck, Mr Selberg?«, fragte er.

»Will Crowton, der rotschöpfige Ire mit den Falkenaugen, Mr Larsson.«

»Na, hoffentlich sieht er bald etwas.«

Selberg dachte, dass der neue Kapitän wirklich nicht bescheiden war, wenn er auf seiner ersten Fahrt schon so gute Prisen erwartete. Kaum hatte er den Gedanken beendet und den Kopf geschüttelt, da hörte er den Ausguck rufen: »Deck, steuerbord zwei Strich, drei Segel, drei Meilen.«

»Verdammt! So viel Glück gibt's doch gar nicht!«, knurrte Selberg verwundert.

»Warum nicht, Mr Selberg? Wir hatten doch die Informationen vor dem Auslaufen, und sie wurden gestern bestätigt.«

»Sir, viele Schiffe haben angeblich sichere Informationen und jagen ihnen vergeblich hinterher.«

Sven zuckte mit den Schultern und gab Befehle, dass alle Mann an Deck kommen sollten. »Signal für Mr Borg: Prisen in Sicht!«

Als das Signal auf der Ketsch gelesen wurde, jubelten die Matrosen.

»Der Käpt'n bringt Glück!«, rief einer.

»Warte gefälligst, bis wir die Beute haben, Mann!«, schimpfte Adam. Dann befahl er, die Drehbassen und die Rifle zu laden. »Man kann nie wissen«, fügte er hinzu, als er die zweifelnden Blicke sah.

Auf der *Freedom* war es ganz still geworden. Die Männer kauerten hinter den Kanonen, als ob kein Laut die Beute warnen dürfte.

»Eine Bark, zwei Briggs«, murmelte Sven vor sich hin. »Gemerkt haben sie anscheinend noch nichts.«

»Entfernung zwei Meilen, Sir. Wir holen schnell auf«, meldete Mr Selberg.

»Bringen Sie uns auf einen Kurs backbord von den Schiffen. Unsere Steuerbordbatterie soll Kettenkugeln laden.«

Mr Selberg bestätigte und gab den Befehl weiter.

Und dann sah Sven im Teleskop, dass sie entdeckt worden waren. Auf den Schiffen rannten Matrosen an Deck, setzten mehr Segel und bemannten anscheinend auch Kanonen.

»Das wird euch nicht viel helfen«, murmelte er.

Die *Freedom* näherte sich schnell. Aber als die verfolgten Schiffe sicher waren, dass ihnen ein Kaper nachjagte, trennten sie sich. Die Bark lief geradeaus weiter. Eine Brigg nahm das Steuer nach steuerbord, die andere nach Backbord herum.

»Signal an Mr Borg: Brigg nach steuerbord folgen! Wir gehen hart an den Wind und verfolgen die andere Brigg. Die Bark muss warten«, entschied Sven.

Einige Matrosen fluchten, als sie sahen, wie sich die Beute trennte.

»Wat soll die Ketsch denn bei der Brigg machen?«, schimpfte ein Matrose.

»Mann, die haben den Jimmy mit der Rifle bei sich. Der putzt der Brigg die Rudergänger weg«, belehrte ihn ein anderer.

Die *Freedom* war so weit aufgekommen, dass ihre Jagdkanone an Bug feuern konnte. Joshua hatte hoch gezielt, um nicht den Rumpf zu beschädigen, und fetzte der Brigg ein Bramsegel weg.

»Der Kerl trifft immer«, kommentierte Mr Selberg anerkennend.

Sven schimpfte durch seine Sprechtrompete. »Brasst die Segel gefälligst nach!«

Dann waren sie querab.

»Streicht Flagge und Segel!«, rief Sven hinüber. »Sonst schießen wir euch zusammen!«

Als Antwort bellte ein Vierpfünder zu ihnen herüber. Die Kugel durchschlug ein Segel.

»Feuer frei!«, befahl Sven.

Die Achtpfünder der *Freedom* schossen gut. Fock und Besan der Brigg wurden zerfetzt. Sie verlor an Fahrt.

»Gebt besser auf!«, rief Sven wieder. »Sonst zerschießen wir euch das Schiff!«

Aber das glaubten ihm die Briten wohl nicht, denn man sah, wie sie rannten, um die Segel zu ersetzen und die Kanone nachzuladen.

»Gewehrschützen! Knallt die Bande doch ab!«, schimpfte Sven und trieb die Kanoniere an, schneller zu laden.

Ihre Gewehre trafen. Die Brigg lief aus dem Ruder, weil der Rudergänger zusammensackte. Dann waren ihre Kanonen wieder dran. Auch der Hauptmast trug nun nur noch zerfetzte Segel.

»Was wollen die denn noch?«, fragte Mr Selberg.

»Kanonen mit Traubengeschossen laden!«, rief Sven. »Mr Selberg, bringen Sie uns bitte näher heran!«

Dann hob er erneut die Sprechtrompete. »Das ist meine letzte Aufforderung. Ergebt euch oder wir machen Hackfleisch aus euch!«

Und dann zählte er: »Eins, zwei …«

Ein Mann wollte drüben den Widerstand organisieren, aber andere liefen und holten die Flagge ein. Der Mann wollte sie wieder hissen, wurde aber von den eigenen Leuten niedergeschlagen.

»Mr Bauer, nehmen Sie sich zwölf Mann, und schaffen Sie drüben Ordnung. Wir laufen der Bark nach!«

Karl bestätigte und sprang mit seinen Leuten in den Kutter.

Adam war inzwischen mit seiner Ketsch dicht hinter der anderen Brigg.

Er nahm eine Sprechtrompete und rief: »Wir sind der Tender des Kapers *Freedom* aus Philadelphia! Streicht Segel und Flagge, sonst werdet ihr zusammengeschossen wie gerade euer Partner!«

Aber die Besatzung der Brigg hörte überhaupt nicht auf ihn.

»Dichter ran!«, polterte Adam. »Jimmy, brat dem Rudergänger eins über!«

»Dann haltet mal flugs ein bisschen nach backbord«, antwortete der. »Sonst habe ich kein Schussfeld.«

Doch dann krachte seine Rifle, und die Brigg lief aus dem Ruder. Aber bevor Jimmy nachladen konnte, hatte ein anderer das Ruder ergriffen und wurde jetzt mit einer Holzplatte vor Jimmy verborgen.

Aber Jimmy nahm sich einen anderen aufs Korn, der die Segel nachbrassen wollte. Er sank zusammen. Jimmy lud nach. Adam überlegte, ob er die Drehbasse abschießen sollte. Aber er verwarf den Gedanken. Die trug nicht weit genug. Jimmy zielte auf die Mitte der Holzscheibe und feuerte. Die Brigg lief wieder aus dem Ruder. Seine Kugel hatte das Holz durchschlagen.

Auf der Brigg schlich ein Mann mit einer Muskete ans Heck und schoss auf die Ketsch. Aber niemand konnte erkennen, was er getroffen hatte.

»Ja, ihr Pfeifen. Ihr habt eben keinen Jimmy!«, frohlockte ein Matrose.

Und Jimmy traf auch den Musketenschützen, der zusammensackte und weggeschleppt wurde. Inzwischen war auch die Holztafel weggenommen wurden, und die Besatzung der Brigg versuchte, das Ruder mit Seilen aus der Deckung zu bedienen. Doch das gelang nur schlecht. Die Brigg lief immer wieder aus dem Ruder. Die Segel flatterten, und die Ketsch holte auf.

»Jetzt müssen wir ihnen eins mit der Drehbasse überbraten. Los, Albert, gib es ihnen!«, rief Adam.

Albert visierte mit der rechten Hand über den Lauf der Drehbasse, die auf der Reling aufgesteckt war. Mit der linken Hand führte er die Lunte zum Zündrohr. Die kleine Kugel schlug eine Ecke der Deckshütte weg. Albert lud schnell nach. Jimmy suchte ein Ziel, aber an Deck der Brigg kroch niemand aus der Deckung.

»Kommt mit erhobenen Händen raus, sonst schießt euch unser Schoner kaputt! Die andere Brigg hat sich auch ergeben!«, forderte Adam mit der Sprechtrompete.

Hinter der Deckshütte hob einer die Hände, wurde aber anscheinend von Kameraden zurückgerissen. Ein anderer lief zum Ruder. Jimmy schoss, und der Mann fiel. Jetzt tauchten drei Paar Hände hinter der Deckshütte auf. Drei Männer kamen hervor.

»Holt die Segel ein!«, befahl Adam. Sie liefen, lockerten die Taue, und die Segel sackten zusammen. Die Brigg verlor an Fahrt.

»Stellt euch alle an die Reling!«

Acht Mann postierten sich dort.

»Ihr drei nehmt das Beiboot und setzt über! Jeder hat Pistole und Entermesser. Drüben sucht ihr die vier kräftigsten Männer aus und schickt sie mit dem Maat rüber. Seht nach der Pulverkammer! Los jetzt!«, befahl Adam.

Das kleine Beiboot stieß ab und legte die wenigen Meter zur Brigg zurück. Drüben machten die drei Amerikaner das Beiboot fest, durchsuchten die acht Männer nach Waffen, stießen vier in das Beiboot und zeigten zur Ketsch. Dann untersuchten sie die Männer, die an Deck lagen.

Drei waren tot, fünf verwundet.

»Fehlt noch jemand?«, fragte ein Amerikaner.

»Der Bootsjunge. Er hat sich ganz unten verkrochen.«

»Komm mit! Wir holen ihn. Du suchst außerdem Mull zum Verbinden deiner Kumpel.«

Sie kletterten unter Deck. Der Brite rief immer den Namen des Bootsjungen, bis ein kleines heulendes Häufchen Unglück hinter Kisten hervorkroch. Es war ein etwa zehnjähriger Junge, der so vor Angst zitterte, dass er kaum seinen Namen sagen konnte.

»He, es ist alles vorbei. Du brauchst keine Angst mehr zu haben. Wo bist du denn her?«

»Aus Gloucester am Delaware, Sir.«

»Da kommt unser Käpt'n auch her. Also hast du schon einen Nachbarn bei uns an Bord. Komm, hilf uns jetzt Binden suchen, damit wir deine Kumpel versorgen können.«

Der kleine Bursche fasste sich, half beim Suchen und ging den beiden zur Hand, als sie Arme und Beine umwickelten.

»Habt ihr einen Arzt?«, fragte ein Gefangener.

Der Amerikaner schüttelte den Kopf. »Auf unserem kleinen Schoner macht das ein Maat, aber der versteht was davon. So, nun lasst uns aber die Segel in Ordnung bringen. Umso eher kann sich der Maat um eure Leute kümmern.«

Sven sah durch sein Teleskop, dass die Ketsch die andere Brigg gekapert hatte. Wie hat das der Teufelskerl Adam nur geschafft?, fragte er sich. Dann schaute er wieder zur Bark, die die *Freedom* mit einer Heckkanone beschoss.

Wieder feuerten sie, und die Kugel riss neben der *Freedom* eine Säule aus dem Wasser.

»Mr Petrus! Bringen Sie die Knallbüchse zum Schweigen!«

Joshua antwortete nicht, sondern zielte über das Rohr des langen Achtpfünders. Sein erster Schuss hatte einen Meter unter der Kanone ins Heck getroffen und sicher erheblichen Schaden angerichtet, aber die Heckkanone nicht ausgeschaltet. Jetzt achtete er wieder sorgfältig auf das Heben und Senken der Wogen und stieß dann schnell die Lunte auf das Zündloch. Wer über das Rohr schaute, konnte die Kugel wie einen dunklen Strich verfolgen.

Dann fetzte es drüben Holz und Staub in die Luft. Es hatte die Reling und dahinter die Kanone getroffen. Sie hörten nun den Krach und das helle »Peng«, als ihre Kugel auf das Rohr schlug.

Joshuas Kanoniere jubelten, aber er trieb sie zum Nachladen an.

»Noch ein Treffer, und sie geben auf«, sagte Sven zu Mr Selberg.

Und tatsächlich. Als Joshua den Besanmast zerschoss, zogen sie auf der Bark die Flagge ein und schwenkten weiße Tücher.

»Mr Selberg, suchen Sie sich dreizehn Mann, und übernehmen Sie. Kapitän und Maate schicken Sie bitte zu uns, die Papiere auch. Ich schaue inzwischen nach der zweiten Brigg.«

Da die beiden Briggs mit notdürftig reparierten Segeln zur *Freedom* herangekrochen waren, hatte er es nicht weit.

Die Ketsch hatte inzwischen an der Seite der Brigg festgemacht, und Adam winkte herüber.

»Gratuliere zur Prise, Mr Borg!«, rief Sven. »Sie übernehmen die Brigg. Wie viel Mann brauchen Sie zusätzlich für sich und für die Ketsch? Wer soll dort kommandieren?«

»Neun Mann für die Brigg und zwei für die Ketsch. Der Maat, der dort ist, kann kommandieren. Er braucht ja bloß im Konvoi zu segeln.

Aber der Sanitäter muss rüberkommen und die Verletzten verarzten, Mr Larsson. Außerdem schicke ich Ihnen einen Nachbarsjungen.«

Sven war zusammengezuckt, als er die Zahlen hörte. Da blieben ihm ja kaum genug Männer, um den Schoner zu segeln.

»Fragen Sie, ob dort Seeleute in unseren Dienst treten wollen. Die können Sie uns mit den Maaten schicken.«

Adam winkte zur Bestätigung. Und tatsächlich stiegen kurz darauf mit den beiden Maaten ein Junge und zwei Männer in das Boot, beschimpft von der verbliebenen Besatzung der Brigg, die Adam aber mit groben Worten zurück an die Segel scheuchte.

Die beiden Maate kletterten an Bord der *Freedom* und übergaben Sven ihre Schiffspapiere. Sven entschuldigte sich für einen Moment und fragte die anderen, ob sie in die Dienste der Reederei Bradwick treten wollten.

»Aye, Sir. Wir sind aus New Haven und wurden von den Briten immer wieder angepflaumt, seit die Kolonien unabhängig werden wollen.«

»Na gut! Mr Bird wird euch die Plätze anweisen. Ich rede später mit euch. Und was soll der Junge hier?«

»Er ist aus Gloucester am Delaware. Ihr Maat da drüben sagt, er soll sich beim Nachbarn melden.«

Sven schaute etwas verdutzt und fragte dann den Burschen: »Wie heißt du denn?«

»Billy Walton, Sir?«

Sven stutzte. »Von den Waltons an der Poststation in der Cedar Street?«

»Ja, Sir.«

Sven musste etwas überlegen. »Da ist doch vor zwei Jahren ein Mann von einem Pferd erschlagen worden.«

Der Junge bekam einen trotzigen Zug im Gesicht. »Das war mein Vater. Meine Mutter hat nach einem Jahr wieder geheiratet. Ich bin weggelaufen, weil ihr Mann mich dauernd geschlagen hat. Und ich geh auch nicht wieder hin!«

»Dann melde dich bei meinem Burschen. Du kannst ihm helfen. Er hat genug zu tun, wo wir so viele Gefangene an Bord haben.«

Sven konnte nicht mehr an den Jungen aus seiner Heimat denken, weil er vollauf beschäftigt war, den Maaten der gekaperten Schiffe das Ehrenwort abzunehmen, dass sie nichts gegen sein Schiff unternehmen würden. Sonst müssten sie eingeschlossen in ihrer Kajüte bleiben.

Dann beschäftigte er sich mit der Einteilung der Leute und sorgte dafür, dass Handwerker auf die Prisen kamen, um bei der Reparatur der Takelage zu helfen. Ihr Sanitäter kam mit drei Schwerverwundeten auf die *Freedom,* weil sie dort seine Pflege brauchten. Karl und Adam berichteten über die Ladung ihrer Prisen: Pulver, Gewehre und Munition. Willkommene Beute für Washingtons Armee.

Aber dann kam die Überraschung von der erbeuteten Bark. Sven hatte erst gar nicht bemerkt, dass eine Frau im Boot saß, das von der Bark kam. Doch als sie an Bord stand und ihn anfuhr: »Was denken Sie sich, mich aus meiner Kajüte zu werfen, Sie Pirat!«, da sperrte er Mund und Nase auf.

Das war doch seine Sabrina! Aber nein, ihre Stimme klang anders, und sie hatte ein kleines Muttermal am Hals.

»Mein Gott! Wie kommt die Sabrina hier an Bord?«, rief jemand neben Sven. Auch Karl hatte sich täuschen lassen.

»Das ist nicht Sabrina. Die Frau sieht ihr nur verblüffend ähnlich«, sagte Sven zu Karl und wandte sich zu der fremden Frau: »Ich bin Sven Larsson, Kapitän dieses Schiffes. Mit wem habe ich die Ehre?«

»Sie haben keine Ehre, Sie Pirat. Bringen Sie mich augenblicklich an Bord meines Schiffes zurück. Ich will nicht unter Rebellenpack sein.«

»Madam, wenn Sie sich nicht wie eine Dame benehmen, werden wir Sie auch nicht so behandeln«, antwortete Sven ruhig, aber entschieden. »Ich kann Sie auch fesseln und knebeln und in den Laderaum werfen lassen, wenn Sie es unbedingt wollen.«

Einige Matrosen in der Nähe hatten die Auseinandersetzung mitgekriegt. »Soll er sie mir doch mal für ein Stündchen überlassen. Dann ist die ganz kusch«, murmelte einer zu seinem Kameraden.

»Angeber! Wenn die dich nur ansieht, springt sie schon über Bord.« Der erste Matrose wollte ihm einen Hieb versetzen, aber ein Maat scheuchte sie barsch an die Arbeit.

Die Frau hatte es sich inzwischen überlegt. »Nun gut, mein Herr. Weisen Sie mir bitte mein Quartier zu.«

Sven ließ sie in seine Tageskajüte führen und entschuldigte sich, dass er erst später für ihre Bequemlichkeit sorgen könne. Er müsse sich um die Schiffe kümmern.

Es dauerte zwei Stunden, bis alles überprüft und die Schiffe so repariert waren, dass sie Kurs auf Philadelphia nehmen konnten. Die *Freedom* hatte nur noch knapp dreißig Mann an Bord, und da waren schon sechs Neue von den drei Prisen dabei. Aber die Stimmung seiner Männer war gut. Da auch die Bark vollgestopft mit Waffen und Pulver war, da die Schiffe nicht schwer beschädigt wurden, würde man gute Preise erzielen.

Mr Selberg, Karl und Adam waren Kommandanten der drei großen Prisen. Sven hatte nur noch einen Steuermannsgehilfen, der ihm bei der Navigation helfen konnte. Nun musste er sich um die Frau und die Maate der Prisen kümmern.

Die Frau saß in seinem Sessel und grübelte. Als Sven eintrat, sah sie auf und redete ihn an.

»Ich war wie erschlagen, als ich mein Bild dort sah.« Sie zeigte zur Wand. »Aber dann überlegte ich mir, dass das nur eine frappierende Ähnlichkeit sein konnte. Und ich erinnerte mich, dass einer ihrer Männer an Deck etwas von einer Sabrina gesagt hatte.«

»Das ist das Bild meiner Frau Sabrina. Sie sehen ihr sehr ähnlich.«

»Eine Laune der Natur«, fügte die Frau hinzu und wechselte das Thema. »Warum kann ich nicht mit meinem Mann zusammen sein?«

»Wir bringen gefangene Ehepaare nie gemeinsam unter. Es sind ja nur wenige Tage. Ihr Mann wird wesentlich schärfer bewacht als Sie. Ich lasse meine Sachen aus der Kajüte holen. Sie können meinem Burschen dann sagen, was Sie brauchen. Sie werden auch hier speisen. Selbstverständlich kann Ihr Gatte Sie täglich an Deck sehen, wenn Wetter und Umstände es zulassen.«

Sven gab dem Burschen Anweisung, welche Sachen er holen und in die Kartenkammer bringen sollte.

»Viel zum Schlafen werde ich doch nicht kommen, wo ich niemanden habe, der Wache gehen kann«, sagte er. »Ist der Junge anstellig?«

»Der ist in Ordnung. Er war auf seinem Schiff auch Bursche und kennt sich aus. Wenn es recht ist, wird er Sie versorgen, denn ich habe die fremden Maate und die Frau«, antwortete Martin.

Sven nickte.

Die *Freedom* segelte windwärts von den drei großen Prisen. Hinter ihr lief die Ketsch. Die Kanonen auf der *Freedom* waren feuerbereit, aber an jeder Kanone hockte nur ein Mann. Er müsste im Notfall zielen und feuern. Sven wusste, dass das nicht sehr effektiv war. Aber bei dem Mangel an Mannschaften war es nicht anders möglich. Die drei oder vier Tage müsste es reichen.

Er selbst konnte immer nur kurz an Deck schlafen. Er musste ständig erreichbar sein. Er musste navigieren und die Stellung der Segel bestimmen. Sein »Nachbarjunge« versorgte ihn gut. Er brachte ihm heißen Kaffee und frisch geröstetes Brot. Zum Abend hatte er auch Wasser und eine Schüssel gebracht, dass er sich den Mund ausspülen konnte. Ein Glück, dass sie stetigen Wind und ruhige See hatten.

Gerade hatte er zehn Minuten geschlafen, da wurde Sven im Morgengrauen unsanft geweckt. Ein kleiner Schoner, der nur schemenhaft in der Dämmerung zu erkennen war, hatte auf sie geschossen.

»Warum hat der Ausguck nichts gemeldet?«, rief Sven.

»Er wurde gerade erst gesichtet und hat wohl auch auf die Bark gezielt«, antwortete Joshua vom Bug.

»Flagge hissen, und einen Schuss vor den Bug!«, ordnete Sven an.

Der Fremde hisste die Flagge von Massachusetts. Er kam näher.

Sven hob die Sprechtrompete. »Hier ist der Schoner *Freedom* aus Philadelphia. Wer schießt da auf uns?«

»Schoner *Lydia* aus Boston. Wir dachten, wir hätten eine britische Bark im Visier. Gratulation zu der fetten Beute. Nördlich von uns segelt eine britische Fregatte. Wir sind ihr gestern Abend entkommen und dann auf Südkurs gegangen.«

Sven bedankte sich. Dann fragte der Kapitän des Schoners, ob er ihn zum Hafen geleiten solle. »Ein Drittel des Prisengeldes, und wir kämpfen auch notfalls für euch.«

Sven verneinte dankend.

»Abstauber«, dachte er.

Die Matrosen um ihn herum tuschelten sich noch sehr viel bösere Worte zu.

Sven hatte auch tagsüber jede freie Minute zum Schlafen ausgenutzt. Bei der knappen Mannschaft war nur Notdienst möglich. Die Bewachung der Gefangenen, Segeldienst, Wache an Kanonen und Ausguck, damit waren sie mehr als ausgelastet. Sie waren froh, dass kein fremdes Segel in Sicht kam.

Gegen Abend schlief der Wind ein. So ein Mist, dachte Sven. Sonst hätten wir morgen früh die Küste bei Kap May gesichtet. Er studierte die Wolkenformationen und war ziemlich sicher, die Flaute würde nicht lange anhalten.

Die Nacht senkte sich, und die Schiffe lagen noch immer in der Flaute. Die Prisen waren hundert bis dreihundert Meter von der *Freedom* entfernt. Die Ketsch dümpelte nur etwa dreißig Meter hinter ihnen. Da es ziemlich dunkel war, konnte man nur einen Schatten erkennen.

Kurz vor Mitternacht, Sven war gerade aus einem Minutenschlaf erwacht, hörten sie Geschrei auf der Ketsch und danach einen Schuss.

»Die haben vorher gesoffen, Mr Larsson«, berichtete der Maat, der Wache hatte. »Ich habe ihr Gegröle gehört. Vielleicht hat einer im Suff geknallt.«

Sven glaubte das nicht, denn er hörte Stöhnen.

»Schießt eine Rakete über die Ketsch!«, befahl er.

Im Feuerschweif der Leuchtrakete sahen sie fremde Gestalten an Deck der Ketsch, die Körper über Bord warfen.

»Beiboot bemannen! Blendlaternen an! Vier Mann mit Waffen ins Beiboot! Los, Tempo!«, rief Sven. Er war ziemlich sicher, dass die Ketsch von den Gefangenen zurückerobert war.

Er sprang ins Boot. Sie waren schnell bei der Ketsch. Eine Rakete und zwei Blendlaternen erhellten das Deck etwas. Die drei Mann, das waren nicht ihre Leute.

»Hände hoch! Waffen weg oder wir schießen euch nieder!«, brüllte Sven.

Einer hob die Hände. Die beiden anderen zielten mit Pistolen auf die Stimme. Zwei Musketen im Beiboot knallten. Die Männer sackten zusammen. Das Beiboot stieß an die Ketsch. Die Männer der *Freedom* sprangen an Bord.

»Wo sind unsere Leute?«, fragte Sven.

Der überlebende Gefangene zeigte auf die See.

»Leuchtet mit den Laternen!«, rief Sven. Im schwachen Schein sahen sie einen Körper leblos treiben, ein anderer paddelte schwach im Wasser. Sven riss sich die Jacke vom Leib, warf die Waffen an Deck, streifte die Schuhe ab, griff sich ein Tau und sprang in die See.

Mit drei, vier Schwimmstößen war er bei dem leblosen Körper, hob den Kopf aus dem Wasser, schlang das Tau um die Brust und rief: »Holt ein!«

Als der Körper ihm förmlich aus den Armen gerissen wurde, schwamm er zum anderen. Der war so betrunken, dass er kaum merkte, dass er im Wasser war.

»He, nimm mal 'nen Schluck!«, rief er Sven zu.

Der griff nach seiner Jacke und zog ihn zur Ketsch, wo sich ihm Hände entgegenstreckten. Sie hoben den Betrunkenen hoch und halfen auch Sven aus dem Wasser.

Dann sah Sven zu, wie sie versuchten, den Leblosen zu beatmen. Endlich schnappte er nach Luft, musste husten und würgen und erbrach. Nun erst konnte Sven dafür sorgen, dass Wachen aufgestellt, die niedergeschossenen Gefangenen untersucht und der Überlebende verhört werden konnten.

Er berichtete, dass die drei Männer der Wache schon am Tag begonnen hatten, Rum zu trinken. Angesäuselt hatten sie die Tür vor der Kammer der Gefangenen nicht richtig verschlossen. Die hatten sich befreit, die wachfreien Amerikaner in ihrer Kajüte gefesselt und geknebelt und schließlich die fast volltrunkene Wache an Deck überwältigt. Einer sei niedergestochen, die beiden anderen ins Wasser geworfen worden.

Sven war empört. Da hatte ihre Wache nicht nur das eigene Leben, sondern auch das der Kameraden und die Prise aufs Spiel gesetzt. Und der am stärksten betrunkene Kerl, der leblos im Wasser gelegen hatte, war der kommandierende Maat. Jetzt schien der Maat langsam zu begreifen, was er angerichtet hatte, und winselte.

»Befreit unsere Leute unten in der Kammer, und schafft mir diese Versager aus den Augen. Sie werden auf der *Freedom* verschlossen, bis ihnen morgen die neunschwänzige Katze das Fell gerbt«, befahl Sven und konnte sich vor Wut kaum beherrschen.

In aller Morgenfrühe war ein leichter Ostwind aufgekommen. Die Schiffe hatten Segel gesetzt. Die Mannschaften hatten gefrühstückt und den Routinedienst aufgenommen. Sven hatte sich die beiden Delinquenten von der Ketsch vorführen lassen und ihnen vorgehalten, dass sie durch ihr Wachvergehen das Leben ihrer Kameraden und die Sicherheit der Prise gefährdet hätten.

Die beiden gaben zu, dass sie Rum aus den Fässern gestohlen und getrunken hätten. Mehr wüssten sie nicht.

»Der Maat Snowden wird degradiert. Er und der Matrose Hilper erhalten je vierundzwanzig Hiebe. Die Strafe wird gleich vollstreckt.«

Die beiden erbleichten, und der ehemalige Maat fluchte, bis ihm der Posten auf den Mund schlug.

Die Mannschaft und die gefangenen Maate traten an. Der Bootsmannsmaat holte die Peitsche heraus. Sven gab die Strafe und den Grund noch einmal bekannt. Dann begann der Bootsmannsmaat mit dem Maat Snowden.

Neun Schläge hielt dieser aus und biss die Zähne zusammen. Dann schrie er bei jedem Schlag wie ein Tier. Die neunschwänzige Katze war ebenso wie die Schürzen des Maats und seines Gehilfen blutverschmiert.

Snowden war bewusstlos, wurde losgeschnitten und unter Deck geschleift. Dann war Hilper dran. Sven war noch keine Bestrafung so schrecklich vorgekommen wie diese, die er selbst verhängt hatte. Aber sie war gerechtfertigt. Auch die Mannschaft murmelte zustimmend, dass die Strolche es verdient hätten, denen ihr Suff wichtiger war als das Leben der Kameraden.

Die gefangene Frau hatte mit dem Jungen das Geschrei aus der Kajüte gehört und fragte Sven, wie solche Unmenschlichkeit auf seinem Schiff geschehen konnte.

»Es ist nur geschehen, was auf allen Schiffen dieser Welt vollstreckt wird, wenn Wachhabende leichtfertig ihre Pflicht versäumen und das Leben anderer gefährden, Madame«, antwortete Sven reserviert und ging.

Sie liefen am Abend in die Mündung des Delaware ein, ankerten zur Nacht vor der Mündung des Maurice River und segelten im Morgengrauen flussaufwärts nach Philadelphia. An Bord aller Schiffe war die Stimmung der Amerikaner fröhlich und erwartungsvoll. Sven sah vor Gloucester das Haus seiner Familie und war glücklich, dass er mit so reichen Prisen gesund heimkehrte.

Dann trat ihr Sanitäter zu ihm.

»Mr Larsson«, meldete er. »Die beiden Delinquenten von gestern fiebern leicht, sie müssen ihre Verbände noch behalten, denn die Wunden sind natürlich noch nicht abgeheilt.«

»Ich will die Kerle nicht mehr an Bord haben. Schafft sie und ihre Sachen nach dem Anlegen ins Lagerhaus der Reederei. Sie können auch dort noch nach ihnen sehen.« Er drehte sich ab und war bemüht, diesen Schatten, der auf seine Freude gefallen war, schnell zu vergessen.

Sven erfüllte der Wunsch, Sabrina in seine Arme zu schließen, so sehr, dass er die vielen Pflichten, die dem im Wege standen, eher schematisch wahrnahm. Er musste dafür sorgen, dass die britischen Seeleute in den Gewahrsam von Milizen gebracht wurden, dass seine Mannschaften bis auf die Prisenwachen auf die *Freedom* zurückkehrten, dass die Unterlagen für das Prisengericht der Reederei übergeben wurden und dass die Frau, die Sabrina so ähnelte, ein Quartier dicht beim Gefangenenlager ihres Mannes erhielt.

Seinen Bericht beim Reeder hielt er so kurz wie möglich. Aber Mr Bradwick war sehr erfreut und sparte nicht mit Lob.

»Ich hatte den richtigen Riecher, als ich auf Sie setzte, Mr Larsson. In zehn Tagen laufen Sie wieder aus. Diesmal in die Karibik. Aber nun entlasse ich Sie erst einmal zu Ihrer jungen Frau.«

Sven wurde diesmal nicht nur von Joshua begleitet. Auch der Junge aus Gloucester, Billy, saß bei ihnen im Boot. Sven wollte erst klären, was dort im Elternhaus für Verhältnisse herrschten. Er war in den wenigen Tagen mit dem Jungen sehr zufrieden gewesen.

Und dann sah er sein Haus. Der Diener öffnete und sperrte Mund und Nase auf. Sven sagte nur kurz, er möge für Joshua und Billy sorgen, und eilte dann in das Zimmer seiner Frau.

Sabrina starrte ihn erst an, als sei er ein Geist. Dann stieß sie einen Freudenschrei aus und eilte in seine Arme.

»Liebster, du bist schon wieder da! Ist das schön. Wenn all deine Reisen so kurz sind, dann halte ich das gerade noch aus.«

Sie küssten sich voller Glück und Freude. Dann musste sich Sven setzen, Sabrina goss ihm einen Kaffee ein und forderte ihn auf: »Nun erzähl doch mal!«

Und Sven berichtete von seiner Fahrt, der Überrumpelung der Ketsch und der reichen Beute.

»Dann kriegst du viel Geld? Weißt du schon, wie viel?«

Sven musste zugeben, dass er den Wert der Prisen schlecht einschätzen könne. Er wisse nicht, was Pulver und Waffen den Behörden wert seien. Sein Anteil könnte bei 1800 Dollar liegen. Und dann betonte er, dass er in den letzten Tagen so wenig Schlaf gehabt habe, dass er jetzt fast umfalle.

»Liebster, dann musst du dich sofort hinlegen. Heute Nacht musst du wieder bei Kräften sein.«

Und sie lachte ihn mit dieser unnachahmlichen Mischung aus Liebe und Lust an.

Sabrina nahm Sven seine Sachen ab, als er ins Bett ging, und er war sicher, sie würde sofort dafür sorgen, dass alles gereinigt und gewaschen würde.

Sabrina begrüßte Joshua, ließ sich kurz berichten und hörte sich dann Billys Geschichte an. Als sie sah, dass beide mit Essen und Trinken versorgt waren, riet sie Joshua: »Nimm den Jungen erst mal mit auf dein Zimmer. Da steht ja noch ein Sofa. Wir werden mit den Eltern sprechen und dann sehen, was mit ihm wird.«

Im Haus waren alle sehr leise und nahmen auf die schlafenden Seeleute Rücksicht. Ingrid kam und freute sich sehr. Sabrina erzählte ihr, was sie wusste. Ingrid war beeindruckt von Svens möglichem Preisgeld.

»Dann könntet ihr mir ja meinen Anteil am Haus auszahlen, wenn ich den richtigen Mann finde.«

»Aber ja, Ingrid. Such nur eifrig!«, lachte Sabrina und schloss Ingrid in die Arme.

Sie aßen gemeinsam zu Abend, als Sven sich etwas erholt hatte. Er musste von seiner Kaperfahrt, von den Schiffen, von der Kapitänsfrau, die Sabrina so ähnlich sah, und vom jungen Billy erzählen. Die Auspeitschung erwähnte er nicht. Er wollte nicht daran denken.

Sabrina fragte nach ihrer Doppelgängerin und wollte sie gern am nächsten Nachmittag sehen.

Ingrid erzählte von Billys Familie. Der Vater, der ehemalige Posthalter, sei ein respektierter Mann gewesen. Aber nach seinem Tod habe die Witwe wohl eher nach einem jüngeren Liebhaber Ausschau gehalten als nach einem guten Stiefvater. Der neue Posthalter gelte als jähzornig und leichtlebig. Sie würde morgen gern mitkommen, um mit der Familie über Billy zu sprechen.

Sven sagte, dass er morgen am Vormittag eine Stunde aufs Schiff müsse, um nach allem zu sehen und um danach mit dem Reeder zu sprechen.

»Wir müssen morgen auch in die Schule, lieber Bruder. Du solltest Sabrina vielleicht nicht zu sehr beanspruchen, damit sie morgen vor der Klasse nicht erschöpft zusammenbricht«, spottete Ingrid.

Sven schüttelte den Kopf. »Du verlernst das Lästern wohl nie, Schwesterlein. Am Wochenende fahren Sabrina und ich wieder ins Sommerhaus, damit wir das nicht hören müssen.«

Sven fand die Matrosen, die keinen Urlaub hatten, in guter Stimmung. Was sie bisher über die Einschätzung der Prisen gehört hatten, versprach einen guten Batzen Geld.

Mr Selberg würde erst in drei Tagen Urlaub nehmen, also brauchte sich Sven keine Sorge um das Schiff zu machen.

Karl und Adam waren jetzt zu ihren Familien gefahren. Nur kurz war Sven irritiert, als ihm der Sanitäter sagte, dass die beiden Ausgepeitschten aus der Lagerhalle verschwunden seien, wo er sie versorgen wollte.

Nach einem gemütlichen Lunch fuhr Sven mit den Schwestern zu Billys Eltern. Joshua und Billy saßen auf dem Kutschersitz.

Billys Mutter freute sich ein wenig, als sie ihren Sohn sah. »Ich wusste irgendwie, dass er noch lebt«, war aber ihre gefühlvollste Äußerung.

Der Stiefvater schaute ihn kaum an. »Soll bleiben, wo der Pfeffer wächst«, knurrte er.

So waren sie sehr einverstanden, als Sven vorschlug, dass Billy als Schiffsjunge auf der *Freedom* bleiben würde.

»Es ist besser, nicht auf der Welt zu sein, als solche Eltern zu haben«, stellte Ingrid fest, als sie wieder in der Kutsche saßen. »Solange ihr noch im Hafen seid, Sven, werden wir uns um die Lese- und Rechenkenntnisse des Jungen kümmern. Er muss ja nicht als Analphabet aufwachsen.«

Die Idee leuchtete Sven ein. Er müsste sich auch auf dem Schiff darum kümmern, dass der Schreiber die Analphabeten ein wenig schulte. Es war auch für die Effektivität des Schiffes gut, wenn die Leute ein wenig lesen und schreiben konnten.

Als sie wieder in ihrem Heim waren, holte Ingrid Billy zu sich und befragte ihn über seine Kenntnisse. Sie gab ihm auch zwei Bilderbücher und arrangierte mit dem Personal, dass er eine eigene Schlafkammer bekam und vom Hausdiener beschäftigt wurde.

Sven war ein wenig erstaunt, als ihm Sabrina eine Broschüre gab und sagte: »Sven, das ist eine Veröffentlichung von Thomas Paine über den ›Common Sense‹, den gesunden Menschenverstand, die in den letzten Monaten viel Aufmerksamkeit fand. Lies sie doch einmal. Ich würde gern mit dir darüber sprechen. Mir fehlt mein Vater, der sonst in diesen Dingen mein Ansprechpartner war.«

Sabrinas und Svens Glück war im Sommerhaus wieder vollkommen. Sie erreichten das kleine Haus am Samstagnachmittag, ließen sich vom Kutscher ihre Sachen geben, winkten ihm nach und sahen sich dann im Haus voller Erwartung und Begehren an.

»Komm, Liebste«, sagte Sven leise. Sie gingen in das vertraute Schlafzimmer, halfen sich schnell beim Entkleiden und erkundeten voller Erwartung ihre Nacktheit. Das war etwas anderes als im Haus in Gloucester. Hier waren sie frei. Hier konnte sie niemand hören, wie laut sie auch ihre Lust hinausschrien.

Ihre Sehnsucht nach dem Körper des anderen blieb unverändert stark. Sie liebten sich mit kurzen Pausen die ganze Nacht hindurch und gingen auch am Sonntag kaum aus dem Haus. Sie wurden freier im Umgang mit dem Körper des anderen, und Sven führte Sabrina auch zu Handlungen, die Rosita bevorzugt hatte. Und auch sie fand Gefallen am verfeinerten Raffinement ihres Verkehrs. Sven ertappte sich bei dem Gedanken, wie es wäre, wenn Sabrinas Ebenbild auch noch neben ihm vor Lust stöhnen würde.

War es ein Zufall oder hatte Sabrina Zugang zu seinen Gedanken? Auf jeden Fall sagte sie am Montag in aller Herrgottsfrühe bei der Heimfahrt, dass sie die Frau einmal sehen und sprechen möchte, die ihr so ähnele.

Sie gingen nur kurz in das Haus. Ingrid war schon zur Schule vorausgegangen. Sven wechselte die Kleidung und ließ sich zu seinem Schiff bringen. Und dort merkte er schon an der Begrüßung durch Mr Selberg, dass etwas passiert war.

»Haben Sie die Gazette ›Pennsylvania Packet‹ vom Sonntag gelesen, Mr Larsson?«

Als David verneinte, schlug er vor, Svens Kajüte aufzusuchen. Dort lag die Zeitung auf dem Tisch. Sven nahm sie und las die Überschrift: »Folterorgie auf einem Kaper aus Philadelphia.« Und dann wurde berichtet, dass der Kapitän der *Freedom,* Sven Larsson, auf dem Schiff eine Folterorgie veranstaltet habe, bei der er zwei Matrosen so mit der Peitsche geschlagen habe, dass ihr Rücken blutzerfetzt sei. Wahrscheinlich seien er und die übrige Mannschaft volltrunken gewesen. Im Hafen seien die beiden Opfer hilflos an Land geworfen worden.

Sven blickte auf. »Wer hat sich denn diese Schweinerei ausgedacht?«

»Der Lademeister sprach von einem jungen Reporter, der dauernd auf der Suche nach explosiven Storys durch den Hafen streicht«, antwortete Mr Selberg.

Sie konnten das Gespräch nicht fortführen, denn ein Bote rief Sven zum Reeder.

»Wenn Sie mich als Zeugen brauchen, stehe ich zur Verfügung, Sir«, versicherte Mr Selberg noch.

Der Reeder empfing Sven und schien erregt. »Was ist das?«, fragte er und wies auf die Zeitung. »Das hat doch keine Ähnlichkeit mit der Bestrafung wegen Wachvergehen, die in Ihrem Bericht erwähnt wird.«

»Diese Bestrafung ist alles, was vorgefallen ist, Mr Bradwick. Der Artikel ist für mich eine unverständliche Verfälschung und Aufbauschung normaler Fakten.«

»Wir müssen dem entgegentreten, Mr Larsson. Sonst ist unser Ruf ruiniert. Ich kenne den Chefredakteur des ›Chronicle‹ gut. Wir werden beide sofort zu ihm fahren und ihm die Wahrheit schildern. Er wird alles durch einen seiner Reporter überprüfen lassen und dann eine Gegendarstellung drucken. Dann kann er der neuen Konkurrenz gleich eins auswischen.«

Der Chefredakteur war ein älterer und etwas förmlicher Herr.

»Ich kenne Ihren Namen, Herr Larsson, aber nie in solchem Zusammenhang. Ihr Herr Großvater war ein sehr honoriger Kapitän.«

»Das ist sein Enkel auch, Mr Whitacre. Der Großvater hatte auch noch nicht mit hemmungslosen Journalisten zu tun«, mischte sich Mr Bradwick ein.

Der Chefredakteur lächelte etwas gequält. »Nun sind wir Zeitungsleute wieder an allem schuld. Ich schlage vor, Mr Larsson berichtet kurz, was vorgefallen ist. Ich frage dann nach.«

Sven schilderte kurz die Kaperung der vier Prisen, die Flaute, die Überwältigung der betrunkenen Prisenmannschaft durch die britische Besatzung und die Rückeroberung.

Mr Whitacre unterbrach ihn an dieser Stelle. »Wie wurden Ihre beiden Leute aus dem Wasser gerettet?«

Sven schilderte, dass er in die See gesprungen sei und sie zum Schiff geschleppt habe.

»Sie können schwimmen?«, fragte der Chefredakteur erstaunt. »Das ist doch bei Seeleuten selten. Aber sagen Sie mir nun klipp und klar, was sie den beiden, die sie erst retteten und dann bestraften, vorwerfen.«

Sven schilderte das Wachvergehen durch Trunkenheit, durch schlampigen Verschluss der Tür, die mangelnde Wachsamkeit und Gefährdung der Kameraden.

Mr Whitacre nickte. »Das leuchtet ein. Aber was rechtfertigt Ihre Strafe? Die Regulationen der Kontinentalen Flotte geben einem Kapitän nur das Recht, zwölf Hiebe zu verhängen.«

Sven erläuterte, dass Kaperschiffe nicht den Regulationen der Flotte unterstünden. »Zwölf Hiebe sind auch die Grenze in den Artikeln der Britischen Flotte. Aber kein Kapitän zögert, bei schweren Vergehen vierundzwanzig und mehr Hiebe zu verhängen. Ein Kaperkapitän muss noch eher zu so drastischen Strafen greifen, denn er hat kein Kriegsgericht im Hintergrund.«

»Das ist bei uns gang und gäbe, Bob«, bestätigte Mr Bradwick.

»Was geschah mit den Ausgepeitschten danach?«, fragte der Chefredakteur.

Sven erklärte, wie der Sanitäter sie versorgt habe, wie er es auch an Land in der Lagerhalle tun wollte, aber da seien die Burschen verschwunden gewesen.

»Ich glaube, ich weiß erst einmal genug. Ich werde den jungen Jonas Halder zu Ihnen schicken, dem Sie bitte Zugang zu allen Informationen geben. Und ich werde mich mal um die Vergangenheit der beiden ›Opfer‹ kümmern. Morgen lesen Sie dann den ›Chronicle‹.«

Sven verabschiedete sich von den beiden Herren und ging zurück zum Schiff. Er unterrichtete Mr Selberg an Deck, dass der »Chronicle« eine Gegendarstellung bringen werde. Er möge bitte die Mannschaften unterrichten, dass sie einem Herrn Halder wahrheitsgemäß Auskunft geben sollten.

Sven hatte an Bord vorwiegend Schriftkram zu regeln. Das Prisengericht bat um einige zusätzliche Angaben. Für die kommende Reise musste der Bedarf angemeldet werden. Mit seinem Burschen Martin besprach er, wie ihm Billy helfen könne.

Am Rande merkte er, dass der Reporter Halder an Deck war und mit Matrosen sprach. Dann schloss Sven seine Akten, sagte dem Schreiber, was wohin expediert werden sollte, und machte sich fertig, Sabrina und Ingrid von der Arbeit abzuholen.

An Deck stellte ihm Mr Selberg noch den Reporter vor.

»Ich habe viel über die Seefahrt gehört, was ich noch nicht wusste, Sir«, sagte der zu ihm. »Zu dem Fall, den ich recherchieren sollte, lässt sich die Meinung der Matrosen in zwei Sätzen zusammenfassen: ›Der Kapitän hätte sie absaufen lassen und das Pack nicht retten sollen. Nur Pfeifen machen um zwei Dutzend Hiebe so ein Theater.‹«

Sven schüttelte den Kopf. »Ich kann diese Meinung nicht für mich übernehmen. Ertrinkende müssen gerettet werden, ob Freund oder Feind, ob gut oder böse. Alles andere kommt erst danach. Seien Sie mir nicht böse, dass ich mich so schnell verabschiede. Meine Frau wartet.«

Mr Selberg klärte den Reporter auf, dass Sven erst ganz kurz verheiratet sei. Der nickte verständnisvoll.

Einige der Eltern, die auf ihre Kinder warteten, einige der Lehrerinnen, die die Schule verließen, schauten Sven komisch an. Dann kamen Sabrina und Ingrid. Sabrina lief auf Sven zu, griff nach seinem Arm und fragte hastig und erregt: »Was schreiben sie da über dich, Sven? Du hast mir nichts von einer Auspeitschung erzählt.«

»Beruhige dich, Liebste. Der Bericht ist voller Lügen. Drei Kerle haben sich auf Wache betrunken und wurden von den Gefangenen überwältigt, die einen der drei töteten und die beiden anderen in die See warfen. Wir haben sie gerettet, und ich habe sie dann wegen Wachvergehen und Gefährdung ihrer Kameraden zu zwei Dutzend Peitschenhieben verurteilt. Sie haben die Strafe bekommen, wurden vom Sanitäter versorgt und sind nach unserer Landung abgehauen. Ich habe davon nichts erzählt, weil es die erste Strafe mit der Peitsche war, die ich als Kapitän aussprechen musste, und weil ich darüber gar nicht glücklich war. Im ›Chronicle‹ wird übrigens morgen die Wahrheit stehen. Mr Bradwick war mit mir beim Chefredakteur.«

»Wir wussten, dass du keine Folterorgien dulden würdest, aber da du uns nicht informiert hast, konnten wir auch nichts richtigstellen. Unsere Freundinnen Hanna und Katharina haben uns sofort gesagt, dass sie kein Wort glauben. Aber Mrs Fletcher äußerte so, dass wir es hören mussten, dass man mit solchem familiären Umfeld nicht an dieser Schule unterrichten sollte«, erzählte Sabrina.

»Nun, morgen wird die Dame durch den ›Chronicle‹ angeregt werden, ihre Meinung zu revidieren«, erwiderte Sven.

»Ich kann dir prophezeien, was sie sagen wird«, mischte sich Ingrid ein und machte eine affektierte Dame nach. »Ich habe immer betont, dass man den Gazetten nicht glauben dürfe. Aus so einer Familie kommt kein unrechter Mensch.«

Ingrid kümmerte sich daheim um Billys Kenntnisse in Lesen und Schreiben, und Sabrina und Sven hatten ein wenig Zeit, über die Zukunft zu reden. Sie glaubten daran, dass die 13 Kolonien früher oder später ein selbstständiger Staat sein würden. Was würde Sven tun, wenn wieder Frieden einkehrte?

»Ich werde erst einmal versuchen, möglichst viel Prisengeld zu erbeuten, damit ich einen Anteil an dem Handelsschiff erwerben kann, das ich kommandiere. Ich hoffe, dass auch wir dann mit Ostindien handeln dürfen. Auf den großen Ostindienfahrern könnte der Kapitän seine Frau mitnehmen.«

»Aber Sven! Und was wird mit den Kindern? Sollen die dann so lange von den Eltern getrennt sein?«, wandte Sabrina ein.

»Nun, ein oder zwei Kinder könnte man ja mitnehmen. Oder denkst du an mehr?«

Sabrina wurde rot. »Ich liebe Kinder«, sagte sie schließlich.

Sven lächelte. »Liebst du auch, wie sie gezeugt werden?«, fragte er und umarmte sie.

»Du bist unmöglich«, tadelte sie und strahlte ihn an.

Als sie sich ausgiebig geküsst hatten, erörterten sie, wie realistisch diese Gedanken seien.

»Ich habe gerade auch gelesen, dass die Quäker sich gegen einen Kampf um die Unabhängigkeit ausgesprochen hätten«, warf Sven in die Debatte.

Sabrina konnte dagegen anführen, dass am 20. Mai in Philadelphia eine Versammlung von 4000 Patrioten stattgefunden habe, die allen Bestrebungen, weiter unter britischer Herrschaft zu leben, strikt widersprochen hätten. Sie fuhr fort: »Und der Kongress hatte schon wenige Tage vorher einen Entwurf von John Adams für die Präambeln der einzelstaatlichen Verfassungen angenommen, der praktisch einer Erklärung der Unabhängigkeit gleichkommt. Es werden auch Verhandlungen mit Frankreich um ein Bündnis geführt. Der Weg zur Unabhängigkeit ist unumkehrbar. Das glaubt auch mein Vater. Und am Ende werden wir siegen, denn England ist zu weit entfernt für einen Landkrieg.«

»Meine Frau ist ja eine richtige Strategin und Politikerin«, staunte Sven.

»Ja denkst du denn, ich sitze zu Hause und warte auf die Meinung meines Mannes, der ja gar nicht wissen kann, was in seiner Abwesenheit alles geschehen ist?«

»Der sich aber ganz schnell informiert, wie ich dir gleich mit meiner Kritik an einigen Passagen des Herrn Paine beweisen werde.«

Vielleicht hatte Sven auch die Absicht, den Beweis zu führen, aber erst einmal musste er Sabrinas schelmischen Blick mit innigen Küssen belohnen.

Selten hat ein junges Paar die Morgenzeitung mit solcher Unruhe erwartet wie Sabrina und Sven. Joshua brachte sie, kaum dass der Zeitungsbote aufgetaucht war.

»Verleumderische Ehrabschneidung erregt den Abscheu aller urteilsfähigen Bürger!«, stand da in der Überschrift.

Sven und Sabrina lasen, dass der ehrenwerte und heldenhafte Kapitän Sven Larsson, aus einer bekannten und geachteten Kapitänsfamilie stammend, mit seinem Schoner vier reiche Prisen gekapert hätte, dass aber drei pflichtvergessene Matrosen sich betrunken hätten, als sie eine Prise bewachen sollten. Der Feind habe sie überwältigt, einen ermordet und zwei ins Meer geworfen. Der stets wachsame Kapitän habe die Rückeroberung der Prise bemerkt und den siegreichen Angriff auf die Eroberer geführt. Als er sah, dass zwei seiner Männer hilflos in der See trieben, sei er selbst ins Meer gesprungen und habe ihr Leben gerettet, gleichgültig, wie viel Schuld sie auf sich geladen hatten.

Dann aber, nach der Rettung des Lebens, habe der Kapitän seine Pflicht erfüllen und die Tat der Matrosen als das ahnden müssen, was sie war: gewissenlose Verletzung der Wachpflicht und bedenkenlose Gefährdung des Lebens aller Kameraden. Jedes Kriegsgericht hätte auf Todesstrafe erkannt, aber der Kapitän konnte nur 24 Peitschenhiebe verhängen. Die Strafe wurde den Regeln entsprechend vollstreckt. Die Delinquenten wurden nach Sühnung ihrer Schuld vom Sanitäter versorgt, entzogen sich aber dieser Fürsorge nach der Heimkehr des Schiffes und verleumdeten den Mann, der ihr Leben gerettet hatte. Sie fanden eine Zeitung, zu deren Praxis es anscheinend gehört, ohne Überprüfung der Tatsachen Menschen zu verleumden, die ihr Leben für die Zukunft unserer werdenden Nation einsetzen.

Hätte diese Zeitung nur einem Minimum an Sorgfalt genügt, so hätte sie feststellen können, dass die beiden bestraften Seeleute wegen eines Raubes an einem alten Farmerehepaar im Gefängnis gesessen hatten und nur freikamen, weil sie sich zum Dienst in der Kontinentalen Flotte verpflichteten. Das ist der Menschentyp, dessen Verleumdung ehrenwerter Männer diese Zeitung anscheinend für ihre Nachrichtenpflicht hält.

Man muss sich fragen, wie unsere Bürger ihre Freiheit erringen sollen, wenn Männern wie Mr Sven Larsson anstelle eines Kommandos über ein Schiff der Kontinentalen Flotte eine solche Verleumdung zugemutet wird.

Sabrina sah Sven an. »Die schlagen aber hart zu. Vor allem wollen sie aber wohl ihre Konkurrenz treffen. So sehr ehrenhaft ist das auch nicht gerade.«

Sven stimmte ihr zu. »Ihr Hemd ist ihnen näher als der Rock meiner Ehre. Aber Mr Bradwick wird zufrieden sein. Sein Kapitän ist von allen Vorwürfen freigesprochen und wird sogar der Flotte empfohlen.«

Sabrina wollte noch etwas wissen. »Sag einmal, Liebster. Du hattest gar nicht gesagt, dass du die beiden persönlich aus dem Wasser gerettet hast.«

»Soll ich mich dessen denn rühmen?«, fragte er.

»Nein, denn du bist anders als diese Zeitungsschreiber, und darum liebe ich dich auch so.« Eine solche Aussage konnte nur mit einem Kuss abgeschlossen werden.

Mr Bradwick war sehr zufrieden mit dem Artikel, als Sven ihn am Nachmittag traf.

»Na, das hat den Verleumdern tüchtig das Maul gestopft. Der Lügenreporter ist schon entlassen. Ihre beiden bestraften Matrosen sitzen wieder im Gefängnis.«

»Aus dem man sie nach einiger Zeit wieder zum Dienst in der Flotte begnadigen wird«, sagte jemand, der aus der offenen Tür zum Nebenzimmer trat und Sven lächelnd die Hand zum Gruß reichte.

»Guten Tag, Mr Smith. Erhöhen Sie die Heuer für die Kontinentale Flotte, und vergrößern Sie den Prisenanteil der Besatzung, dann brauchen Sie solche Galgenvögel nicht mehr.«

»Wir sind schon dabei, Mr Larsson. Aber mit den Kaperschiffen werden wir nie ganz mithalten können. Für die Flotte muss man Patriotismus mitbringen.«

Mr Bradwick knurrte etwas ärgerlich: »Den besitzen Mr Larsson und ich in höherem Maße als mancher Abgeordnete, dessen bin ich sicher,

Mr Smith. Aber uns braucht das Land auch. Hat nicht Mr Larsson gerade Pulver erbeutet, von dem Washingtons Armee ein Vierteljahr ihren Bedarf befriedigen kann? Wir haben doch noch keine Flotte, die das tun kann. Wenn Sie Mr Larsson ein Kriegsschiff anbieten würden, das seinen Fähigkeiten entspricht, werde ich ihn nicht halten können, das weiß ich längst.«

Mr Smith hob besänftigend die Hand. »Ich würde nie Ihren Patriotismus anzweifeln, meine Herren. Und nach diesem Artikel kann das Marinekomitee gar nicht anders, es muss ein gutes Schiff für Mr Larsson finden. Das fordert die öffentliche Meinung.«

Aber Sven verstand den Sinn dieser Äußerung nicht. »Verzeihung, Mr Smith. Weil eine Gazette einen Kapitän gegen Verleumdung schützt und ihn lobt, muss das Marinekomitee ihm ein Kriegsschiff anbieten?«

Mr Smith seufzte. »Vereinfacht gesagt: ja! Abgeordnete sind auf Dauer abhängig von der Zustimmung der Bürger. Die Meinung der Bürger über die Arbeit der Abgeordneten wird durch die Zeitungen beeinflusst. Wenn bei den Lesern der Eindruck entsteht, dass ein fähiger Kapitän vom Kommando ausgeschlossen wird, dann müssen sie glauben, dass die Abgeordneten schlechte Arbeit leisten.«

Sven war schockiert. »Dann regieren uns ja eigentlich die Zeitungen.«

Mr Bradwick lächelte amüsiert. »Da ist etwas dran, Mr Larsson. Aber vergessen Sie nicht: Die Zeitungen kämpfen oft um die richtige Auslegung der Fakten, wie uns gerade Ihr Fall zeigt. Der Bürger kann die Interpretationen abwägen. Ich finde das eigentlich besser als das Beziehungsgeschacher in den höfischen Salons.«

»Vorausgesetzt, den Bürgern werden unterschiedliche Informationen angeboten und sie nutzen sie. Wenn der Bürger nicht an Sachfragen interessiert ist und nur seinem Amüsement nachjagt, funktioniert das ganze System nicht. Nur mit geschulten Bürgern kann es gut gehen«, betonte Mr Smith.

»Dafür ist meine Frau zuständig«, lachte Sven.

Beide schmunzelten, aber Mr Bradwick wollte zurück zum Thema. »Dann können wir uns ja der nächsten Aufgabe von Mr Larsson widmen.«

»Unsere Abreise verzögert sich etwas. Der Agent kann erst zwei Tage später eintreffen«, erklärte Sven Sabrina und Ingrid.

»Entschuldige, lieber Bruder: Welcher Agent?«

»Mr Gordon, Abgeordneter des Parlaments von Connecticut und Kaufmann, soll für den Kongress in der französischen Karibik um materielle und ideelle Unterstützung werben und gleichzeitig Handelsbeziehungen aufbauen, um vor allem Pulver, aber auch Waffen und Bekleidung für unsere Truppen zu beziehen.«

»In die Karibik also!«, betonte Sabrina sinnend. »Das wird dann aber eine längere Reise als die vorige. Und gefährlicher ist sie auch bei den Krankheiten und Stürmen.«

Ingrid packte Sabrina auf einmal fest am Arm. Ihr Gesicht war verzerrt, und sie blickte durch Sven hindurch.

»Ich sehe ihn!«, stieß sie mit heiserer Stimme hervor. »Er kommt gesund und erfolgreich heim. Sabrina lacht ihn an und zeigt auf eine Wiege. Er strahlt glücklich.«

Ingrid brach ab, blickte verwirrt um sich.

»Ich gehe mal rein«, sagte sie unvermittelt, »ich muss einen Schluck trinken.«

Sven blickte Sabrina irritiert an. »Sie hat doch seit Jahren nicht mehr ihre Visionen gehabt. Wieso denn jetzt?«

Sabrina überlegte. »Ich habe sie noch nicht so erlebt. Ich weiß es nur aus Erzählungen. Aber sie ist sehr aufgewühlt seit einigen Tagen. Sie ist über beide Ohren in einen jungen Arzt verliebt, der neulich eines unserer Kinder in der Schule behandeln musste. O Sven! Wenn es stimmen würde! Das bedeutet, dass du behütet wirst und ich ein Kind empfangen habe.«

Sven lächelte sie an. »Oder noch empfangen wirst, Liebste. Wir haben noch ein paar Tage Zeit, um auf Nummer sicher zu gehen. Wir sollten nicht länger warten.«

Der erste Salut
(Juli–Dezember 1776)

Ingrid war noch ganz erfüllt von Szenen des Unterrichts, den sie einigen Mädchen zusätzlich erteilt hatte. Die Mädchen kamen aus Familien, die erst kürzlich eingewandert waren und noch Schwierigkeiten mit der englischen Sprache hatten. Aber sie waren sehr willig und extrem dankbar. Ingrid musste lächeln, als sie daran dachte, wie alle Kinder sie auf einmal umarmen wollten.

Dabei rannte sie einen alten Mann fast um.

»Immer langsam, Miss Larsson«, wehrte er sich lächelnd. »Lassen Sie einen alten Mann noch ein wenig leben.«

Ingrid erkannte ihn. Das war der alte Hausmeister der Schule, die sie als Kind besucht hatte. »Onkel John« nannte ihn alle Welt.

»O Verzeihung, Onkel John! Ich war so in Gedanken. Es ist Ihnen doch nichts geschehen?«

»Aber nein, Miss Larsson. Ich halte schon noch etwas aus. Sie haben wohl daran gedacht, wie es sein wird, wenn sie das schöne Haus ganz allein haben, vielleicht noch mit einem Ehemann.« Er lächelte schelmisch.

»Ich weiß überhaupt nicht, was Sie meinen, Onkel John. Wieso sollte ich das Haus allein haben?«

Onkel John kratzte sich an den Haaren und blinzelte verschmitzt.

»Onkel John weiß alles. Er weiß auch, dass Ihre Stiefschwester Sabrina ihren und den Anteil ihres Mannes am Haus an die Bank verkaufen will. Wenn ein gewisser Herr Doktor genug Geld hat, könnten Sie die Anteile dort zurückkaufen und allein im Haus sein.«

Ingrid war ein wenig rot geworden, als er den »Herrn Doktor« erwähnte.

»Ich habe schon oft gehört, dass Sie alles wissen, Onkel John. Aber mit Sabrina haben Sie sich geirrt. Die will eher mich auszahlen, als dass sie ihre Anteile verkauft.«

Onkel John blickte eigensinnig. »Aber ich habe es selbst bei Jimmy Wilder gehört, der bei Gericht als Schreiber arbeitet. Sabrina war bei ihm und hat die Übertragung ihrer Rechte und der ihres Mannes an die Bank beantragt. Morgen soll die Unterzeichnung sein. Ich habe Sabrina selbst aus dem Gericht gehen sehen und Jimmy gefragt, was sie dort wollte.«

»Wann war das?«

»Gestern Vormittag.«

Ingrid triumphierte. »Sie kann es nicht gewesen sein. Sie hat den ganzen Vormittag in der Klasse neben mir unterrichtet.«

Onkel John blickte ratlos. »Aber ich hab sie doch gesehen. Oder hat sie eine Doppelgängerin?«

Als er dieses Wort erwähnte, wurde Ingrid stutzig. Ihr Bruder hatte doch von einer Frau erzählt, die Sabrina zum Verwechseln ähnlich sah und sich eigentlich nur durch ein Muttermal am Hals unterschied. Und Sabrina hatte die Frau doch einmal kurz gesehen und hinterher noch zu ihr gesagt, dass sie zwar sehr ähnlich aussehe, aber doch ein wenig älter und gröber im Gesicht.

»Jimmy Wilder war doch zwei Klassen über mir, nicht wahr, Onkel John?«

»Ja, aber Sie dürfen nicht sagen, dass Sie etwas von mir wissen. Ich hätte doch aus dem Gericht nichts heraustragen dürfen.«

»Niemand erfährt Ihren Namen, Onkel John. Ich hab Sie doch immer bewundert.«

Onkel John sah Ingrid geschmeichelt nach, die schnell nach Hause eilte.

Kaum war sie im Haus, da rief Ingrid schon laut nach Sabrina.

»Was schreist du denn das ganze Haus zusammen? Wir haben uns doch vor einer Stunde noch gesehen.«

Ingrid fasste Sabrinas Hand und erzählte ihr von der Begegnung. »Du hast doch von der Frau vom gekaperten Schiff erzählt. Es soll eine frappierende Ähnlichkeit sein. Wer dich nicht täglich sieht, könnte doch einer Verwechslung aufsitzen!«

»Ja, aber warum?«

»Um an dein Geld zu kommen, du Dummchen.«

Sabrina schlug die Hand vor den Mund. »Jetzt wird mir alles klar. Die Frau war doch wütend, weil Lars das Schiff gekapert hatte, in dem das Geld ihres Mannes steckte. Und raffiniert genug wirkte sie. Wir müssen sofort zu Jimmy Wilder.«

Ingrid hob die Hand. »Dass du aber nicht den Namen von Onkel John erwähnst.«

Ingrid spähte durch den halb vorgezogenen Vorhang im Gerichtsgebäude. Die Frau, die dort zum Eingang schritt, sah Sabrina in der Tat zum Verwechseln ähnlich. Allerdings: Sabrina würde etwas gedecktere Farben für ihre Kleidung bevorzugen und einen etwas kleineren Hut wählen. Aber welcher Fremde wusste das so genau? Und der Mann an ihrer Seite war auch echt. Ingrid kannte ihn aus der Bank an der Cedar Street.

Sie nickte Jimmy Wilder und Sabrina zu, die sich am Tisch gegenübersaßen. »Sie kommen!«

Jimmy fragte seinerseits in Richtung auf die halb offene Tür an seiner Seite: »Alles bereit?«, und eine Stimme antwortete: »Alles bereit!«

Nach Jimmys »Herein!« wurde die Tür geöffnet, und die Doppelgängerin trat mit dem Bankkaufmann ein. Sie sah Sabrina nur von hinten, stutzte aber.

Jimmy begrüßte den Banker: »Guten Tag, Mr Salter. Wen bringen Sie da mit? Mrs Larsson ist doch schon hier.«

Mr Salter riss vor Erstaunen den Mund auf. Die Doppelgängerin blickte entsetzt drein. Jetzt drehte sich Sabrina langsam um und sah ihr gerade in die Augen. Die Doppelgängerin wollte weglaufen, aber hinter ihr sagte eine tiefe Stimme. »Bleiben Sie nur hier! Sie müssen dem Gericht noch einige Fragen beantworten.«

Aus der Tür seitlich von Jimmy Wilder trat ein Mann. »Ich bin Marshal Garter. Kein Grund zur Aufregung, Mr Salter. Wir interessieren uns nur für die Dame an Ihrer Seite. Mrs Larsson konnte sich nicht genau an den Namen erinnern.«

Die Doppelgängerin hatte sich gefasst und lächelte höhnisch. »Sie will sich wohl nicht erinnern, wem ihr Mann sein Geld geraubt hat. Ich bin Emily Frowler und will mir nur zurückholen, was mir und meinem Mann gestohlen wurde.«

Der Marshal blickte sie ernst an. »Erzählen Sie das dem Richter, Mrs Frowler, und zeigen Sie ihm Ihre amtliche Lizenz, die Sie berechtigt, die Vollmacht von Mr Larsson zu fälschen, die Sie Mr Wilder vorgelegt haben.«

Mrs Frowler konnte ihre Wut nicht mehr beherrschen. »Ihr verdammten Rebellen! Ich pfeife auf eure amtlichen Lizenzen! Das sind Fälschungen von Räubern für Räuber! Ich warte auf den Tag, an dem ich euch alle hängen sehe!«

Der Marshal und sein Gehilfe packten sie an den Armen und zogen sie aus dem Raum.

Mr Salter von der Bank blickte verstört. Jimmy Wilder erklärte ihm alles, unterstützt von Sabrina und Ingrid.

»Aber was sollen wir in der Bank denn nun tun, wenn jemand als Mrs Larsson Geld abheben will?«, fragte er beunruhigt.

Ingrid sandte ihm einen ihrer spöttischen Blicke zu. »Der Marshal hat mir gesagt, dass man die Frau ausweisen werde. Und außerdem müssen Sie sich immer den Hals zeigen lassen. Die Fremde hat dort ein Muttermal, meine Schwester nicht!« Und sie tippte auf eine Stelle, die vom Hals schon recht weit zum Busen ging. Mr Salter schaute irritiert, und Sabrina konnte sich das Lachen kaum verkneifen.

Die *Freedom* glitt mit leichtem Seitenwind durch eine sanfte Dünung. Ein Mann Anfang vierzig schritt neben dem Kapitän über das Deck und sagte: »Das ist ein Tag auf See nach meinem Geschmack. Alles ist moderat. Der Wind will einen nicht ständig über Deck blasen. Die Wellen schütteln das Schiff nicht so durch, dass man von einer Ecke in die andere fliegt, und man wird hoffentlich einmal im Magen behalten können, was man gegessen hat.«

Sven Larsson lachte. »Sie übertreiben, Mr Gordon. Sie haben sich doch auch im Sturm recht gut gehalten. Einmal musste ich Sie regelrecht zwingen, unter Deck zu gehen. Mr Bradwick würde es mir nie verzeihen, wenn mir der Beauftragte der Handelskammer für die karibischen Inseln über Bord gehen würde.«

»Sie wissen anscheinend nicht, Mr Larsson, wie es bei Sturm unter Deck stinkt, wenn alle Luken geschlossen sind. Da ist es die angenehmere Alternative, über Bord zu gehen.«

Die beiden verstanden sich gut, wie sie in der gemeinsamen Zeit an Bord mit Freude bemerkt hatten. Mr Gordon war ein erfahrener Kaufmann, ein überzeugter Patriot, ein Kenner der Karibik mit ausgezeichneten französischen Sprachkenntnissen und nebenbei ein humorvoller und angenehmer Gesellschafter. Er sollte den Nachschub an Waffen und vor allem Schießpulver von den französischen und holländischen Inseln für die amerikanischen Kolonien organisieren.

Und Mr Gordon war ein kenntnisreicher und temperamentvoller Plauderer. Er hatte bald bemerkt, dass Sven ein wenig darunter litt, dass er auf See immer von Informationen abgeschnitten war und daher an Land bei Diskussionen im Nachteil war.

»Ich kann Sie gut verstehen, Mr Larsson«, sagte er jetzt. »Wir sind am 1. Juli ausgelaufen. An dem Tag sollte im Kongress über den Antrag Virginias, eine Erklärung zur Unabhängigkeit zu verabschieden, diskutiert werden. Ich würde sonst etwas darum geben, wenn ich wüsste, zu welchem Ergebnis man nun gekommen ist.«

Sven schüttelte den Kopf. »Kann es denn nach den bisherigen Beschlüssen noch etwas anderes geben als die Erklärung der Unabhängigkeit? Ich verstehe manchmal nicht, warum das so lange dauert.«

»Lieber Herr Larsson, faktisch sind wir schon unabhängig, und die Erklärung muss auch einmal kommen. Aber die so genannten Mittelkolonien Pennsylvania, New York, Delaware, New Jersey und Maryland haben noch Skrupel. Bitte bedenken Sie, wenn wir jetzt die Unabhängigkeit erklären, stoßen wir dann nicht Frankreich und Spanien, deren Hilfe wir in diesem Kampf brauchen, vor den Kopf?«

»Warum, Mr Gordon?«

»Diese Staaten müssen doch fürchten, dass ein neuer Staat in Nordamerika früher oder später auch ihre Kolonien auf diesem Kontinent zum Beitritt verführen oder zwingen würde.«

Sven nickte. »Das leuchtet ein.«

»Und im ursprünglichen Entwurf wird die Versklavung der afrikanischen Völker durch England gebrandmarkt. Wie sollen Süd-Karolina und Georgia dem guten Gewissens zustimmen, wo sie selbst die Sklaverei in ihren Staaten dulden? Und die Delegierten einiger Staaten haben zum Thema Unabhängigkeit zum letzten Mal vor zwölf Monaten ein Votum ihrer Wähler erhalten. Was hat sich inzwischen alles geändert?«

»Und warum erwarten Sie angesichts dieser Schwierigkeiten doch, dass in diesen Tagen die Entscheidung fällt, Mr Gordon?«

»Der Kongress hatte John Adams, Dr. Benjamin Franklin, Thomas Jefferson und zwei andere Herren als Ausschuss eingesetzt, um einen Entwurf zu formulieren, der die bisherige Diskussion berücksichtigt. Ich kenne Mr Jefferson. Er und die anderen waren so entschlossen, Erfolg zu haben, und sie repräsentieren ein wichtiges Spektrum der Abgeordneten, dass ich sicher bin, sie werden es schaffen.«

Sven bekräftigte: »Auch mir wäre die Klarheit lieber. Frankreich und Spanien wissen doch auch, worauf es hinausläuft. Und sie wissen auch, dass wir es ohne ihre mindestens materielle Hilfe nicht schaffen. Darum reisen Sie doch auch in die Karibik. Die Staaten …«

»Deck!«, unterbrach sie der Ruf des Ausgucks. »Viele Segel zwei Punkt voraus!«

Sven stieß eine Entschuldigung hervor, griff sich das nächstbeste Teleskop und rannte die Wanten empor. Oben schlang er den Arm um den Mast und spähte über das Toppsegel voraus. Ja, dort wuchs ein Wald von Masten empor. Gut acht Meilen entfernt segelte dort ein Konvoi. Das konnten nur britische Schiffe sein.

In aller Eile enterte Sven ab und instruierte Karl und Adam, die ihm erwartungsvoll entgegensahen. »Ein britischer Konvoi kreuzt uns entgegen. Sofort alle Segel setzen! Kurs West-Süd-West! Ausguck verdoppeln!«

»Aye, aye, Sir«, bestätigten die beiden und erteilten Befehle.

Mr Gordon stand ein wenig fremd in der Unruhe, die an Deck um ihn ausgebrochen war. Sven ging zu ihm.

»Kein Grund zur Beunruhigung. Ein Konvoi kreuzt uns entgegen. Ich sah mindestens fünf Begleitschiffe und mehr als fünfzehn Transporter. Das kann nur ein britischer Konvoi sein. Aber was will er hier?«

»Gab es nicht Nachrichten über britische Landungen auf Long Island bei Charleston Mitte Juni?«, fragte Gordon.

Sven nickte. »Ja, aber eigentlich hatte ich erwartet, dass dann Verstärkungen in Richtung Charleston segeln und nicht entgegengesetzt. Wir hatten auch Berichte, dass die Briten mit starken Kräften jeden Tag bei New York landen könnten. Aber diese Truppen kämen doch nicht aus dem Süden. Nun, wir werden es schon noch erfahren. Und vorerst gehen wir diesem Rudel erst einmal aus dem Weg.«

Vom Konvoi sahen und hörten sie nichts. Aber dem Sturm, der in der Nacht aus Nord-Nord-West aufkam, dem konnten sie nicht aus dem Wege gehen.

Armer Mr Gordon, dachte Sven und hüllte sich so dicht in seinen Wachsmantel, wie es nur ging. Sie führten nur noch Sturmsegel und glitten doch pfeilschnell durch die wilde See. Wenigstens in die richtige Richtung dachte Sven und fluchte, als ihn wieder ein Wasserschwall bis auf die Knochen durchnässte.

Er war froh, als ihn Mr Selberg ablöste. Er meldete ihm die neuen Daten und sagte, dass alles wohl in vier Stunden vorbei wäre. »Uns tut ein solcher Sturm noch nicht weh, aber die Schiffe im Konvoi kann er ganz schön durcheinanderwirbeln.«

»Da hält sich mein Mitgefühl in Grenzen, Mr Larsson«, antwortete der Obersteuermann und grinste diabolisch.

Am Morgen hatte der Sturm schon wesentlich nachgelassen, und zu Svens Überraschung steckte auch Mr Gordon seinen Kopf aus dem Niedergang.

»Herr Kapitän!«, rief er. »Ich glaube, mir wachsen schon Seebeine.«

»Das wäre ja wunderbar«, antwortete Sven. »Dann könnte ich Sie im Notfall ja in der Takelage einsetzen.«

Mr Gordon hob die Hand. »Um Gottes willen! Ich bin froh, dass ich mich in der Nacht nicht übergeben musste, jetzt ohne Schwindelgefühl stehen kann und mich sogar aufs Frühstück freue.«

»Dann lassen Sie uns gemeinsam speisen. Es war auch nur ein mittlerer Sturm.«

Um die Mittagszeit deutete nichts mehr darauf hin, dass sie einen Sturm abgewettert hatten. Die Mannschaften kamen lachend an Deck, um den Rest ihrer Mittagspause zu genießen. Die Stimmung war gut, denn der Smutje hatte das Rindfleisch mit Sauerkraut lecker zubereitet.

Auch Sven und Mr Gordon begannen einen kleinen Verdauungsspaziergang. Mr Gordon wies mit der Hand voraus auf eine dunkle Wolke, die bis auf die See hinabreichte. »Kommt da etwa schon wieder ein Sturm, Mr Larsson?«

Sven hatte die Wolke schon vor dem ersten Schritt beäugt und beruhigte ihn, dass sei nur ein Regenschauer, der vorüberziehe.

Sie waren noch nicht weit mit ihrer Diskussion der politischen Absichten verschiedener Zeitungen gekommen, als der Ausguck rief: »Deck! Ein oder zwei Wracks voraus!«

Sven schüttelte den Kopf. Ein oder zwei? Was denn nun? Er blickte voraus und sah hinter den vorbeiziehenden Regenschauern Schiffe ohne Segel auftauchen, die dicht beieinander lagen.

Er winkte einem jungen Steuermannsmaat und befahl ihm, mit dem Teleskop aufzuentern.

»Wenn wir Glück haben, ist es ein leicht beschädigter Transporter, der im Sturm vom Konvoi getrennt wurde«, sagte er zu Mr Gordon.

»Das Glück wünsche ich Ihnen und eine wertvolle Ladung für den Transporter dazu, Mr Larsson«, antwortete der.

Vom Ausguck hörten sie: »Deck! Zwei Segelschiffe mit eingerollten Segeln! Anscheinend mit Reparaturen beschäftigt!«

»Sie scheinen recht zu haben, Mr Larsson. Und dann noch doppeltes Glück.«

Sven klopfte dreimal mit dem Knöchel auf die Reling. »Nicht beschreien, Mr Gordon. Wissen Sie denn nicht, wie abergläubig Seeleute sind?«

Jede Meile, die sie sich den Schiffen näherten, schien ihr Glück zu bestätigen. Zwei Schiffe lagen Rumpf an Rumpf. In der Takelage wurde ohne Zweifel gearbeitet. Eine Dreimastbark und eine Brigg. Die Rümpfe waren anscheinend unbeschädigt.

Sven ließ alle Kanonen bemannen und das Schiff kampfbereit machen. Die Seeleute waren mit Feuereifer bei der Sache.

»Dat bringt Knete, Junge«, flüsterte einer seinem Kameraden zu. »Dat sind Handelsschiffe, und mehr als vier Sechspfünder hat da keener. Die ham wa so jut wie eingesackt.«

»Beschrei es nicht. Es kann immer was passieren«, antwortete sein Kumpel.

»Ruhe an Deck!«, brüllte Obersteuermann Selberg. Die *Freedom* legte sich so vor die Schiffe, dass sie den Windvorteil hatte und beide Hecks beschießen konnte.

»Hier ist der Schoner *Freedom* aus Philadelphia!«, rief Sven durch die Sprechtrompete. »Streichen Sie die Flagge, und erwarten sie unser Prisenkommando!«

Alle Kanonen waren auf die Handelsschiffe gerichtet. Auch die Scharfschützen zielten mit ihren Rifles. Aber auf den Handelsschiffen zeigte sich kein Widerstand. Sie holten die Flaggen ein und erwarteten das Prisenkommando.

Die *Freedom* trieb noch ein wenig vorwärts und konnte jetzt auch die Breitseite der Bark sehen. Sven erkannte, wie Uniformierte aus dem Niedergang kamen und sich mit Musketen hinter die Aufbauten kauerten.

»Vorsicht! Schützen an Deck!«, rief er, aber da knallten drüben schon Schüsse. Sven wurde die Sprechtrompete mit lautem Krach aus der Hand gefegt. Instinktiv duckte er sich und suchte nach Deckung. Dann merkte er, wie sein Daumen brannte. Durch einen Riss sickerte Blut.

Wut stieg in Sven hoch. Dass die Kerle trotz eingeholter Flagge schossen! Dass er sich so einen Schreck hatte einjagen lassen! Dass ihn der Daumen schmerzte. Zornig schrie er: »Schießt die Kerle ab!«

Aber ihre Scharfschützen hatten schon aufgeräumt. Und nun liefen auch Seeleute auf der Bark zu den Schützen, rissen ihnen die Musketen weg und warfen sie ins Meer. Dann schwenkten sie weiße Flaggen.

Karl Bauer, der Untersteuermann, legte mit dem Prisenkommando ab und enterte zunächst die größere Bark. Er ließ die gesamte Besatzung auf dem Vorschiff zusammenkommen und nach Waffen durchsuchen, schickte drei Mann zur Suche unter Deck und delegierte erst dann Adam mit zehn Männern auf die Brigg.

Die Gefangenen machten einen erschöpften Eindruck.

»Wir haben den Sturm voll abbekommen«, berichtete der Kapitän der Bark. »Zehn Stunden rangen wir mit ihm, hatten einen Bruch des Vormastes und einiger Rahen. Dann, als es ruhiger wurde, haben wir geschuftet, um das Schiff wieder klarzumachen. Ich ahnte schon, dass einer dieser verdammten Kaper auftauchen könnte.«

»Ihr Pech! Unser Glück!«, kommentierte Karl lakonisch und forderte den Kapitän auf, sein Gepäck für das Übersetzen auf den Schoner fertig zu machen. »Ihre beiden Steuermänner begleiten Sie«, fügte er hinzu.

»Und was wird mit dem Hauptmann?«, fragte der Kapitän.

»Welcher Hauptmann?«

»Na, der von der Artillerie, dessen Kanoniere eben noch verrückt spielten und mit Musketen ballerten.«

»Soll mit Ihnen gehen!«, entschied Karl. »Wo ist er denn überhaupt?«

»Der liegt unten in seiner Koje und ist wahrscheinlich noch seekrank oder besoffen oder beides.«

Der Hauptmann wurde geholt, blinzelte aus geröteten Augen in den hellen Tag und wollte wissen, was los sei. Seine stockende Sprache verriet, dass er noch oder schon wieder betrunken war.

Als Karl ihn aufklärte, dass die Bark von einem amerikanischen

Schoner gekapert sei, wollte er nach einem Degen greifen und fluchte, als er entdeckte, dass er keinen umgeschnallt hatte. Untersteuermann Bauer wies zwei Seeleute an, ihn in den Kutter zu schaffen.

»Warum haben Sie einen Trupp Kanoniere an Bord?«, fragte er den Kapitän.

»Weil sie ihre Feldkanonen und Mörser auf mein Schiff geladen haben, als sie vor Fort Sullivan den Schwanz einkniffen und wohl Angst hatten, wir könnten ihre Ballerröhren beschädigen.«

Kanonen und Mörser, das wird den Kapitän freuen, dachte sich Karl.

Was über die Ladung der Schiffe berichtet wurde, erfreute nicht nur den Kapitän, sondern alle, die davon erfuhren. Neben Kanonen und Mörsern, dem dazugehörigen Pulver und der Munition waren auch tausend Gewehre mit Bajonetten und Munition geladen, mit denen die Briten die Loyalisten in Süd-Karolina bewaffnen wollten.

»Dann sind sie also vor Charleston abgezogen«, bemerke Mr Gordon mit fragendem Unterton.

»Kommen Sie«, antwortete Sven. »Hören wir uns in meiner Kajüte an, was die Kapitäne und der Hauptmann zu sagen haben.«

Der Hauptmann schien durch den Transport auf den Schoner etwas ernüchtert zu sein, aber den besseren Überblick hatte der Kapitän der Bark.

»Die Truppen waren schon lange auf Long Island, aber sie warteten über zwei Wochen, bis der Herr Admiral sich entschloss, Fort Sullivan mit seinen Schiffen von See aus zu bombardieren.«

»Welcher Admiral?«, fragte Sven dazwischen.

»Na, Sir Peter Parker. Seine drei Fregatten kamen nicht einmal in Schussposition. Sie wollten ja nicht auf uns hören und nahmen sich einheimische Lotsen. Ich vermute, dass die sie auf Untiefen gelockt haben. Ein Schiff mussten sie aufgeben und verbrennen, die *Actaeon,* und auf seinen beiden 50-Kanonen-Schiffen hatte Admiral Parker herbe Verluste.«

Sven musste sich beherrschen, um seine Freude nicht zu deutlich zu zeigen. »Und die Armee, Herr Hauptmann, welche Erfolge hat die aufzuweisen?«

Der Hauptmann sah ihn mit seinen hervorquellenden Augen böse an und kniff die dicken Lippen zusammen.

Aber der Kapitän antwortete an seiner Stelle. »Die haben doch den größten Bock geschossen. Sie sollten die Meerenge von Long Island nach Sullivan Island durchwaten und Fort Sullivan von der Landseite angreifen. Aber die Herren haben es in der ganzen Zeit nicht geschafft, die Wassertiefe zwischen beiden Inseln auszuloten. Als die Soldaten angreifen sollten, ging ihnen das Wasser bis über den Kopf, und der Angriff fiel förmlich ins Wasser.«

Mr Gordon schaltete sich ein. »Herr Kapitän! Die Briten wurden vor Charleston zurückgeschlagen. Sie sind Brite. Ihr Schiff wurde gekapert. Aber keines der beiden Ereignisse scheint sie sehr zu betrüben. Erklären Sie mir das bitte.«

Der Kapitän holte tief Luft und äußerte mit bösen Blicken auf den Hauptmann seinen Ärger über die Armee, die sich auf den Schiffen aufführe, als seien die Seeleute die Diener, und dann fuhr er fort: »Ich bin doch im Konvoi gesegelt und bin bei Lloyds für einen solchen Fall versichert. Mir kann niemand eigenmächtiges Verlassen des Konvois anlasten. Die Versicherung muss zahlen. Sollen die Herren doch ihre Kriege führen. Ich will nur friedlichen Handel.«

Sven sah Mr Gordon an und ließ die Gefangenen in ihre Kammern führen. »Wie man sieht, sind nicht alle Briten begeistert von der Politik ihrer Regierung«, sagte er. »Uns soll das nur recht sein. Und wir können die Prisen jetzt nach Charleston einbringen, wo es ein Prisengericht gibt. Das wird uns in unserer Reise nicht lange aufhalten.«

»Waren Sie schon einmal in Charleston, Mr Larsson?«

»Charleston war praktisch der erste fremde Hafen, den ich als ganz junger Seemann angelaufen habe. Ich durfte nur in Begleitung von Mr Borg an Land gehen, meiner Jugend wegen. Prompt wurde ich im Hafenviertel überfallen, und Mr Borg hat dem Räuber den Unterarm gebrochen.«

Mr Gordon sah ihn mit großen Augen an. »Was Seeleute so alles erleben. Mich verbindet mit Charleston nur eine politische Brieffreundschaft mit einem Mr Talbot, einem klugen Korrespondenten. Ich hoffe, unser kurzer Aufenthalt gibt mir Gelegenheit, ihn persönlich kennen zu lernen.«

»Gewiss, Mr Gordon. Ich muss ja aufs Prisengericht, und die Mannschaft wäre bitterböse, wenn sie nicht die Nacht im Hafen saufen, randalieren und huren könnte. So etwas erleben Seeleute auch.«

Sven und Mr Gordon standen an Deck, als sie tags darauf in die Bucht einliefen. Sven musste sehr an sein erstes Einlaufen denken. Damals hatte ihm der Untersteuermann gezeigt, worauf er jetzt Mr Gordon hinwies, auf die Landzunge »Sullivan« und die kleine Ansiedlung »Mount Pleasant«, auf »Fort Johnson« gegenüber an Backbord.

»Fort Sullivan gab es damals noch nicht. Es ist mit Erdwällen gebaut worden und liegt dort.« Sven zeigte mit ausgestreckter Hand, aber viel war wirklich nicht zu sehen.

Später entdeckten sie vor sich viele Schiffe mit eingeholten Segeln. Aber sie hatten ihre Flaggen gesetzt.

»Ist das Charleston, Herr Kapitän?«

»Ja, die Stadt liegt auf der Halbinsel, die vom Ashley River dort links und vom Cooper River hier rechts gebildet wird. Wir werden an der Seite des Cooper River anlegen. Sehen Sie die Schiffe? Die haben sicher zur Feier des Sieges geflaggt.«

Doch auch sie wurden beachtet. Die Mannschaften auf den ankernden Schiffen wiesen sich auf die *Freedom* und die beiden Prisen in ihrem Gefolge hin. Die Prisen waren ja sofort zu erkennen, weil sie die kontinentale Flagge über der britischen trugen. Man jubelte ihnen zu, und die Mannschaft der *Freedom* winkte zurück.

»Ist das nicht ein schöner Empfang?«, fragte Sven. »Sehen Sie, wir werden dort steuerbord voraus ankern. Sie können mit mir an Land gehen. Aber bitte seien Sie spätestens vor zehn Uhr morgens wieder an Bord. Dann segeln wir.«

»Mr Larsson, ich werde nicht so lange bleiben und hoffe, dass wir heute an Land gemeinsam speisen können.«

An Land merkten sie, dass nicht nur der Abzug der Briten gefeiert wurde. In großen Buchstaben meldeten Zeitungen die Erklärung der Unabhängigkeit der dreizehn amerikanischen Kolonien. Gestern habe ein Depeschenschoner die Nachricht gebracht. Am vierten Juli sei die Erklärung beschlossen worden.

»Sie haben Mr Jefferson und seinen Weggefährten zu Recht vertraut, Mr Gordon. Nun werden wir sehen, wie die Spanier und Franzosen reagieren.«

Es war an diesem Tag in Charleston schwer, Menschen zu finden, die ihrer alltäglichen Arbeit nachgehen wollten. Man konnte dagegen allenthalben hören, wie tapfer Oberst William Moultrie das Fort auf Sullivan Island verteidigt habe, wie knapp den Verteidigern die Kanonenkugeln geworden seien und wie stark Admiral Parkers Flaggschiff beschädigt wurde.

Andere wollten mit Sven immer wieder auf die neue Unabhängigkeit trinken.

»Lasst mich in Ruhe!«, knurrte er schließlich. »Praktisch hat sich doch überhaupt nichts geändert.«

Auch in der Firma, die die Interessen der Reederei Bradwick in Charleston wahrnahm, dauerte es geraume Zeit, bis der Schreiber den Büroleiter auftreiben konnte. Als er erschien, dienerte er und entschuldigte sich, als er Sven an seiner Uniform als Kapitän erkannte.

»Ich habe schon gehört, Sir, dass die *Freedom* mit zwei Prisen eingelaufen ist, aber ich dachte, Sir, Sie würden heute bei den Feiern nicht gestört werden wollen. Morgen hätte ich Sie aufgesucht, Sir.«

»Morgen will ich schon wieder auslaufen. Wir sind etwas in Eile. Darum muss ich Sie heute bitten, die Prisen beim Prisengericht anzumelden und den Verkauf zu betreuen. Ich habe die Papiere bei mir. Die Kapitäne sind in Obhut der Hafenbehörden und können befragt werden.«

Der Agent machte ein betretenes Gesicht. Sven wunderte sich, denn Anmeldung und Verkauf von Prisen brachte doch auch ihm einen guten Anteil.

»Was ist, mein Herr? Sind Prisen hier nicht willkommen?«

Der Agent wehrte ab. Natürlich seien sie willkommen. Es sei nur so, dass der Büroleiter des Prisengerichts jetzt immer eine gewisse Summe als Geschenk erwarte, damit er die Bearbeitung nicht auf ewig verschiebe. Und er habe dann das Problem, wie er das den Kapitänen in Rechnung stellen solle.

»Wollen Sie sagen, ein Gerichtsbeamter will bestochen werden?«, empörte sich Sven.

»So direkt fordert er das ja nicht, Herr Kapitän. Aber wenn ich nichts über den Tisch schiebe, landet unser Antrag immer am Ende der Liste.«

Sven konnte sich nur schwer beherrschen, musste aber schließlich einsehen, dass er gegen die Korruption kaum etwas unternehmen konnte, wenn er morgen schon wieder auslaufen wollte. Er verabredete mit dem Agenten eine erträgliche Summe, die nicht überschritten werden dürfe, und verabschiedete sich in wesentlich schlechterer Stimmung als bei seinem Eintritt.

Für den Abend hatte er mit seinen Steuerleuten und dem Bootsmann schon länger ein Essen geplant. Mr Gordon hatte er informiert, in welcher Straße, an welcher Ecke sie etwa ein Restaurant suchen würden. So genau erinnere er sich leider nicht mehr. Er könne ja zu ihnen stoßen. Mr Gordon hatte eingesehen, dass er die ältere Vereinbarung nicht umwerfen könne.

Aber als Sven jetzt mit Mr Selberg, Mr Bauer und Mr Borg die Straße entlangging, hatte er Mühe, sich zu erinnern. Manches hatte sich verändert. Aber vor allem wirkte die Szenerie mit den lachenden und frohen Menschen, die Fahnen schwenkten und sich zuprosteten, so ganz anders.

Sven und seine Freunde redeten sich in Gegenwart anderer immer mit »Sie« an. Das war auf Schiffen, in denen auf Disziplin geachtet wurde, eigentlich überall üblich. Das hinderte sie nicht, sich ungezwungen an ihren früheren Besuch in Charleston zu erinnern.

»Im Frühjahr siebzig hat uns Mr Borg die Stadt gezeigt. Es war meine erste Reise. Und mich, den Neuling, haben dort hinten Straßenräuber überfallen. Die beiden Herren haben mich dann rausgehauen«, erzählte Sven Mr Selberg.

Der Obersteuermann war auch einmal in einem Hafenviertel überfallen worden und wollte gerade die Geschichte ausbreiten, als vor ihnen eine offene Kutsche hielt und ein Herr ihnen aus dem Fond zuwinkte. Dann stieg er aus, und sie erkannten Mr Gordon.

»Wie gut, dass ich Sie gefunden habe in diesem Gewimmel, meine Herren. Mr Talbot ist noch dort in der Kutsche. Er lädt uns alle zum Abendessen ein. Er ist ein reizender uralter Herr, der hier jeden kennt und unendlich viel über die Stadt erzählen kann. Ich würde mich sehr freuen, wenn wir gemeinsam speisen könnten.«

Sven war zunächst nicht so begeistert von dem Vorschlag. Er hatte sich auf die Unterhaltung mit den alten Kameraden eingestellt, aber dann dachte er daran, wie interessant Mr Gordon erzählen konnte. Wenn sein Korrespondenzfreund davon auch etwas darbieten könne, wäre ein unterhaltsamer Abend garantiert. Also sagte er auch im Namen seiner Offiziere zu.

Mr Gordon winkte zum Wagen und freute sich. »Wir sollen dort vorn links abbiegen, dann würden wir nach wenigen Schritten das Restaurant mit dem Posthorn sehen. Kommen Sie! Mr Talbot hat mir schon so viel von Charleston gezeigt. Das alte Pulvermagazin, die St. Andrews Parish Church, fast hundert Jahre alt, und ein Museum, das vor drei Jahren gegründet wurde. Der Mann ist ein Phänomen! Schon siebzig Jahre alt, körperlich etwas klapprig, aber geistig von einer Vitalität, dass man kaum mitkommt. Aber erleben Sie ihn selbst.«

Mr Talbot war ein mittelgroßer, dürrer Mann mit einem schlohweißen Haarkranz. Er strahlte, als sie in das Restaurant eintraten, und winkte ihnen zu.

»Kommen Sie, kommen Sie, meine Herren! Ich lade Sie herzlich ein, die Gaumenfreuden des Low Country zu genießen. So wunderbar schmeckt es nur an der Küste Süd-Karolinas.«

Er schüttelte allen die Hände und unterbrach seinen im etwas singenden Tonfall vorgetragenen Wortschwall nicht. Sie sollten sich überraschen lassen. Er habe schon alles bestellt. Zwischendurch forderte er sie auf, die Gläser zu heben. Ein Kellner hatte schon eingeschenkt.

»Ein herrlicher spanischer Wein«, versicherte Mr Talbot und hatte darin zumindest recht.

Dann servierten die Kellner »Creamy Crab Soup«, wie Mr Talbot ansagte.

»Vergessen Sie heute alles, was Sie an Vorurteilen der Seeleute über Fischspeisen gehört haben. Unsere Speisen sind ganz anders. Kosten Sie nur!«

Sven und seine Freunde mussten Mr Talbot recht geben. Abgestimmt mit schwarzem Pfeffer und Sherry schmeckte das Krabbenfleisch in der Suppe delikat. Sie lobten auch die »Low Country Seafood Casserole«, das »St. Andres Stew«, hinter dem sich köstlich gewürzte Hähnchenbrüste auf Kalbfleisch verbargen, »Lobster Savannah« und zum Schluss den »Blackberry Cobbler«, eine schmackhafte Süßspeise.

Mr Talbot hatte wenig gegessen. Er unterhielt sie ohne Pause. Kein Wunder, dass er so dürr ist, er findet ja keine Zeit zum Essen, dachte Sven, unterbrach aber selbst sein Essen, als Mr Talbot über einige Hintergrundinformationen zum Angriff auf Charleston plauderte.

»Die Briten hatten den Zeitpunkt nicht schlecht gewählt. Die Königstreuen warteten auf Waffen zum Losschlagen, und im Hinterland griffen die Cherokees unsere Siedlungen an. Charles Lee, der die Patrioten kommandierte, war denn auch dafür, das unfertige Fort auf Sullivan Island aufzugeben und alle Kräfte auf die Verteidigung von Charleston zu konzentrieren. Aber William Moultrie, der das Fort kommandierte, widersetzte sich. Der Mann ist stur wie ein Esel, sage ich Ihnen. Ich hab ihn als Kind auf den Knien gewiegt. Er konnte kaum laufen, da wollte er einen Taler, den er gefunden hatte, nicht hergeben. Das Kindermädchen befahl und drohte. Da hat er den Taler einfach verschluckt. Sie haben ihm Rizinusöl gegeben, damit der Taler nicht im Bauch stecken blieb. So ein Dickkopf ist das! Aber er hat den Briten widerstanden und ist jetzt der Held des Tages. Nun muss er Champagner schlucken, aber der schmeckt ja auch besser als Rizinus.«

Adam verschluckte sich am Essen, so musste er lachen. Mr Talbot würzte jeden Gang mit Erzählungen über die großen Familien von Charleston. Er schien alle von Kindheit an zu kennen.

Zwischendurch karikierte er eine Sitzung des Prisengerichtes und bemerkte auch während seines Vortrages, dass Sven ein böses Gesicht zog.

»Hatten Sie Ärger mit dem Prisengericht, Herr Kapitän?«

Sven berichtete über das Gespräch mit dem Agenten.

»Das kann nur Eduardo Tanini sein. Einwanderersohn, aber schon hier geboren. Seine Frau hat Drillinge bekommen. Nun braucht er eine Hilfe im Haushalt, und die Familie ist bettelarm. Das wird geregelt, Herr Kapitän! Der Eduardo ist sonst ein ehrlicher Junge. Sein Chef hätte ihm helfen müssen. Sie werden keinen Grund haben, Charleston in schlechter Erinnerung zu behalten, meine Herren.«

Nein, so versicherten sie sich, als sie spät und beschwingt an Bord gingen. Mr Talbot sei ein äußerst unterhaltsames Unikum und Charleston eine wunderbare Stadt.

Sven fuhr aus dem Schlaf hoch und griff sich an den Hals. Was hatte ihm nur das Herz so abgedrückt? Dann kam die Erinnerung: Er hatte geträumt, dass ein Räuber seine Mutter würgte. Aber er hatte doch nur gute Nachrichten von ihr und ihrem Mann. Ob ihr etwas passiert war?

Langsam fand er sich damit ab, dass alles nur ein schlechter Traum war. Aber weiterschlafen wollte er nicht. Erst musste er ein wenig Abstand gewinnen. Er griff nach Hose und Jacke, zog sich an und ging an Deck. Charleston lag zwei Tage hinter ihnen. Auch die schlimmsten Säufer waren wieder nüchtern.

Ob sie auch gut Wache hielten, war eine andere Frage. Sven duckte sich, und niemand sah ihn. Leise schlich er an der Backbordseite zum Vorschiff. Vor ihm tauchte ein Ausguck auf. Ja, er spähte seinen Radius aus. Sven räusperte sich. Der Ausguck fuhr herum. Sven lobte ihn und ging weiter.

Der Ausguck am Bug pfiff leise eine Melodie, aber sein Blick ging aufmerksam von Backbord nach Steuerbord und zurück. Es war Albert Brown, ein guter Mann. Sven rief ihn an und fragte, ob er etwas bemerkt habe.

»Nein, Mr Larsson. Vorhin war mir so, als wäre mittschiffs ein Geräusch, aber dann kam nichts mehr. Gesichtet habe ich nichts.«

Sven ging langsam an der Steuerbordseite zurück. Plötzlich stieß sein Fuß gegen etwas. Er beugte sich vor und sah ein Bein. Der Körper hatte sich hinter der vorderen Steuerbordkanone zusammengerollt.

»He, was machst du hier?«, fragte Sven.

»Nein! Bitte, bitte nicht noch einmal!«, wimmerte eine dünne, zittrige Stimme.

»Was soll das? Hier ist der Kapitän! Komm vor!«

Die Gestalt kroch aus dem Versteck und entpuppte sich als einer der Pulverjungen. Er stand wie ein Häufchen Elend vor Sven und jammerte: »Bitte nicht. Bitte nichts verraten. Ich habe doch nichts gesagt.«

In Sven tauchte eine furchtbare Ahnung auf. Er fasste den Arm des Pulverjungen und fragte ihn: »Wie heißt du, Junge?«

»Ingmar Borgsson, Sir«, antwortete er schüchtern.

»Wir gehen jetzt beide in meine Kajüte, und dann trinkst du erst einmal ein Glas Milch.«

Der Junge sträubte sich etwas, aber Sven zog ihn mit sich. In seiner Kajüte überzeugte er sich, dass alle Vorhänge zugezogen waren, und schraubte dann das Licht hoch. Ja, er erinnerte sich an den Jungen. Er war etwa zehn Jahre alt, blond und hager. Er bediente das Buggeschütz und die beiden vorderen Steuerbordkanonen. Sonntags hatte er ihn auch mit Billy und Joshua spielen sehen.

Sven schenkte ein Glas Milch ein, ließ den Jungen trinken und forderte ihn dann freundlich, aber nachdrücklich auf. »So, Ingmar, nun musst du mir aber erzählen, was los ist!«

»Ich darf doch nicht, Sir. Der Bob schneidet mir sonst die Kehle durch.«

Sven strich dem Jungen über den Kopf. »Ingmar, was der Bob sagt, ist egal. Hier bestimmt der Kapitän. Und das bin ich.«

Ingmar schluchzte vor sich hin. »Der Bob hat mich in der Nacht in den Verschlag gezogen, wo die Taue liegen, Sir. Dann musste ich mir die Hose herunterziehen und mich bücken. Und dann, und dann ...«

Sven wurde ganz übel, als er den Jungen unter Tränen seine Geschichte erzählen hörte. Es habe so furchtbar wehgetan, aber der Bob habe ihm den Mund zugehalten und wieder und wieder gestoßen. Nachher sei er ganz blutig gewesen dahinten. Der Bob habe ihm das Messer an den Hals gehalten und gesagt, wenn er ein Wort sage, schneide er ihm die Kehle durch. Da könne ihm keiner helfen.

»Das wollen wir doch mal sehen!«, sagte Sven, strich dem Jungen übers Haar und tröstete: »Hier tut dir keiner etwas. Und ich hole jetzt meine Freunde, die dir auch beistehen.« Er öffnete die Tür und befahl der Wache: »Holt mir den Bootsmann, den Sanitäter und Joshua Petrus!«

Adam Borg kam als Erster, und Sven bat den Bootsmann: »Schenken Sie bitte vier Glas Rum ein. Wir werden es alle brauchen.«

Adam blickte zum Pulverjungen und dann zu Sven. »Doch nicht das, Sir?«

»Leider«, nickte Sven, und Adam unterdrückte einen Fluch.

Dann traten der Sanitäter, ein erfahrener Maat, und Joshua ein.

»Nehmen Sie erst Ihr Glas, meine Herren. Stärken Sie sich. Wir haben einen Kinderschänder an Bord.«

Der alte Maat sah Sven entsetzt an. »Bitte, Mr Larsson. Das kann doch nicht wahr sein.«

»Leider. Untersuchen Sie den Jungen vorsichtig. Er sprach von Blut und großen Schmerzen.« Und er wandte sich zum Jungen: »Geh mit Mr Walsch nach nebenan, Ingmar. Er sieht sich an, wo es dir wehgetan hat, und hilft dir dann mit Salbe. Du brauchst keine Angst mehr zu haben. Wir alle stehen dir bei.«

»Wer war es, Sir?«, fragte Adam grollend.

»Er sprach von Bob. Mir fällt da nur der Toppgast vom Fockmast ein, Ladekanonier zweite Kanone backbord.«

Joshua nickte. »Der andere Bob ist selbst ein Pulverjunge, und sonst haben wir nur den Koch mit diesem Namen. Aber der scheidet für mich aus.«

Adam brummte zustimmend. »Sollen wir ihn holen, Mr Larsson?«

Sven nickte. »Aber lassen Sie ihn leben. Ich will seine Version hören.«

Es klopfte an der Tür. Sven ging hin und öffnete. Mr Gordon stand dort.

»Geht es Ihnen gut, Mr Larsson? Ich hörte Kommen und Gehen und sah den Sanitäter. Da fürchtete ich, Ihnen sei etwas passiert.«

»Es ist auch etwas passiert, Mr Gordon. Aber nicht mir, sondern Ingmar, dem Pulverjungen. Er wurde geschändet.«

Mr Gordon hob die Faust vors Gesicht. »Ein verfluchter Kinderficker!«

Sven sah ihn erstaunt an. Mr Gordon atmete tief ein und aus. »Entschuldigen Sie den vulgären Ausdruck. Als ich zwölf Jahre alt war, wurde mein bester Freund geschändet. Ich habe den Schmerz und die Pein direkt miterlebt. Mein Freund leidet immer noch. Darum geht die Wut mit mir durch, wenn ich das höre.«

Draußen polterte es. Sven deutete auf einen Stuhl im Hintergrund, und Mr Gordon zog sich zurück.

Adam und Joshua schleppten einen Mann herein, der sich sträubte. Dieser Bob Milber war ein kräftiger Bursche, aber gegen Adam und Joshua hatte er nicht den Hauch einer Chance.

»Ich habe nichts getan!«, rief er. »Was soll das, Kapitän?«

»Hier ist der Ingmar. Er sagt, du habest ihn geschändet.«

»Was soll ich?«

»Ihn in den Arsch gefickt, du Schwein«, fuhr ihn Adam an.

Sven sagte tadelnd: »*Ich* führe die Befragung durch, Mr Borg! Hast du das getan, Bob?«

»Der wollte es doch, Sir. Ich hätte ihm ja noch ein paar Pennys dafür gegeben. Soll sich doch nicht so haben.«

»Dann hast du ihm nicht den Mund zugehalten, weil er schrie? Du hast ihm nicht das Messer an die Kehle gesetzt und ihm gedroht, ihn abzustechen?«

»Na ja«, gab Bob zu. »Etwas gejammert hat er schon, aber das gibt sich doch mit der Zeit.«

»Dann hast du es öfter so mit Jungen gemacht, Bob?«, fragte Sven.

Bob merkte, in welchen Abgrund er fiel, und rief. »Nein, nein! Es war das erste Mal. Ich hatte doch in Charleston keinen Landurlaub, weil mein Hemd ein Loch hatte. Da bin ich nichts losgeworden, und mir war doch dauernd so. Und dann hab ich den Ingmar auf der Latrine gesehen, wie er die Hose runterzog. Sein hübscher Arsch ging mir nicht aus dem Kopp. Da ist es passiert.«

»Morgen wirst du das unterschreiben müssen. Heute wirst du in Eisen geschlossen und eingesperrt. Schafft ihn mir aus den Augen!«

Mr Gordon stand auf. »Wie furchtbar, Mr Larsson. Ich hatte immer einen guten Eindruck von der Mannschaft.«

»Sie ist gut, und ich werde dafür sorgen, dass der faule Apfel nicht die anderen ansteckt, Mr Gordon.«

»Welche Strafe steht denn darauf?«, fragte Mr Gordon.

»In der Flotte verhängt das Kriegsgericht die Todesstrafe. Aber wir sind nicht in der Flotte. Und ein Kriegsgericht würden wir in den nächsten Monaten nicht zusammenbringen. Ich werde den Kerl dem Gericht an Land übergeben, denn eine Prügelstrafe reicht hier nicht. Aber wir sind ja fast querab von Brunswick, und das ist die letzte Stadt in einer unserer Kolonien, die wir passieren. Ich will nicht zu viel Zeit verlieren.«

»Brunswick«, sprach Mr Gordon nachdenklich vor sich hin. »Das ist doch erst vor vier oder fünf Jahren als Stadt gegründet worden. Benannt wurde es nach der Residenz der hannoveranischen Könige, wenn ich mich recht erinnere.«

»Ich schaue nach der Karte, und Sie können das Nachschlagwerk für die Schifffahrt konsultieren, dann sind wir bald schlauer«, empfahl Sven.

Sie lagen beide recht gut mit ihren Vermutungen. Sven stellte anhand der Karte fest, dass sie im Morgengrauen Kurs auf das Land nehmen müssten, sonst würden sie querab vom spanischen Florida stehen. Und Mr Gordon las ihm vor, dass Brunswick die südlichste Stadt von Georgia sei, 1771 nach Plänen von Oglethorpe gegründet, die dem Schachbrettmuster der Straßen in Savannah nachempfunden waren.

Sven schüttelte den Kopf. »Die Stadt werden wir nicht anlaufen. Was sollen wir uns da im Turtle und East Brunswick River abmühen?

Bei Gegenwind wäre es sowieso aussichtslos. Ich schicke den Kutter voraus. Und jetzt werde ich versuchen, ob ich noch ein paar Minuten Schlaf finde.«

Der kleine Ingmar hatte seinen Platz im kleinen Kartenraum gefunden. Mr Walsch hatte ihn mit Salbe versorgt. Adam und Joshua hatten ihm gesagt, dass er immer mit ihrer Hilfe rechnen könne, wenn einer ihm Böses antun wolle.

»Und wen wir beide uns vornehmen, Ingmar, der tut keinem mehr was Böses«, sagte Adam.

Joshua strich Ingmar über den Kopf, und der war irgendwie glücklich, dass er so starke Freunde hatte.

Als Ingmar erwachte, schien die Sonne schon hell. Martin, Svens Bursche, brachte ihm Brot und heiße Milch.

»Heute hat dich keiner geweckt«, sagte er zu Ingmar. »Auch mal ganz schön. Aber jetzt musst du hier fertig werden. Der Kapitän will sicher gleich die Karten studieren.«

Aber Sven trat schon ein, als Ingmar noch aß. »Na, geht es dir heute gut, Ingmar?«

»Ja, Herr Kapitän. Danke.«

»Der Joshua wird sich nachher etwas um dich kümmern. Jetzt lass mich mal ran, damit ich hier die Karte auslegen kann.«

Sven studierte die Karte noch einmal, nickte dann Ingmar zu und ging hinaus.

»Mr Selberg, wir können dort an der Landzunge ankern. Der Kutter soll die zwei Meilen zur Stadt rudern, ehe wir uns hier bei diesem Wind durch enges Fahrwasser quälen. Haben Sie die Berichte der Zeugen und das Geständnis des Täters noch einmal durchgesehen?«

»Ja, Mr Larsson. Es entspricht alles den Vorschriften. Ich hätte nicht gedacht, dass auf der *Freedom* so etwas möglich wäre.«

Sven zuckte mit den Schultern. »Schicken Sie dann bitte Mr Bauer mit dem Kutter auf den Weg.«

Untersteuermann Bauer saß im Stern des Kutters, hatte die Karte auf den Knien und deutete nach halb rechts. »Dort backbord hinein in den Fluss. Das muss der East Brunswick River sein. Der führt uns zur Stadt.«

Den Ruderern, die die Riemen gleichmäßig durchzogen, blieb keine Zeit, die Köpfe zu drehen und sich die Landschaft anzusehen. Aber der Mann an der Ruderpinne sah zu den sandigen, bewachsenen Ufern an Backbord hin, an denen sich teilweise Schilfgürtel entlangzogen.

Plötzlich stieß er zwischen den Zähnen hervor: »Sir! Dort!«

Karl Bauer blickte dorthin, wo der Bootssteuerer etwas bemerkt hatte. Alligatoren krochen langsam ins Wasser.

Der Bootssteuerer schaute unsicher drein.

»Die tun uns nichts. Halte nur deinen Kurs.«

Vorn im Bug saß Bob Milber. Er war an den Händen gefesselt. Neben ihm saß ein Matrose mit Pistole und Entermesser. Bob Milber hatte nach steuerbord gesehen. Dort zog sich dichter Wald am Ufer entlang. Er war ein guter Schwimmer. Sollte er es wagen? Sie würden ihn hängen oder in eines dieser Arbeitslager stecken. Dort würden die Neger mit ihm tun, was er mit Ingmar gemacht hatte. Nein!

Bob verlagerte das Gewicht, spannte seine Muskeln und sprang mit einem unerwarteten Satz über Bord und tauchte unter.

»Wie konnte er sich befreien? Schießt auf ihn!«, rief Karl.

»Er ist noch gefesselt!«, antwortete der Matrose vom Bug. »Er kann nur mit den Beinen schwimmen.«

»Die Alligatoren, Mr Bauer«, sagte der Bootssteuerer.

Der sah ihn nur wortlos an und suchte mit gezogener Waffe weiter nach Spuren im Wasser. Waren dort Luftblasen? Die Ruderer hielten die Riemen still. Das Boot trieb langsam im Fluss.

»Dort!«, schrie einer und zeigte mit der Hand.

Karl sah noch einen Kopf wieder untertauchen. Ein Matrose hatte geschossen. Aber getroffen hatte er anscheinend nicht.

»Konnte der so gut schwimmen?«, fragte Karl.

»Der schwamm wie ein Otter, Sir«, antwortete ein Matrose.

Plötzlich schäumte am steuerbord gelegenen Ufer das Wasser auf.

Ein furchtbarer Schrei stieg empor. Das Wasser färbte sich rot. Dann war es wieder still.

»Die Alligatoren, Sir!«, stieß der Bootssteuerer hervor.

»Kurs auf die Stelle. Rudert an! Waffen bereit!«, befahl Karl.

Einigen war es unheimlich, dorthin zu rudern, wo eben der Strudel gekocht hatte. Sie fanden nur einen abgetrennten Unterarm mit dem Rest der Fessel.

»Sir, wir werden nicht mehr finden. Diese Viecher ziehen ihre Beute unter Wasser«, meldete ein älterer Matrose.

Karl ließ noch eine Weile suchen. Dann befahl er die Rückkehr.

Er meldete Sven noch an Deck den Vorfall und sagte: »Die Alligatoren haben dem Henker die Arbeit erspart, Sir. Der Tod war so grausam wie die Tat.«

Sven nickte nur und befahl Kurs auf die offene See.

Am nächsten Morgen spazierte er wieder mit Mr Gordon hin und her. Sven musste zugeben, dass er nicht gut geschlafen habe. Er überlege, wie man Ingmar helfen könne, darüber hinwegzukommen.

»Wenn ich an meinen Freund denke, Mr Larsson, würde ich sagen, es ist am besten, wenn man einmal alles durchspricht und ihm Sicherheit für die Zukunft gibt, und dann nie mehr daran rührt, wenn er nicht von sich aus kommt.«

Sven grübelte. »Ich könnte die Jungen so schlafen lassen, dass sie durch die Maate von der Mannschaft getrennt sind. Und ich müsste denen sagen, dass niemand den Ingmar hänselt oder darauf anspricht.«

»Können Sie den Maaten vertrauen?«

»Wenn man den Maaten nicht vertrauen kann, dann sollte man aufgeben, Mr Gordon. Sie sind der Rückhalt eines Schiffes.«

Sie gingen eine Weile schweigend. Dann fragte Sven. »Welche Zeitung haben Sie sich in Charleston besorgt, Mr Gordon?«

»Den ›Georgia Observer‹. Ich habe schon alles gelesen. Sie können ihn gern haben.«

»Danke, aber ich fürchte, es steht auch nicht mehr drin als im ›Low Country Chronicle‹. Die Briten sind nun mit ihrer Flotte vor

New York erschienen und haben die ersten Truppen bei Staten Island gelandet. Washington wird sich auf die Dauer weder auf Long Island noch auf Manhattan halten können. Wenn Linienschiffe die Landoperationen unterstützen, sind schmale Halbinseln nicht zu verteidigen.«

»Viele Patrioten werden wieder nur einen Rückzug sehen und enttäuscht sein, Mr Larsson.«

»Dann werden sie noch oft enttäuscht werden, Mr Gordon. Jeder sollte wissen, dass wir der britischen Flotte im offenen Kampf nichts entgegenstellen können. Wir müssen sie auf See mit Nadelstichen traktieren und mit Washingtons Armee vom Hinterland abschneiden. Dann werden sie auf lange Sicht auch nicht New York halten können.«

Auf dem Vorschiff lachten die Matrosen. Ein Suppenholer war gestolpert und hatte einem anderen die Suppe über die Hose geschüttet. Der Betroffene schrie und tobte. Aber die anderen standen herum und konnten sich kaum halten vor Lachen. Und unter ihnen stand Ingmar und jubelte fröhlich.

»Sehen Sie, Mr Larsson. Vielleicht erledigt sich alles einfacher, als wir denken«, sagte Mr Gordon.

Sven saß an seinem Schreibpult und fügte dem Brief an Sabrina wieder ein paar Absätze hinzu. Den letzten Brief hatte er in Charleston aufgegeben. Diesen Brief hatte er hier in Kurzform noch einmal wiedergegeben und fügte ihm nun weitere Sätze hinzu, bis er wieder Gelegenheit hatte, Post aufzugeben. Dann würde er wieder den alten Text zusammenfassen und ihm neue Absätze hinzufügen. Aber Sabrina wusste, dass sie den Anfang der Briefe nur dann zu lesen brauchte, wenn vorher ein Brief verloren gegangen war. Das würde sie an der Zahl oben auf der ersten Seite merken. Sie nummerierten beide ihre Briefe. Wie leicht konnte ein Schiff untergehen oder gekapert werden, ein Postsack verbummelt oder ein Brief in einen anderen Kontinent befördert werden.

Er würde auf jeden Fall im spanischen Havanna und auf der niederländischen Insel St. Eustatius Briefe aufgeben. Die britischen Inseln waren ihm ja nun verschlossen. Aber würden ihn dort auch Briefe von Sabrina erwarten? Wer sollte schneller segeln als die *Freedom?* Also dürfte er wohl erst auf ihrer Rückkehr Post erwarten.

Es war schon komisch, so lange von Sabrina getrennt zu sein. Dagegen zählte der kurze Streifzug zu den Bermudas ja gar nicht. Er vermisste ihren leidenschaftlichen Körper, ihre liebevolle Art, ihn anzusehen, und ihr kluges Gespräch. Er vermisste einfach alles an ihr.

Stimmen und Getrampel an Deck rissen ihn aus seinen Gedanken. Hastig legte er sein Schreibzeug weg und lief an Deck.

Die *Freedom* halste. Mr Selberg trat auf ihn zu und meldete: »Wir haben einen leblosen menschlichen Körper beinahe übersegelt. Ich habe eine Halse befohlen, damit wir ihn bergen können. Sehen Sie, dort treibt er.«

Ihr Beiboot barg den Körper, und sie hoben ihn an Deck.

»Das ist Schlitzohr-Jack, ich kenne ihn! Seht doch, sein linkes Ohr ist durch einen Säbelhieb gespalten. Daher hatte er den Namen. Er segelte auf der *Mary Lee* aus Wilmington!«, rief Will Crowton.

Schlitzohr-Jack war unzweifelhaft tot. Als sie ihn näher untersuchten, stellten sie fest, dass er nicht ertrunken war. Man hatte ihm den Schädel eingeschlagen und ihn dann ins Meer geworfen. Dort war er lange genug im Wasser getrieben, um das Blut abzuwaschen. Aber der Körper war noch nicht in Verwesung übergegangen.

»Wo mag man ihn ins Wasser geworfen haben?«, murmelte Sven vor sich hin.

Mr Selberg fasste es als Frage auf. »Ich habe mir das auch schon überlegt, Mr Larsson, und mit Mr Borg besprochen. Auf See kann man ihn nicht über Bord geworfen haben. Wir segeln im Moment dicht an der Küste. Was auf See über Bord geworfen wird, treibt der Golfstrom stärker von der Küste weg nach Norden. Der Körper müsste aus dem St. Marys River herausgespült sein.«

Sven nickte und vergegenwärtigte sich die Karte. Der Fluss trennte Georgia vom spanischen Florida. Die Insel Cumberland vor der Küste

Georgias bildete eine Bucht an der Flussmündung. Dort konnten sich Schiffe verbergen. Das wäre eine Erklärung.

Er winkte dem Matrosen Will Crowton. »Weißt du, welche Route die *Mary Lee* meist segelt?«

»Früher nach Jamaika, Sir, mit Trockenfisch und Mais hin, mit Rum und Melasse zurück. Aber den Großteil hat sie immer auf Kuba übernommen. Jetzt wohl alles. Sie wissen ja, wie das ist, Sir.«

Sven nickte. Ja, das wusste er.

»Mr Selberg«, sagte er. »Nehmen Sie bitte Kurs auf die Mündung des St. Mary River. Wir schauen nur mal kurz in die Bucht.«

Dann wandte er sich zu Will Crowton. »Sag du dem Segelmacher Bescheid. Er muss die Leiche einnähen. Der Mann soll eine christliche Seebestattung erhalten.«

Mr Gordon war schon neugierig, aber Sven konnte ihm nur kurz erklären, was es mit den Fahrten der *Mary Lee* und ihren Vermutungen auf sich hatte. Wie sollte man einem Landmann auch mit wenigen Worten die Seitenwege des Rumschmuggels erklären?

Sven hatte mehr zu tun, die näher kommende Küstenlinie zu studieren und gute Ausgucke in die Masten zu schicken. Warum war auf der *Mary Lee* gekämpft worden? Eine Meuterei? Aber Schlitzohr-Jack war doch nur Maat. Warum ihn erschlagen? Oder war das Schiff gekapert worden? Aber warum segelte man es dann nicht gleich weg von den amerikanischen Kolonien? Sven wusste keine Lösung. Sie würden kurz in die Bucht schauen und dann wieder ihrem Kurs folgen.

Untersteuermann Karl Bauer kommandierte das Boot, das Sven in die Mündung hinter der Cumberland-Insel geschickt hatte. Warum sollte er die *Freedom* in dem unbekannten Wasser in Gefahr bringen? Für das Boot war es eine halbe Stunde.

Karl schaute voraus. Bäume und Gestrüpp am nahen Ufer und immer wieder Buchten. Da konnte man sich verstecken. Aber wer wäre noch weiter in die Bucht gesegelt, wo er hier schon vor Spähern von der See her geschützt wäre. Karl wollte schon den Befehl zum Umkehren geben, da schwamm gut fünfzig Meter vor ihnen ein Mann aus dem Dickicht am Ufer heraus. Jetzt hörten sie zwei Schüsse. Karl sah keinen Kopf mehr im Wasser.

»Mr Bauer, ich habe es genau gesehen«, meldete aufgeregt der Bootssteuerer neben Karl. »Der Schwimmer ist vor den Schüssen getaucht. Den haben die nicht getroffen. Der kann hier vorn rauskommen.«

»Oder da hinten«, meinte Karl skeptisch. »Auf jeden Fall liegt da ein Schiff.« Er gab den Befehl, langsamer zu rudern und sich dichter am Ufer zu halten.

Sie spähten voraus. Dort über den Baumwipfeln sah man zwei Maststengen. Und dann hob sich zwanzig Meter vor ihnen eine Hand aus dem Wasser. Das musste der Flüchtling sein.

»Vorsicht!«, befahl Karl, als sie ihn ins Boot hoben. Es war ein junger, schmaler Mann.

»Wer seid ihr?«, fragte er seine Retter ängstlich.

»Schoner *Freedom* aus Philadelphia«, antwortete Karl. »Und wer bist du?«

»Matrose Henry Walter von der *Mary Lee* aus Wilmington. Eine britische Brigg hat uns gekapert und hier versteckt. Sie wollen bei Nacht zu den Bahamas segeln.«

Karl ließ sofort drehen und zur *Freedom* zurückrudern. Der Entflohene würde ihnen mehr berichten, als sie jetzt erkunden könnten.

»Warum bist du ins Wasser gesprungen und geflohen? Es gibt hier doch Alligatoren«, befragte Sven den Geretteten.

»Sie haben uns gequält und die Frau des Kapitäns vergewaltigt. Ich habe den ganzen Tag die Ufer beobachtet und keinen Alligator gesehen. Als sie mir die Fußfesseln lösten, damit ich dem alten Virginier Schnaps hole, habe ich meine Chance genutzt. Die Handfesseln hatte ich schon gelockert. Und der Posten mit seiner Muskete hat doch nur gedöst.«

»Was redest du vom Virginier? Ich denke, Briten haben euch gekapert.«

»Es war ein britischer Kaper. Aber unter den sechs Mann Prisenbesatzung waren drei Virginier. Das waren Königstreue, die aus dem
Land geflohen sind und auf dem Kaper auf den Bahamas angeheuert haben. Die waren richtig gemein, Sir. Die Briten haben mehr ge-
pennt.«

Sven dachte sich seinen Teil. Mr Gordon, der neben Sven stand, flüsterte ihm zu: »Ein Bürgerkrieg ist immer der schlimmste aller Kriege.«

Sven nickte und fragte den Mann: »Was wollen die da in der Bucht
mit ihrer Prise?«

»Nur das Tageslicht abwarten, Sir. Die haben viel Angst vor amerikanischen Kapern oder unserer Flotte. Sobald es dämmert, wollen sie
raus und zu den Bahamas.«

Sven überlegte. Da brauchte man ja nur noch etwas zu warten.

»Na, dann erzähl mir mal alles über eure Stammbesatzung, die Prisenbesatzung und den Liegeplatz«, forderte er den Geretteten auf.

Die *Freedom* lag am Eingang zur Bucht am Ufer. Sie hatten ihre Aufbauten etwas mit Zweigen kaschiert. Hundert Meter weiter innen in
der Bucht warteten zwei Boote.

Sobald die *Mary Lee* die Segel gesetzt und etwas vom Ufer freigekom-
men war, würde die Prisenbesatzung die fünf Matrosen der Stammbesatzung wieder unter Deck einsperren. Dann war die Gefahr einer Verwechslung für die Enterer der *Freedom* geringer. Außerdem würde der
gerettete Matrose bei den Enterern sein und seinen alten Kameraden
immer zurufen, dass Freunde kämen.

Mr Selberg saß im ersten, Adam im zweiten Boot. Dann hörten sie
die Stimmen auf der *Mary Lee.*

»Alles bereit!«, flüsterte Mr Selberg.

Sie packten Riemen und Waffen. Jetzt sahen sie den Bug der *Mary
Lee.* Etwas Wind kam in die Segel, und langsam schob sie sich vom
Land frei.

Mr Selberg stieß die Hand zweimal in die Luft und zischte: »Los!«
Auf dem zweiten Boot gab Adam den Befehl. Ein Boot ruderte zum
Bug, das andere zum Heck. Enterdraggen flogen, hakten sich fest. Sie

zogen die Boote heran, sprangen aufs Deck. Der Gerettete schrie immer wieder: »Freunde der *Mary Lee!* Helft uns!«

Männer der Prisenbesatzung warfen sich ihnen entgegen, aber sie waren zu wenige. Mr Selberg stieß dem ersten seinen Säbel in die Brust und schoss den zweiten über den Haufen. Adam packte zwei, die hinter der Hütte auftauchten, und schlug ihre Köpfe so heftig zusammen, dass sie das Bewusstsein verloren. Die restlichen beiden warfen die Waffen hin.

Mr Selberg dirigierte Männer an Ruder und Segel und ließ andere das Unterdeck erkunden. Sie befreiten die Stammbesatzung. Der gerettete Matrose schloss seine Kameraden in die Arme und berichtete. Aus der Kapitänskajüte kam eine nicht mehr junge Frau mit wirren Haaren. Sie hielt die Bluse mit der linken Hand zusammen. Mr Selberg wollte sie begrüßen. Aber sie ging schweigend weiter zu dem einen Gefangenen.

Auf einmal hatte sie ein Messer in der rechten Hand und stieß es dem Gefangenen ins Herz.

»Halt!«, schrie Mr Selberg.

Die Frau sank an Deck zusammen und war bewusstlos.

Ein älterer Mann von den Befreiten lief zu ihr und jammerte: »Mary! Es ist doch alles vorbei!«

»Ich verstehe sie ja, dass sie sich am Schänder rächt. Aber ich kann doch diesen Mord aus Rache nicht einfach übersehen. Ich werde ihn im Bericht an das Prisengericht anführen. Die haben an Land Richter mit mehr Erfahrung in diesen Dingen.«

Adam schien nicht ganz einverstanden mit Svens Entscheidung.

»Sir, dann müssten die Richter aber auch die Seeleute der *Mary Lee* verhören. Die berichten, dass die Kaperer aus Virginia die reinsten Verbrecher gewesen seien.«

Sven nickte mit dem Kopf. »Und dann müssten auch die beschuldigten Virginier selbst sich vor Gericht verteidigen können. Dann kann ich ja gleich unseren Auftrag aufgeben und mit der Prise zurück nach Charleston segeln und dem Gericht zur Verfügung stehen. Dabei wissen wir noch nicht einmal, ob die *Mary Lee* lang genug in feindlicher Hand war, um als Prise anerkannt zu werden.«

Adam blickte etwas ratlos drein und brauchte einen Moment, um den Mund zur Antwort zu öffnen: »Sir …«

»Deck! Fremder Schoner umrundet die Landzunge! Entfernung eine knappe Meile!«

Sven fuhr der Schreck in die Glieder. O Gott! Sie lagen ja noch Deck an Deck mit der Prise. Ein Teil ihrer Mannschaften war hier, der andere dort. Vier Mann suchten auch noch im Boot am Liegeplatz der Brigg. Sven brüllte: »Klarschiff! Werft die Prise los!«

Den Leuten im Boot rief er mit der Sprechtrompete zu, sie sollten die Prise wegziehen, damit die *Freedom* Schussfeld habe.

An Bord der *Freedom* war es wie in der Mitte eines Bienenschwarms. Alles wuselte um einen herum. Aber auch hier kannte jeder seinen Platz und strebte ihm zu. Schon hob der eine oder andere Geschützführer die Hand, um zu zeigen, dass seine Kanone feuerbereit sei.

Sven hatte erst einmal durchgeatmet, um den Schock zu überwinden, und dann das Teleskop angesetzt, um den Ankömmling zu inspizieren. Schoner wie sie. Vier Kanonen an der Breitseite. Sicher Achtpfünder. Das würde ein harter Kampf werden. Beide Besatzungen waren feuerbereit.

Dann stieg dort die Flagge empor. Das war die Flagge von Süd-Karolina. »Hisst unsere Flagge!«, rief Sven. »Es ist ein Schiff der Staatsflotte von Süd-Karolina!«

Vereinzelt riefen die Matrosen »Hurra!« und winkten.

Sven fiel ein Stein vom Herzen.

»Da bin ich aber erleichtert, Sir«, sagte Mr Selberg neben Sven. »Die hätten den Windvorteil und dann in dieser engen Bucht mit der Prise neben uns. Ein Glück, dass es kein Brite ist.«

»Vorsicht! Alle sollen an den Waffen bleiben. Es könnte eine falsche Flagge sein«, mahnte Sven.

Adam rief: »Sir! Ich kann den Namen lesen! ›Peggy‹ Das ist der Schoner, den sie in Charleston im März für die Staatsflotte angekauft haben!«

Nun war auch Sven beruhigt. Auf dem näher kommenden Schoner verließen die Seeleute die Kanonen. Er brasste die Segel back und setzte ein Boot aus, das zu ihnen ruderte.

»Bitte lassen Sie Klarschiff aufheben, Mr Selberg, und unseren Pfeifer und den Trommler zum Empfang antreten. Wir wollen ja nicht zu sehr hinter der Flotte zurückstehen.«

Ein junger Mann in einer Uniform, die Sven an die der kontinentalen Flotte erinnerte, stieg an Bord und grüßte. Er blickte ein wenig arrogant um sich. Sven hieß ihn willkommen. Der Fremde, Commander Preston, gratulierte ihm zu der Prise und sagte, wie überrascht er gewesen sei, hier zwei fremde Schiffe anzutreffen.

»Ich patrouilliere nicht zum ersten Mal bis zur Grenze von Florida, aber bisher traf ich hier niemanden.«

Sven erzählte ihm von dem toten Seemann, ihrer Vermutung, dass er aus dem St. Mary River getrieben sei, und der Rückeroberung der *Mary Lee*. Er fragte, ob er die *Mary Lee* bis Charleston geleiten und die gefangenen Kaperer dem Friedensrichter übergeben könne.

»Warum denn das? Die sind im Gefangenencamp doch auch sicher.«

Sven erzählte von den Quälereien der Virginier und der Rache der Kapitänsfrau, die sich wohl auch vor dem Friedensrichter verantworten müsse.

Der Commander sah ihn zweifelnd an. »Sagen Sie, Herr Kapitän, Ihnen kann doch nicht entgangen sein, dass wir im Krieg leben. Überall, vom Norden bis in den Süden, von der Küste bis ins tiefste Hinterland sterben täglich viele unschuldige Menschen. Und da erwarten Sie von mir, dass ich offensichtlich schuldige Menschen zum Friedensrichter bringe und eine Frau, die das Mindeste tat, um ihre Ehre wiederherzustellen, dazu? Ich will den Feind schädigen, aber nicht meine Tage mit Formalitäten verbringen.«

Sven erwiderte, dass die Erfüllung der Gesetze für ihn offensichtlich einen anderen Stellenwert besitze, er aber den Standpunkt des Commanders respektiere.

»Sie müssten sonst auch die *Mary Lee* und Ihre Gefangenen selbst zum nächsten Prisengericht bringen. Wenn ich das für Sie tue und alle

Gefangenen und Ihre Berichte abliefere, verlange ich einen Anteil von fünf Prozent an der Beute, die Ihnen das Prisengericht zuspricht.«

Sven war erstaunt, wie direkt der Commander sein Gewinnstreben ausdrückte. »Das könnten fünf Prozent von null sein, Mr Preston, denn ich weiß nicht, wie das Gericht den Zeitraum von nur fünfundzwanzig Stunden wertet, die die *Mary Lee* in britischer Hand war.«

»Dann ist es ja auch zu Ihrem Besten, wenn ich ebenfalls finanzielle Interessen habe, Ihre Forderungen zu unterstützen.«

Sven hatte genug von diesem geschäftstüchtigen Commander.

»Der Kapitän der *Mary Lee* ist gut versichert und dankbar, dass wir ihn befreit haben. Er wird unseren Ansprüchen nicht im Wege stehen. Ich werde Ihnen dann die Papiere aushändigen und die nötigen Unterschriften leisten.«

Als die *Peggy* mit der Brigg im Geleit mit nördlichem Kurs ihren Blicken entschwand, stand Sven außer Hörweite der anderen Matrosen mit Adam am Bug.

»Du siehst die ganze Zeit nicht sehr glücklich aus, Sven. Was ist mit dir? Sitzt dir der Schreck noch in den Gliedern, als der Schoner uns quasi mit heruntergelassenen Hosen erwischte?«

»Nein, das war nur ein Moment. Ich mache mir Vorwürfe, dass ich nicht an einen Ausguck an der Landzunge gedacht habe. Vom Mast konnte man ja nicht über die Waldungen hinwegschauen. Dann ärgere ich mich, dass der arrogante Commander die Tat der Kapitänsfrau so abtat und dass er gierig einen Anteil an unserem Prisengeld verlangte. Ist das alles nicht Grund genug, um ärgerlich zu sein, Adam?«

»Der Commander war schon ein Schnösel. Aber mit der Tat der Kapitänsfrau bist du zu kleinlich. Wir können gar nicht ermessen, was der Kerl ihr angetan hat. Und wenn sie ihn erstochen hätte, während er sie schändete, würde kein Richter sie verurteilen. Und ich glaube, dass sie das alles wieder und wieder erleidet. Nach ihrer Rache redete sie jedenfalls nur wirr vor sich hin.«

Sven war nachdenklich geworden. »Vielleicht war ich zu oberflächlich und voreilig. Nun, ab jetzt kehren wir wieder zum Alltag zurück. Lass Kanonendrill ausrufen!«

»Da werden sich die Leute aber freuen!«, meinte Adam sarkastisch.

Die *Freedom* segelte bei strahlendem Sonnenschein zwischen Florida und Grand Bahama Island. Mr Gordon ging mit Sven an Deck spazieren.

»Es ist eine Freude, Mr Larsson, bei diesem wunderbaren Wetter einfach nur durch die blaue See zu segeln. Sie würden sicher gern eine Prise aufbringen, aber mir war es vor Süd-Karolina schon ein wenig zu unruhig.«

»Es kann bei der Kaperung von Prisen auch weniger spektakulär zugehen als bei der *Mary Lee,* Mr Gordon. Und unser Schoner ist vor allem auf See, um Prisen zu erbeuten. Dass wir Sie jetzt nach Martinique bringen sollen, ist eine patriotische und für uns angenehme Nebenaufgabe.«

»Ich sehe das ja ein, aber ein wenig Pause können Sie doch auch machen, Mr Larsson.«

Sven wies auf die Matrosen hin, die in der Takelage übten. »Unsere Matrosen empfinden das gar nicht als Pause.«

Sie liefen Havanna auf der spanischen Insel Kuba an, wo sie die private und die dienstliche Post aufgaben, Frischfleisch und frisches Gemüse und Obst sowie Wasser luden und nach 24 Stunden wieder ausliefen. Für sie hatte der Agent noch keine Post aus der Heimat. Er warnte Sven, dass St. Eustatius von britischen Schiffen bewacht werde, da es der Hauptumschlagplatz für den Waffennachschub der Kolonien sei.

»Aber die meisten unserer Schiffe kommen nach wie vor durch«, fügte er hinzu.

»Hoffentlich kann ich dafür sorgen, dass die französischen Antillen ein ähnlich wichtiger Nachschubplatz für uns werden«, betonte Mr Gordon auf Svens Bericht hin.

»Der Weg dorthin ist länger, aber die Seeleute werden lieber auf

Martinique Landurlaub haben als auf dem winzigen ›Goldenen Fels‹«, antwortete Sven.

»Ja, eine goldene Nase verdienen sich die Holländer wirklich auf ihrem Felsen dort. Wissen Sie, Mr Larsson, dass sie das Schießpulver auf St. Eustatius fünf- bis sechsmal so teuer verkaufen, wie sie es in Holland einkaufen?«

»Donnerwetter«, sagte Sven. »Warum bin ich nicht Kaufmann geworden? Für die Holländer als Bürger eines neutralen Staates ist es doch kein Risiko, das Pulver von Holland nach St. Eustatius zu bringen.«

Die *Freedom* lief Schiffen davon, die sie für britische Fregatten hielt, jagte selbst Handelsschiffe, die sich als spanische oder amerikanische erwiesen, und hatte eine schnelle und von keinem Sturm unterbrochene Reise.

Sven entschloss sich, in San Juan auf Puerto Rico Station zu machen und erst auf dem Rückweg St. Eustatius anzulaufen. Der Agent in Havanna hatte ihm gesagt, dass er dort die Waren, die er an Bord hatte, günstig verkaufen könne. Der Mannschaft war es recht. San Juan war ein lebendiger Hafen mit schönen Kneipen und Bordellen. Die erfahrenen Seeleute erzählten ihren Kameraden, dass die Huren dort preiswerter seien als auf »Statia«, wie sie die holländische Insel nannten.

Einen Tag vor ihrer errechneten Ankunft in San Juan sichteten sie ein Segel auf einem Kurs, der ihren kreuzen würde. Sven sah keine besondere Gefahr, denn sie hatten den Windvorteil. Als sie näher herankamen, konnten sie eine große Fregatte erkennen, und Sven befahl eine Kursänderung. Aber dann meldete der Ausguck, dass die Fregatte eine holländische Flagge setze.

»Entern Sie doch bitte mit dem Teleskop auf, Mr Bauer«, bat Sven seinen Freund. »Vielleicht gibt Ihnen die Bauart noch einige Hinweise.«

Als Untersteuermann Bauer wieder abenterte, berichtete er, dass die Fregatte auch der Bauart nach holländisch sei. »Sie wissen, Sir, dieser flache und breite Stil.«

»Dann können wir uns die Herrschaften ja einmal näher ansehen«, bemerkte Sven.

Bei der Annäherung verstärkte sich ihr Eindruck, dass sich kein feindliches Schiff nähere. Die Kanonen waren festgezurrt. Die Mannschaft verrichtete Alltagsdienst. Und dann setzte das größere Schiff auch noch gegen alle Gepflogenheiten ein Boot aus. Der Kommandant begab sich auf das kleinere Schiff.

Sven ließ seinen Trommler und seinen Pfeifer holen und erwartete den holländischen Kapitän an der Reling.

»Ich bin Kapitän Heermans von der Fregatte ›Princess Caroline‹. Ich dachte, ich komme besser zu Ihnen, um jeden Verdacht zu zerstreuen, wir könnten unter falscher Flagge segeln.«

Sven bedankte sich für die Rücksichtnahme, stellte seine Offiziere und Mr Gordon vor und bat den Kapitän dann in seine Kajüte.

Und dort fragte Kapitän Heermans, ob Sven ihm aus der Bordapotheke mit Laudanum aushelfen könne, und erzählte eine schier unglaubliche Geschichte.

»Zwei Tage, bevor wir absegelten«, berichtete er mit kehligem Englisch, in das er deutsche und holländische Wörter einstreute, »hatte unser Arzt eine Blinddarmentzündung und wurde im Hospital operiert. Wir erhielten einen anderen Arzt, der sich bald als schlimmer Saufbold entpuppte und in seiner Trunksucht mit dem Sanitätsmaat konkurrierte. Vor zwei Tagen hatten wir einen Unfall in der Takelage. Bei einer Bö stürzte ein Matrose ab und brach sich das Bein. Es war ein komplizierter Bruch. Die Saufköppe schienten ihn und wollten mit der Operation bis zur Ankunft in St. Eustatius warten.

Gestern Abend saßen sie in der Kabine des Schiffsarztes wieder beisammen und becherten. Was sie dabei angestellt haben, ob sie Spiritus verdünnten oder was auch immer, weiß ich nicht. Jedenfalls gab es eine furchtbare Explosion und einen Brand. Die beiden sind umgekommen, was keiner bedauert. Aber dabei ist auch das Laudanum vernichtet worden, und der verletzte Matrose ist genau das Gegenteil der beiden Säufer. Er verträgt keinen Alkohol, erbricht ihn sofort und schreit nun dauernd vor Schmerz. Ich wäre Ihnen dankbar, Herr Kapitän, wenn Sie uns für die restlichen zwei oder drei Tage mit Laudanum aushelfen könnten.«

Sven rief nach seinem Sanitätsmann und bat ihn, eine Ration dieses Opiumgemischs abzufüllen. Dann unterhielten sich die beiden Kapitäne noch etwas. Heermans berichtete, dass er den Übergriffen der britischen Patrouillenschiffe entgegenwirken solle, die amerikanische Schiffe manchmal bis in die Hafeneinfahrt verfolgten.

»Sie haben etwas gegen unseren Handel, Mr Larsson, der unseren Kaufleuten guten Gewinn und Ihren Soldaten Waffen einbringt«, sagte er lächelnd.

Kapitän Heermans schien kein Britenfreund zu sein. Er gab sich als Vetter des Gouverneurs de Graaf zu erkennen und äußerte die Hoffnung, dass Sven mit seinem Schiff bald einmal St. Eustatius anlaufen werde, damit er sich für die Hilfe erkenntlich zeigen könne. Sven kündigte den Aufenthalt auf der Rückreise an.

Astrid Wilbur, Svens Mutter, empfing ihren Mann, der von einem Patientenbesuch in ihr Heim in Toronto zurückkehrte, mit einem Lächeln und bot ihm den Mund zum Kuss.

Sie wies auf die Zeitung, die sie gerade las. »Sie schreiben, dass der Kolonistengeneral Arnold jetzt bei Crown Point am östlichen Ende des Lake Champlain eine Flotte baut und schon vier oder fünf Schoner einsatzbereit hat. Ist das derselbe Arnold, der im letzten Winter Quebec belagerte?«

»Ja, Benedict Arnold, anscheinend ein fähiger und einfallsreicher Truppenführer. Gott sei Dank sind diese kriegerischen Aktivitäten weit genug von uns entfernt.«

»Warum bauen sie eine Flotte auf dem Lake Champlain, Edgar?«

»Dieser lang gestreckte See und der Hudson River sind eine gerade und gute Verbindung zwischen dem Herzen Kanadas um Montreal und Quebec einerseits und New York andererseits. Im letzten Winter haben die Kolonisten versucht, das Herz Kanadas zu erobern. Jetzt wollen die Königstreuen über den Lake Champlain und den Hudson die

Kolonien in zwei Teile zerschneiden, um den Norden vom Süden zu isolieren. Das will der Arnold verhindern.«

Astrid seufzte. »Nun, wir werden von diesen Kämpfen erst erfahren, wenn sie lange vorbei sind. Hoffentlich sind unsere Kinder auch in Sicherheit. Sabrina schreibt so glücklich und erfüllt von ihrer jungen Ehe. Sie erwartet ein Kind. Wir werden Großeltern!«

Dr. Wilbur lächelte glücklich und drückte ihre Hand. »Es ist eine wunderbare Fügung, dass nicht nur wir ein spätes Glück gefunden haben, sondern dass auch unsere Kinder so harmonisch in Liebe vereint sind.«

Astrid hob die Hand. »Aber Sven ist mit einem Kaperschiff auf See, und in der Zeitung schrieben sie, dass Wortführer der Royalisten fordern, Kaper wie Piraten zu behandeln.«

»Das sind Scharfmacher, Astrid, die es immer auf allen Seiten gibt. Das wird niemand realisieren, denn die Briten geben auch Kaperlizenzen aus und erwarten, dass ihre Leute nicht als Piraten behandelt werden. Und Sven würde nie ohne Lizenz segeln, das hat er uns geschrieben. Und wir kennen ihn so, dass wir sicher sein können, er würde auch nie unmenschlich handeln.«

Offiziere und Mannschaften der *Freedom* standen in der Dunkelheit kampfbereit an Deck und erwarteten die Dämmerung und hoffentlich auch die Meldung, dass Martinique in Sicht sei. Sven fröstelte. Es war nicht wirklich kalt, aber nach der Hitze der letzten Tage ließ ihn die Abkühlung des frühen Morgens ein wenig schaudern.

Die Tage seit ihrem Auslaufen in San Juan hatten sich endlos gedehnt. Keine Prise und immer wieder Hitze, gegen die auch die Sonnensegel kaum Schutz boten. Die Matrosen sehnten den Hafen mit seinen Abwechslungen herbei.

»Warum wir hier noch an den Kanonen hocken, wo wir doch dicht vor Martinique sind, hat mir auch keiner gesagt«, flüsterte ein Matrose am Buggeschütz zum anderen.

Joshua Petrus, Richtkanonier und Geschützführer, hatte es gehört.

»Weil die Briten vor Martinique patrouillieren und uns hier noch eher im Morgengrauen überraschen können als auf hoher See, das kapiert doch jeder«, sagte er dem Matrosen.

Die Dämmerung wurde lichter. Man konnte schon 200 Meter weit sehen. Sven gab dem wachhabenden Karl Bauer ein Zeichen, und der schickte den Ausguck auf den Mast. Sie warteten nur auf die Meldung, dass Land in Sicht sei, und den Befehl zum Frühstücken.

Aber dann rief der Ausguck: »Segel! Eine Meile steuerbord querab!«

Alle rissen die Köpfe herum. Sven erkannte einen Kutter und zweifelte keine Sekunde, dass es ein britischer war. Er ahnte seit Tagen, dass irgendetwas vor ihrer Landung in Martinique passieren würde.

»Der ist britisch, Mr Larsson, und will uns den Weg nach Saint Pierre abschneiden«, meldete Mr Selberg aufgeregt neben ihm.

Sven setzte sein Teleskop ab. »Ich sehe es, Mr Selberg. Wir steuern jetzt Ost-Süd-Ost, feuern bei der Annäherung mit dem Buggeschütz, beharken ihn mit den Backbordkanonen, halsen und laufen Saint Pierre an. Der Kutter hat mehr Geschütze, aber wahrscheinlich nur Sechspfünder. Lassen Sie Backbord doppelt laden, Mr Selberg.«

Die *Freedom* nahm einen Kurs, der sie direkt auf den Kutter führte. Die Briten zögerten kurz, ob sie zur See oder zum Land hin ausweichen sollten. Dann wählten sie die Landseite, hissten die britische Flagge und rannten ihre Steuerbordkanonen aus.

Joshua feuerte seinen langen Achtpfünder am Bug auf eine Entfernung von vierhundert Metern ab, nachdem Sven den Befehl gegeben hatte. Die Kugel schlug zwanzig Meter vor dem Kutter aufs Meer, prallte ab und donnerte in den Rumpf.

»Hätte mich auch gewundert, wenn der nicht trifft«, murmelte sein Freund Adam und scheuchte zwei Seeleute auf, dass sie die Segel nachbrassen sollten.

Ihre Bugkanone feuerte erneut. Diesmal traf sie den Kutter an der Rah des Toppsegels. Die splitterte. Das Toppsegel flatterte lose.

»Wunderbar!«, lobte Sven vor sich hin. »Das hemmt ihre Manövrierfähigkeit.«

Als alle sich schon wunderten, warum der Brite nicht schoss, stieg drüben eine Rauchwolke auf. Sie duckten sich noch tiefer. Knapp neben ihnen riss die Kugel eine Säule aus dem Wasser.

Jetzt segelten sie auf zweihundert Meter heran. Joshua jagte noch eine Kugel hinaus. Diesmal traf sie den Bug am Ansatz des Bugspriets. Die vorderen Schratsegel flogen zerrissen in den Wind. Der Kutter konnte seinen Kurs nicht halten.

Sven sah, wie auf dem Kutter ein Mann in der Uniform eines Leutnants hin und her rannte und die Leute antrieb. So leicht bin ich mit meinem einfachen blauen Rock aber nicht zu erkennen, dachte er und schaute zu seinen Scharfschützen. Dann rief er zum Rudergänger: »Zwei Strich backbord!«

Jetzt hatten sie das Heck des Schoners vor ihrer Breitseite.

»Schießt!«, brüllte Sven.

Nacheinander feuerten die drei Kanonen ihre doppelte Kugelladung in das Heck des Kutters.

Sven sah, wie der Leutnant unter Deck geschleppt wurde. Der Kutter blieb auf seinem Kurs, der ihn von der *Freedom* wegführte.

»Jetzt können wir ihn fertig machen!«, rief Mr Selberg neben ihm.

»Nein«, antwortete ihm Sven. »Wir sollen Mr Gordon nach Saint Pierre bringen und Prisen kapern, aber keine Kämpfe mit britischen Kriegsschiffen ausfechten, Mr Selberg. Und der Kutter ist noch längst nicht am Ende. Lassen Sie Kurs auf die Hafeneinfahrt nehmen.«

»Ist der Kapitän ein Feigling?«, murmelte der Ladekanonier am zweiten Geschütz zu seinem Kumpel.

»Die ihn kennen, sagen, er wäre ein guter Kämpfer«, antwortete der.

»Ihr seid auch zu dämlich!«, mischte sich der Geschützführer ein. »Ihr schreit doch am lautesten nach Prisengeldern. Dann müsst ihr doch froh sein, dass wir uns nicht stundenlang mit den Briten beschießen und keiner weiß, wie's ausgeht. Das ist Sache der Flotte! Wir sollen Prisen machen. Der Käpt'n, so jung er ist, hat schon Kämpfe durchgestanden, wo andere sich nicht mehr bewegen konnten, so voll hatten sie die Hosen.«

Am Pier von Saint Pierre winkten ihnen Menschen zu, die schon am frühen Morgen das Schauspiel auf See bewundert hatten.

»Endlich am Ziel«, sagte Mr Gordon zu Sven. »Vielen Dank, dass Sie mich wohlbehalten hergebracht haben. Nun muss ich es allein schaffen. Hoffentlich kann ich was bewirken.«

»Das werden Sie sicher, Mr Gordon«, ermunterte ihn Sven. »Vielleicht hole ich einmal Waffen ab, die Sie vermittelt haben, und Sie begrüßen mich am Pier.«

Gordon lächelte. »Schön wäre es. Aber jetzt scheint jemand mich abholen zu wollen. Eine Kutsche kommt geradewegs an unseren Landeplatz. Oder erwarten Sie jemanden?«

»Nein, Mr Gordon. Ich muss zu denen gehen, die mich erwarten: der Hafenmeister, der Agent der Reederei, vielleicht noch ein Hafenarzt. Alles Gute dann!«

»Sie hören noch von mir«, versprach Mr Gordon und zog seinen Hut zu jemandem, der aus der Kutsche stieg und ihm zuwinkte.

In Saint Pierre erinnerte nichts an das heimatliche Philadelphia, obwohl die Stadt kaum weniger Einwohner hatte. Hier gab es keine weiten, schachbrettartig angeordneten Straßen, sondern nur ein Gewusel krummer Straßen und Gässchen, die sich zwischen Strand und dem ruhenden Vulkan Montagne Pelée zusammendrückten. In den Straßen brodelte es, wie Sven erfuhr, als er zum Agenten der Reederei ging. Joshua und ein Matrose, der aus Guadeloupe stammte, begleiteten ihn.

Sven kannte einige karibische Hafenstädte, aber so grell und laut hatte er noch keine erlebt. Man konnte ja keine fünf Schritte gehen, ohne sich vor einem Eselskarren, einem Lastenträger oder einer Sänfte an die Seite drücken zu müssen. Und wenn man sich an die Seite drückte, musste man aufpassen, dass man nicht in eine Auslage von Seefischen, in die Töpfe einer Suppenküche, die Menagerie eines Papageienverkäufers oder in die Werkstatt eines Schumachers fiel.

Sein Matrose aus Guadeloupe ging vor ihnen und rief dauernd, man möge ihnen Platz machen oder so etwas Ähnliches, denn Sven verstand nicht viel von dieser Mischung aus Französisch und irgendwelchen Negersprachen.

Sie gingen an einer großen Kathedrale vorüber, die an einem Friedhof lag. Ihr Matrose fragte einige Male Einwohner nach dem Weg, bis sie schließlich vor einem bürgerlichen Geschäftshaus standen, an dem ein Schild auf die »Mess. Archand et Myér« hinwies, die sich mit Im- und Export beschäftigen sollten.

»Wollt ihr mit rein oder dort in der Kneipe auf mich warten?«, fragte Sven.

Joshua erhielt einen Stoß vom Mann aus Guadeloupe und antwortete: »Wir warten dort, wenn es recht ist, Mr Larsson.«

Sven wurde freundlich von Monsieur Archand empfangen, der sich erkundigte, wie die Reise verlaufen war. Auf Svens kurzen Bericht folgte eine Diskussion über die Entladung der mitgebrachten Ware und eine Information über die neue Ladung. Das war natürlich nicht viel, denn die *Freedom* hatte bei der starken Besatzung wenig Laderaum. Aber die schweren Mörser, von Washingtons Armee sehnsüchtig begehrt, benötigten auch nicht viel Platz.

»Seien Sie und Ihre Offiziere vor allem bei Dunkelheit vorsichtig in der Stadt, Monsieur Larsson. Es muss hier eine Gruppe Kolonistenhasser geben, die sich in letzter Zeit darauf spezialisiert hat, Offiziere amerikanischer Schiffe zu ermorden. Manche meinen, dass fanatische Briten Mordprämien ausgesetzt hätten, aber bisher hat unsere Polizei noch nichts nachweisen können.«

Sven nahm sich vor, nicht auf seinen Säbel zu verzichten und seine Offiziere zu warnen. Aber seine Freunde waren damit nicht zufrieden.

»Mr Larsson«, erwiderte Adam Borg auf die Mahnung. »Ich habe schon vom Deck aus beobachtet, wie dort in dem Gewimmel die Taschendiebe am Werk sind. Ich habe sogar gesehen, wie ein Opfer abgestochen wurde, das sich gewehrt hat. Und keiner hat ihm geholfen. Sie haben es an die Seite geschubst und sind weitergegangen. Hier dürfen wir niemanden von Bord lassen, der nicht mindestens in einer Dreiergruppe unterwegs ist, ob Mann oder Offizier.«

»Was meinen Sie, Mr Selberg?«, fragte Sven.

»Unbedingt, Mr Larsson. Wir sind hier sehr fremd und haben hier sicher auch viele Feinde.«

»Na gut«, entschied Sven. »Ausgang bis Mitternacht nur in Dreiergruppen. Sie sollen besonders vorsichtig sein.«

Sven hatte sich für den Abend mit seinen Offizieren zum Essen verabredet. Der Agent hatte ein Restaurant empfohlen, das an einer breiten Straße in der Nähe des Sklavenmarktes lag. Sie hatten nicht den Eindruck, dass ihnen auf dem Weg Gefahr drohte.

Auch das Essen war ausgezeichnet. Die Getränke schmeckten so gut, dass sie schon etwas wankten, als sie heimgingen. Die Straße war auch um Mitternacht noch voller Menschen. In diesem Viertel waren es vor allem die wohlhabenden Einwohner, wie man an der Kleidung merkte.

Doch Sven fiel auf, dass auch noch kleinere Kinder auf der Straße waren.

»Die gehören doch längst ins Bett«, monierte er zu Adam.

»Das ist hier in der Hitze anders. Da wird über Mittag mehrere Stunden geschlafen, und in der Abkühlung des Abends ist man länger wach.«

Ein Mädchen von etwa vier Jahren löste sich von der Hand des Kindermädchens und lief zu einem Stand mit Vogelkäfigen voraus. Plötzlich griff ein großer schwarzer Junge das Mädchen um den Leib und rannte mit ihm in eine Seitenstraße. Das Kindermädchen schrie, aber die Passanten beachteten sie kaum.

Ohne ein Wort zu seinen Kameraden jagte Sven dem Kinderdieb hinterher. Die drei hatten sich gerade die ausgestellten Pfeifen eines Tabakhändlers angesehen und wurden erst aufmerksam, als Karl Sven nach seiner Meinung fragen wollte. Da war der schon zehn Meter entfernt.

»Ihm nach!«, rief Adam und lief los. Die anderen folgten. Der flinke Karl war bald an ihrer Spitze, schrie Passanten an, dass sie ausweichen sollten, sprang über ein Bein, das ihm jemand stellen wollte, und sah, wie Sven in einen Hofeingang stürzte.

»Hier!«, rief er und sah noch, wie Adam den Mann niederschlug, der ihm das Bein stellen wollte und jetzt ein Messer in der Hand hatte. Dann blickte er wieder nach vorn.

Da tauchte ganz plötzlich ein Kerl mit einem Knüppel vor Sven auf. Und dort hob einer hinter ihm eine Keule und wollte ihn niederschlagen.

»Sven!«, brüllte er seine Warnung hinaus, zog sein Messer und stürzte sich auf den Keulenschwinger. Hinter sich hörte er Adam heranstapfen. Der Mann schlug mit der Keule nach ihm, aber Karl konnte ausweichen und stieß ihm das Messer in den Oberarm. Der Kerl schrie, erblickte Adam, riss sich los und rannte davon. Auch der Mann vor Sven drehte sich um und floh.

In einer Hofecke fing ein Kind an zu plärren.

»Was soll denn das bedeuten?«, fragte Sven irritiert.

»Wir haben unseren Kapitän eben davor bewahrt, Opfer eines raffinierten Überfalls zu werden. Es ist ein beliebter Trick, ein Kind zu greifen, davonzurennen und dadurch jemanden in einen Hinterhalt zu locken. Oft gehört das Kind zu den Banditen«, erklärte Adam keuchend dem überraschten Sven.

In diesem Fall waren aber wohl Kind und Kindermädchen auch Opfer, denn das Kindermädchen erschien schreiend vor dem Hoftor und schloss das kleine Mädchen, das nun in einer Hofecke zu weinen begann, erleichtert in seine Arme.

Die vier Offiziere begleiteten das Mädchen nicht nur zurück zur Straße, sondern auch bis zu dem vornehmen Haus ganz in der Nähe. Adams Misstrauen verschwand erst, als der Hausmeister Mädchen und Kind begrüßte und einließ.

»Da haben Sie aber Glück gehabt, Mr Larsson. Das war nicht irgendein Überfall. Wenn da noch jemand die Verfolger abschrecken wollte und Ihrem Mr Borg mit dem Messer drohte, dann war das ein auf Sie gezielter Angriff. Wir Kolonisten haben hier erbitterte Feinde. Mir haben meine Partner bewaffnete Wächter für die Nacht gestellt, und einen dressierten großen Hund muss ich immer bei mir haben. Warum haben Sie eigentlich keinen Hund auf dem Schiff, wo Sie doch nachts und bei Nebel immer horchen lassen?«

»Ein Hund auf einem Schiff, Mr Gordon? Die heben doch an jedem Baum das Bein. Wenn sie das bei uns an den Masten machen, stinkt das ganze Schiff.«

»Sie wollen sich über mich lustig machen, Herr Kapitän. Auch mein neuer Hund ist stubenrein. Und natürlich kann man einen guten Hund so dressieren, dass er auf einem Schiff nur eine Schütte mit Sand benutzt. Ich habe den Dresseur meines Hundes gefragt.«

Sven wurde nachdenklich. Eigentlich mochte er Hunde ganz gern. In Einars Tal hatte er immer mit dem treuen Lucky gespielt. Und ein Hund auf dem Schiff wäre ein guter Wächter. Er musste mal darüber nachdenken.

Mr Gordon erzählte noch, dass seine Kontakte auf Martinique gut vorbereitet waren und dass er für die nächsten Tage schon viele Termine zu geschäftlichen Besprechungen habe.

»Viele wollen hier nicht nur Saint Eustatius den Gewinn überlassen. Darum komme ich auch heute schon zu Ihnen und wünsche eine gute Heimkehr und viele Prisen.«

Zwischen Antigua und Barbuda kaperten sie in der Morgendämmerung eine große, langsame Bark, die im Sturm von ihrem Konvoi abgetrieben war. Sie hatte vor allem landwirtschaftliches Gerät für die Pflanzungen in der Karibik an Bord, Hacken, Pflüge, aber auch Mühlen und Pressen zur Zuckerverarbeitung.

»Na ja, kämpfen mussten wir ja nicht um den Kasten, aber viel Knete bringt der auch nicht«, meckerte ein Matrose.

»Hier in der Karibik verkauft sich das Zeug recht gut, bloß der lahme Kahn wird nicht viel bringen«, antwortete ihm ein Maat. Auch er sollte auf St. Eustatius eine Überraschung erleben.

Sven hatte vor allem nach britischen Kriegsschiffen Ausschau halten lassen und war froh, dass keines die Einfahrt zum Hafen bewachte. Viele Schiffe lagen dort, und es war ein reges Treiben.

»Lassen Sie unsere Streifenflagge hissen, Mr Selberg, und dann werden wir unseren Salut feuern«, sagte Sven. »Fünfzehn Schuss für den Gouverneur.«

»Aye, Sir, aber antworten werden sie genauso wenig wie die anderen Ausländer, denen wir auf der Reise den Salut entboten. Die haben alle zu viel Angst vor den Briten.«

»Das wird sich auch noch ändern, Mr Selberg.«

Die Steuerbordkanonen feuerten den Salut. Die erste Kanone schoss, dann folgte Nummer zwei, dann die dritte, und alles begann wieder mit Nummer eins. Sie strengten sich an, dass die Abstände immer gleich lang waren.

Der letzte Schuss verhallte, und Mr Selberg nickte Adam zu. Das hieß, die Kanoniere könnten wegtreten. Aber dann blieben alle auf ihrem Posten und schauten sich verdutzt an. Von der Hafenbatterie donnerten Schüsse zurück.

»Mr Larsson! Sie erwidern den Salut!«, stammelte Mr Selberg.

»Ja, ich höre es«, erwiderte Sven und zählte mit. »Sieben Schuss für den Kommandanten eines Kriegsschiffs oder einen Konsul. Sie respektieren unsere Flagge. Was mag passiert sein?«

»Sehen Sie, Sir. Dort liegt die *Princess Karolina,* die holländische Fregatte. Man winkt uns vom Achterdeck zu.«

Sven schaute durchs Teleskop, aber Kapitän Heermans konnte er nicht erkennen.

Doch als Sven an Land ging, stand Kapitän Heermans am Kai und lachte ihn an. »Da staunen Sie, was? Man sagte mir, das sei hier der erste Salut für die amerikanische Flagge gewesen.«

»Nicht nur hier, Mr Heermans. Ich habe es noch nie erlebt, dass die Flagge der Kolonien mit Salut begrüßt wurde, und bedanke mich für die Ehre.«

Kapitän Heermans lachte. »Mein Vetter, der Gouverneur, wollte die Briten ärgern und sagte mir, dass er der amerikanischen Flagge in Zukunft salutieren wolle. Da bat ich ihn, auf Ihr Schiff zu warten. Sie waren mir mit dem Laudanum behilflich. Unserem Matrosen wurde geholfen, und Sie kommen hier in die Geschichtsbücher.«

Sven schüttelte lächelnd den Kopf. »Ob Geschichte wirklich von solchen Zufällen abhängig ist? Aber wichtiger ist: Wird Ihr Vetter nicht Ärger kriegen? Die Briten machen doch sicher viel Druck, dass unsere Flagge missachtet wird, sonst würden andere Nationen ja auch salutieren.«

Heermans winkte ab. »Die Regierung kann ihm nicht viel tun. Dann legt er sein Amt nieder. Er ist ein sehr reicher Kaufmann. Ihm gehört hier viel. Und jetzt blühen seine Geschäfte. Aber nun haben wir genug geredet. Kommen Sie. Ich lade Sie ein.«

Heermans berichtete anregend über Oranjestad, die kleine Stadt, die sich zwischen dem spitzen Berg und der See zusammendrängte. Sven erzählte, dass er als junger Seemann schon einmal kurz in St. Eustatius Station gemacht hatte, und gestand Mr Heermans zu, dass er selbst in Philadelphia und New York nicht so viele dreistöckige Häuser auf engstem Raum gesehen habe.

»Und diese Riesenspeicher!«, staunte er.

»Was meinen Sie, was dort alles lagert! Hier fehlen schon die Schiffe. Und von überall strömen neue Bürger in die Stadt. Alle wollen hier Geschäfte machen. Wenn das so weitergeht, kommen wir noch auf achttausend Einwohner.«

Sven zeigte sich beeindruckt. »Haben Sie gesagt, dass Schiffe fehlen, Mr Heermans? Ich bringe eine Handelsbark und kann sie auch hier verkaufen.«

Mr Heermans zeigte sich interessiert und erkundigte sich nach der Ladung. Er versprach, seine Beziehungen spielen zu lassen. Er erwähnte dann noch seinen neuen Schiffsarzt, mit dem er gestern den ganzen Abend über Indien gesprochen habe.

»Ich war als junger Maat in Indien, Mr Larsson. Die Engländer haben unserer ostindischen Kompanie in letzter Zeit ja mächtig das Geschäft beschnitten. Mit ein Grund dafür, dass sie wenig Freunde bei uns haben. Aber wenn Sie einmal in diesen Handel einsteigen können, Mr Larsson, dann haben Sie mit wenigen Reisen Ihr Schäfchen im Trockenen. Denken Sie daran, wenn Sie Ihre Unabhängigkeit erreicht haben, woran ich auf längere Sicht betsimmt nicht zweifle.«

Sven musste an seine früheren Träumereien denken, als er mit Sabrina über Reisen nach Ostindien gesprochen hatte.

Als Sven an Bord zurückkehrte, wartete ein Bündel Briefe auf ihn. Er ließ alles links liegen, was nach Reederei und amtlichen Schreiben aussah, und griff nach Sabrinas Briefen. Der mit Nummer sieben war der letzte. Er öffnete ihn und schaute auf der letzten Seite nach. Erst einmal sehen, ob alles in Ordnung war. Die Einzelheiten hatten Zeit.

Aber das war ein komischer Absatz: »*Schön wäre es, wenn mein Vater hier sein könnte. Zu ihm als Arzt hatte ich immer volles Vertrauen. Nun bin ich zu seinem Freund und alten Studiengefährten gegangen, der seine Praxis in der Vine Street in Philadelphia hat. Er meinte, es sei alles in bester Ordnung. Wenn es so weit sei, solle ich doch die letzten zwei Wochen bei ihm wohnen. Zum Heiligen Abend würde ich sicher wieder daheim sein. Ingrid ist ganz aufgeregt und meint, ihr Liebster als Arzt könne doch auch helfen. Aber dazu ist er mir zu jung und als Ingrids Freund auch zu wenig ›neutral‹. Schließlich haben wir ja auch Mrs Wethersby als erfahrene Hebamme in der Nähe.*«

Sven ließ den Brief sinken und atmete tief. Seine Sabrina war schwanger! Er wurde Vater! Und er war weit weg! Er stand auf und goss sich einen Rum ein. Den konnte er gebrauchen. Aber dann setzte er sich wieder hin und suchte in den Briefen nach mehr Informationen über die Schwangerschaft.

Hier in Brief drei waren die ersten Andeutungen. Brief vier fehlte. In Brief fünf war Sabrina sicher. In Brief sechs stand etwas von einer ärztlichen Untersuchung. Alles sei bestens. Sie hätte am liebsten eine Tochter. Er möge das verstehen. Wenn sein Sohn sie auch so lange allein ließe, das sei zu schwer. Nun gut, sagte sich Sven. Das muss ich wohl einsehen. Aber das nächste Kind wird ein Sohn!

Dann erst las Sven die anderen Nachrichten. Von den Eltern hatte sie immer gute Nachrichten. Wenn sie nur etwas näher wohnten! Ingrid treffe sich immer öfter mit dem jungen Arzt. Nach ihrem Eindruck seien die beiden sehr verliebt. Da stünde wohl wieder eine Hochzeit ins Haus. Ansonsten gehe alles den gewohnten Gang. Die Kinder in der Schule fragten immer, ob sie etwas von ihrem Mann gehört habe. Aber erst in Brief sechs bestätigte sie glücklich den Empfang seiner Briefe, die er aus Charleston abgeschickt hatte.

Da muss einer gebummelt haben, ärgerte sich Sven. Dann las er, was Sabrina über die Teuerungen schrieb. Alle Eisenwaren, Messer, Scheren, Hämmer, Nägel, sonst billig aus England geliefert, seien teurer geworden. Auch für Kaffee und Zucker müsse man mehr zahlen. Er solle ihr doch einen kleinen Vorrat mitbringen. Aber sie könne ja nicht klagen, wo sein Prisengeld in der Bank liege und sich vermehre.

Von Mr Bradwick gebe es nichts Neues. Er sei sicher, dass ihr Mann gesund und mit guter Beute zurückkehre. Sven schüttelte den Kopf. Mit der Beute sah es bisher nicht so prächtig aus. Aber Mr Bradwick versichere Sabrina auch immer wieder, dass sie sich nur an ihn zu wenden brauche, wenn ihr etwas fehle.

Schließlich griff Sven zu den anderen Briefen. Ihm schrieb Mr Bradwick, dass die Reederei bisher vor größeren Verlusten bewahrt worden sei, dass das Geschäft aber schwerer werde. Dann las Sven mit Erstaunen, dass ein Mr Bushnell ein Tauchboot gebaut habe, das sich mit einem Mann Besatzung vor New York unter Wasser einem britischen Linienschiff genähert habe, aber leider die Sprengladung nicht anbringen konnte. Was er von der neuen Waffe halte?

Sven schüttelte den Kopf. Wie sollte das bei Wind und Wellen funktionieren? Nun ja, Washington habe New York aufgeben müssen, Tauchboot hin oder her.

Seine Gedanken kehrten zu Sabrina zurück. Hoffentlich war sie gesund, wenn er heimkam. Vielleicht konnte er schon sein Kind in die Arme schließen. Er stand auf. Jetzt musste er Adam und Karl die gute Nachricht mitteilen.

Dies war wohl der Tag der guten Nachrichten. Seine Freunde gratulierten ihm herzlich. Andere schlossen sich an, als sich an Deck herumsprach, dass der Käpt'n Vater werde.

Und schließlich erschien Kapitän Heermans und fragte, von wem sie es denn schon wüssten, weil sie sich so freuten.

»Von meiner Frau natürlich, Mr Heermans. Ich werde Vater!«

Heermans gratulierte und meinte, nun werde seine Nachricht wohl gar nicht mehr als freudige Sensation empfunden.

»Welche Nachricht?«, fragte Sven.

»Ihre dicke lahme Bark mit genau dieser Ladung wird gebraucht. Ein Geschäftsfreund meines Vetters sucht so ein Schiff und kann die Ladung gut in Florida verkaufen. Er zahlt fünftausend spanische Silberdollar. Das ist ein Superpreis.«

»Allerdings!«, bestätigte Sven. »Dann sind Sie heute mit meinen Offizieren zum Essen eingeladen. Empfehlen Sie uns das Restaurant.«

Aber Heermans wollte Sven zuerst noch erklären, wie sie die Probleme umgehen könnten, dass auf St. Eustatius kein amerikanisches Prisengericht bestehe. Sven gab es bald auf, den verzwickten juristischen Tricks zu folgen, und dachte an Sabrina und sein Kind. Als Mr Heermans schloss: »Und dann schicken wir die Bark unter französischer Flagge nach Saint Antoine in Florida«, zeigte er sich wieder aufmerksam und dankte Mr Heermans für seine Bemühungen.

Die *Freedom* verließ St. Eustatius noch vor Beginn der Dämmerung. Wenn ein britisches Patrouillenschiff sie sichtete, wollten sie schon auf hoher See sein.

»Sind denn wenigstens die Ausgucke nüchtern?«, fragte Sven seinen Obersteuermann. Er selbst hatte Schwierigkeiten, sich auf seine Pflichten zu konzentrieren. Der Abend war zu lustig und zu feucht gewesen.

Aber die Anlässe waren auch so wunderbar: Kind und gutes Prisengeld.

»Ja, Mr Larsson. Der Henry trinkt keinen Alkohol, und der Sam hatte gestern Abend Strafwache. Aber die Kanonen lassen Sie besser heute nicht abfeuern. Da atmen die Kanoniere so viel Alkohol aus, dass das Pulver nass wird.«

Sven musste grinsen. Dann hörte er Adam unterdrückt schimpfen.

Ein Seemann musste seinen Platz verlassen und sich an der Reling übergeben.

»Mach das nächstens vor Dienstantritt, du Saufkopf«, hörte Sven.

An Adam schien alles abzuprallen, auch die vielen Gläser, die er gestern lachend in sich hineingeschüttet hatte. Das war ein Teufelskerl, sein Freund.

Als die Sonne am Himmel emporgestiegen war und sich kein Segel am Horizont zeigte, nahmen sie ihren Routinedienst auf. Das war nach dem Auslaufen aus einem Hafen immer Kanonendrill. Das hatte Sven aus seiner Zeit an Bord britischer Schiffe übernommen. Und die Mannschaften fluchten hier nicht weniger als die Briten, dass sie nach den Freuden des Hafens wieder so hart rangenommen wurden.

Sven schaute zu Billy, der als Pulverjunge die Versorgung der Kanonen mit Kartuschen simulierte. Er sah gesund aus, aber Sven hatte ein schlechtes Gewissen, dass er sich in letzter Zeit so wenig um den Jungen aus seinem Heimatort gekümmert hatte. Er würde seinen Schreiber fragen müssen, wie es um die Fortschritte Billys im Lesen und Schreiben ging.

In San Juan liefen sie nur der Post wegen ein und übernahmen frisches Wasser, Fleisch und Gemüse. Nach einem Abend für die Mannschaft ging es wieder hinaus auf die See. Sven wollte wissen, ob sein Sohn oder seine Tochter schon geboren war.

Zwischen Inagua und der Ostküste Kubas sichteten sie ein Segel. Nach kurzer Verfolgung identifizierten sie es als die Bark *Barbara* ihrer eigenen Reederei. Sven kannte den Kapitän und ließ sich übersetzen. Aber vorsichtige Fragen ergaben, dass der nichts von seiner Frau wusste. Dafür sollte sich Sven den neuesten Klatsch über die Reederei anhören.

Das Gespräch wurde immer einseitiger, aber zum Schluss erfuhr Sven doch noch eine Information, die ihn hellhörig werden ließ. In der Florida-Straße wimmele es von amerikanischen Kapern. In zwei Tagen sei er viermal angehalten worden. Nein, britische Kriegsschiffe habe er Gott sei Dank nicht gesichtet. Britische Handelsschiffe auch nicht.

»Die haben das doch auch mitgekriegt mit den Kapern und lassen sich dort nicht sehen«, versicherte der Kapitän.

Als Sven das seinen Offizieren mitteilte, war die Enttäuschung groß. »Uns fehlt noch eine gute Prise, damit die Reise ein Erfolg war«, mahnte Mr Selberg.

»Dann werden wir nicht durch die Florida-Straße segeln, sondern östlich an den Bahamas entlang. Erinnern Sie sich, dass der Konvoi auf unserer letzten Reise auch von den Bahamas hinaus auf den Atlantik gesegelt ist und wir ihn dann weit vor der Küste abfingen.«

»Das ist aber ein Vabanquespiel, Mr Larsson. Einzelne Segel werden wir draußen im Atlantik kaum treffen, und mit einem gesicherten Konvoi können wir es schwer aufnehmen«, meinte Karl Bauer skeptisch.

»Es ist unsere einzige Chance, meine Herren. Wir wollen unsere Ausgucke doppelt besetzen und nachts die Segel kürzen.«

Sven setzte danach eine Übung im Scheibenschießen an. Wenn ein Kriegsschiff einen Konvoi bewache, müssten sie ihr Ziel treffen. Die Besatzung hatte durch den Deckklatsch längst erfahren, worum es ging, und gab sich große Mühe, die Scheibe zu treffen. Auf vierhundert Meter lagen acht ihrer zehn Schüsse im Ziel.

»Donnerwetter!«, lobte Sven. »Sie haben nichts verlernt.«

»Ich habe beim Kanonendrill auch immer den Joshua herumgehen und Tipps geben lassen«, sagte Mr Selberg.

Sie feuerten auch auf hundert Meter und zerfetzten die Scheibe in tausend Stücke.

»Nun müsst ihr nur noch so gut schießen, wenn euch die Kugeln um die Ohren pfeifen«, scherzte Adam zur nächsten Bedienung. Die grienten etwas unsicher.

Sie waren schon an Nassau und der Eleuthera-Insel vorbeigesegelt. Die Offiziere schauten sich betreten an. Die Matrosen waren gereizt. Einmal hatte es sogar an Deck eine Schlägerei um eine Nichtigkeit gegeben. Untersteuermann Bauer flüsterte zu Adam Borg: »Nun müsste aber bald was zu sehen sein, sonst kommen wir mit nacktem Arsch und leeren Taschen heim.«

»Morgen ist es so weit. Ich hab so ein komisches Gefühl. Hoffentlich ist der Bissen nicht zu groß für uns.«

»Für meine Tasche kann es nie genug Geld sein, du Miesmacher!«

»Abwarten, du Grünschnabel!«, lächelte ihn Adam an.

Sie standen zwanzig Seemeilen nördlich der Abaco-Insel. Die Mannschaft hatte die Köpfe geschüttelt, als die Positionsangabe verkündet wurde. Nun erwartete auch kein Optimist mehr fette Beute.

»Na, hoffentlich war mir wenigstens meine Olle treu«, murmelte der alte Olaf und schlurfte zum Niedergang.

Da stoppte ihn der Schrei des Ausgucks: »Deck! Mehrere Segel drei Strich backbord, vier Meilen!«

Sven klopfte das Herz bis zum Hals. Sollte ihre Reise doch noch ein Erfolg werden? Aber er ließ sich die Aufregung nicht anmerken, sondern bat kühl: »Mr Bauer, könnten Sie bitte mit dem Teleskop aufentern?«

Karl griff sich das Teleskop und sauste die Wanten hinauf.

Sven stand unten und wartete ungeduldig auf Nachricht. An Deck war außer dem Rauschen der Wellen kein Laut zu hören. Endlich rief Karl: »Deck! Fünf Segel! Vier Handelsschiffe und ein Kutter!«

Sven hatte Mr Selbergs Gesicht während der Meldung im Blickfeld. Selberg wollte nach der Ankündigung der Handelsschiffe in Jubel ausbrechen. Aber als die Worte »und ein Kutter« folgten, kniff er den Mund wieder zusammen und blickte ratlos drein.

»Da kneift der Olle doch wieder«, murmelte ein Rudergänger ganz leise. Die anderen blickten fragend zu Sven.

Sven sagte nur: »Kurs auf den Konvoi. Den schauen wir uns mal an! Eine Portion Brot und Käse sowie einen Rum ausgeben!«

Adam blinzelte Karl zu, und auf einmal waren wieder Bewegung und Lärm an Deck.

Als sie zwei Meilen entfernt waren, erkannte Adam den Kutter, der sie vor Saint Pierre hatte aufhalten wollen. »Er hatte einen Fleck im Segel und man sieht auch die Reparaturen am Heck, wo wir ihn getroffen haben.«

»Dann wollen wir uns mal bereitmachen. Klarschiff! Wir haben den Windvorteil. Zwei Mann zusätzlich ans Buggeschütz!«

Sven ging unter Deck und schnallte den Gurt mit Säbel und Pistole um. Er schaute noch einmal auf das Miniaturbild von Sabrina und nahm es an die Lippen. Dann folgte er einer Regung, faltete die Hände und sprach ein kurzes Gebet.

An Deck nahm er das Teleskop und studierte aufmerksam den kleinen Konvoi. Ein Westindiensegler mit drei Masten, zwei Brigantinen und eine Schnau mit je zwei Masten. Und dieser verdammte Kutter. Er hatte sie gesehen und signalisierte den Handelsschiffen. Würden sie sich jetzt zerstreuen?

Nein, sie blieben auf dem gleichen Kurs. Also war der Kutterkommandant zuversichtlich, dass er sein Geleit beschützen könne. Sonst wären sie in verschiedene Richtungen gesegelt, damit wenigstens einige entkommen konnten.

Sven ging zum Buggeschütz. Joshua und seine Männer waren bereit. Sie blickten erwartungsvoll zu Sven.

»Von euch hängt heute viel ab. Ihr sollt ihn verkrüppeln, damit er nicht mehr mit uns tanzen kann. Wir fangen ab fünfhundert Metern mit Kugeln an, Mr Petrus. Ab dreihundert Meter können Sie auch Kettenkugeln nehmen, wenn Sie sein Segel damit besser treffen. Viel Glück!«

»Aye, Sir, und danke«, erwiderte Joshua.

Zu Mr Selberg erklärte Sven: »Ich will ein Gefecht Breitseite gegen Breitseite möglichst vermeiden. Wir werden ihn mit dem Buggeschütz beharken und von Zeit zu Zeit das Ruder legen, damit Steuer- und Backbordbatterie feuern können. Halten Sie genug Männer an den Segeln bereit.«

»Aye, Mr Larsson. Nun können wir doch noch froh sein, dass unsere Prisenbesatzungen an Bord sind.«

Sven lächelte ein wenig säuerlich und studierte wieder den Gegner mit dem Teleskop. Der Kutter war kampfbereit. Kein Zweifel. Am Heck stand jemand und musterte sie mit dem Teleskop. Ob das der Leutnant war, den sie vor Martinique unter Deck geschleppt hatten?

Sven blickte noch einmal über ihr Deck. Alles war bereit. Die Lunten glimmten. Die Pulverjungen hockten am Niedergang. Also dann!

»Mr Petrus! Feuer frei nach Zielauffassung!«

Joshua hob die Hand. Aber er ließ sich Zeit. Erst als er noch einmal visiert hatte, krachte der erste Schuss.

Am Heck des Kutters fetzte ein Stück Reling fort. Ein Treffer, aber kein entscheidender.

Am Heck des Kutters stieg eine kleine Rauchwolke auf, seitlich von ihrem Bug spritzte Wasser empor, und dann hörten sie auch den Schuss.

»Sie haben eine Kanone am Heck. Kleines Kaliber«, murmelte Mr Selberg.

Joshua schoss erneut, und diesmal erwischte er einen Teil des Besansegels. Leinwand flatterte, und der Kutters geriet vorübergehend außer Kurs.

»Bravo!«, rief Sven.

Dann krachte es an ihrer Vortopprah. Das Segel riss ein. Mr Selberg jagte zwei Matrosen in die Wanten. Der Kutter konnte auch treffen.

Die *Freedom* war auf dreihundert Meter heran. Der Wind blies fast von achtern in ihre Segel. Sie hatte den Windvorteil. Wenn der Kutter etwas gegen sie unternehmen wollte, musste er gegen den Wind ankreuzen und sein Geleit ohne Schutz lassen.

Ich würde trotzdem etwas versuchen, dachte Sven. Immer nur vor einem Gegner herzusegeln und sich beschießen zu lassen, kann doch nicht gut gehen.

Dann kündigte er der Backbordbatterie an, dass sie gleich zum Schuss käme. Er ließ das Ruder herumlegen, und als die Backbordkanonen das Ziel aufgefasst hatten, hielten die Kanoniere die Lunten an das Zündloch, und die Kugeln röhrten hinaus.

Zwei Treffer! Einer musste das Ruder oder den Rudergänger getroffen haben, denn der Kutter lief kurz aus dem Ruder.

Die *Freedom* ging auf den alten Kurs zurück, und Joshua jagte dem Kutter eine Kugel ins Heck.

Sven duckte sich, als eine Kugel der Briten Splitter aus der Rah des

Vormastes riss. Auch seine Kanoniere hatten sich geduckt, lachten jetzt aber, weil der Treffer so wenig Wirkung zeigte.

Joshua hatte eine Kettenkugel abgeschossen und das Großsegel des Kutters eingerissen. Der Kutter lief aus dem Ruder.

Sven rief: »Steuerbordbatterie!« und ließ das Ruder legen. Und dann krachten ihre Steuerbordkanonen. Diesmal musste der Kutter drei Treffer mittschiffs einstecken.

Ihre Pulverjungen rannten mit Kartuschen zu den Kanonen.

»Zwei Kugeln laden!«, schrie Sven. »Backbordbatterie!«

Dann legte sich die *Freedom* auf den anderen Kurs. Die Backbordkanonen feuerten.

Hurrarufe ertönten. Sie hatten dem Kutter den vorderen Teil des Bugspriets weggeschossen. Sein Vorsegel flog davon. Aber ihr Jubel erstarb, als die Treffer des Kutters bei ihnen einschlugen und sich drei Mann mit Splittern im Körper schreiend an Deck wälzten. Kameraden schleiften sie unter Deck.

»Schießt!«, brüllte Sven. Und wieder feuerten ihre Kanonen.

Noch einmal musste der Kutter einstecken. Aber er lief wieder auf dem alten Kurs.

Ihre Bugkanone schoss und fetzte den Rest des Kuttersegels entzwei. Im Nu waren sie auf hundert Meter heran.

»Steuerbordbatterie!«, kommandierte Sven und ließ das Ruder legen, sodass ihre Breitseite das Ziel auffassen konnte. Auf dem Kutter setzten sie ein neues Segel.

Aber jetzt schlugen ihre Treffer ein. Die britischen Matrosen wurden durcheinandergewirbelt. Sven sah, wie einem der Unterkörper zerfetzt wurde. Aber ein Offizier brachte drüben wieder Ordnung in das Durcheinander. Der Kutter feuerte zurück.

Die Segel am vorderen Mast der *Freedom* flatterten im Wind. Matrosen rannten die Wanten empor.

Sven nahm seine Rifle. Er zielte sorgfältig, ehe er schoss. Das war ein Treffer! Der britische Kommandant sackte zusammen. Jetzt mussten sie es zu Ende bringen!

»Alle Mann an die Steuerbordbatterie! Traubengeschosse laden! Fegt ihr Deck leer!«

Die *Freedom* segelte jetzt breitseits vom Kutter, und ihre Steuerbord-geschütze feuerten drei Runden. Das Deck des Briten war menschen-leer und verwüstet. Der Kutter dümpelte dahin. Sven blickte voraus. Die Handelsschiffe segelten auf verschiedenen Kursen davon. Sie glaub-ten nicht mehr an Schutz durch den Kutter und wollten nicht alle in die Hände der Kolonisten fallen.

»Feuer einstellen!«, befahl Sven. »Kurs auf den Dreimaster!«

»Und der Kutter, Mr Larsson?«, fragte Mr Selberg.

»Den können wir immer noch holen. Jetzt gehen die Prisen vor!«, antwortete Sven und ließ die Segel trimmen.

»Mr Petrus!«, rief er. »Ein Schuss querab vom Bug!«

Aber der Westindiensegler gab noch nicht auf. Auch er hatte eine Kanone am Heck und schoss auf die *Freedom*.

»Jetzt einen Schuss in die Heckkabine!«, befahl Sven. Und Joshua traf. Nun strich der Westindienfahrer Flagge und Segel.

»Mr Bauer!«, rief Sven. »Entern Sie die Prise mit zehn Mann!«

Karl lief mit zehn bewaffneten Matrosen zum Kutter und sprang hi-nein. Sie hatten die Riemen kaum ausgebracht, da nahm die *Freedom* schon Kurs auf eine der Brigantinen.

Die gab auf, sobald ihr Joshua eine Kugel neben den Bug setzte. Ein Maat mit fünf Mann setzte über.

Auch die nächste Brigantine ergab sich schnell.

»Nun bleibt uns noch die Schnau!«, murmelte Adam erwartungs-froh.

»Dat is doch ooch nischt andres als ne Brigantine«, murmelte einer der neuen Matrosen.

»Mann, sperr die Augen auf!«, mahnte Adam. »Die hat doch hinter dem Mast noch einen Schnaumast, an dem sie die Segel führt.«

Aber die Schnau wollte nicht aufgeben. Sie setzte alle Segel und schoss auf die *Freedom*. Sven wurde ärgerlich. Er blickte mit dem Tele-skop zum Kutter. Dort setzte man Notsegel. Sie mussten die Schnau in ihre Gewalt bringen, ehe der Kutter vielleicht noch ihre Prisen an-griff.

»Mr Petrus! Knallen Sie ihm eine ins Heck!«, rief er.

Joshua feuerte, und das Heck zerplatzte unterhalb der Kanone der Schnau. Die Kanone polterte ins Wasser.

Aber Joshua musste noch drei Kugeln ins Heck setzen, ehe die Schnau aufgab und die Flagge strich.

»Mr Borg, nehmen Sie lieber acht Mann. Wir segeln zurück zum Kutter. Schließen Sie zum Westindienfahrer auf.«

Adam holte seine acht Männer zusammen und setzte über.

Auf der Schnau erwartete ihn eine finster blickende Crew.

»Wo ist der Kapitän?«, fragte Adam, als seine Leute an Bord geklettert waren.

»Der liegt tot in der Heckkajüte«, antwortete einer. »Ermordet von Piraten.«

»Wer ist Erster Maat?«

Ein Mann mit weißem Haar hob die Hand.

»Kommen Sie zu mir, damit wir die Schiffspapiere durchsehen. Die anderen gehen zum Bug. Alle Waffen, auch Messer, werden vorher an Deck gelegt«, forderte Adam.

Die Männer murrten. Adams Männer hoben die Gewehre.

»Wollt ihr erst eine vor den Latz geknallt haben?«, fuhr Adam sie an. »Es ist vorbei! Niemand kann euch zu Hilfe kommen. Also los!«

Sie warfen Messer und Pistolen an Deck und schlurften zum Bug. Dort mussten sie sich setzen, einer immer zwischen den Beinen des anderen. Drei Matrosen der *Freedom* standen mit Blunderbüchse und Musketen vor ihnen.

Adam wies einen anderen Matrosen an, das Ruder zu übernehmen. Zwei sollten sich um die Segel kümmern und zwei das Unterdeck durchsuchen. Er ging mit dem ersten Maat in die Heckkajüte. Dort lagen zwei Leichen.

»Wir werden für eine Seebestattung sorgen, aber erst zeigt mir die Schiffspapiere!«

»Sie sind dort im Schrank.«

»Dann nehmt sie raus und gebt sie mir.«

Der Maat befolgte die Anweisung. Adam nahm die Papiere an sich. »Was habt ihr geladen? Gebt mir schon einen Überblick.«

»Musketen, Bajonette, Uniformen und Munition für die Loyalisten.«

Nebenan hörte man ein Poltern. »Was ist dort?«, fragte Adam und hob seine Pistole.

»Die Kabine des Passagiers«, antwortete der Maat.

»Ist er nicht an Deck?«

Der Maat schüttelte den Kopf. »Er war selten an Deck. Meist bewacht er seine Tasche.«

Adam hob seine Pistole und stieß die Tür auf. Dort stand ein Mann, der mit einer Pistole auf ihn zielte und schoss. Adam spürte einen furchtbaren Schlag gegen seinen Magen. Aber ehe die Wucht ihn umwarf, feuerte er auch seine Pistole ab.

Vor der Kabine wurden Stimmen laut.

»Mr Borg?«, schrien die beiden Matrosen, die das Unterdeck durchstöberten. Sie hielten Muskete und Pistole in den Raum. Dort lag Adam und stöhnte.

»Ich war es nicht!«, schrie der Maat und hob die Hände. »Dort in der Seitenkajüte ist der Schütze!«

Die Matrosen stießen ihn zur Seite und spähten vorsichtig in die andere Kajüte. Dort lag ein Mann mit zerschmettertem Schädel. Sie wandten sich zu Adam.

»Kommen Sie, Mr Borg. Wir bringen Sie an Deck.«

Adam verzog das Gesicht vor Schmerz. Er hustete. Blut rann aus seinem Mund.

»Das hat keinen Sinn mehr. Seht nach, was der Kerl dort verteidigen wollte. Nicht in die Luft sprengen lassen!«, flüsterte er und sank erschöpft zurück.

Ein Matrose sah sich in der Nebenkajüte um. Neben dem toten Mann lag eine große schwarze Ledertasche. Sie war verschlossen. Der Matrose zog sein Messer und schnitt das Leder auf. Vor Schreck ließ er das Messer fallen. Die große Tasche war prall gefüllt mit Goldmünzen. Das war ja ein Schatz!

Er ging zurück. »Mr Borg. Der hatte eine große Tasche voller Gold! Ein Schatz!«

»Zwanzigtausend Golddollar. Der Sold für die Aufstellung und Ausrüstung eines Loyalistenregiments«, kommentierte der Maat trocken.

Adam lächelte zufrieden. »Sagt Mr Larsson, dass ich ihm alles Gute wünsche.« Blut quoll aus seinem Mund. Er sank zurück.

Die *Freedom* nahm wieder Kurs auf den Kutter, der ein Notsegel gesetzt hatte. Sie legten sich vor den Bug des Kutters. Sven rief durch die Sprechtrompete: »Streicht die Flagge! Legt alle Waffen an Deck nieder!«

Als Antwort schoss ihnen das Buggeschütz des Kutters eine Kugel in den Rumpf.

»Feuer frei!«, kommandierte Sven und hob seine Rifle. Der Kutter musste furchtbar für den sinnlosen Schuss büßen. Die Geschosse fegten über sein Deck und warfen die Matrosen nieder aufs Deck, wo sie sich blutbefleckt und schreiend wälzten.

Endlich zog jemand dort eine weiße Flagge auf. Die britische Flagge war weggeschossen worden.

»Mr Selberg, nehmen Sie bitte zehn Mann, wenn wir noch so viel übrig haben. Seien Sie aber sehr vorsichtig. Auf dem Kutter scheint es einige tollwütige Kerle zu geben.«

Selberg hob die Hand grüßend an den Kopf und rief seine Leute zusammen.

Auf der *Freedom* segelte nun wirklich nur noch eine Rumpfbesatzung. Sven ließ sich die Schäden melden. Abgeschossene Rahen, zerfetzte Segel, vier Treffer im Rumpf, das alles ließ sich in wenigen Stunden beheben. Aber sie hatten auch zwei Tote und vier Verwundete, davon einer sehr schwer.

Sven blickte zum Kutter, wo Mr Selberg alles unter Kontrolle hatte. Einige Briten arbeiteten unter Aufsicht seiner Matrosen bereits an Reparaturen.

»Mr Selberg!«, rief er durch die Sprechtrompete. »Der Westindiensegler kann Sie schleppen, bis Sie notdürftig repariert haben! Schicken Sie die Maate und die jungen Burschen rüber zu uns!«

Selberg bestätigte und meldete, dass der Kutter acht Tote und zehn Verwundete habe. Die Verwundeten würde er gern zur *Freedom* schicken, da er sie schlecht versorgen könne.

Der Kutter der *Freedom* half beim Übersetzen. Ihr Sanitätsmaat nahm sich gleich der Verwundeten an.

Sven ließ Kurs auf die vier Prisen nehmen, die dicht beieinander lagen. Er ließ sich erst zum Westindiensegler übersetzen.

Karl Bauer begrüßte ihn stolz. »Zucker, Melasse und Rum und ein gutes, neues Schiff. Das bringt was, Mr Larsson.«

Sven freute sich. Sie verabredeten, welche Briten auf die *Freedom* übersetzen sollten.

»Seien Sie extrem vorsichtig mit der britischen Besatzung, Mr Bauer. Untersuchen Sie immer wieder den Raum, in dem sie eingeschlossen sind. Und wenn Ihnen welche an Deck helfen, stellen sie immer Wächter mit Musketen ab!«

»Aye, Mr Larsson. Wir passen auf.«

Sven nahm die Papiere des Westindienseglers und ließ sich zur ersten Brigantine rudern. Der Name »King George« prangte an ihrem Heck.

Ihr Maat empfing ihn als Prisenkommandant und meldete stolz: »Kanonen, Gewehre und jede Menge Pulver und Munition, Mr Larsson. Nun müssen wir die Prisen bloß heimbringen, dann sind wir reich.«

»Bloß!«, lachte Sven. »Das kann harte Arbeit werden. Die Briten werden alles versuchen, euch zu überlisten. Wurden sie auf Waffen durchsucht?«

»Selbstverständlich, Sir. Wir haben auch die Räume durchsucht. Den Raum, in dem wir sie einschlossen, haben wir völlig leer geräumt. Zwei Maate und zwei Verwundete würden wir gern auf den Schoner bringen. Ein Brite wurde bei dem Schuss in die Heckkajüte getötet.«

Sven verabredete, dass sie eine gemeinsame Totenfeier abhalten würden.

Auf der nächsten Brigantine war das Bild kaum anders. Pulver und Uniformen war die Ladung, aber es hatte keine Verletzten gegeben.

Dann betrat er die Schnau und wurde durch einen ihrer Maate begrüßt.

»Wo ist Mr Borg?«, fragte Sven.

Der Maat wies auf einen Körper, der in Leinwand gehüllt an der Reling lag.

Mit ein paar Schritten war Sven bei dem Bündel, beugte sich hinunter und schlug die Leinwand zurück. Dort lag sein Freund Adam, bleich und tot. Blut war aus seinem Mund geronnen und eingetrocknet.

Sven nahm ein Tuch, kniete nieder und wischte Adam den Mund sauber. Tränen liefen über seine Wangen. Immer war Adam an seiner Seite gewesen, stark, erfahren und treu. Und nun?

Er wischte sich die Tränen ab, stand auf und fragte: »Wie ist das geschehen?«

Der Maat erzählte von dem Passagier, der für seinen Herrn das Geld für ein Loyalistenregiment überbringen sollte. Seinem Herrn hätte das wohl einen Gouverneursposten einbringen können.

»Adam hat ihn noch erschossen. Und er hat noch erfahren, welchen Schatz wir erbeutet haben. Er ließ Sie grüßen und Glück wünschen, Sir.«

»Warum haben sie das viele Geld nicht an Bord des Kutters transportiert?«, fragte er mehr im Selbstgespräch.

»Der Kutter war erst später zum Konvoi gestoßen, Sir.«

Sven nickte. »Wir müssen Mr Borg an Bord der *Freedom* bringen. Schicken Sie die Maate mit rüber, und seien Sie extrem wachsam. Kein Alkohol außerhalb der Ration für die Männer!«

Am dritten Tag liefen sie in den Delaware ein. Bis sie Hog Island passiert hatten, lief die *Freedom* immer noch mit schussbereiten Kanonen windwärts von den Prisen. Erst dann setzte sie sich an die Spitze des Konvois. Der Verkehr auf dem Fluss wurde dichter. Die Besatzungen der Schiffe winkten ihnen zu. Viele dippten auch die Flagge als Gruß und Glückwunsch.

Sven und seine Männer waren zum Umfallen müde. Aber der Gedanke, dass sie bald im Heimathafen ankern und Erfolg melden könnten, hielt sie aufrecht.

Sven hatte eine Nachricht für Sabrina geschrieben und sagte zu Joshua und dem Schiffsjungen Billy: »Wenn wir Gloucester passieren, lasse ich euch an Land setzen. Bringt die Nachricht meiner Frau, und erzählt ihr von unserem Erfolg. Aber einer kommt dann zur *Freedom* und sagt mir, wie es ihr und meiner Schwester geht.«

Als sie Philadelphia erreichten, füllten sich die Uferstraßen mit jubelnden Menschen. Ihr Schoner *Freedom* hatte vier Handelsschiffe und einen Kutter erbeutet! Das gab es nicht alle Tage.

Im Büro der Reederei Bradwick standen die Schreiber an ihren Pulten. Die Tür zu Mr Bradwicks Zimmer war geschlossen. Alles atmete Ruhe und Ordnung. Aber plötzlich rollten Räder vor dem Haus. Eine Kutsche wurde hart gebremst. Schritte polterten die Treppe hinauf. Die Tür flog auf. Mr Smith erschien und rang nach Atem.

»Mach er die Tür auf!«, keuchte er zum Büroleiter und hastete vorwärts. »Mr Bradwick!« Er schnaufte nach Luft. »Mr Bradwick! Schauen Sie aus dem Fenster! Die *Freedom* ankert mit fünf Prisen, darunter einem Kriegskutter der Briten!« Er ließ sich in einen Sessel fallen und rang nach Luft.

Mr Bradwick war aufgesprungen und hatte die Gardine zur Seite gerissen.

»Donnerwetter! Dieser Teufelskerl zeigt es wieder allen.«

Mr Smith nickte. »Ein Glückskerl! Seine hübsche Frau bringt eine gesunde Tochter zur Welt, und eine Woche später kommt er mit einer Ladung Prisen!«

»Sie wissen, dass es nicht nur Glück ist, Mr Smith. Er ist mindestens so gut wie sein Großvater, und das war ein toller Seemann.«

Mr Smith nickte. »Mit dem Geld wird er auf den Geschmack kommen und sich nicht mehr für die Kontinentale Flotte begeistern.«

Bradwick schüttelte den Kopf. »Es ist auch zu meinem Vorteil, wenn er Kaperkapitän bleibt, aber ich weiß sehr wohl, dass Sven Larsson ein Patriot ist. Wenn er erfährt, wie es um unsere Sache steht, könnte er ihr Angebot durchaus annehmen.«

Sven winkte den jubelnden Menschen an ihrem Ankerplatz nahe Old Ferry Slip zu. Er drehte sich zu Karl Bauer um. »Denen macht es wohl nicht viel aus, dass die Briten Philadelphia bedrohen und dass der Kongress nach Baltimore verlegt wird.«

Sven hatten diese Nachrichten, die ihnen der Zollbeamte bei Hog Island überbracht hatte, ziemlich geschockt.

Karl Bauer meinte: »Vielleicht hat der Zöllner übertrieben, Sir. Die Schiffe liegen hier doch auch so zahlreich wie immer.«

Sven zuckte mit den Schultern. »Ich gehe jetzt zu Mr Bradwick. Er wird überrascht sein.«

Aber Mr Bradwick und Mr Smith erwarteten ihn schon an der Tür.

»Herzlichen Glückwunsch zur Geburt einer gesunden und hübschen Tochter, zur glücklichen Heimkehr und zu den vielen Prisen!«, riefen beide.

»Wie geht es meiner Frau?«, fragte Sven überrascht.

»Mutter und Tochter sind wohlauf. Die Tochter wurde vor einer Woche geboren, am 10. Dezember. Als ich gestern Ihre Gattin besuchte, brauchte sie nicht mehr im Bett zu liegen, sondern ging im Zimmer umher. Und Ihre Schwester trug strahlend die Nichte. Die schlief allerdings und sprach nicht mit mir«, lachte Mr Bradwick.

»Das ist eine wunderbare Nachricht!« Sven strahlte und schüttelte beiden die Hand.

»Und Sie bringen uns auch wunderbare Botschaften«, erwiderte Mr Bradwick und zeigte auf die Schiffspapiere.

Sven gab einen kurzen Überblick über die Eroberung der Prisen, ihre Ladung und das Geld an Bord.

Beide Herren starrten ihn fassungslos an. »Sie bringen ja einen Schatz, Mr Larsson!« Bradwick stotterte fast.

»Der mit Adam Borgs Tod leider teuer erkauft wurde«, ergänzte Sven.

Mr Bradwick wurde ernst. »Ein guter Mann! Das tut mir leid.«

»Aber die Beute muss sofort in Sicherheit gebracht werden. Unsere Milizen brauchen die Waffen und Munition wie das liebe Brot«, fügte Mr Smith hinzu.

»Dann stimmt es also, dass Philadelphia bedroht und der Kongress schon nach Baltimore geflohen ist«, warf Sven ein.

Mr Smith wehrte ab. Der Kongress sei nicht geflohen, aber er könne doch auch nicht in Reichweite feindlicher Waffen Beschlüsse fassen. Ja, die Lage sei ernst. General Arnold habe auf dem Lake Champlain vor wenigen Wochen eine herbe Niederlage erlitten. Der Weg für die britische Armee den Hudson abwärts sei frei. General Howe stehe an den Grenzen Pennsylvanias. Ein Angriff auf Philadelphia sei nicht mehr auszuschließen. Man müsse jetzt alle Kräfte der Patrioten mobilisieren.

»Dabei hatte ich auch an Sie gedacht, Mr Larsson«, fuhr Mr Smith fort. »Wir haben die Sloop *Enterprise* mit sechzehn Kanonen überholt. Das Marinekomitee wäre einverstanden, dass ich sie Ihnen als Kommandant anbiete, aber da Sie nun der erfolgreichste Kaperkapitän weit und breit, ja auch reich sind, da Sie Vater wurden, werde ich wohl nicht auf Ihre Zustimmung hoffen können.«

Mr Bradwick schaltete sich sichtlich ärgerlich ein.

»Mr Larsson, bitte antworten Sie nicht. So kann man Sie nicht überfallen, da Sie kaum zur Tür herein sind. Gehen Sie zu Ihrer Familie, freuen Sie sich mit ihr, und erholen Sie sich. Und überlegen Sie in Ruhe. Wir werden Ihre Entscheidung akzeptieren, wie sie auch ausfällt. Und dort kommt auch noch jemand mit guten Nachrichten.«

Und Mr Bradwick zeigte auf Svens Schwester Ingrid, die die Treppen heraufstürmte. Ohne sich um einen der anderen zu kümmern, umarmte sie ihren Bruder.

»O Sven! Joshua hat mir erzählt, dass du gesund daheim bist. Sabrina und deiner Tochter geht es gut. Nun kannst du auch meine Hochzeit mitfeiern. Ich freue mich so.«

Mr Bradwick zog Mr Smith in den Vorraum. »Das ist ein Tag der guten Nachrichten, nicht wahr. Das Hochzeitsgeschenk wird er ja nun wohl zahlen können.«

Aber Mr Smith kartete griesgrämig nach. »Und Kommandant wird er trotzdem!«

Glossar

Abfallen: Vom Wind wegdrehen, sodass er mehr von achtern einfällt

Achterdeck: Hinterer Teil des Decks, auf größeren Schiffen erhöhter Aufbau. Dem Kapitän und den kommissionierten Offizieren vorbehalten

achtern: achterlich,

achteraus: hinten, von hinten, nach hinten. ›Achter‹ (engl. after) deutet in verschiedenen Zusammensetzungen auf Schiffsteile hinter dem Großmast hin, z. B. Achterschiff

am Wind segeln: Der Wind kommt mehr vorn als von der Seite. Das Schiff segelt in spitzem Winkel zum Wind

Ankerspill: siehe ›Gangspill‹

anluven: Gegenteil von abfallen. Zum Wind hindrehen, sodass er mehr von vorn einfällt

aufgeien: Aufholen eines Rahsegels an die Rah mit Hilfe der Geitaue

aufschießen: Zusammenlegen von Leinen oder Tauen in Form eines Kreises oder einer Acht

ausrennen: Schiffsgeschütze mit Hilfe der Taljen nach vorn rollen, sodass die Mündung aus der Stückpforte ragt

ausschießen: siehe ›Wind‹

Back: 1. Erhöhter Decksaufbau über dem Vorschiff. 2. Hölzerne Schüssel für das Mannschaftsessen. 3. Meist hängender Tisch zum Essen für die Backschaft (Gruppe, die zu diesem Tisch gehört). Der Backschafter (Tischdienst) tischt auf (aufbacken) oder räumt ab (abbacken). Mit ›Backen und Banken‹ wurde zum Essen gerufen **Backbord:** Die linke Schiffsseite, von achtern (hinten) gesehen

backbrassen: Die Rahen mit den Brassen so drehen, dass der Wind von vorn einfällt und die Segel gegen den Mast drückt. Dadurch wird das Schiff gebremst

Bark: Segelschiff mit mindestens drei Masten, von denen die vorderen Rahsegel tragen, während am (hinteren) Besanmast nur ein Gaffelsegel gefahren wird

Barkasse: Größtes Beiboot eines Segelkriegsschiffes, etwa 12 Meter lang

belegen: 1. Leine festmachen. 2. Befehl widerrufen

Belegnagel: Großer Holz-(oder Eisen-)stab mit Handgriff, der zum Festmachen der Leinen diente. Er wurde in der Nagelbank an der Reling aufbewahrt und diente auch als Waffe im Nahkampf

Besan: 1. Der hintere, nicht vollgetakelte Mast eines Schiffes mit mindestens drei Masten. 2. Das Gaffelsegel an diesem Mast

Besteck nehmen: Ermittlung des geografischen Ortes eines Schiffes

Bilge: Der tiefste Raum im Schiff zwischen Kiel und Bodenplanken, in dem sich Wasser ansammelt

Blindesegel: siehe Schemazeichnung Segel

Block: Rolle in Holzgehäuse, über die Tauwerk läuft

Blunderbüchse: (blunderbuss) auch Donnerbüchse: großkalibrige, kurzläufige Muskete mit trichterförmig endendem Lauf, aus der Grobschrot u. ä. auf kurze Entfernung verschossen wurde

Bombarda: Spanische Bezeichnung für die Handelsversion eines Mörserschiffes. Der vordere große Mast mit Rahsegeln steht weit hinten, damit vor ihm die im Rumpf eingebauten Mörser schießen können. Der Besanmast ist auch nach hinten verschoben. Die Schiffe sind flach gebaut, um auch in Ufernähe schießen zu können

Bootsgast: Mitglied der Besatzung eines Beibootes

Bramstenge: siehe Schemazeichnung: Masten

Brassen: 1. Hauptwort: Taue zum waagerechten Schwenken der Rahen. 2. Tätigkeitswort: Die Rahen um die Mastachse drehen. Vollbrassen = ein Segel so stellen, dass der Wind es ganz füllt; lebend brassen = das Segel so stellen, dass es dem Wind keinen Widerstand bietet, also längs zum Wind steht; backbrassen = siehe dort

Brigantine: Zweimaster, dessen vorderer Mast voll getakelt ist, während der hintere Gaffelsegel trägt

Brigg: Schiff mit zwei voll getakelten Masten

Brooktau: Tau, das den Rücklauf einer Kanone nach dem Schuss abstoppt

Bug: Vorderer Teil des Schiffes

Claret: In der Navy üblicher Ausdruck für Rotwein

Cockpit: (hier) Teil des Orlop- oder Zwischendecks am achteren Ende, das in Linienschiffen den Midshipmen als Wohnraum und während des Gefechts als Lazarett diente

Commander: Kapitän eines Kriegsschiffes unterhalb der Fregattengröße mit mindestens einem Leutnant

Davit: Kranartige Vorrichtung zum Aus- und Einsetzen von Booten

Deckoffiziere: (warrant officers) 1. Master, Proviant- und Zahlmeister, Schiffsarzt mit Zugang zur Offiziersmesse. 2. Stück- (Geschütz-) Meister, Bootsmann, Schiffszimmermann, Segelmacher u. a. ohne Zugang zur Offiziersmesse

Dingi: Kleinstes Beiboot

dog watch: siehe Wacheinteilung

Dollbord: Obere, verstärkte Planke von Beibooten, in die die Dollen (Holzpflöcke oder Metallgabeln) für die Riemen eingesetzt werden

Draggen: Leichter, vierarmiger Bootsanker ohne Stock, der auch als Wurfanker benutzt wurde, um Leinen am feindlichen Schiff festzumachen

Drehbassen: (swivel gun) Kleine, auf drehbaren Zapfen fest angebrachte Geschütze mit einem halben bis zwei Pfund Geschossgewicht

dwars: Quer, rechtwinklig zur Kielrichtung

Ende: Kürzeres Taustück, dessen beide Enden Tampen heißen

en flûte: Ein Kriegsschiff segelt en flute, wenn es den größeren Teil seiner Kanonen und Mannschaften abgegeben hat, um Platz für dringend benötigte Waffen oder Lebensmittel zu schaffen, die durch ein Kriegsschiff schneller und sicherer zu transportieren sind als durch ein Handelsschiff Entermesser: Schwerer Säbel mit rund 70 Zentimeter langer Klinge entern: Besteigen eines Mastes oder eines feindlichen Schiffes

Faden: siehe Längenmaße

Fall: Tau zum Heißen oder Fieren von Rahen oder Segeln

Fallreep: Treppe, Jakobsleiter, die an der Bordwand heruntergelassen wird

Fallreepspforte: Aufklappbare Pforte in einem unteren Deck zum Einstieg vom Fallreep

Fender: Puffer, früher aus geflochtenem Tauwerk

fieren: Ein Tau lose geben (lockern), etwas absenken, hinunterlassen

Finknetze: Kästen am Schanzkleid zur Aufnahme der Hängematten, meist aus Eisengeflecht

Fock: siehe Schemazeichnung Segel eines Zweideckers

Fockmast: Vorderster Mast

Fregatte: Kriegsschiff der 5. und 6. Klasse mit 550–900 Brit. Tonnen, 24–44 Kanonen und 160–320 Mann Besatzung

Fuß: siehe Längenmaße

Fußpferd: Das unter einer Rah laufende Tau, auf dem die Matrosen stehen, wenn sie die Segel los- oder festmachen oder reffen

Gaffel: Der obere Baum eines Gaffelsegels

Gaffelsegel: Längsschiffs stehendes viereckiges Segel, z.B. Besan

Gangspill: Winde, die um eine senkrechte Achse mit Spill (= Winde) oder Handspaken (= kräftigen Steckhölzern) gedreht wird, um den Anker zu hieven oder Trossen einzuholen

Gangway: 1. Laufbrücke an beiden Schiffsseiten zwischen Back- und Achterdeck 2. bewegliche Laufplanke zwischen Schiff und Pier.

gecobt: Strafe bei Offiziersanwärtern. Schläge mit einem schmalen Sandsack **Geitau:** Tau zum Aufgeien (Emporziehen) eines Segels

gieren: Unbeabsichtigtes Abweichen vom Kurs durch Wind, Seegang oder ungenaues Steuern

Gig: Beiboot für Kommandanten

gissen: Möglichst genaues Schätzen des Schiffsortes durch Koppeln

Glasen: Anschlagen der Schiffsglocke, nachdem die Sanduhr (Glas) in 30 Minuten abgelaufen ist. 8 Glasen = 4 Stunden = 1 volle Wache

Gordings: Taue, mit denen ein Segel zur Rah aufgeholt wird

Gräting: Hölzernes Gitterwerk, mit dem Luken bei gutem Wetter abgedeckt waren. Zum Auspeitschen wurden Grätings aufgestellt und die Verurteilten daran festgeschnallt

Großsegel: siehe Schemazeichnung Segel eines Zweideckers

halsen: Mit dem Heck durch den Wind auf den anderen Bug gehen

Heck: Hinterster Teil des Schiffes, in der damaligen Zeit bei Linienschiffen mit verzierten Galerien ausgestattet

heißen (hissen): Hochziehen eines Segels, einer Flagge

Helling: Schräge Holzkonstruktion am Ufer, an der Schiffe heraufgezogen oder hinuntergelassen werden

Helm: Auf kleineren Schiffen das Steuer oder Ruder selbst, auf größeren Schiffen die Ruderpinne

Heuer: Monatslohn der Seeleute nach den Regelungen von Nov. 1775

Kapitän	32 Dollar
Leutnant	20 "
Master	20 "
Masters Maat	20 "
Bootsmann	20 "
Bootsmannsmaat	$9\frac{1}{2}$ "
Feuerwerker	15 "
Feuerwerkersmaat	$10\frac{2}{3}$ "
Schiffsarzt	$21\frac{1}{3}$ "
Vollmatrose	$6\frac{2}{3}$ "

Die Heuer wurde im Lauf des Krieges erhöht, erstmals im Dezember 1776 z. B. für Vollmatrosen auf 8 Dollar.

›Durchschnittspreise für einige Waren und Dienstleistungen:

1 Pfund Schweinefleisch	6 p
1 Pfund Butter	2 s
1 Pfund Zucker	1 s
1 Pfund Tee	10 s
1 Liter Cognac	4 s 6 p
Anzug für Büroangestellte	5 £
Hemd, Anfertigung	12 s

Postkutschenfahrt von London nach Carlisle (500 km, 3 Tage)
Innenplatz 3 £ 4 s 9 p Außenplatz 2 £ 2 s
1 Pfund Sterling (£) = 20 Shilling (s) = 240 Pence (p)

hieven: Hochziehen einer Last, meist mit Takel und Geien

Hulk: altes Schiff, abgetakelt, meist als Wohn- oder Gefangenenschiff benutzt

Hundewache: siehe Wacheinteilung

Hütte: Aufbau auf dem Achterschiff, auch Poop oder Kampanje

Inch: siehe Längenmaße

Jagdgeschütze: Lange Kanonen im Bug, die einen verfolgten Gegner beschießen konnten

Jakobsleiter: Leichte Tauwerksleiter mit runden Holzsprossen

Jakobsstab: Altes Navigationsinstrument zur Messung der Breite

Jurymast: Behelfsmast

Kabelgatt: Lagerraum für Tauwerk

Kabel: 1. dickes Tau. 2. Längenmaß (185,3 m)

kalfatern: Dichten der Ritzen zwischen den Planken mit Teer und Werg

Kanonenboot: Häufig mit Riemen angetriebenes Boot mit einem schweren Geschütz im Bug

kappen: Ab-, durchschneiden, z. B. Anker kappen = Ankertau mit der Axt durchschlagen

Kartätschen: Kanonenmunition, gefüllt mit Musketenkugeln oder Eisennägeln, vornehmlich zur Abwehr von Enterern

kentern: 1. ›Umkippen‹ eines Schiffes. 2. Umschlagen des Windes. 3. Wechsel der Strömungsrichtung zwischen Ebbe und Flut

Ketsch: Segelschiff mit zwei Masten. Der vordere Mast ist wesentlich größer als der hintere. Die Ketsch führt Schratsegel

Kettenkugeln: Zwei Voll- oder Halbkugeln waren durch Ketten oder Stangen verbunden, die sich während des Fluges spreizten, um die feindliche Takelage zu zerfetzen

Kiel: In Längsrichtung des Schiffes verlaufender starker Grundbalken, auf dem Vor- und Achtersteven und seitlich die Spanten aufgesetzt sind

Kielschwein: Auf den Kiel zur Verstärkung aufgesetzter Balken

kielholen: 1. Ein Schiff am Sandufer so krängen (neigen), dass der Schiffsrumpf ausgebessert bzw. gesäubert werden kann. 2. Einen Menschen mit einem Tau von einer Schiffsseite unter dem Kiel zur anderen durchziehen. Diese lebensgefährliche Strafe war in der englischen Kriegsmarine nicht üblich

killen: Das Schlagen oder Flattern der Segel, weil sie ungünstig zum Wind stehen

Klampen: Profilhölzer zur Lagerung von Beibooten an Deck

Klarschiff: Gefechtsbereitschaft eines Schiffes (klar Schiff zum Gefecht)

Klüse: Öffnung in der Bordwand für Taue

Klüver: siehe Schemazeichnung: Segel eines Zweideckers

Klüverbaum: Spiere zur Verlängerung des Bugspriets

Knoten: 1. Zeitweilige Verknüpfung von Tauenden. 2. Geschwindigkeitsangabe für Seemeilen pro Stunde

Kontinentale Flotte: Gemeinsame Flotte aller 13 Kolonien. Bereits im Herbst 1775 ließ Washington einige Schiffe ausrüsten, um den Nachschub der Briten zu stören.

Sie wurden vom Kongress finanziert. Aber die südlichen Agrarstaaten sträubten sich noch gegen eine Gesetzgebung für eine kontinentale Flotte, die aber begann, als am 13. 12. 1775 der Beschluss zum Bau von 13 Fregatten für die gemeinsame Flotte gefasst wurde.

koppeln: Ermittlung des Schiffsortes durch Einzeichnen der Kurse und Distanzen in die Karte (= mitkoppeln)

Krängung: Seitliche Neigung des Schiffsrumpfes

kreuzen: Auf Zickzackkurs im spitzen Winkel zum Wind abwechselnd über Back- und Steuerbordbug segeln

Kreuzmast: siehe Schemazeichnung: Segel eines Zweideckers

krimpen: siehe Wind

Kuff: Von Belgien bis Norddeutschland häufig gebauter Küstenfrachter mit breitem, flachem Schiffsboden und hochgezogenem Bug und Heck. Meist trug die Kuff anderthalb Masten, am vorderen Mast ein Gaffelsegel und darüber an der Maststenge ein oder zwei Rahsegel. Der achtere Besanmast führte nur ein Gaffelsegel

Kuhl: Offener Teil des obersten Kanonendecks zwischen Vor- und Achterdeck

Kutter: 1. einmastiges Schiff mit Gaffelsegel und mehreren Vorsegeln. 2. Beiboot

Landfall: Erste Sichtung von Land nach längerer Seefahrt

Längenmaße: Britische nautische Meile = 1,853 km, Kabel = 185,3 m Faden = 1,853 m, Seemeile = 1,852 km. Yard = 91,44 cm, Fuß = 30,48 cm, Inch = 2,54 cm, 1 Knoten = 1 Seemeile pro Stunde

längsseits holen, kommen, liegen: Seite an Seite mit einem Schiff, Kai, Steg u. a. zu liegen kommen

laschen: Zusammenbinden, festbinden (-zurren)

Last: Vorrats- oder Stauraum

Laudanum: Opiumtinktur zur Betäubung der Verwundeten

Lee: Die dem Wind abgewandte Seite

Legerwall: Küste in Lee, auf die der Wind weht; das Schiff ist hier in Gefahr zu stranden, wenn es sich nicht freisegeln oder Anker werfen kann

Leinen: Allgemeiner Begriff für Tauwerk

lenzen: Leer pumpen

Log: Gerät zur Messung der Fahrt des Schiffes durchs Wasser (loggen)

Lot: Gerät zur Messung der Wassertiefe

Lugger: Küstensegler mit zwei oder drei Masten und viereckigen, längsschiffs stehenden Segeln. Schnelle Lugger waren bei den Franzosen als Kaperschiffe häufig

Luv: Die dem Wind zugewandte Seite

Manntaue: Bei schwerem Wetter an Deck zum Festhalten gespannte Taue

Mars: Plattform am Fuß der Marsstenge, an den Salings. Gefechtsplatz von Scharfschützen

Marinekomitee: Ausschuss des Kongresses, der für die 13 Kolonien gemeinsam eine Flotte schaffen und die erforderlichen Gesetze ausarbeiten sollte. Er wurde am 14. 12. 1775 mit 13 Mitgliedern berufen und sollte zuerst 13 Fregatten bauen lassen.

Marsstenge: siehe Schemazeichnung: Masten

Mastgarten: Einrichtung am Mast zum Belegen von laufendem Gut

Master: Ranghöchster Deckoffizier (siehe dort), der nur dem Kapitän unterstand und für die Navigation, die Verstauung der Ladung und den Trimm verantwortlich war

Messe: Speiseraum der Offiziere, von dem meist auch die Schlafplätze abgingen

Navy Board: Unterausschuss des Marinekomitees mit drei Mitgliedern, der die Verwirklichung der Beschlüsse zu überwachen hatte. Im April 1777 wurde zusätzlich ein Navy Board für die vier Neuenglandstaaten (N. B. of the Eastern Department in Boston) gegründet, der dann vom Board für die mittleren und südlichen Staaten (N. B. of the Middle Department in Philadelphia) unterschieden wurde.

Niedergang: Treppe zu den unteren Decks

Nock: Ende eines Rundholzes

Oberlicht: Fenster im Oberdeck zur Beleuchtung darunter liegender Räume

Ölzeug: Schlechtwetterkleidung aus dichtem, mit Leinöl getränktem Stoff

Ösen: Ausschöpfen des Wassers aus einem Boot

Orlop: Niedriges Zwischendeck über dem Laderaum

Pardunen: siehe Schemazeichnung: Masten

peilen: 1. Flüssigkeitsstand im Schiff messen. 2. Richtung zu einem anderen Objekt feststellen

Penterbalken, Penterhaken: Teile der aus Balken, Seilzügen und Haken bestehenden Vorrichtung, um große Anker einzuholen

Pinasse: 1. größeres Beiboot, 2. kleiner Küstensegler mit Schratsegel

Poop: siehe Hütte

Poopdeck: Über das mittlere Deck, die Kuhl, hinausragender Aufbau am Heck des Schiffes

preien: Anrufen

Prise: Legale Beute, meist ein feindliches Schiff, dessen legale Aufbringung durch ein Prisengericht bestätigt wurde

Profos: Meist Maat des Bootsmanns, der für Bestrafungen und Arrest zuständig war

Polacca: Dreimastiges Schiff im Mittelmeer. Charakteristisch ist, dass die Masten Pfahlmasten sind, d. h. aus einem Stück ohne Marse oder Salinge. Die Rahsegel sind mit Tauen am Mast verankert. Dadurch können alle Segel bis zum Deck hinuntergelassen werden. An Stelle der Wanten hängt von der Mastspitze bis zum Deck eine Sturmleiter

Pütz: Eimer

pullen: 1. Ziehen an einem Tau, 2. Rudern (Riemen durchs Wasser ziehen)

Rack: 1. Vorrichtung zur Befestigung der Rahen am Mast. 2. Holzkasten mit schalenförmigen Vertiefungen zur Aufnahme der Kanonenkugeln in der Nähe des Geschützes

Rah: Holzspiere, die horizontal und drehbar am Mast befestigt ist und an der Segel angeschlagen werden

Rahnock: Äußere Enden der Rah

Rahsegel: Rechteckige Segel, die quer zur Längsachse des Schiffes an seitlich schwenkbaren Rahen befestigt sind

Rammer: Holzstange mit Aufsatz etwa in Kaliberdurchmesser. Mit dem Rammer wird die Kartusche fest ins Kanonenrohr gestoßen

Raumer Wind: Wind aus achterlichen Richtungen, für Rahsegler günstig

Reede: Geschützter Ankerplatz außerhalb des Hafens

Reff, Reef: Teil des Segels, der bei starkem Wind durch Reffbändsel zusammengebunden wird, um die Segelfläche zu verkleinern

Riemen: Rundholz mit Blatt, das zum Pullen oder Wriggen benutzt wird

Rigg: Sammelbezeichnung für die gesamte Takelage mit Rahen

riggen: Auftakeln eines Schiffes

rollen: Seitliches Schwingen des Schiffes um seine Längsachse (s. a. schlingern und stampfen)

Ruder: 1. Ruderblatt im Wasser, 2. allgemeine Steueranlage

Saling: Gerüst am Topp der Masten und Stengen zum Ausspreizen der Wanten

Schalken: Abdichten der Schiffsluken

Schaluppe: 1. Einmastiges Küstenfrachtschiff mit Gaffelsegel, 2. Großes Beiboot (s. aber Sloop)

Schanzkleid: Erhöhung der Außenplanken des Rumpfes über das oberste Deck hinaus zum Schutz der Besatzung. Das Schanzkleid ist im Unterschied zur Reling geschlossen, hat aber Speigatten zum Abfluss übergekommenen Wassers

Schebecke, Xebeke: Dreimastiges Segelschiff mit Lateinersegeln (= Schratsegel), vor allem im Mittelmeer gebräuchlich

scheren: Taue durch Block oder Öse ziehen

schlingern: Gleichzeitige Bewegung des Schiffes um Längs- und Querachse

Schnau: Meist zweimastige Schiffe, die hinter den Masten noch zusätzliche dünnere Masten haben, an denen Gaffelsegel befestigt sind

Schoner: Zwei- oder mehrmastiges Schiff mit Schratsegeln

Schratsegel: Sammelbegriff für alle Segel, deren Unterkante in Längsrichtung des Schiffes steht, z. B. Stag-, Gaffel-, Besansegel

schwoien, schwojen: Das Schiff bewegt sich um den Anker schwabbern: Reinigung des Deckes

Seite pfeifen: Auf Pfeifsignal des Bootsmannes versammeln sich Offiziere und Seesoldaten an der Fallreepspforte, um von und an Bord gehenden Kommandanten und Flaggoffizieren eine Ehrenbezeigung zu erweisen

Sextant: Winkelmessgerät für terrestrische und astronomische Navigation. Vor allem zur Messung der Gestirnhöhen über der Kimm benutzt

Sloop: Engl. Bezeichnung für voll getakeltes kleineres Kriegsschiff mit im allgemeinen bis zu zwanzig Kanonen (französisch: Korvette). Die Übersetzungen Schaluppe oder Slup sind irreführend, da damit vor allem einmastige Segelschiffe bezeichnet werden, während die Sloop drei Masten hatte

Speigatt: Öffnung in Fußreling oder Schanzkleid, durch die eingenommenes Wasser abfließen kann

Staatsflotte: Bezeichnung für die Staatsflotten der 13 einzelnen Bundesstaaten (ehemaligen Kolonien). Die nördlichen und mittleren Kolonien hatten meist größere Flotten (bis hin zu Fregatten) als die südlichen.

Stage: Dicke, nicht bewegliche Taue, die die Masten gegen Druck von vorn sichern

Stern: Bezeichnung für Heck

Stropp: Tau, das als Ring gespleißt ist. Dient meist zur Lastaufnahme

Stückmeister: Für die Kanonen (die Stücke) und Munition zuständiger Deckoffizier. Im Gefecht gab er Kartuschen in der Pulverkammer aus.

stütz!: Befehl an den Rudergänger, eine Schiffsdrehung durch Gegenruderlegen abzufangen

Takelage: Gesamtheit der Masten, Segel, des stehenden und laufenden Guts

Takelung: Art (Typ) der Takelage

Taljen: Flaschenzug aus Tauen und zwei Blöcken

Tamp: Kurzes Ende eines Taus, auch Tampen

Tender: Bewaffnetes Begleitschiff eines größeren Kriegsschiffes. Tender wurden im allgemeinen von Offizieren der Linienschiffe finanziert, um Prisengeld einzubringen

Tonne: Maß für die Masse von Schiffen, 1 brit. Tonne entspricht 1016,05 kg

Topp: 1. Mastspitze. 2. Mast mit Takelage

Toppgast: Seemann, der im Topp die Segel bedient

Toppsegel: s. Schemazeichnung: Segel eines Zweideckers Nr. 12 und 21

Toppsegelschoner: Schoner mit ein oder zwei Rahsegeln am oberen Mast zusätzlich zu den Schratsegeln

Traubengeschosse: Eine Art sehr grober Kartätsche. 900 Gramm schwere Kugeln wurden in Segeltuch in Kalibergröße verschnürt

Trosse: Sehr starkes Tau

verholen: Schiff über geringe Entfernung an einen anderen Liegeplatz bringen

Verklicker: Windrichtungszeiger an der Luvseite des Steuerrades. Er bestand aus einem Stab, an dessen Spitze ein Faden befestigt war, auf den kleine Federkreise auf Korkscheiben gezogen wurden

versetzen: Durch Strömung oder Wind aus dem Kurs bringen

Vortopp: 1. Die Spitze des Fockmastes (vorderster Mast). 2. der Fockmast mit seiner Takelage

Wacheinteilung: Der nautische Tag beginnt um 12 Uhr mittags, wenn der Standort des Schiffes gemessen wird.

12–16 Uhr: Nachmittagswache.

16–20 Uhr: Dog watch (Verstümmelung von ›docked‹ oder verkürzt), da hier zwei verkürzte Wachen von 16–18 und 18–20 Uhr dauerten, damit die Mannschaft nicht alle Tage die gleiche Wachzeit hatte.

20–24 Uhr: Erste Wache (Abendwache).

0–4 Uhr: Hundewache.

4–8 Uhr: Morgenwache.

8–12 Uhr: Vormittagswache (siehe auch glasen)

warpen: Ein Schiff bei Flaute bewegen, indem der Anker mit einem Beiboot in Fahrtrichtung ausgebracht und das Schiff mit dem Ankerspill an den Anker herangezogen wird

wenden: Mit dem Bug durch den Wind auf einen anderen Kurs gehen

Wind: ausschießen = der Wind dreht auf den Kompass bezogen nach rechts; krimpen = der Wind dreht auf den Kompass bezogen nach links; räumen = der Wind dreht so, dass er mehr von achtern einfällt; schralen = der Wind dreht so, dass er mehr von vorn kommt

Wischer: Stange mit feuchtem Wischer - meist aus Schaffell, mit der nach Entfernung von Rückständen das Kanonenrohr ausgewischt wurde

Wurm: Stange mit ein oder zwei Eisenspiralen an der Spitze. Mit ihr wurden nach dem Abfeuern einer Kanone Rückstände im Rohr gelöst und entfernt

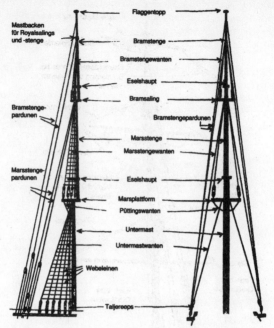

Mastbacken
für Royalsalings
und -stenge

Flaggentopp

Bramstenge

Bramstengewanten

Eselshaupt

Bramsaling

Bramstengepardunen

Bramstengepardunen

Marsstenge

Marsstengewanten

Marsstengepardunen

Eselshaupt

Marsplattform

Püttingswanten

Untermast

Untermastwanten

Webeleinen

Taljereeps

Masten (ohne Royal- oder Oberbramstege) von der Seite (links)

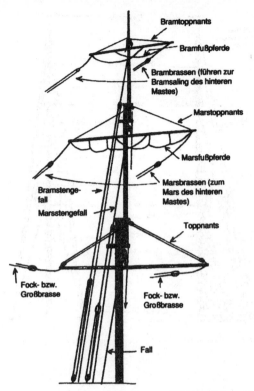

Teil des laufenden Gutes: Brassen, Fallen und Toppnants

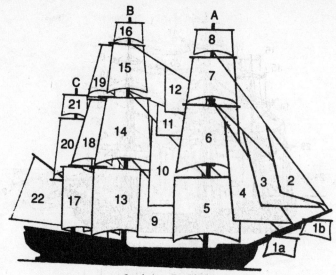

Segel eines Zweideckers

1a Blinde (spritsail)
1b Schiebblinde (fore spritsail)
2 Außenklüver (outer oder flying jib)
3 Klüver (jib)
4 Vorstengestagsegel (fore topmast staysail)
5 Fock (foresail oder fore course)
6 Vormarssegel (fore topsail)
7 Vorbramsegel (fore topgallant sail)
8 Vorroyalsegel (fore royal)
9 Großstagsegel (main staysail)
10 Grostengestagsegel (main topmast staysail)
11 Mittelstagsegel (middle staysail)
12 Großbramstagsegel (main topgallant staysail)

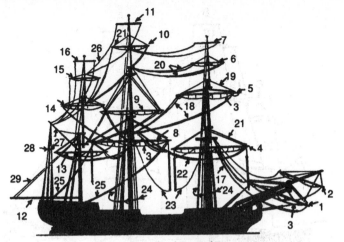

Rahen und Tauwerk

1 Blinde Rah (spritsail yard)
2 Oberblindenrah (sprit topsail yard)
3 Fußpferde (horses): Taue, auf denen die Matrosen
beim Setzen und Bergen der Segel standen.
4 Fockrah (fore yard)
5 Vormarsrah (fore topsail yard)
6 Vorbramrah (fore topgallant yard)
7 Vorroyalrah (fore royal yard)
8 Großrah (main yard)
9 Großmarsrah (main topsail yard)
10 Großbramrah (main topgallant yard)
11 Großroyalrah (main royal yard)
12 Besanbaum (spanker boom)
13 Kreuzrah (crossjack)
14 Kreuzmarsrah (mizzen topsail yard)

Zeit für Helden: Sir David Winter zieht in die größte Schlacht seines Lebens

Frank Adam
SIEG UND FRIEDEN
Historischer Roman
400 Seiten
ISBN-13: 978-3-404-15522-4
ISBN-10: 3-404-15522-X

Nach seinem Sieg in der Adria hat die britische Admiralität Sir David Winter auf Betreiben der Österreicher seines Kommandos enthoben. Im April 1814 kehrt er nach London zurück und kann beweisen, dass die Vorwürfe gegen ihn auf einer Intrige beruhen. Er wird rehabilitiert, nimmt aber seinen Abschied als Flottenoffizier und will mit seiner Familie den Frieden genießen, denn Napoleon ist besiegt. In Norddeutschland wartet das Gut des Onkels auf ihn als Erben. Aber es sind kurze Wochen des Friedens. Napoleon kehrt aus Elba zurück. Europa macht wieder gegen den Tyrannen mobil. Wellington braucht Sir David. Er ist der einzige hohe Offizier, der die preußischen und russischen Generäle aus eigener Zusammenarbeit kennt und dem sie vertrauen. Sir David muss das Kommando in der entscheidenden Schlacht übernehmen: Waterloo.

Bastei Lübbe Taschenbuch

*Der große Seefahrer-Roman des
Bestsellerautors in neuer Ausgabe!*

Johannes K. Soyener
TEECLIPPER
Roman
829 Seiten
ISBN 978-3-404-15695-5

Im Jahre 1866 fiebert die Bevölkerung von London mehr denn je einem jährlichen Ereignis entgegen: dem Ausgang des großen Teeclipper-Rennens. Welches Schiff wird als erstes die neue Tee-Ernte aus China im Hafen löschen? Es wird das knappste Rennen in der Geschichte der Seefahrt werden – mit nur einer Stunde Vorsprung für den Sieger nach mehr als dreizehntausend Seemeilen. An diesem Rennen nehmen auch die Söhne des Clans Mackay teil – Whiskybrenner, Aktienspekulanten, Sklavenjäger, Opiumhändler und Schiffbauer – mit dem Traum der Highlands im Herzen.